ユング心理学の〈現在・過去・未来〉　ギーゲリッヒ論集◉目次

第一章
意味の終焉と人間の誕生
意識の歴史に到達した状態に関する小論
および、C・G・ユングの心理学の企図の分析
ヴォルフガング・ギーゲリッヒ　6

第二章
人間の誕生の受け入れ難さ
四人の分析家のコメントと、
キャラクター化された神
宮澤淳滋　154

第三章
義兄弟、血の復讐、そして献身
古代的な心の片鱗
ヴォルフガング・ギーゲリッヒ　196

第四章
血から心臓へ、心臓から心へ
日本における血の象徴の展開
兼城賢志 276

第五章
プラトンの洞窟
西洋の魂の自己内閉
ヴォルフガング・ギーゲリッヒ 308

第六章
メディア的な現代と、ユング心理学のリフレクション
猪股剛 416

あとがき
猪股剛 450

索引 i

凡例

・第一章、第三章、第五章の英語原文におけるイタリックによる強調はもっぱら訳文中の傍点でしめした。〔 〕は訳者による注記、原綴の添え書きなどをしめす。また、本文に添えられた数字は原註、［ ］により添えられた数字は訳註である。

ユングの著書は以下の略記を用いた。

・*CW*：C.G. Jung, *Collected Works of C.G. Jung*, Volume 1-19, eds. Sir H. Read, M. Fordham, G. Adler, trans. R.F.C. Hull, 1958, Princeton University Press.

・*MDR*：C.G. Jung, *Memories, Dreams, Reflections*, eds. A. Jaffé, trans. R. Winston and C. Winston, 1963, Pantheon Books.

・*Letters*：C.G. Jung, *Letters*, Volume 1 1906-1950, Volume 2 1951-1961, eds. G. Adler, A. Jaffé, trans. R. F.C. Hull, Princeton University Press, 1992, 1976.

ユング心理学の〈現在・過去・未来〉　ギーゲリッヒ論集

意味の終焉と人間の誕生

意識の歴史に到達した状態に関する小論
および、C・G・ユングの心理学の企図の分析

ヴォルフガング・ギーゲリッヒ

しかし、誰がそのように果てしなく広がる人生を求めるのだ?
間違いなく、それは人生を携えておらず、
踏み固められた道からそれてさまようていく者だ。
つまり、孤立した個人なのだ。
ジークフリート・クラカウアー（一九一三）

前世紀において「人生の意味」を問うて、さらに言うなら人生の「神話的」・「宗教的」・「形而上学的[1]」な意味を問うて、最も説得力のある声を上げた者の一人が、C・G・ユングであった。この主題に関するユングの思索は二つの極のあいだで揺れている。一方には、「ない。私たちにはもはや、明らかに、いかなる神話も存在しない[2]」という容赦のない診断がある。「私たちの神話は押し黙り、それが答えを与えてくれることはない[3]」。いま、「私たちは、何も持たず、混乱し、途方に暮れて、立ち尽くしている[4]〔後略〕」。「もはや私たちには祈願することのできる神はいない[5]〔後略〕」。

そして、ユングはさらに歩みを進めて「自分たちが正当な相続人ではないのに、その遺産を持っているかのように装うよりも、自分たちのスピリチュアルな貧困と、象徴の不在とを、毅然とした態度で認めることの方が遙かに望ましいだろう[6]」と述べている。ユングは近代人が孤独に暮らしていることを強く意識している。「意識の冷たい光の中で、その世界の無表情な不毛さは遙か星にまで達している[7]」。

意味に関するユングの思考のもう一方の極が表面化するのは、次の場面である。先ほどの自分の診断（「ない。私たちにはもはや、明らかに、いかなる神話も存在しない」）に対し、ユングは即座に、驚くべき自問を発して反応している。「しかし、では、お前の神話は何だ？　お前が生きている神話とは何だ？」。ユングは、「ない」を答えとしては採用しなかった。意味とは不可欠なもので、現代における意味の喪失が神経症の究極の理由である、とユングは考えていた。神経症は、神経症で苦しんでいる人の人生が「無意味で無目的」であることに起因している[8]。「すべてはあいまいで、何もかもが『ただそれだけにすぎない』。そして、これこそが、人々が神経症である理由なのです[9]」。「そうです、人は象徴的な生〔life〕を必要としているのです――どうしても必要なのです[10]」。

意味の喪失という診断も、意味が切実に必要であるというアイデアも、どちらも（「神話を切に必要としているにもかかわらず、私たちを救済する神話がないという事実を、私たちは受け入れることさえできない」というユングの発言にぴったりと符合している[11]）、新しいものではない。いずれも、少なくともユングの百年も前の時代から、すでに、さまざまな形で感じ取られ、取り組まれてきている。目標の欠如や「何のために？」という問いに対する答えの欠如は、ニーチェによって定義され、「ニヒリズム」という標語で知られるようになったが、十九世紀は、それを発見しただけにとどまらない。その時代は、かつてなく新しいユートピアの計画を思い描き、新しい究極的な人生の目的を生み出そうと必死にもがいていた。三つだけ例を挙げれば、キルケゴールは信仰の中への跳躍を提案し、マルクスは共産主義社会の到来を請け合った。そしてニーチェは、「デュオニソス」という象徴的な名の下で彼が思い描いていたものの到来を待ち望み、それに自分のあらゆる希望を託した。デュオニソスは「アリアドネ」の下へとやってきて彼女を鼓舞し、枯れた魂は進んでデュオニソスを迎え入れ、そうして十九世紀の不毛は終わりを迎えるだろう、と考えたのである。[12]

1. 意味の探求に内在する自己矛盾

診断された意味の喪失が原因としてあり、意味の探求がその結果である、と考えられかもしれない。さらには、意味の喪失は「病」であり、意味の探求がその治療であると考えられるかもしれない。しかし、「意味の喪失」と「意味の探求」は、むしろ一枚のコインの表と裏であると理解されなくてはならない。意味を喪失しているという感覚が意味の探究を生み出しているのと同様に、より高次の意味が切実に必要なのだというアイデアが、現実の人生を耐えがたいほどありふれたものにし、「ただそれだけにすぎない」ものにしている。そして、「人生に意味があることと比べれば」、現実の人生は「単なる幻想《マーヤー》」にすぎないとされる。[13] 人生の意味を求めるほど、人生はよりありふれたものなる。人生はありふれたものだと感じれば感じるほど、ユングと共に次の言葉を発することになるだろう。「私の存在全体は、人生の凡庸さに意味を与えてくれるような、いまはまだ未知のものを探しを求めている」[14]。二つの別々の現象があるのではなく、現象は一つである。意味の探求は、その反対のものである。意味の探求は、自分が克服しようとしている無意味さそのものへと現実を変えていく。意味の探求によって症状や病は癒やされるのだというが、実際はそれ自体が症状や病である。意味を探し求めることは、そうすることそのものが備えている妄想におかされている。

この妄想とは何だろうか？　この探求は、探すことのできないものを探している。なぜなら、それを探すこと自体が、手に入れようとしているものを破壊するからである。意味は手に入れられる実在物ではなく、信条や教義や世界観ではなく、昔話に出てくる手に入れがたい宝物のようなものでもない。それは意味論的ではなく、一つの内容でもない。意味は、もしそれが実際に存在するならば、何よりもまず、実存の中に暗示されている一つの事実であり、ア・プリオリなものである。それは決してある問いに対する答えではない。逆に、それはあらゆる問いに先行し、問いかけられることがなく、問いかけることが不可能な確かさである。それは存在の根拠性であり、人生に根付いているという感覚であり、この世界に包摂されているという感覚である。――おそらく、存在そのものの論理としての内部性〔in-ness〕とさえ言えるだろう[1]。魚が水の中にいるという内部性と同じように、人生の意味が自明である場合に、意味は存在する。

神話、宗教、形而上学――これらは、存在の意味に関する明示的で差し迫った問いへの、たとえば、一八九七年にウィリアム・ジェームスが発した「人生には生きる価値があるのか？」という問いへの答えではない。そうではなく、それらは、イマジナルな様式でなされた具象的な言明や定式化であり、形而上学の場合であれば、思考という様式でなされた解説であり、その時々の歴史的状況における存在の中に、あるいは存在の根拠の中に、事実として存在する内部性の形式についての解説である。神話という物語、宗教的な実践や教理や教義、形而上学という精巧な体系、これらはそれぞれの異なる方式で、人々の生きてきた人生を実際に支配している論理を詳細に解き明かしてきた。これらは、意味の意識的な自己表現であり、それ自体が意味であった。神話や儀式や形而上学が、真実を率直に語り、そして祝福するのは、このためである。それがこうしたものの勤めである。魚が、水の中にいることの意義を真剣には自問できないのと同じく、神話時代から形而上学の時代の終焉まで、すなわちヘーゲルやシェリングの時代の終焉まで、「人生には生きる価値があるのか？」という問いを、単に修辞的な問い以上の現実の問いとして、真面目に投げかけることなどできはしなかった。

　十九世紀において、意味や人生の価値を問うことが、唐突に——でなければ徐々に——可能になり、まさしくそうすることが深刻で差し迫ったものになったのだとすれば、そのとき、人間の世界内存在に、革新的な変化が生じたはずである。そのとき人間はそれまでの人生への絶対的な包摂から外に飛び出さねばならず、その結果として、まるで外側から眺めるように、人生を見ることができるようになり、そしてそのように見ざるをえなくなった。なぜなら、そのように見ることではじめて、人生全体が主題となりえるからである。いまや、人生の意味と価値の問いと共に、存在そのものが向き合う相手となった。そのあり方は、いわば内部性の対極である。人間ははじめて世界そのものに向き合う立ち位置を手に入れた[15]。意味の問いは、十九世紀の始まりに形而上学の時代が終わりを迎えた後の、この現代という時代の徴標なのである。

なぜ現代の意味の探求が必然的に自己矛盾となるのかは、いまや明らかである。意味の探求は、隠されてはいるが、実際には、内部性状態の希求である。だが、この人生の意味と価値に関する問いは、総じて私たちの視界に収められているため、そのことが私たちを避けようもなく人生の外側に置き、私たちを人生と向き合う位置に置くことになる。意味の探究は、人生の論理や文法〔syntax〕であろうと欲するものを、知らず知らずのうちに、意味内容として、つまりある種の英知の教義や信条やイデオロギーとして、究極的には商品として、解釈しなければならなくなる[2]。だからこそ、今日の「意味」は、大きな「意味市場」で「意味産業」全体によって売り出される多数の競合する「意味」の複数形として存在する。そして、私たちはこれらの「意味」に対して決断と選択をしなければならない消費者の立場にある。[16] たとえある特定の意味を「購入」して、その意味の中に自分を閉じ込めたとしても、それが二次的な買付であるという事実を取り消すことはできず、もしそこになんらかの内部性が存在するとしても、みずから建てたり借りたりした家に暮らしているようなものであって、それは実際に探し求められているア・プリオリで取り去られることのない内部性ではない。

　意味を問うことに内在するこうした知性的な矛盾に加えて、情動的な矛盾も存在する。すなわち、意味の探求が本当に求めているものを現実化された形で見つけることを、私たちは真剣には望むことさえできない。求められている内部性は、もしそれが実際に現実化されたならば、現代人には耐えがたいものになるだろう。それは、解放された個性や合理性という、もはや譲渡しえない私たちの主張と衝突することになるだろう。それは必然的に、二十世紀の全体主義的国家や原理主義的宗派によって私たちが経験してきた投獄や悪夢のようにも感じられるだろう。

ここでは、この主題にふさわしい詳細な説明を提示することはできないが、これから示すいくつかの典型的な事実は、かつては疑いようもなくそこにあった包摂性[3]〔containment〕という感覚を、わずかなりとも呼び覚ます示唆的な図解として役立つかもしれない。

2. 前近代の現実としての内部性

私たちは、二つのものを区別しなくてはならない。一方には、古代的な考え方や物語があり、そこでは絶対的な内部性が明示的に表現され、意識的に自覚され、一つの内容となっている。他方には、これまで生きられてきた人生の送り方という実際の現象があり、それは、人間が自然に包摂されていることが広く行き渡った実際の現実であったことを明らかにしている。

形而上学的な内部性の感覚がはっきりと表現されている例は、神話時代の地理学的で宇宙論的な観点である。地球は円盤として思い浮かべられ、それは大河（ギリシアのオケアノス、エジプトのヌン）や、蛇（ゲルマンのミドガルドの蛇）や、車輪のタイヤに似た固形の革紐や帯（アルタイ山脈）によって取り囲まれていた。「世界を取り囲むもの」あるいは「苦い河」（エジプトとバビロニアではそれぞれこのように呼ばれていた）は、存在と不在の境界であり、人間存在が絶対的に閉じ込められている内的空間を創造していた。出口はなかった。苦い河という名称は、人間存在を容赦なく閉じ込める必然（アナンケー

〔Ἀνάγκη 必然の女神〕の束縛を暗示している。一方で、この円環というアイデアは、存在というものはその円の中心にあるのだということをも暗示している。

この中心を貫いて、世界樹が生えており、それによって宇宙の三つの水準が分割され、同時に結びつけられていた。つまり、下方にある地下世界と、中間にある大地世界〔ゲルマン神話では適切にも「ミドガルド〔Midgard〕」と呼ばれている〕と、上方にある天界である。人間存在の場としてのミドガルドは、地下世界と天界に挟まれており、それが内部性の感覚を十分に暗示している。しかし、広く伝わっている世界の二親による分離の神話、つまり母なる大地と父なる天上の分離の神話は、ここにさらに力強く動的な印象を加える。当初、世界の二親は、互いの永遠の抱擁状態にあった。その子どもたちは、その二親の腹部のあいだに挟まれ、永遠の暗闇の中に、息をつくだけの空間もないところで生きなくてはならなかった。だが、ある日、特別に力の強い息子が世界の二親のガモス〔gamos 聖婚〕を暴力的に破壊し、父である天界を高みへと持ち上げる。それによって、単なる物理的な環境とは一線を画して、私たちが man の世界と呼ぶ開放性〔openness〕が創造される。ここで興味深いのは、包摂されている点に注目すると、文化的英雄のこの偉業の後でも、状況は以前とまったく変わらず、英雄による世界の開放が、囲い込みからの解放にはなっていない点である。天上と地上のあいだにいる子どもたちはいまだにその両親に取り囲まれている。一つになっていた両親の身体に挟まれているかどうかに関わらず、あるいは天上と地上のあいだに開かれた場所や「隙間」があり、そこで子どもたちが背筋を伸ばして歩くことができ、自由に呼吸することができ、世界の中に自分を位置づけられるかどうかに関わらず、なお取り囲まれている。どちらのイメージも絶対的な内部性の状況を表現している。そのためオルフェウス教が、宇宙を洞窟にたとえて、人間存在を洞窟の中の存在として捉えたことは、驚くべきことではない。こうした着想は、天蓋あるいは天幕としての天界という広く行き渡ったアイデアに結びついているのだろう。たとえば、常に天蓋を支え、それが地上に落ちて衝突することのないように支える仕事を担ったギリシアのアトラス神の姿には、人間存在が不可避的に経験している内部性が、はっきりと表現されている。

炎を燃やし続けている天界、つまりこの神々の圏域は、人間の上方にあり、人間は本質的に上を見上げていた。古代ギリシア人たちは、まさしく人間という言葉の語源となるアントロポス〔anthrôpos〕を、アノ・アトロン〔anô athrôn〕（上を見上げる者、空／天界を見上げる者）から派生させた。崇拝と献身[17]が人間の本性であった。固定された境界が上方にあり、それが月であり、月に関わる領域と火天と分けていた。この固定された限界が、見上げることを続けさせ、それを定義づけて具体化し、私たちのまなざしが区別のない無限の空虚の中に消え去ってしまうことを防いでいた。

この埋め込まれている[4]〔embeddedness〕という感覚は、人間の古代的な自己理解の中にも反映されている。人間が自分のことを母なる大地あるいは母なる自然と父なる天上とのあいだの子であると捉えていることや、あらゆる神々に対して人間が持つ関係は親を見上げる子どものそれと同じであることは、すでに確認した。ギリシアでは、父なるオケアノスや父なるゼウスに直接語りかけ、キリスト教では天上にあるわれらの父に語りかけていた。そして、カトリック教会では、根本的にはいまだに教会自体をあらゆる信者の母であるとみなしており、それによって、形而上学的な子どもとしての人間のステイタスを確立し、そうして、上を見上げる姿勢を、父と母へと向かう素朴な子どもの姿勢を確立している。[5]

包摂という古代的感覚が最も的確に表されているのは、ユングが要約した以下の記述である。ユングはプエブロ・インディアンの祭祀長から、世界に対する姿勢を学んでいる。「彼らは、神に関わる大きな責任感と共に、朝、目を覚まします。つまり、彼らは太陽の子であり、父なるものの子であり、彼らの日々の勤めは、その父が地平線から登ることを助けることなのです――それは彼ら自身のために行われるだけではなく、世界全体のために行われます。この者たちを見てみるとよいでしょう。彼らは、自然に充実した威厳を携えています」[18]。彼らは「［自分たちの］役目を、つまり人生という神のドラマの役者［中略］としての役目を果たしている」[19]。この場合人間は、神なる父の子あるいは息子というステイタスに、包摂という感覚や、根本的に見上げているという感覚が備わっているだけではなく、より根本的に、形而上学的に神のドラマに包み込まれているという感覚も備わっている。人生を生きることは、このドラマの一人の役者として、その役目を果たすことである。私たちはこの偉大なドラマの中にあって、各々が自分自身のためだけに人生を生きる必要はない。

プエブロ・インディアンによって果たされるこの特別な役目の本質が、根本的に自然に包まれて存在している彼らの感覚を明らかにしている。彼らは太陽が空を横断するのを助けなければならない。言い換えれば、彼らはあらかじめ定められた運動に儀式的に同行し、魂を込めてそれに同調しなければならない。その運動はいかなる人間の活動や態度からもまさしく絶対的に独立しており、それに影響を受けておらず、人間の手の届く範囲を完全に超えており、まさしく無慈悲な物理学の法則に、つまり自然の摂理に従っている。彼らの儀式の要点は、明らかに、実践的な有効性を発揮する現実的な援助ではなく、人間の魂の運動と自然の揺るぎない法則とを、ただ謙虚さと従順さとを持って同期させることであった。これは、文化的発展のこの段階にみられる根本的な無力さの感覚、つまり経験的・実践的な無力さではなく形而上学的な無力さの感覚と一致する。人間は原初的には自分自身を自然の織物の一本の糸として体験しており、自由裁量による意思決定などは存在しなかった（ハイノ・ゲールツ）。たとえば土地を耕すときや、家を建てるときや、とりわけ生贄の殺害のときといった、人間が自然に干渉する場合でさえ、こうした人間の干渉はある意味では明らかに人間自身の行為ではなかった。その行為は、形而上学的に言えば、彼自身の責任においてなされたのではなく、元来は神々によって遂行されていた模範行為の再演であった。そしてこういった再演ですら究極的には人間の演者の仕事ではなく、神々の仕事であり、神々が人間を通してそれを演じていたのである。

いままでに取り上げてきた例はみな、主として神話や儀式によって特徴づけられる意識と文化の古代的段階に属している。しかし、この埋め込まれの感覚は、神話的あるいは儀式的な時代から、宗教的な古典形而上学の時代へと移行した後にも、必要な変更が加えられた上で、なお広く行き渡っていた。天上にいるキリスト教の父と、母なる教会という囲いの中にあるローマ・カトリック的な実在についてはすでに見た。ここで、ローマ人への手紙八章三十八節以下を一つの例として参照することもできる。その中では、確信が次のように表現されている。「死も、生も、天使も、支配者も、力ある者も、いまあるものも、これから来るものも、高さも、深さも、他のいかなる被造物も、私たちの主イエス・キリストにおける神の愛から、私たちを引き離すことはできない」。キリスト教徒の神の愛の中への包摂は絶対的なものである。ここでは（第一哲学という意味での）形而上学については、判断〔*Urteil*〕の論理に触れるだけにしておこう。対立物を分離すると同時に結び付けてもいる神話的でイマジナルなアトラスの姿に対する抽象的で論理的な類似物が、判断の論理における繋辞[6]〔copula〕である。繋辞は主語と述語、全称[7]と特称[8]の真の結合を保証しており、〈大地〉を、すなわち〈存在〉を暗示している。繋辞は両極を囲い込んで生み出し、そうして最終的には、神に根付いている。古典形而上学の思考は、充溢した中心[20]を保持している。

内部性の感覚がそれ自身をはっきりと表現しているこれらの観点は、同じ一つの事態である。もちろん見解やアイデアとしては、それらは誤りや迷信や虚構となることもあるが、明らかなのは、この言明された内部性という感覚は、そうした時代の生活を、つまり実際の現実のリアルな状況に事実として内在していた内部性を、はっきり表現しているということである。ここでも、いくつかの点について示唆するに留めておこう。

第一に、一つひとつの世代の倫理的かつ知性的な生活は、古くから続く祖先の伝統の中に埋め込まれていた。それぞれの世代は、エリアーデが初めの時〔*illud tempus*〕と呼んだものから、つまり祖先から、その真実を受け継いできた。あらゆる思考と経験が、この受け継がれてきた見解に包み込まれていた。

第二に、個人は、その個人の現実と実体をその人自身の中に保持しているのではなく、より大きなものの中に、論理的に言えば全称命題の中に保持していた。それが家族だろうと、一族だろうと、部族だろうと、なんらかの団体だろうと、それだけが真の現実であり、そこでの個人はある種の副産物にすぎず、エマナチオ〔流出物〕[9]にすぎなかった。[21]同様に個人の〈自己〉や魂もその人自身の中にあるのではなく、王の中に、部族の呪医の中に、ファラオの中にあった。[10]

第三に、自然への不可避の依存があった。母なる自然の語りは比喩ではなく、実際の現実だった。自然が地震や干ばつや洪水をもたらしたとき、人間はその自然に翻弄されるままで、人間の生存は、その自然次第であった。確かに人間は生産者でもあったが、人間自身の生産物の中にさえ、人間は自分が自然の子どもであることを示していた。なぜなら人間の生産物は、丸太や岩石、羊や雌牛、穀類など、自然によって生産されたものの代替物にすぎなかったからである。そして人間による生産様式は、自然の生産方法の模倣、つまりミメーシス〔*mimesis*〕だった。それは西洋芸術の前近代の理論の多くに反映されている。人間の生産性が創造性だとはいまだ考えられていなかったのである。

第四に、事実的な内部性はまた、運命や、自然の過酷な移り変わりや、支配者の気まぐれや、神の計り知れなさに対して、人々が疑問を持たずに諦め、服従していたことにも姿を見せている。

これが最後であるが、第五に、ユングが主張したように、たとえばオーストラリアの原住民たちが彼らの意識的生活の三分の二の時間を、ユングの言う「象徴的な生」[22]に捧げていたのなら、そしてもし、過去のその他のあらゆる文化に暮らしていた人々の公的かつ私的な生活が、同じように、彼ら自身の崇拝儀礼にその中心を置いていたのなら、見上げることは取るに足らない主観的な態度以上のものだったのであり、それが実際の現実だったことがわかる。たとえばエジプト人が、生活上の直接的でプラクティカルな目的には何の役にも立たないピラミッドや墳墓に対して、いかに多くの投資をしていたのかを、厳密に経済的観点から見てみると、それは本当に驚きである。人間存在全体を包み込む、より大きなものに対する彼らの形而上学的な献身が、そこには表現されていた。

3. 内部性の終焉

神話と形而上学の時代を通じて存在していた人間の自然への形而上学的な包摂について記述してきたが、そうしたものはすべてもはや存在しない。十九世紀と共に始まった近代では、アトラスがその仕事を失った。宇宙には、上も下もなく、地上はもはや中心ではなく、ミドガルドも存在しない。中心や上下といったアイデアは、コスモロジカル〔宇宙論的〕には単に無意味なものとなった。天上と地上の分離を維持していたアトラスがいなければ、世界の二親は互いに崩れ落ち、実証的なものになり、その結果、天上と地上のあいだの形而上学的差異も、地球・月・太陽・惑星・星々のあいだの差異も消え失せた。一方にこの地上世界があり、もう一方に超越的な世界があるという本質的な二重性はただ過去のものとなった。その状況は、私たちが均一な世界の定式を探し求めることに反映されている。実証主義的にはいまやただ、全体としての「ユニバース〔一つの宇宙 universe〕[11]」（もはやコスモス〔kósmos 多様な宇宙〕ではない！）を作り上げている形而上学的に同質な一つの材料だけがある。かつてコスモスという多様な宇宙の中にあった地球という惑星の位置づけは、まったく取るに足らない無意味なものになった。人類の月への飛行や他の惑星への無人ロケットの打ち上げの遙か以前から、月下の領域と神々の国として燃えさかる天界とのあいだにある越えられない限界は撤廃されていた。かつてユングが言ったように、たとえ最も大きな望遠鏡を使ったとしても、最も遠い星雲の背後に発見しようとしているのは、燃え盛る最高天[12]〔empyrean〕ではなく、「そうして、もちろん、私たちの目は星々のあいだに広がる空間の空虚さに絶望してさまようことになるのである」[23]。世界を取り囲むオケアノスは、〈いま、ここ〉という必然的なきずなによって容赦なく私たちを閉じ込めてきたが、それはもはや存在しない。私たちは外側から、つまり宇宙空間から地球を見下ろすことさえも、やってのけた[24]。形而上学的な見上げる姿勢は不可能となった。魂は、逃げ出せない場所としての大地を離れ、その結果、かつての内部性の感覚を失ったのである。

人間には正反対の変化が起こっているように思われる。個人、つまり単人称〔singular〕が、自分自身を中心として、そして究極の現実として確立された。団体や社会は形而上学的な実在性と現実性を失い、「集合的なもの〔col-lectives 集められたもの〕」へと、つまり社会契約というアイデアに基づく原子的な個人の集合体へと還元された。家系が自己理解に際して果たしていた影響力は失われた。現代の個人はもはや自分自身を第一に「誰々の息子」とすることはなく、自分自身を、中心として、そして自分の世界の中心として、把握する。「私」であることは、自分の座標系の原点となるのが自分だけであり、そうした自分を確立したことを意味している。同様に、アイデアや概念は、新プラトン主義的な意味での「全称〔universals〕」としての究極的な現実というかつてのステイタスを失った。その現実はかつて、特称の現実よりも優れており、全称に参与し全称に組み込まれる限りにおいて現実性を有していた具体的な個人の現実よりも優れていた。最も容易に理解できる実例は、性からの解放だろう。以前は何が「男性」であり、何が「女性」であるのかという明確なアイデアがあり、男性と女性の真の本性とその本性に従った社会における役割というアイデアが存在していた。概念はファイセイ〔*physei* 自然な本性〕だったのであり、それは事物や人々の本性や真の現実性を直接的に表現していただけではなく、それどころか、概念がその本性や真の現実性そのものだった。特称としての個人は、概念の中でのみ、そして概念を通してのみ、自分の真実と現実を保持していたのであり、だからこそ、たとえば同性愛のように正常から逸脱した感情や傾向は、実際に生じていたにもかかわらず、まったく「不実で」、「非現実で」、倒錯したものだった。一方で、今日においては、あらゆる多様性の中にいる個人に実際に起こっていることこそが唯一の現実であり、アイデアや概念や役割は人間を構成するものにすぎないとみなされている。単人称は、それ自身を普遍概念から解放したのである。いまや普遍概念は、まさしくフラトゥス・ヴォシス[13]〔*flatus vocis* 気息〕へと還元され、あるいはまた、単なる人間の圧制の道具として知られるようになった。

同じように人間は、たとえ完全には事実に即してはいないにしても、心理学的には、運命の移り変わりから、自然の過酷さから、そして支配者の恣意性から、自分自身を解放した。かつてこれらの力は、世界の本性に備わった自明な側面として、人にはどうすることもできず為されるがままに為されていた。つまり、「主は与え、主は持ち去った。主の御名は褒め称えられよ」〔ヨブ記一章二十一節〕ということであった。だが今日では、強力な次のような考えが存在している。すなわち、常に事実に即してはいないにしても、論理的には、人間は運命の一撃から身を守ることができるのであり、また痛みも病も、ある程度は老化や死でさえも、人間の科学技術によって正されるべき許容できない過ちなのである。私には痛みのない幸せな人生を送る権利がある、とさえ感じられている。経験的にも実践的にも、私たちの技術力は、天気や地震、火山、洪水、竜巻、病などの影響力と比較するといまだ愚かしいほど限られたものだが、それにもかかわらず、心理学的もしくは論理的には、つまり人間の現実の自己理解と自己定義に関する限り、人間によって為されることは原理上、制限がない。いまでは他の誰でもなく人間こそが、世界の存亡や、地球上の生命の連続性や、環境保護を管理し、その責任を担っている。

祖先信仰は、思春期や青年期の偶像礼賛に取って代わられた。他界した祖先たち、古代の人たち、翁や媼たちからもたらされる知恵を受け継いで見当識を得る代わりに、また伝統を洗練し尊重する代わりに、現代性は、（現代アートに見られるような！）不敬や挑発を歓迎するとともに、個々人の独創性とその不断の刷新の必要性によって特徴づけられている。

人間の生産性[25]に関して言えば、かつては自然の計り知れない神秘であった生産過程の技術的な盗用からそれは始まった。それが最も明らかなのは遺伝工学と生殖領域である。かつては、私たち人間の要求に沿って動植物を改変する唯一の方法は、繁殖による品種改良だった。それが今日のバイオテクノロジーでは、直接、設計することによって、新しいタイプの有機体を創造する可能性が得られるところまで前進してきている。同様に、人間の領域においても、子どもをつくらずに性交することも、性交なしに子どもをつくることも、いまや可能である。かつて生殖は、父なる天上と母なる大地との結婚を、いわば人間が儀式的に再演することを通じて、生殖という仕事を自然自身に行わせ、そうやってはじめて、もたらされるものであった。今日、生殖過程を直接的・技術的に操作することは、ますます可能になってきている。人工的な体外授精が可能となり、人工的な子宮の実現可能性すら生じ、「血のつながり」（「血は水よりも濃い」）の意味は論理的に消滅した。家族構成員間のきずなは論理的にはもはや自然に基づくものではなくなり、社会的で心理学的な、偶然のものにすぎなくなる。つまり、そう遠くない将来には、赤ん坊は素晴らしく健康に設計され、名前のない「原材料」をもとに実験室で生産されるようになるだろう。その結果、父親はもはや父親ではなくなるだろう。なぜならある父親が子どもの父親になったとしても、それはただ「父親」という役職に就いただけだからである。しかも、自分が自分の子どもの内で、自分の子どもを通じて、継続していくという感覚は、事実上、その基盤を持たなくなるだろう。「母親」と「父親」というアイデアそのものが、そしてまさしく母親元型と父親元型というアイデアが、その尊厳を失うことになるだろう。たとえこうした生殖のあり方が、実際的には非常に難しいものだと証明されたとしても、論理的には自然な生殖方法との根本的な決裂と、その無邪気さの喪失はすでに生じている。

　しかしこういった事柄は、産業革命のはじまりに内在していた変化の、最も露骨な事例であるにすぎない。フランス革命の時代にラボワジエ[14]の登場と共に始まった近代化学によって、人間の生産性はもはや自然の生産物（ナトゥラ・ナトゥラタ[15]〔*natura naturata* 所産的自然〕）の単なる代替に限定されることはなくなった。それはたとえば自然界には存在しない人工物質を生み出すことによって、それ自身がナトゥラ・ナトゥランス[16]〔*natura naturans* 能産的自然〕のように振る舞う。私たちは「デザインされた物質」や「知能を持つ道具」すら手にしている。自然は「母」としての地位から退位させられ、計り知れない起源としての地位から退位させられた。いまや自然は人間による生産のための単なる原材料となり、部分的にはすでに自然自体が人間の生産物になっており、「自然」と「人工」の境界は根本的に曖昧になっている。これはすでに言及したような事実に、つまりいまや人間が自然を自分たちの「問題児」として保護しなければならないという事実に対応している。

　かつて人間は、馬力や風力や水力といった自然が供給するエネルギー源に全面的に依存していたが、いまや技術的にいつでもどこでも好きなように自分のためのエネルギーを生み出している。その初期には蒸気機関によって、現在ではさまざまな種類のモーターやバッテリー、そして原子力によって、その力を我がものとするようになった。かつては尊ぶべき潜在的な現実であり、独自の実在的な現実であった女神ニュクス〔*Nyx*〕、つまり〈夜〉〔the Night〕は、いまや日光の欠如にすぎないものへと還元され、電灯によって補償されたり、その潜在力を根本的に取り去られたりする。こうしたことも、この変化の一部である。「世界はライト〔light〕になりつつある」[17]という語呂合わせは、初期の重工業が石炭と鉄鋼機械に頼らざるをえなかったのに対して、いまやエネルギーの担い手としての座は、ゆっくりと石炭から水素という最軽量の元素へ取って代わられ、鉄鋼機械は光であるレーザーにますます取って代わられるというプロセスが、すでに進行していることを指している。

　明らかに、人間が自然に埋め込まれているというあり方は終焉を迎えた。しかし、「意味」が意味を持つのは、この内部性において以外ではありえないのであるから、ここ最近の二百年が、意味の喪失[26]や疎外感や虚無感を経験しなければならなかった理由は明白である。ユングが言ったように、「魂は孤独になった。魂は教会の外〔*extra ecclesia*〕にあり、救いのない状態にある」[27][18]。魂は、また同様に、自然の外〔*extra naturam*〕にある。こうした洞察をもとに、私たちは自分たちの論題に戻ってきた。そして、この洞察によって、「ない。私たちにはもはや、明らかに、いかなる神話も存在しない」というユングの最初の診断に一つの根拠を与えたのである。

4.「内部性の終焉」への反応の二つの基本線

この根本的な変化に対して、二つの正反対の態度が生じうる。一つは、歴史の展開によって引き起こされた現実の状況にあらがい、過去の真実にしがみつき、それを固守しようとする態度である。もしくは、歴史が私たちを位置づけた新たな状況を認め、どのように考えたらよいのかをその状況から教わろうとする態度もありえる。この二つの選択肢が、私たちを弁証法へと巻き込んでいく。

この二つ目の選択肢は、自分を現実の状況に位置づけることで、かつての内部性の定義を、すなわち、見上げるという子どものステイタスや、自然への包摂性の感覚を手放している。一方で、実際には、まさしくいまや「無意味性」という状況の内にあるというリアルな内部性を維持する。こうした姿勢を取るならば、歴史はいわば魂の錬金術的レトルトであり、私たちは集合的にはこのヘルメス哲学的に密閉されたレトルトの中の第一質料である。そして、私たちは歴史の錬金術的作業の一つの段階から次の段階へと移され、その都度自分たちがまったく新たな世界状況に身を置いていることに気がつくことになる。[19]

第一の選択肢は、「意味」を探し求めることで内部性の古い感覚を守り、すなわちかつての状況が備えていた内部性を守るが、それゆえに実際にはみずからが最も切望しているものを、つまり実際の現実としての内部性を放棄しなければならなくなる。しかし、今日、実際の現実の内部にあることは、教会と自然の外〔*extra ecclesiam et naturam*〕にあることであり、まったく新たな心理学的状況の内部にあることであり、古い状況の内部にあることではない。いずれにせよ、喪失は不可避である。

第一の選択肢は、内部性がいかなる種類のものであるべきかを指図しようとするため、それは魂の錬金術的な過程に対するわがままな反逆である。それは、一つひとつ段階を経て魂の論理的な生の変容に取り組む課題から逃れようとする企てである、と理解されなくてはならない。第一の反応は、意味を有し、すなわち内部性のステイタスを有していると主張するが、それ自体は、イマジナルに歴史という錬金術の容器への包摂の外側にみずからを位置づけ、その場を保持する。その容器の外側から、みずからがあるべきだと考えるステイタスを規定し要求し、みずからがいまある状況を耐え難いと考えて、それを批評し非難する。たとえば、すでに確認したように、ユングが神話的意味を必要不可欠なものとし、無意味性を心的な病の耐えがたい原因であると断言したのは、まさしくそのような行為である。人々が教会の外〔extra ecclesiam〕にあるときに、ユングはまさしく人騒がせなことを言いふらし始め、「物事は本当に恐るべきものとなり、〔中略〕あなたたちは地獄の悪魔どもに直面する」という。[28] さらには、人々の前には「虚無〔*das Nichts*〕がぽっかりとその口を開き」、人は「恐怖して、そこから顔をそむける」というのである。[29]

虚無の恐怖によって脅すことは、意味を希求する人々の方略の一つである。同様の目的のために好まれる別の方略は、こうした変化を不平不満の心理によって生み出されたものだと解釈することである。この変化は、衰退・退廃・過ち・病とみなされる。それは私たちの過ち、私たちの傲り、私たちの怠慢、私たちの健忘症に起因するものだとされ、すべては私たちの罪となる。ユングは、西洋はその精神的な遺産を浪費してきた、と述べている。[30] 私たちはあまりにも合理主義的であり、あまりにも父性的で、あまりにも一面的であったのであり、だからいまこそ、私たちは謙虚になり、無視されてきた無意識に向き直り、それを真の意味の源としなければならない、と主張する。

　この方略は、魂と自我のあいだの、魂と合理的な知性のあいだの、構造的な神経症的解離と共に機能している。それは「善きものはすべて神から、悪しきものはすべて人間から[31]〔*omne bonum a deo, omne malum ab homine*〕」といった思考形態に従っている。たとえユングが時折、「ますます象徴が貧困化していることには意味がある、と私は確信している[32]〔後略〕」とあえて述べて、この変化は歴史や魂の錬金術における必要な展開であり、したがってそれは私たちの行為ではなく魂の行為であると暗に示していたとしても、ユングの主たる立場は、それを私たちの過ちとするものであった。

　この考え方の問題点は、それが非難している当の自我のひどい傲慢さを、みずからが体現している点にある。無意識への謙虚な服従は、一つの経験主義的な行動にすぎず、一つの行動化の態度であり、自分はいまの偶然なあり方よりも、もっと立派なものだと主張する内的な論理的な尊大さを覆い隠している。それは、自分を神の戯曲の役者だと主張することであり、プエブロ・インディアンのように、自分を太陽の息子や、神の息子だと主張することであり、あるいはユングのように「この『母の老いた息子』」、この『老人』、この『古代のもの』、〔中略〕これらは常に存在し続けて、これからも存在する[33]」と主張することである。そうして私たちにより高次のステイタスを与える形而上学的あるいは神話的装いがあると主張している。

　この第一の選択肢、つまり神話と形而上学から現代性へと向かった根本的な変化に否定的な解釈を与えることは、うまくはいかない。ここまでくればもう明らかである。私たちは第二の選択肢に立ち戻らねばならない。すなわち、魂のプロセスによって私たち自身が位置づけられるままに、その状況に入り込むのである。それが私たちにみずからの状況をどのように解釈したら良いのかを教えてくれるに違いない。

5. 象徴の死というユングのアイデア

そのような解釈の大筋にふさわしい雛型として、ユングによるある着想を頼りにしてみることができる。しかし、それは彼の著作の中ではかなり孤立していて、ユングのその後の思考との一貫性がないように見えるとても異質な着想である。それは彼の象徴に関する見解であり、『心理学的類型〔タイプ論〕』（§816）[34]の「定義」の節に見いだされる。ユングは次のように記している。

> 象徴は、それが生きている限りは、それ以外のやり方ではその性質をうまく表せない事柄を表現している。象徴が生きているのは、それが意味を孕んでいるあいだだけである。ところが、ひとたびその意味が象徴から外に生まれ出てしまうと、すなわち求められ期待され予見されていた事柄を、それまでの象徴よりも的確に表すような表現が見いだされると、その象徴は死に、もはや歴史的な意義しか持たなくなる。それでもなおそれを象徴と呼ぶとすれば、それはより適切な表現が生み出される以前に象徴であったものをそう呼んでいるのだという暗黙の前提に立っている。〔中略〕あらゆる秘教的[20]〔esoteric〕解釈にとって象徴は死んでいる。なぜなら秘教主

義〔esotericism〕はすでに象徴に（少なくとも表面上は）より的確な表現を付与しているのであり、その結果、象徴は、別の形で、より完全により的確に知られている意味連関に対する単なる因襲的な記号にすぎないものとなるからである。象徴は、公教的な〔exoteric〕観点から見られたときにのみ、生きている。

ここでユングは、象徴の意味に関しては懐胎と誕生のイメージを用い、象徴の解釈に関しては公教的〔exoteric〕と秘教的〔esoteric〕という観点をアイデアとして用いている。象徴は、与えられた意味の未完の胎生の形式にすぎない。象徴が生きている限り、その意味は未生のままであり、完全に日の目を見てはいない。意味の誕生は直ちに、以前の胎生の形式の死を、すなわち象徴形式の死を意味し、この意味がよりふさわしい表現を得たことを示している。象徴の死は、それが扱っているもののよりふさわしい定式の誕生となるため、耐え難い破局とみなされるようなことはない。それは変容であり、確かに喪失は伴うが、究極的には一つの獲得であり、一つの進歩であり、懐胎から誕生への生物学的な移行とちょうど同じである。したがって、象徴として死に、そうして素朴な懐胎（潜在性〔implicitness〕、即自存在〔*Ansichsein*〕）というはじめの閉じ込められた形式から生まれ出ることが、まさに意味の目的地である。

解釈する心〔マインド〕の動きは、意味の動きとは正反対のものである。意味がなお象徴の胎内に隠されている限り、心《マインド》はそれを外側から眺め予見する。これが、ユングが心《マインド》の公教的観点と呼んだものである。象徴からの意味の誕生は、心の意味へのイニシエーションと手を取りあって進み、象徴は象徴の内側から意味を理解し、象徴は象徴を十分に意識する。そして意味は明示的になり、概念的に理解される（＝秘教的観点）。しかし、それは当然、象徴の神秘性の喪失に等しい。象徴は脱神話化され、脱神聖化され、いまやそれは意識の単なる通常の内容となる（ユングはそれを「因襲的な記号」と呼んだ）。

そのため、「意味の内部にあること」（＝まだその意味を懐胎しているだけの生きた象徴）と、「公教的観点」とが、同じ状況を逆側から見た記述であることを、私たちは理解しなければならない。

ユングによる象徴についてのこの一節は、彼がヘーゲル的な止揚を用いて真の弁証法的思考にまで高まっている稀有な瞬間の一つである。

ユングはここで、個々の象徴の意味の歴史やその運命だけを論じている。公教的観点から秘教的観点への意識の移行を通じて一個の象徴が死した場合、この喪失が異なる意味を懐胎した新たな象徴の発生によって補償され、新たにそれに魅了されることもあるかも知れない。実際にこれは、歴史上で幾度も起こったことである。古い神々や象徴が説得力を失い、新しい神々が人々の心を捕えきれないままで、ゆっくりとその姿を現してくるという文化的危機の時代は数多くあった。まさに多神教から一神教への大きな移行について考えてみるとよい。これらの移行の時代は、意味の喪失による経験的で一時的な苦難の時代であったが、一方で、この経験的な意味の不在の期間を経ても、根本的で論理的な内部性は継続していた。こうした種類の変化や苦境は、もはや古い家にはおらず、まだ新しい家にも入居できていない転居の際の不安にたとえることができるだろう。

しかしここで、ユングが個々の象徴について述べたことを、私たちの主題に、つまり全体としての人間存在の意味に関わる問いに移し替えると、私たちはまったく異なる性質を持つ桁違いの歴史的な断裂に直面させられる。こうした変化は、単なる場所と環境の変化である転居に比較しえるものではもはやない。転居の方は、移動する人のアイデンティティに直接的かつ本質的に影響するものではない。だがこの歴史的な断裂は、たとえば、思春期における変容により近いものであり、その時期にはアイデンティティの本質的な変化があり、一人ひとりが子どもから男性や女性へと変化するという人物の再定義がある。その人たちの家は以前とまったく同じままかもしれないが、ここで、いわば再編成されるのは、その家の中にいる人物自身である。その人は、同じ変わらぬ家の中で目を覚ますが、突然、別の人物として目を覚ますのである。[21]

「変化」という理念は「昇華され」、変化自身の中で振り返られ（内化され〔interioreized〕）た。[22] つまり、ここでの変化は、もはや無傷の実体や主体の移動する運動を指してはおらず、むしろこうした実体や主体それ自身の内なる（「錬金術的」）変容である。言ってみれば、この変化の理念はもはや行動には移されず（概念の水準における行動化に注意せよ！）、「内化〔*erinnert* 思い出化〕」される。[23] この動きは、それまではその周囲を巡っていただけだった当のものに完全に帰還したのである。[24]

　私たちがいま議論している「象徴」は、このような、意味する作用であり、〈意味〉である。それは神話や、象徴的な生や、イマジナルなものや、宗教や、大きな物語である[25]——つまり、この〔限定的な〕神話や宗教や大きな物語ではなく、この〔限定的な〕意味でもなく、純粋で素朴な神話や宗教であり、要するに〈意味〉である。そして、この「象徴」から（すなわち〈意味〉から）生まれた（小文字の）「意味」は、人間それ自身であり、あるいはそうした意識そのものであり、人間存在一般である。なぜなら意識はそこから、そうした神話から、総じて言えば宗教から生まれ落ちたのであり、そのため、より高次な意味全般は、いまや歴史的な重要性しか持たなくなった。それらのものはいまなお存在するが、複数形で存在し、商品——死んだ意味——という還元された状態へと縮小した。それにもかかわらず、もしそれらのものが意識をいまだにその統治下に置いたままにするならば、そして新たに二次的な神秘性やオーラや、新しい内部性の感覚を創出するならば、それはいまや意識を麻痺させ、意識を高揚状態にさせる（スピリチュアルな）薬物のステイタスにあるのだろう。

意識を構成する形式としての神話・宗教・大きな物語は、死んでいなければならない。すなわち、神話・宗教・大きな物語からのそれらの「意味」である〈人間〉の誕生は、この「意味」の人間による解釈が、すなわち人間自身の人間による解釈が、いまやユングの言うところの秘教的なものになったという事実に等しい。人間はいまやその意識の内側から、したがって意識として、言語的なものとして、解釈と象徴形成の過程として、みずからを理解し、みずからを見渡している。その解釈が外側の観点を立ち去り公教的な観点を後にした程度に応じて、意識の内容（それ以前の象徴・神話的イメージ・宗教的着想）は、もはや素朴に額面どおりに受け取られることはなく、客体そのものとして、原初的な顕現の現象として信じられることもない。そうしたものはいまや、高尚なユング派的な意味の象徴ではなく、人間の心《マインド》の所産として、「因襲的な記号」[26]としてみなされることが可能であり、そうみなされなければならない。実際のところシニフィアンとして、また究極的には文字として、書きものであるエクリチュール[27]として、読まれ解釈されるのである。そうしたものは、信じられることも、委ねられることもなく、私たちがそれに包み込まれることもない。

このような現状において、（単なるあれこれの象徴ではない）「象徴的な生」や〈神話の意味〉そのものは、疑わしいものとなった。もし、私たちが来るべき超人の夢を見たニーチェにすすんで従うのであれば、新しい意味、新しい「神話」や宗教、そして、新しい人間の実存の内部性を懐胎した新しい「象徴」だけが可能なはずである。ニーチェが主張したように、もし人間が克服されなければならないものだとすれば（そして克服されえるならば）、そしてもし人間が実際に動物と超人のあいだをつなぐロープであるならば、そのとき、そしてそのときにのみ、古い内部性は神と神話の死と共に終焉を迎え、新しい内部性と新たな意味の懐胎状況に取って代わられるだろう。この人間から超人への移行は（ある家から別の家への転居という）移動する運動のようなものではなく、一つの同じ主体の再定義あるいは再構築が行われる思春期の変容のようなものでもない。それはむしろ、新しい人間の新しい創造であり、そしてそういうものとして、意識の現在の論理的な基盤の交代あるいは交換であり、いままでわかっていた人間の姿が、一つの異なる意識基盤によって、新しい別の心を持った人間の革新的に新しい定義に取って代わられることである。それは意識の進化や意識の歴史の自然な継続ではなく、真に新しい始まりである。未知の未来である超人は新しい象徴であり、その「意味」は現代の人間の理解にとって、いまだ象徴から産まれ出てはいない。象徴に関連して言えば、象徴に対して秘教的になった現代の人間の心《マインド》は、この新しい人間の定義に対しては再び公教的になるのだろう。

一度、意識がみずからに対して意識的になり、意識自身において秘教的になると、この新たな内部性を可能にする条件は、ある種の根本的な破砕であり、解釈する心《マインド》の断絶となるだろう。しかしながら、人間と超人の二重性と共にもたらされた人間の定義における断絶というアイデアと、一方から他方への継承というアイデアとは、逆説的に、意味の内部性の感覚を、構成的でそれゆえに欠かすことのできない人間存在の定義の一部として、継続させ救済する虚しい試みである。そのことをいま私たちは理解しなくてはならない。これまでの人間の歴史と同様に、その都度の新しい象徴の継承は、実際には次のことを保証してきた。つまり、一つひとつの古い象徴に備わった特定の内部性の経験的な喪失によって、そのたびに被ることを余議なくされた文化的危機が多くの時代にあるにもかかわらず、人間は根本的には（論理的には）、この内部性の感覚から転げ落ちたことはなかった。

しかしながら、ニーチェの超人のアイデアが、幻想とさえ言えるユートピアであることが明らかになって以来、人間の潜在的な後継者を望むことができないことは、私たちにはわかっている。それでも人間は継続してゆくということが示しているのは、意味の内部にあることを失ったその場所に、あえて人間が留まらなくてはならないということであり、この喪失は根本的で、取り返しの付かない、論理的な喪失として人間に降りかかってきているということである。また、一度徹底して意味の外に生まれ出た状態から人間を解放する新しい二重性はどこにもなく、この変化による変化そのものへのイニシエーションから人間を守るものはどこにもない。そのときこの変化は、人間に帰り着き、人間に（発酵・分解・再構成という意味で）錬金術的に作用している。この喪失は一時的なものではない。それは現実の差異を生み出している。しかし、人間を超人へと膨張させていくよりも、むしろこの変化は、人間自身の概念の元にある人間に、いままでの高尚な高みから降りてくること強いて、さらには荘厳な宗教的なあるいは神話的な装いを身にまとうことのないまま生きることを強いている。

6. 人間、その未生

人間は「裸の猿」であるというよく知られたアイデアがある。[35] このようなアイデアは、太古の昔から一般的なものである。プラトンによれば[36]プロタゴラスの神話の中では、人間はもともと「靴も寝具も武器もない剥き出しのもの」として表されている。動物と比較して考えれば、自然は人間の継母であると言える（〔*natura noverca* 自然の継母〕というトポスは少なくとも紀元前五世紀以来のものだ）。多くの哲学者と人類学者は、人間は（ヘルダーの言う）欠陥存在〔*Mängelwesen*〕であり、生物学的に不足のある存在だと指摘してきた。人間の文化は、したがって、人間の生物学的な欠陥をみずから補償したものであると理解されている。これらの見解の生物学的な妥当性に反論したり、その裏に隠された洞察を論駁したりすることは控えて、一つの異なる主題を提案しよう。ニーチェの超人のアイデアに立ち戻るなら、私は人間のことを、より正確に言えば人間がこれまで考えてきた人間のことを、「超動物」と呼ぼう。そして、逆に人間とは、人間に比べて剥き出しであるとされる動物や猿なのであると言いたい。ニーチェの超人が――仮に存在するに至っていたならば――肉体的には人間のままであっても、論理的には新たな創造物であったように、人間は生物学的には動物のままでありながら、実際に論理的には、新しい創造物であり続けてきたのであり、いままた新しい創造物なのである。

プラトンがすでに指摘したように、[37]動物は取り外し不可能な生来の毛布や寝具を着込んでいる。肉体的には、動物は保護的な覆いを身につけているが、論理的あるいは形而上学的には、裸である。動物は、直接的に環境に投げ出され、曝され、良くも悪くも、みずからの責任でみずからのために生きなくてはならない。動物と外的現実のあいだには何も存在しない。現実に適応するために必要なものをすべて自分の内に備えている以上、動物はそれ自身で十全で、自律的で、自己充足的である。動物はもともと自身の法則、すなわち本能を備えている。もっぱら動物が備えているものと動物自身とで、動物は生活やその環境世界を難なく渡っていける。動物は愚かさを知らない。幻想も希望もユートピアもなく、意味も持たず、上を仰ぎ見ることもない。これが動物の裸性である。この動物は、現実的で合理的で実直である。ユングが指摘したように、[38]動物は生来、行儀がよく、法を守る市民である。動物は絶対的に成熟した大人であり、しかもつまりは、本質からして成熟しているのであり、それゆえに抜きがたく成熟している。動物の生の営み方は、完全に熟練したものである。

そのため、動物は完全にこの世に生まれたのだと言うことができる。誕生とは、保護的な子宮への包摂から、冷たく危険な環境に対して剝き出しに曝されることへの移行を意味している。また、誕生は、必要を感じたときに、自動的に絶えず与えられていた状態から、自分の必要なものをすべて自分で面倒を見る状態への移行でもある。新生児が呼吸や哺乳の吸引を突然に始めなければならないのに対して、動物は生まれてすぐに餌を求めての相互に競い合うことが求められ、しばしば成長した動物にも増して自分の生活のために駆けずり回らなくてはならない。

文字どおりの誕生とは広い意味で誕生の始まりにすぎない。これから続く考察のために以下のことを心に留めておいてもらいたいのだが、完全に生まれることは、逆説的ではあるが、完全に大人であり、完全に成熟していることと同義である。すなわち、両親に頼ることなく、自分自身を頼りとし、何らかの媒介物によって環境から守られることなく、裸で曝されることである。この状態に到達したとき、そのときだけ、誕生は完結する。

ここで動物から人間に視点を戻すと、現代にいたるまでの人間は、この両方の点で、動物とは真逆のものであることにすぐに気がつくだろう。いままでの人間は基本的に子どものステイタスにあり、神々や世界の二親や父なる神を仰ぎ見て、母なる自然や母なる教会や、その他の子宮的な器に包摂されていた。先祖崇拝は、不滅の精神的な父母に対して「子どもから」敬意を示す祭典以外の何だというのだろうか？　形而上学的には、人間は、「人間自身のための人間」[39]ではなく、自分自身の責任において生活していたわけでもない。人間は自分の法則を自分の自然な本能として自分自身の内に携えているのではなく、むしろ、そうしたものは外側の上方から「石版に記されて」[28]人間のもとにやってこなくてはならなかった。自分の行為に対する究極的な責任でさえ、神々に預けられていた。ユングがプエブロ・インディアンのもとで観察したように、「自然の充溢した威厳」を伴って心的には確かに成熟した大人であったとしても、心理学的（論理的あるいは形而上学的）には明らかに子どもであった。実際に、彼らの経験的な威厳と成熟は、プエブロ・インディアンが論理的には父なる太陽の子であり、そうあり続けた確かな結果である。太陽や父との「宗教的な」関係からプエブロ・インディアンは自分たちの強さと権威とを得ている。同様に、世界の多くの伝統社会にみられる思春期イニシエーションは、確かに人を子どもから社会的な大人へと移行させる課題を担っている。しかし、まさしく彼らは、イニシエーションに臨む者を、形而上学的な子ども性へと論理的に参入させることによって、この課題を達成してきた。しかも二十世紀後半においても、この人間の深く内的な子どものステイタス（「the *filiatio* ―― 神の子性」[40]）の実現が、ユングの心情《ハート》を捕らえる一つのアイデアであり、その心理学の中心的な目標の一つであった。

人間（ここでは経験的な個人ではなく、論理的な水準で広い意味での〈人間〉とその「人間性」のことであり、つまりは、私たちすべてが、いままさにそういうものとして生きていて、そのもとで生きている概念）は、環境の中に直接産み落とされるわけではなく、二十世紀の実存主義者たちが考えたように「実存へと突き動かされている」わけでもない。まずもって人間は、神話、意味、アイデア、イメージ、言葉、信条、理論、伝統の内に生まれ、それらに包摂されている。これらのものは、人間と外的現実のあいだに取り消せない形で存立していて、そのため人間は剝き出しではなく、外的現実も剝き出しではない。世界のあらゆるものは絶望的なまでに神話的な装いに包まれており、単にプラグマティックなものなど何もない。道具、武器、自然界の事物や出来事、その大小に関わらず日々の活動は、すなわちあらゆるものは、その原初的で神性な起源に関する物語と、その宇宙的な意義に関する物語を備えており、そして、この神話的あるいは形而上学的な現実がその第一の現実である。剝き出しの現実には根本的に手が届かない。つまり、人間はこの世界にたどり着いたときに、継続して動き続ける完全に包括的な〈ある一つの夢〉の中に入ったのであり、この夢は、人間の現実の世界であり人生であり、人間の「現実原則」であるため、覚めることのない夢である。私たちが意識と呼ぶものは、（通常は「無意識」に属していると考えられている）多くの特定の文字どおりの夢と同様に、まさにこの〈夢〉にその多くの部分を占められている。

あるいは、人間は〔この世界にたどり着いたときに〕一つの〈箱庭〉に入ったと言っても良いだろう。この箱庭は、箱庭療法の文脈における通常の箱庭とは異なる。箱庭療法の箱庭は、人生の経過における出来事や意図的な行為遂行ではないが、この〈箱庭〉は人生そのものであり、それ自体で全体である（そして自分一人の人生であるだけでなく、数千年に渡る人々の集合的な人生である）。この箱庭の箱は現実の世界（自然、宇宙）であり、このミニチュアたちは、現実の人々や、動物や、植物や、事物や、出来事である。箱庭で遊んでいるあいだ、夢を夢みているあいだ、それらは絶対的に現実であり、唯一無二の現実である。夢見手とその夢には、覚醒している心《マインド》の現実性はまったく存在しない。夢はその外側に他の世界を持つことはない。同様に、人が生きている人生としての一つの〈夢〉あるいは〈箱庭〉が、「知性と存在との合致〔*adequatio intellectus et rei*〕」という真実に関する問いを抱えることはなかったのである。真実は「絶対」であった。真実は存在し、実在していた。すなわち、真実は、物理的・宇宙的に存在していた。事物と出来事は、そうしたものの神話的でイマジナルな統覚であったし、神話は現実の真の本質であった。魂は本質的に現実主義者である〔*anima naturaliter realista*〕とさえ言ってもよいかも知れない〔「魂は本質的に現実主義者である」の現実主義者は、ここでは中世の普遍論争の意味での現実主義者を指している〕。

人間は根本的に未生である。生物学的には文字どおり誕生したにもかかわらず、論理的には子宮への内部性を決して後にしていない。生物学的誕生に際して、人間は生物学的子宮と、形而上学的子宮を、つまり〈意味の子宮〉とを交換しただけである。個人主義的に表現するなら、事実上、人間は誕生の論理的な棘の痛み（誕生には汝の棘がある）[41]を和らげることに成功したのである。誕生とは、動物にとって子宮内の内部性から無慈悲に追い出され、外部環境に剝き出しに曝される根源的で取り返しの付かない破砕であるが、人間はその論理的な（感情的でもなく、経験的でもない）トラウマから逃れることに成功した。文字どおりの生物学的な次元の誕生をなんとか無効化し、そして意図せずに、それをコントラ・ナトゥラム〔*contra naturam* 自然に反する〕目的に利用することに人間は論理的に成功した。その本来の意図された（剝き出しに世界に曝され、成人性へと放逐されるという）目的からすると、この誕生は流産を強いられたと言える。この誕生は、もう一つの未生の状態へと、もう一つの子ども性へと強制的に導かれていった。

これがどうやって機能したのかといえば、根本的な逆転によってである。人間は動物としての自分に備わっていた本能を手放し、本能的な知識を人間の内側から外側の環境へと、宇宙全体へと、論理的に投影したのである――現代の私たちが経験的・技術的に衛星を外軌道へと打ち上げるのと同じように。それによって人間は、個々人の私有財産であった自然知に備わる固定性や確実性や経験的な現実性を手放し、その代わりに、人間性一般の共同体に属していて、精神的な着想に備わる開放性や不確実性や仮想現実性を手に入れた。こうして、仮想子宮が形成され、それは、いままでどおり人間に強いられている生物学的な出産の後に暮らすことになる物理的な外部環境全体さえも包み込んでいる。この逆転によって、子宮の中の内部性は、実際の誕生という出来事さえも超えて保たれ、動物たちが獲得する成熟した大人性への誕生は永遠に延期されるだろう。もう一方で、人間は物理的に剝き出しで、庇護されず、不完全に本能を備えたものになるのだろうが、それは人間が形而上学的には胎生期の庇護性を離れられないためである。

　こうしてみると、自然の誕生はさながら、その報酬を騙し取られ、別の目的に用いられたわけであるが、では、この目的の再設定によって得られる報酬とは何だろうか？　それは心《マインド》、魂、ロゴスの発生である。ここまで見てきたように人間が生物学的に誕生し、その誕生を使い尽くしたことで、外的環境における剝き出しの存在へと人間が完全に誕生することは、すなわち自己充足した動物存在の成熟性と大人性の中へ誕生することであり、人間の生物学的誕生は、何か他のものの誕生へと、いままでに聴いたことのない信じがたいものの誕生に向けて解放されることになる。すなわち、それは、意味という見ることも触ることもできない形而上学的次元であり、意識という領域である。それは仮想現実であり、仮想であるので、生物学的なものを完全に廃止することはない。ここに生まれたものは、生物学的誕生と形而上学的誕生の差異でもあり、さらに一般的な言葉で言えば、経験的なもの（「文字どおり」、「実証的－事実的」なもの）と論理的なものとの差異であり、心的なものと心理学的なものとの差異である。

　こうしてみると、人間が文字どおりに誕生したとき、実際には、人間はまったく誕生していない。人間は、母の生物学的な子宮と、第二の子宮を交換したのであり、つまりスピリチュアルな子宮や、心《マインド》やイメージや意味からなる羊膜嚢とを交換したのである。人間は外部環境に直接的に誕生するわけではない。人間は、人間という心と魂の〈存在〉に「生まれ」でる。宇宙飛行士が実際に宇宙空間に直接飛び出ていくのではなく、外界から身を守ってくれる宇宙船に滞在したり宇宙服を着ていたりするように、文字どおりの生物学的な誕生で、外部環境の中に生まれた人間は、論理的には動物のように環境に直接曝されることはなく、いわば宇宙服に安全に身を包まれて、その外部環境へと入り込んでいる。あるいは、イメージやアイデアや概念や言葉による環境服に身を包まれて、と言った方がより適切かもしれない。

いま、人間は、人間という心と魂の存在に生まれ出たと述べたが、これは少々、時期尚早の発言であった。宇宙服のイメージの方がより精確だろう。このイメージが明らかにするのは、宇宙服を着ている人と、宇宙服そのものは、原理的に異なる二つの「物質」に分けられることである。個人としての近代人は心と魂の中にあり、根本的に自分のイメージと概念の繭に包まれて生きていた。心と魂は、外側に、彼のまわりに、世界の中にあった。すでに見たように、アイデアと概念は直接的に現実であり、新プラトン主義的な意味で実体であった。アイデアと概念は事物の真なる本質であった。その一方で、宇宙服のイメージには欠点もある。それはあまりに堅固なものを暗示してしまう。そのため、ここでもう一つ別のイメージに移行してみよう。つまり、人間は第二の羊水の中にいるように、心と魂の中を漂っていた、とも言えるのである。

動物は、まるで後ろから押されるかのように、自分の内側から本能によって、突き動かされている。そのため、動物は根本的には無意識的であり、身体に根差した生得的な解放機構の中に含まれた本能の法則をその背中に携えている。対照的に、人間は、本能と同等のものとして法を持ち、あるいは人間の本質を表す論理や人間の生を表す論理を持ち、もはやそれは解放機構の形式で人間自身の中に保持されることはなく、外側に（宇宙や、星々や、自然の物事や出来事の中にある）自分の世界の地平として保持され、神の姿や神のお告げの形式で保持される。また、この人間の本質を表す論理に関する知識は、根本的にア・ポステリオリ〔後天的〕に獲得されるものであり、部分的にはおのずから現れるヴィジョンや、啓示や、幻影として現れ、また部分的にはこの世界において読みとられるものとして現れる。またその一部そして大部分は、人間のイメージや構想に関する世代を超えた伝統的な備蓄を通じて現れ、そうして受け継がれていきながらも、その都度、新しい世代の新しい生活によって、さらに満たされていく。だからこそ人間は根本的に意識的であり、本来的に不可避的に意識的なのであり、すなわち、人間の本質を表す「法」は人間の心よりも以前にあり、その法は人間にとって知の形式を備えていて、人間は、みずからの鏡としての（神話的に、あるいはイマジナルに知覚される）自然界に、つまり自分の外側に法を据えて見ている。人間は「超動物」であり、人間であり、人であり、なぜなら、人間は包環する地平の形式において自分の外側に「法」を保持し、そのために無意識的な内側（自分の本能）を手放したからであり、さらには、法を知る精神的・理念的・文化的・共同体的な形式のために、個別の身体に根差した自然法の自働的な本質を手放したからである。天に根を生やし大地に向かって成長する樹木という古くからの象徴は、ここで議論した逆転を映し出しているのかも知れない。

動物の無意識と人間の意識との唯一の差異は、動物はその法や論理を身体に根差した生得的な解放機構として自身の内に持っており、一方で人間は、逆に外側にあって彼自身を取り巻く地平として、すなわち知識として、その法則や論理を持っている、という点にある。しかし、始まりにおける「知っている」という確信に関する限り、両者に違いはない。もともと人間は、動物のように世界に適応して、そこでくつろいでいた。人間の持つ本質的な知識〔人間の本質である論理に関する知識〕は論理的にいってア・ポステリオリ〔後天的〕であるにもかかわらず、人間存在は答えと共に始まり、そこに問いはなかった。真の問いはなく、不可解な謎もない。人間は答えの中へと産まれ、答えと共に始まり、全面的に答えの中に埋め込まれていた。困惑するような問いは、長い文化発達の末に生じたに過ぎない。これが、人間存在が、論理的には常に楽園にその居を構え、一方でただ経験的・実践的にだけ「楽園追放後」の生を生きてきた由縁である。楽園と、エデンの園の外側での生とは、ただ物語的に「前」と「後」とに分かれただけであり、論理的には分かれていなかったのである。論理的に、それらは同じコインの表裏のように同時に存在していた。真の区分は、「論理的に」〔あるいは「形而上学的に」〕と「経験的に」〔あるいは「実体的・実際的に」〕とのあいだに、あるいは「魂の深みの中」と「外的現実の中」とのあいだにあるのであり、つまり、楽園あるいは黄金時代[29]は、楽園追放後の世界や鉄の時代やインドのカリ・ユガ[30]においても、人間の経験的実在の論理的な真実であり続けた。

動物は自分が何をしているのかを知ることはない。動物はただ、しなければならないことをしているだけである。良心〔*con-scientia* 知識を共に〕を伴わず、判断機能〔*syn-eidesis* 知識でもって〕も伴っていない。これは人間の状況とは違う。人間は意識である〔意識として存在している〕ので、自分が何をしているか、あるいは何をしたか、何をするべきかを知っている。しかし、人間ははじめ、自分の知について無知であって、自分自身の意識性を意識していない。自分の意識性の内容を――真理を――

あたかもそれが事物であり、自然の対象であり、外的な事実であるかのように見ている。また、自然の中に神の像として見えるものが、自分の存在の内的論理の鏡像であることには気づかない。この無知について、ユングが痛感したのは、東アフリカの部族のもとで彼らの儀式について尋ねたときである。「『いつもこうやってきたんだ』と彼らは言いました。何らかの説明を得ることは不可能で、彼らは本当に、それをやったことを知っているだけで、自分が何をやっているのかは知らないのだ、と私は悟りました。彼ら自身はこの行為の中に、何の意味も見てはいなかったのです[42]」。昔の人間は、答えのみを知っていて、答えに対応する問いも知らなければ、それが問いに対する答えであることも知らない、とも言えるだろう。「一般的に物事はまず行われる。そして、ただずっと後になって、誰かがそれについての問いを発し、そして最終的には、なぜ自分たちがそうしていたのかを発見する。そういうことなのだと私は思うようになってきました[43]」。言い換えれば、昔の人間は答えを論理的に（心《マインド》の出来事、あるいは心の中の出来事、ロゴスとして）見ることはできずに、ただ存在論的に統覚している。先ほどのイメージに立ち返るならば、宇宙服は原理的に分離可能であるにもかかわらず、分離できるものとして見られておらず、人の皮膚のように見られている。答えに対しての距離が生じておらず、まるで胎児がその羊水と距離なく一つになっているかのようである。

　はじめに、答えがあった。しかし動物の本能とは対照的に、人が共にあった答えは、絶対的に固定されたものではなかった。それは抽象的な普遍性、あるいは原理の形式を取ってはいなかった。答えはそれぞれの民族に特有の文化を反映した具体的な普遍性であり、なぜなら答えは（厳密に客観的な実体として、自然の真理として、ときには人格化された人物像として）「星々」であると体験されていたにもかかわらず、実際には、秘密裏であるにしても、「人工衛星」だったからである。つまり、それらは心《マインド》を通り抜け、心によって空に打ち上げられ、自然界へと投げ入れられていた。答えの形式は精神的・文化的・共同体的なものであったために、個人から個人へと、ある部族や民族から他の部族や民族へと、あるいは時代から時代へと、ある程度は変遷し展開する余地があった。しかも、この人間の知の活動は、物理的な身体の内部から来るのではなく、本質的に外部から来るため、イメージやアイデアから距離を取り、それに批判的な問いを向ける、という後世の発展の可能性の条件が、この本質的な知の活動の中に、始めから内在していた。

しかしながら、魂と意識が世界へと誕生するために、あるいは魂と意識が現実化して具現化されるために支払われる代価は、人間が根本的に未生の状態に留まることであった。だがしかし、この生物学的な誕生の再設定は、人間にも、革命的な影響をもたらさないわけにはいかなかった。それが、人間を存在の新しい形式へと弾き出したのである。人間の物理的な誕生は、言葉の完全な意味での誕生を本当にはもたらさなかったのであるが、それにもかかわらず、それは、子をみごもること〔霊的な受胎〕、受胎〔着想〕をもたらし、そうして「超動物」としての人間という胎児的な存在をもたらした。つまり、人として、生きているものとして、主として人間の動物的な身体や物理的な外部環境に生きているのではなく、自然に反する〔*contra naturam*〕子宮としてのイメージやアイデアの中に、神話や形而上学の中に、信条やイデオロギーの中に生きている存在をもたらした。人間の身体と物理的な外部環境全体は、人間の心《マインド》の内側にある。[44] それらは内化され、統合され、思い出にされて〔*er-innert*〕、結果として、外的で事実的な現実であるにもかかわらず、意識の中に止揚された契機に過ぎない。

7. 人間の誕生

近代性とは、人間が、ある一つの地平の内部から現れ出て、一つの子宮に包摂された状態から現れ出たことによって、特徴づけられる。第三節の「内部性の終焉」で論じたあらゆる事実は、この展開の証左である。もちろん私はここで、経験的な個人について論じているわけではない。ここで私が「人間」と言うとき、人類であることの論理的な構成の一般形式について、つまり具体的で経験的な個人の存在の媒質としての概念あるいは論理について、論じている。人間はすでに、意味の海から現れ出ている。海面の上に頭を出して、いまや開かれた空間へと顔を出した。それまで自分が生きてきた世界である〈夢〉や〈箱庭〉から目覚めて、ユングが指摘したように、人間はいまや根本的に、そして取り返しのつかない形で、教会の外〔*extra ecclesiam*〕に、自然の外〔*extra naturam*〕に存在している。人間はその神話を、その象徴を失った。いまや、外から意識全体を振り返って見下ろしている。月やさらに遠くの惑星へと飛んでいくこと、地球を人工衛星から観察すること、宇宙から地球を振り返り見下ろすこと、こうしたことすべては、意識がいまやそれ自身の外側に位置していて、意識自身と意識としての人間に気がついているという心理学的な事実を、技術的に客体化したものである。人間はオルフェウスの世界卵から孵化したのである。[31] 思想史においてこれを明らかにする徴候となっているのが「言語学的転回」である。それは、私たちが扱っているあらゆるものが、第一にそして主に、言語学的で、記号論的で、情報であることへの気づきであり、さらには、人間それ自身が言語であることへの気づきである。

なぜなら前近代的な状況における内部性は、言語の中にずっと包み込まれてきたからである。人間がその論理的な場所を言語の中に持つとき、（音声の集まりという）実体としての単語、表現の実際的な手段としての単語は、まったく目立つことはない。単語たちはその仕事をしてはいるが、自身を前景に押し出しはしない。人間は、完全に、発声されるものの意味に身を委ねている。指し示されたアイデアや事物や出来事と共にあるだけで、単語と単語音といったものを使って、同時にその単語や音にぶつかってそれから離れて、人間は意味の領域へと入っていく[45]。意識は意味の中に浮かんでいる。単語と文法、すなわち言語自体は、当たり前のものとみなされて、それは、魚が水をその生の要素として当然のものとみなしているのとまったく同様である。単語たち、音節たち、言語音たちは、物言わぬ召使いとしてその仕事をこなすわけではないが、それでも彼らは、すぐに死んで立ち去るという一つの目的のためだけに音になり、というのも、彼らはただ消え去りながら、彼らの意味を解放するからである。音としての単語の死あるいは止揚が文の意味である。このことと、意識が程度の差はあれ、もっぱら単語たちの意味と共にあるという事実が、なぜ単語や、文や、詩的なイメージが、そのまま直接的に、真なるものでありリアルなものであるのかの理由である[46]。それらは〈事象そのもの〔*die Sachen selbst*〕〉である。二十世紀のフッサールからの呼びかけ「事象そのものへ」は、ここでは何の意味もなさない。言語はここでは、顕現的ではない（もちろん顕現的とは、心の水準や論理的水準における顕現であり、経験的・宗教的な顕現ではない）にしても、言語自身で象徴（ユングの象徴と同じ重要な意味で象徴）的である。言語のこの象徴的な本質は、中世における普遍の実在論と唯名論の出現からなる哲学思考における、心《マインド》の明示的な解放からも、生き延びたのである。

近代の状況は、対照的に、人間が（必ずしも経験的にではなく）論理的に言語への包摂からこぼれ落ちたという事実によって特徴づけられ、また、いまや言語は何よりもコミュニケーションのための道具として理解されるようになったという結果がその特徴となっている。そうしたものとして、言語は人間が自分の向かいにおいている対象であって、それは明示的なものとなっている。人間は、やはり言語からも、すでに生まれて出ており、いまや言語を外側から見るようになっている。[47]この分割は、別のもう一つの分割と、つまり心と世界の分割、あるいは心と「事象そのもの」との分割と並行しており、つまりいまや意識は根本的に志向的に（「方向づけられるもの」に）なっている。さらに、人間が言語からこぼれ落ちたことによる第三の分裂がもたらされる。すなわち、単語自体が「シニフィアン／意味記号」と「シニフィエ／意味内容」へと解体したのである。このような記号、音声、文字が目立ちはじめ、それ自体を前景へと押し出し、それ自体で何ものかであろうと主張しはじめる（「文字の機関〔L'instance de la lettre〕」）。[48][32] 滅び行くという唯一の目的のために存在してきた記号が、そのような存在ではなくなり、心《マインド》と（言語学的な）意味のあいだにくさびを打ち込む。言語の理解は、象徴的なものから、記号論的なものへと変わり、そうして思考全般も、その媒体の内にある内容から、媒体そのものに対する気づきや集中へと変わり、同様に、意味論から統語論へ、あるいは論理的な形式へと変わっていったのである。

意識（と自然と言語）を振り返り見下ろす宇宙空間という（空間的な）イメージには、だまし絵的な側面があり、誤解を生むかも知れない。というのも、意識を振り返り見下ろすことは、意識の中でだけ起こるからである。意識の外へと文字どおりの移動があったわけではない。意識を外から見るために、意識を越えて宇宙空間に移動することは、以前の意識全体を、弁証法的に、意識自身の中へと内化（思い出化〔*Er-innerung*〕）することである。それは陥入〔involution〕に似ている。[33]意識は、自分を自分自身の中へ引き入れることによって、はじめて自分自身の外へ出る。これがリフレクション〔反省〕である。私は、先ほど心《マインド》と魂は、つまりそのイメージと概念は、ある種の宇宙服であると述べた。そして、それは物理環境の中へ乗り出すときに人間が身につけるものであり、そのことは、宇宙服とそれを身につけた人間とが、原理的に分離可能であることを示している、と述べた。いま、近代化で何が起きたかと言えば、まさしくこの分離が起きたのである。人間はこの「宇宙服」を外側から見ることができ、それを向かい側にあるものとして、自分が利用できる記号の体系として、見ることができるようになった。しかし、人間は宇宙服を脱ぎ捨てることによって、その宇宙服を外から見ることを学んだわけではない。逆に、心と魂を内化し統合することによって、つまり自分の以前の羊水嚢を、その堅固な実体性を発酵させ腐敗させて、それを自分自身の中に内化し統合することによって、それを外から見ることを学んだのである。この分解のプロセスが昇華され気化された成果を、人間はまさに自分自身の定義や概念の中へと吸収した。それはちょうど、もともとは環境そのものだったものが、止揚された契機として心《マインド》と魂に内化されたのと同じである。人間は自分の宇宙服や「子宮」の中に住み続け、それに「エネルギーを備給」し続け、その結果、「外的な」実体（新プラトン主義的な意味においてリアルで普遍的で客観的な真理であり、存在論的なもの）は、「主体」

というステイタスへと変換され、いわば、ついに人間は本当に心《マインド》と魂であることになり、心《マインド》と魂として存在すると言える。人間はいまや、事実上自分自身を、記号の使い手として、言語的な存在として理解するようになり、そして（同じことであるが）以前は存在的（物自体という自然）だったものを自分の記号として理解するようになった。こうして人間はまた、いわば、自分が行為していることを知っているだけでなく、自分が何をしているかも知っているのである。

これが、超動物としての人間の誕生であり、人間性において成年に達して大人になることである。人間は「父」と「母」から立ち去って、自分の足で立つようになる。世界卵という守護の殻から出て、天と地に挟まれた内部性から出て、そうして人間は自分自身でいまや意識であり、以前は天であり地であったものを止揚された契機として自分自身の内に含んだのである。そうしてはじめて人間は形而上学的に裸となって、人生や現実に無慈悲に曝される。自然が動物にもたらしたものは、誕生した動物が、その生物学的誕生と同時に保護的な子宮を失い、良くも悪くも自分一人で裸のまま環境にさらされることであった。それと同じ状況を、近代性はついに、それまで四方を意味に包まれていた人間であるものにおいても実現した。いまや人間は、かつてユングが「人間の際限のない孤独[49]」と呼んだものの中に、まったく自力で存在しなくてはならない。それは比喩的に言えば、水の中に包まれた状態を立ち去り、水を運ぶ者となったアクエリアス（水瓶を担ぐもの・水瓶座）の孤独であり、水という媒体を支配する君主が抱える避けられない形而上学的な孤独である。文字どおりにも比喩的にも、人間は基本的に「教会の外〔*extra ecclesiam*〕」に存在している者として、開かれた場所の新鮮な冷気の中にあり、そしてこの状態がもたらす覚醒の中に存在する。

もちろんニーチェが言ったように「神は死んだ」のであり、そしてもちろんユングが言ったように「私たちが助けを求めて祈る神は、もはやいない」のである。もし形而上学的意味での上も下もなく、天地を引き離しているアトラスももはやおらず、人間が本質的に宇宙空間から地球と自分自身を見下ろしているならば、どのようにして神々が存在し、どのように仰ぎ見ることがありうるのだろうか？　神々は、ただ水中で泳ぐ魚のためにだけ、イメージやアイデアという羊膜にいまなお包み込まれている意識のためだけに存在しうるのであり、このイメージやアイデアは実体としての知覚され、新プラトン主義的な実在〔hypostases〕や自然そのもの真実や、物それ自体として理解される。神々は、ただ人間のために、いまなお天と地のあいだにいて、そしてそういうものとして根本的につまり論理的に、上を仰ぎ見ている存在でなければならない人間のためにだけ、存在することができる。自然が、人間の生産の究極的な地平であり、絶対的な限界である限りにおいて、神々ははじめて存在することができる。自然の根源的な越えられなさ、あるいはその不変性や超越性は、神々の必要条件〔*sine qua non*〕であった。なぜならこうした自然は、人間が形而上学的な子どものステイタスにいることの、また人間存在の内的な論理をはじめはコスモス〔神話〕へ、のちには客観的な実在〔哲学〕のステイタスへと外へ投影〔extrajection〕することの条件であり、そうして仰ぎ見ることの条件でもあった。人間が自然そのものに干渉し、自然を止揚し、自然に対して責任を持つようになった時点で、あるいは魚が水から飛び出してアクエリアス〔水瓶を担ぐもの・水瓶座〕に変容した時点で、仰ぎ見るという論理や様式そのものが、すべて終わった。まさにそのことによって、「神」という理念そのものが不可能なものとなった。なぜなら神々とは、イマジナルに人格化された姿であるが、それは、仰ぎ見ることや崇拝のさまざまな形式が凝固して意識の対象となったものに他ならないからである。アクエリアスは、自分が出てきた水を振り返り見下ろし、また水の中にいる魚を、自分のかつての歴史の中で不要となり打ち捨てられた要素として見下ろすのである。神聖なこと、ヌミノースなこと、神秘的なこと、象徴的な生、神話と宗教――それらはそれぞれがそれぞれの最高位の決定に従って採用されていたのだが――それらが存在しうる条件は、消滅したのである。

なぜ、宗教的な象徴やアイデアは廃れ、儀式はせいぜい格式高い商品となり、宗教的な実践は、もはや（高尚でスピリチュアルな）趣味でしかなくなったのだろうか？　なぜならそれらが、根本的に止揚されたからであり、意識にとってもはや論理的な仕事をなさないからである。宗教がかつて担っていた仕事は、すでに完遂された。かつて宗教に孕まれていた「意味」はすでに生まれ落ち、「より良い表現」が見つけられた。意識は、ユングのいう象徴として、みずからがその内容として外側に投影していたメッセージに追いついたのである。かつて宗教は、人間存在の内的な論理を、イマジナルな形式や着想的な形式で、客体として表現していた。しかしいまや、意識はかつて意識の内容だったものを、意識自身に、つまり意識の論理的な構成の形式として統合した。以前ならば、意識は、その真理や論理を、あるいはその自己や最高位の本質を、その客体的な内容として外側に携えており、結果的にその客体的な内容は仰ぎ見られなければならなかった。ところがこの真実が意識自身に帰還したのである。角砂糖がコーヒーに溶けるように、かつて固い実体に見えていたものが、意識自身の形式へと溶け込んだ。こうして表面上は見えなくなったけれども、それはなおそここにある。つまり、それは、具象的で目に見える（あるいは想像できる）対象として消えただけであり、一つの質としては現前している。つまりコーヒーの甘さや、意識の論理的な形式や、意識のカテゴリーとして現前している。意識は、かつて投影され、外に映し出されていた内容の中に、意識自身を、意識自身の構造を認識した。意識は、そうした内容を心《マインド》の自画像であると理解したのである。（たとえばニコラウス・クザーヌスから、デカルトやスピノザなどを経て、ヘーゲルに至る）西洋の形而上学の第三期全体を通じて、世界の主体は、すでに、古代における父（ゼウス）ではなく、中世における息子（キリスト）でもなく、（キリスト教の術語における、つまり神の第三位格である）聖霊《スピリット》であって、したがって主体性であると経験的に理解されており、つまりそのように考えられていた。そしてこの時代のオプス・マグヌム〔*opus magnum* 大いなる作業〕は、精神《スピリット》の理念の論理的な統合と現実化の完成であった。聖霊《スピリット》／精神として、神はもはや実体的な〈存在〉（父あるいは息子）ではない。神は、いわば、精神の中に溶け込んだ。神は、錬金術的に蒸留され、気化したのである。

したがって、真剣に宗教を伝道することは——すなわち厳密に歴史的に宗教を見て、認識して、研究するのではなくて——ニューカッスル〔かつて石炭貿易と産業革命で栄えた都市〕へ石炭を運ぶことを意味する。それは、高校を卒業した人に読み書きの本を送るようなもので、あるいは、努力を抑圧し無効化する特徴を考慮すれば、大人をベビーベッドに無理やり押し込むようなものだろう。

個人的な水準においても、（部分的かつ見かけ上で——神経症になる代償を支払った場合を除いて）大人が思春期以前に戻ることはできないのと同じように、文化的な意識の水準においても神々へと戻る道はない。一度角砂糖がコーヒーに溶けてしまったら、それを元に戻すことはできない。ユングが（充分には自分でこの嫌なことを引き受けないまま）述べたように「私たちは、車輪を逆回しすることはできないし、過ぎ去った象徴体系へと戻ることもできない。（中略）私は、カトリック教会へ戻ることもできないし、ミサの秘跡を経験することもできない。私はそれについて知りすぎているのです[50]」。この、知りすぎている、ということは、意味が、かつては意味を孕んでいただけだった象徴から生まれ落ちた印である。それはユングの意識がミサの秘跡を、まるで宇宙から見下ろすように見ている、という印であり、そしてユングがもはやそのことを知っているだけではなく、それが何であるのかをも知っているという印である。しかし、ミサを執り行うカトリック教会は、もちろん一つの例に過ぎない。ある特定の宗教の、あるいはすべての宗教といったような意味論だけでなくて、そのような宗教性そのものの統語論が消失したのである。なぜならそれは、意識の形式へと統合されたからである。かつてユングは、初期のキリスト教時代のグノーシス主義について、次のように記している。「彼〔グノーシス者〕は父の世界を切望して振り返ったが、それは永遠に失われていた。なぜなら、そのあいだに人間の意識性の不可逆的な増加が生じて、意識を自立させたからである[51]」。同じことは現代の状況にも当てはまり、そう言えるし、むしろいっそう妥当する。

　魂の転生を信じていたピタゴラスは、すべての心《メンタル》の力を動員して、自分自身を直立させて、首をまっすぐ伸ばしたときには、易々と、自分の十や二十の前世を事細かに見ることができたと言われている[52]。まさしくこれが現代の意識の状況である。ただし、この現代の意識は、個人の救済における神秘的な宗教の精神《スピリット》やその文脈の中で必要とされていた特定の行為を、つまり主体的にみずから首を伸ばすという行動化を必要とはしない。不可避的に歴史的なものである現代の意識は、もはや論理的にはそもそも「伸ばされた首」のステイタスにある。このステイタスは、歴史的研究の分野として対象化され、制度化されていて、その研究は、私たちの歴史的な気づきを拡張し分化することを課題としており、極めて醒めて、そして救済を求め神秘化している宗教的な希望からは遠く離れているので、結果として、かつてなく洗練された形で、私たちは自分よりも前の、人間の心のかつての生のさまざまに異なった形態を、さらにはより早期の形態〔姿形〔*Gestalten*〕〕を、目の前で見ることができるようになるのかもしれない。意識が水中の内部性〔in-ness〕の状態から決定的に現れ出て、歴史的に後ろを振り返るようになっているという事実は、進化に関する生物学的理論が証言していることでさえある。

ユングとヒルマンが私たちに信じさせようとしたように、神々が病気になったのではない。神々は記憶になったのであって、つまり人間の〈世界内存在〉の以前の様式の記憶になったのである。私は、「以前の生活」について語り「捨てられ、不要となった要素」について語ってきた。廃れることについても語ってきただろう。しかし、これにはいくつかのただし書きが必要である。ここで捨てられたものは、要素や内容そのものではない。現在の現実のステイタスにおける人々の存在が、あるいは私たちの存在が、ヌミノースで聖なる神秘の存在であるという主張が捨てられたのである。ユングやヒルマンが携えていたステイタスは、魚にとっての魚のステイタスである。アクエリアス〔水瓶を担ぐもの・水瓶座〕にとって、それらはまだすべてそこにあり、確かにインスピレーションの源でありさえするのだが、それはただムネモジューネ〔Mnemosyne 思い出〕の内でのことである。それらは歴史的な現前である。

8. 神（神々）の運命

その実質が意識の論理的な形式に一度統合されると、宗教に残されているものは、ただ「慣習的な記号」だけであり、生きた実質のない慣習的な形式だけである。つまり、それは、生きているヘビが脱皮して新しい野へ出て行ったあとに残された死した皮である。しかし人間は、生命のないヘビの皮でさえも膨らませて、それがもはや備えていない生命に代えて、自分の息でそれを満たすことができる。たとえ角砂糖をそれが溶けたコーヒーの中から取り出して元に戻すことはできないとしても、まだその包み紙があって、それを以前のように形を整えて、まるで角砂糖がそれに包まれているかのように見せかけることはできる。このように、原理主義は古い教義を使い、欠乏感から生じた主観的な熱意でそれを満たし、そうやってそれに、厳格で二次的な安定を与え、見せかけの生命を与えている。あるいは、お守りのようにヘビの皮を使うこともできる。宗教の慣習的な形式は、生きた真理が不足している際に一種のスピリチュアルなおしゃぶりとして役に立つ。かつて実在した生命を示す化石は、象徴的な生命や形而上学的な生命を求める人にとって代用貨幣的な満足として使用されることもある。またその外見は、裸の王様の物語において見られるのと同じように、無言の共謀を通じて、本物であるともみなされうる。あるいは、第三の可能性として、そうした古い形式を、厳格に主観的で高揚した興奮状態へと自分を奮い立たせる単なる刺激剤として使用することもできる。こうした情動状態は、その古い形式がまさに扱っていたような経験される真理とはほとんどなんの関係もないが、そうした刺激剤の持つ宗教的な起源は、この単なる主観的な情動を取り繕うには充分であり、結果的に、そうして宗教的あるいは形而上学的な要求に応じているという印象が作られるのである。

現代において、宗教がたんなる商品や趣味ではなくて、なお現前する現実であるために、一つの、そして唯一の方法がある。現代の状況において、現前する現実としてのステイタスを宗教に与えるために支払う代価は、宗教がみずからゼロ階梯に還元されることであり、つまりいかなる尊厳もない宗教に、いかなる実質的内容もない宗教に、いかなる意識的な気づきももたらさない宗教になることである。現前する現実としての宗教は、今日どこに姿を表すのだろうか？　それは、なんらかの非合理的で無意味な犯罪行為といった瞬間的な行為の中にだけ姿を表す。つまり、たとえばユナボマーや、コロンバインやエアフルト高校の銃乱射事件のような爆破や銃撃というアクシオン・ディレクト〔*action directe* 直接行動〕に、あるいは子どもに対するなんらかの性的虐待や殺害といった事件に、それは唯一その姿を見せる。ここでヌミノースとは、日常生活における無関心や「あいまいさ」を打ち砕くトレメンドゥム[34]〔*tremendum* 畏怖〕であり、そしてまた「宗教的に感じられる」圧倒的な力であり、これらの犯罪行為に手を染めてそのように感じる個々人は、通常はその激しい情動に身を捧げて、未来の幸福に向かうあらゆる希望をあきらめている。しかし、このヌミノースはほんの一瞬の限られた現実であり、実質的な威厳のある内容は欠いており、完全に抽象的で、絶対的に盲目的で、スピリチュアルなわずかな恩恵（祝福、啓示、意味に満たされる体験）さえ誰にももたらすことはない。それは宗教の空っぽの外殻であり、神聖なものの抽象的で剥き出しの形式であり、そしてそういうものとして、それは現代に生きている現実としての宗教の理にかなったあり様である。

ここで二つの導かれうる誤った帰結について議論する必要がある。第一に、ニーチェの「神は死んだ」という声明に関して、ユングは次のような心理学的事実を指摘する。心理学的な、特に元型的な内容は単純に失われるのではなく、もし元型的な内容が、たとえば神が、死んだと宣言するのなら、それはその人自身が自分で死んだと宣言したその内容と同一化することになり、そして、その人はこの神のアイデアによって肥大化し、ことによると精神病になるかもしれない、と。[53] このことは、次の二つの条件下においてのみ真実である。つまり一つ目は、神の排除が単に意味論的に留まっている場合であって、思考体系の一つの特定の要素が削除されている場合であり、すなわち古い統語性やその体系そのものや、意識の論理的な構造が、無傷のまま残されていることが考えから削除されている場合である。もし否定され廃れた状態にされたものが、本当に以前の意識の統語性や論理的形式のままであるならば、それはまったく異なった状況である。また、たとえば、現代のように、もし人間の意識が自然に包み込まれていた状態から現れ出て、そうしていまやあたかも宇宙から眺めているように、自然を振り返り見下ろしているならば、状況はまったく異なる。二つ目に、そうした神の排除は個人的な行い（自我によるという意味で、個人的で、能動的な行い）でなければならないだろう。十九世紀のように、「神は死んだ」という声明が、歴史によって、「魂」そのものによってもたらされた完了した事実として意識に降りかかっているその状況に対する、遅れてきた痛みを伴う自覚であるならば、肥大化の危険は存在しない――「なぜならそのあいだに、人間の意識に不可逆的な増加が起こり、意識を自立させたからである」[54]。

もう一つの誤りは、しばしば神の死、そして意味の喪失というアイデアが、それらの論理的帰結にまで行き着かないということである。たとえば、神の死の神学、言い換えれば、神の死に耳を傾けようとして、それを神学に統合しようとはするけれども、それにもかかわらず、神学として存在し続けようとする神学がある。これは自己矛盾であるが、神の死に関する声明それ自身に内在している自己矛盾である。この声明は、意味論的に神の死を宣言しておきながら、統語論的に神を措定し、この一文において神の身に降りかかっていることを越えて、神を保存する。それは移行の声明として、過渡期の短期間のみならば、真実であるのかもしれない。もしこの声明が伝えようとするメッセージを本当に受け取るならば、そのとき文の終わり(述語)は、はじまり(主語)を完全に破壊し捨て去るのであり、つまりこの文が死んで消え去る。これは、私たちが一度この文の意味を理解したならば、私たちにとって神の理念はもはや存在しないということを意味する。つまり、この単語によって暗示されていたかつてのヌミノースはただ消え去ったのであり、もはや存続する見込みはないのである。なぜなら仰ぎ見るという様式すべてが、ヌミノースの経験が表現していた様式すべてが、終わりを迎えたからである。神の理念は脱神秘化され、おそらく「ただ聖者の頭上にゼロを描くように」というリヒテンベルグの機知に富んだ文句の中に表出する精霊《スピリット》/精神となったのである[55]。このとき私たちはもはや神の死について語ることなどできない。なぜならそのような語りは神の理念をまさしくもう一度呼び起こすことになり、たとえ意味論的に神の——神の地位の単なる現任者のごとき者——は死んだと宣言していても、そうなのである。神の地位、職務、あるいは玉座は、それが空になった後でもなお残り続けるだろう。心理学的には、つまり魂にとっては、何かを死んだと言おうが生きていると言おうが、それを愛そうが憎もうが、それを支持しようがそれと闘おうが、そこには何ら違いはない。心理学的に唯一重要なことは、その概念あるいは地位がその人にとって重要かどうかである。けれども「神は死んだ」は、「神」の地位が消滅したことを意味しているのである。神はいまや、エーテルやフロギストンのように、歴史的な知識の内容に過ぎないのである。

それゆえ、神の死によって人間が肥大化する、という恐れには根拠などないのであって、核物理学や遺伝生物学がそれに伴う技術と共に目覚しく進歩して、破壊し創造するという信じがたいほどの力が、いまや人間の手の内にあるからといって、人間が「神のごとく」なり、「神に等しく」なることを恐れる根拠などないのと、それは同じである。私たちはこの恐れが、次のようにユングによって表明されているのを見いだす。「〔前略〕絶対的な破壊の力が人間自身の手の内にあることなど、以前にはありえなかった。人間の手の内に落ちたのは『神のごとき』力である。人類の尊厳〔*dignitas humani generis*〕はまさしく悪魔のごとき壮大さの中に本当に飲み込まれたのである」[56]。この恐れには根拠がないばかりか、それは矛盾を孕んでいる。この恐れが示唆するのは、仰ぎ見ることそのものの克服こそが「神の死」という言説の特殊なメッセージであるにもかかわらず、それが起こることはまったく許されてはいないということである。さらには、代わりに単なる譲渡が思い描かれている。つまり、人間はいまだに仰ぎ見るものとして思い描かれているのだが、ただし、いまや人間は神の代わりに人間自身を仰ぎ見ているのであり、同様に、ヌミノース性にせよアウラにせよ、それはいまや人間自身に割り振られているのである。人類の尊厳が悪魔のごとき壮大さの中に本当に呑み込まれたのではなく、ユングが、カテゴリーを膨らませてこの言葉を使用しているのであり、彼はそれを使って自分が正確に観察した歴史的変化を、解釈しているのである。こうした技術的進歩や意識の進展に対して「神のごとき」とか「悪魔的」といった用語を充てる意識が肥大化しているのであり、神秘化するものとなっているのである。いまや人間の手の内にある破壊的で創造的な力の獲得は、初期人類の火の利用や弓矢の発明と量的に異なるだけであって、質的には変わらない。先史時代の進展が無害であり、今日の発展が悪魔的である、などということはない。

技術力の目覚しい発展によって人間が肥大化するという恐れは、神の死に対する洞察が意味するものとは対立するものであり、技術力の発展という事態がもたらす実際の影響とも対立するものである。心理学的にいえば、こうした事態は客観的には人をより謙虚にし、「失望するほど単純」[57]にする（人々の主体的な態度がどうであるかはまったく別問題である）。「神は死んだ」という事実は、単純に人間が心理学的に成年に達したことを意味するのであって、それによって人間はより人間らしくなれるのである。神の死という事実はそれ自身で独自の論理を持っている。力の増大は実際、前代未聞の責任という重荷を人間に負わせる。こうした重荷は、必然的に人間を下へ、その魂の方へと向かわせ、傲慢の感覚や不遜へと導くのではない。むしろ、それはある種の抑うつ性さえも生み出す。人間は、ますます社会的組織の工員や機械の操作員へと還元され、そうしたものに（召使いとして）仕える。人間独自の知性の多くは、コンピューターやロボットやＡＩの方が好まれて、放棄されていく。人間は何時間もテレビの前に座り、しばしば、ひどく呆けて、きわめて凡庸なクイズ番組やリアリティ・ショーなどを眺めている。一番カジュアルな服を着て、自分が写真を撮られるときには、あきらかにくだけたポーズをとり、自然なスナップショットを好む。あらゆる尊大さが消え、尊厳の感覚（ユングのいう人類の尊厳）は消え失せる。より高い意識性が、客観的に見て、より低くてより謙虚な自己評価に寄り添っている。この点に関して道徳的な訓戒など必要ない。道徳的な訓戒は人間を構成する客観的で論理的な次元にはいずれにしろ到達しえない。

神の死というアイデアについて述べられたこととほぼ同じことが、意味の喪失というアイデアについても当てはまる。もしそのアイデアが語っていることに本当に耳を傾けるのならば、意味という主題はもはや話題にものぼらないことを理解するだろう。主題あるいは理念として、意味は死んで、そして消え失せた。私たちはもはや意味の喪失について語ることすらできない。なぜなら、意味の喪失を語るならば、秘かに意味を論理的カテゴリーとして蘇生させ、現代においてそれはたまたま経験的に空疎になっているだけだとして、それにしがみ付くことになるのだろう。

その場合、この真空は必然的に、意味の探求への切望を、つまり強迫を作り出すことになるだろう。けれども、この真空は、意味の喪失という事実が、単に意味論的な出来事であり特殊なものであるというステイタスへと還元的に格下げされた結果である。この真空も、そして真空への耽溺も、もし当初意味論的に経験された「喪失」が、それ相応の意識の統語性へと感染して浸透することが許されれば、即座に消失する。経験されたこの「喪失」は意識へと帰郷することを、意識へと統合されることを、望んでいる。意識の新しい真実としてのこの「喪失」へと、意識を「イニシエートさせる」ことを望んでいるのであるが、このイニシエーションとは、意識の解体と再構成を通じた、意識全体の変容を意味するだろう。しかし非常に多くの場合、人々は、論理的な変容よりも、つまり一度限りの徹底したイニシエーションよりも、深刻で際限のない意味論的／経験的な苦難を好むものである。

これまで私は、それぞれ「神」あるいは「意味」という主語を含んだ二つの言説に見られる非一貫性について批評してきた。しかし同様の非一貫性を述語においても、つまり「喪失」と「死」というアイデアにおいても指摘できる。どちらの言葉も、それらが名指していることは、実際にはそうあるべきではない、という含みを持ち、そうして私たちに正反対の事態を期待させる。つまり、死も喪失も起こったはずはないと期待させる。そしてどちらの言説も、私たちに新しい状況を気づかせようとしながらも、一方で以前の状況の立ち位置から新しい状況を眺め評価している。こうしてこれらの言説は、古いものから新しいものへの変容に明示的に気づきをもたらそうとしながらも、まさに暗示的にその変容に抵抗している。これらの言説は（意味論的な）内容に関する限り、新しい状況にみずから身を任せていくのだが、古く変化のない期待や価値を保持し、意識の古い論理あるいは意識の古い次元を手放そうとはしない。それらの言説は、その情報〔information〕によって変化[35]〔informed〕されることのないままに、ただ情報を与えている。それらの言説は私たちに失望を、つまり幻滅〔disillusionment〕を提供するが、起こるべき徹底的な脱–幻想〔*dis*-illusionment〕には導かない。つまり、それまでの幻想的な期待は破壊されない。それらの言説は甘受すること〔resignation〕へと誘うが、サインし直すこと〔*re-signation*〕には進ませない。甘受は、ゼロ充足（＝真空）を受け入れることと一緒になって、変化のない古い希望の防衛となる。意識は希望の論理を保ち続け、一方で、経験され受容された非‐充足は、意味論的な内容のステイタスに、つまり経験的欠如に関する単なる一片の情報のステイタスに留め置かれる。なぜならこの経験は、特殊なものというステイタスに封印され、意識の統語性は、意識自身の内容による感染に対して免疫をつけられているからである。対照的に、サインし直すことは、経験から学んだことに基づいて、古い希望や命題を新しいものに置き換える（人生を一つの新しい標語のもとに置く）。もし神や意味の終焉に関する上述の言説が行くべきところに行き着くならば、それは「喪失」や「死」といったアイデアそのものを（このつながりの中で）完全に解体するだろう。

そのためここで、意味の「終焉」あるいは「喪失」といった私自身の上述の言い回しを、批判しなければならない。この言い回しは、すでに行き渡っている現状に対する譲歩でしかなく、誕生前の立ち位置から見た「誕生」という実際の現象への不適切な解釈である。

9. 喪失と要求という感情への批判

こうした喪失の理念そのものの破壊はさておき、（単純に現象学的な水準で見て）そもそも意味の喪失は、本当に一つの喪失なのだろうか？ 両親の家を出て、つまり子ども時代の家を立ち去り、自分自身の足で立つようになることは一つの喪失なのだろうか？ それは一つの獲得ではないのだろうか？（はじめは喪失であると感じられたかもしれないが、少なくともそれと同程度に、獲得ではないのだろうか？）「しかし、たじろがずにいられる者などはたしているだろうか？ 死ぬか、もう一度子どもになるか、どちらかを選ばなければならないとしたら、死を選ばない者などはたしているだろうか？」[58]と記した聖アウグスティヌスの境地にまでは至らないとしても、子どもから大人への移行は恩恵であり、「意味のある」ことであり、（ユングが「象徴の貧困化[59]」を歓迎して使った言葉をここでも使えば）「内的な一貫性を持った展開」であると、十分に納得できるのではないだろうか。

この洞察は、次のような問いを私たちに強いる。より高尚な意味を持たずに生きることは、本当にそんなにひどいことなのだろうか？　私たちが高尚な意味を持たないとき、私たちの前に口を開けるのは本当に空虚なのだろうか？　いずれにしても、ホメロス、ダンテ、シェイクスピア、ゲーテ、プラクシテレス、シャルトル大聖堂、レオナルド・ダ・ヴィンチ、モーツアルト、プラトン、トマス・アクィナス、ヘーゲルなど、さまざまなものは残っている――信じがたい、無尽蔵の豊かさがある。これで十分ではないのか、あるいは、十分すぎるのではないのか？　今朝、道ですれ違った人の笑顔はどうだろうか。森の木々の枝葉からこぼれる陽の光、心ある人々との真の出会いという幸福な出来事、一人の友との友情、伴侶との愛情――こういったものはすべて空虚で陳腐で、ユングが私たちに信じ込ませようとしたように「あなたの人生が意味で満ち溢れているという、一つの大切なことに比べれば、すべて幻影」なのだろうか？[60]

ここで「喪失」の正確な理解に関する議論へと立ち戻り、「形而上学的剝き出し」や「貧困」といった表現を誤解することのないよう注意を払っておきたい。「貧困」とは第三世界のスラム街の貧困のような状態を指しているわけではない。「剝き出しであること」とは聖マルティヌスに衣服を与えられた物乞いの状態を指しているわけではない。「喪失」というアイデアは、正しく理解されれば、まぎれもなく余剰分の喪失を、尊大な自己様式化の喪失を、体裁よく取り繕うことの喪失を指しているのであって、実質の喪失を指しているのではない。「私たちはキリスト教の象徴体系の正統な継承者でない。なぜなら私たちはそれを『浪費』[61]してしまったのだから」と述べるユングに、同意できない理由がここにある。もちろん私たちは、私たちのキリスト教の遺産の、さらには西洋の文化的な伝統すべての、正統な継承者である。生起した喪失とは、キリスト教と形而上学の実質の喪失ではなくて、その（後出の原注86に示したユングの言葉を用いれば）「妥当性」の喪失であり、そのヌミノースなアウラの喪失にすぎず、要するに、現前する現実としての、そして直接性としての喪失にすぎない。私たちは自分たちの相続財産を捨て去ったのではなく、その「所有」の直接性を捨てたのであり、相続財産との直接的な同一性の感情を捨てたのである。相続財産を私たちの本物の装いとして身につけ誇示して歩く可能性を失ったのである。つまり、それが私たちであり、私たちがそれである、と考える可能性を失ったのである。私たちはこうした思い上がりを喪失しているにすぎない。その他のあらゆるものはまだそこにある。ただ私たちはそうした相続財産に対して意識的になっただけであり、もはやそのことをただ知っているだけではなくて、それが何であるかを知っているのである。

同じように、「人間の際限のない孤独」とは、自立するために両親の家を出た個人の（経験的な）孤独に対する、（形而上学的な）類似物にすぎない。そういうものとして、それは人間の親交の、友情の、そして愛の、前提条件である。

「意味」を求める必要はない。内部性〔in-ness〕の状態や、神話や宗教を現在の現実性として求める必要もない。反対に、神々が記憶〔memories〕となったいま、畏怖ゆえに息をひそめることなく、ムネモジューネ〔Mnemosyne 思い出〕という大いなる財産に気兼ねなく専心できる。具体例を一つ挙げよう。聖書が神聖なる書物というステイタスにある限り、人が自由に気ままにそれを読むことは許されていない。それは服従と崇拝に向けた絶対的な形而上学な要求を私たちに課す。聖書に臨むときには、息をひそめなければならない。そこには私たちを四方から取り囲む「義務」の気配が常にある。こうして聖書は（必ずしも経験的にはそうでないとしても）論理的には威圧的なものである。聖書へのありのままの好奇心は、経験的人間としての私たちの内側からおのずから沸き起こるものであるが、それは押さえ込まれている。聖書が、一冊の歴史的な書物として、つまり人間の心《マインド》あるいは魂の歴史の記録として発見されたとき、それはいかに解放されたことか。いま聖書が魅力的な読み物となって、真摯な研究意欲を刺激することができるのも、ひとえにそれが脱神聖化され、脱神秘化されたためである。好まれたり好まれなかったり、興味深かったり退屈だったり、あるいは賢明だったり馬鹿馬鹿しかったりすることが原理上許されるものだけが、（強制された崇拝の義務とは反対に）私たちの、真に個人的な関心に開かれている。これは歴史感覚の贈り物である。

対照的に、もし聖書が、今日でもなお、聖なる言説〔Holy Writ〕として提供されているなら、あるいは一般的に見て、もし宗教が現前する現実として説かれ、神話や象徴がヌミノースな現前として提示さているなら、そのとき必然的に、それらは商品となっている。なぜなら、それらは、内部性から現れ出た近代的な意識の一般的な状態の中で起きているにもかかわらず、それでもなお、確かに成長して手放したはずのかつての内部性の感覚を仮想的にシミュレートしようとして、感じられる特定の経験やイデオロギー的な特定の見解を提供することになるからである。

　ユングが「無意味さは生の充実を阻害するものであり、したがって病と等価である[62]」と述べているのは、この文章を木目に逆らって、つまりユングが意図したであろうことに逆らって適切に理解すれば、確かに同意することができる。人生にはより高位の意味があるはずなのに、それが欠落している、という感覚が病なのである。[63] しかし、これはこの文章の意味するところではない。むしろこの文章は、意味の不在を耐えがたい喪失と解釈し、意味の必要性を人類学的な不変のものと解釈して、したがってそれは（現代の状況に対する「反動形成」であるのに）自明で逃れられないものとして解釈している。しかし現代に生きる大多数の人々が例示するように、人は意味などなくても、極めてよく生きられるのであって、それは健康な成人が両親がいなくても極めてよく生きられるのと同じである。両親のもとから立ち去る過程を神経症的にたどる必要はない。

　さらに、「その一つのこと」、つまり意味がないことが、本当に人を神経症にさせるのだろうか？私は、人生の無意味さが病の原因になった例は一つもないと断言しよう。ニーチェ流の発想で言えば、「文献学の欠如、つまり本文と本文の説明とを常に混同している」のである。「無意味と無目的」による苦しみは、神経症の「原因ではなく、定式化[64]」である。それは、神経症的な見せかけの表現であり、形而上学的な壮大さを主張するものである。それは、ドッグレースのように、決して到達できない一つのものを、つまりソーセージを追い求めて競争することができれば、人生は人生であり続けるという妄想である。したがって、そのたった一つの貴重なもの、つまり意味を求める人は、ゲーテの言うように「周囲には美しい青々とした牧草地があるのに、不毛の大地で悪霊に連れ回される獣のようだ」と言えるのである。

　ユングはこのことを理解しようとしなかった。確かに、彼は無意味な探求の危険性を感じてはいた。かつて彼は、「私は、何度も旅をしているうちに、世界一周の旅を――延々と――三度も続けている人たちに出会いました。彼らは、ただ旅をして、旅をして、求めて、求めているのです」と述べている。そのような女性の一人に、彼はこう尋ねた。「何のために？〔中略〕そんなことをして、何をしようとされているのですか？　そして、彼女の目を覗いて、私は驚きました――それは、狩られ、追い詰められた動物の目でした〔中略〕彼女はほとんど憑依されていました〔後略〕」。しかし、続けてユングは言います。「そして、なぜ彼女は憑依されているのでしょうか？　なぜなら、彼女は意味のある人生を送っていないからです。彼女の人生は、まったく、グロテスクなほど平凡で、ひどく貧しいもので、無意味で、まったくなんの意義もないものだったのです。たとえ今日、彼女が殺されたとしても、何も起こらず、何も消えません――なぜなら、彼女は何者でもないのですから。しかし、もし彼女がこう言えたなら、「私は月の娘です。毎晩、月を、私の母を手助けして、彼女が地平線を越えて登ってくるのを助けなければなりません」と言えたなら――ああ、それはまた別の話になります！　そのとき、彼女は生き、その人生は意味を持ち、あらゆる連続性において、そして人類全体にとって、それは意味を持つようになるのです[65]」。さらに付け加えれば、そうすれば彼女は癒やされるのです。

　ユングが気づいていないのは、彼が提案した治療は、彼自身が正しく診断した病の単なる反復であって、まったく治療ではないという点である。プエブロ・インディアンの様式を模倣して、彼はほぼ同じ処方をする。つまり「月の娘」を処方する――これは現代の女性の手には絶対に届かないところにあり、まさに終わりのない無益な探索において追い求められているアイデアである。こうしてユングは、まさしく超越的なものを呼び起こすのだが、その超越への切望が、まさしくこうした探索の原因となっている。ユングの提案は、彼女の神経症的な希求を、彼女の「アディクション」を養い育てている。もし追い求めているものが、自分自身を着飾るための、神話的な装いといったものでないのなら、その「仮装劇」[66][36]において、彼女はいったい何を追い求めているのだろうか？　現代女性である彼女は、ユングが提案したようなことを到底言えるはずはなく、それにもかかわらず、言えると思い込んでいることが、まさしく彼女の問題である。原理的に自分に合う神話的な装いなどないのに、それでも無意識のうちにそれが必要不可欠だと思い込んでいることが、彼女の問題なのである。これが神経症の罠であり、それが彼女を無意味な探索者へと、あるいはユングが彼女の瞳の中に見た、狩られ追い詰められた動物へと変えてしまうのである。

　真の治療は対極の方向へと向かわねばならないだろう。明らかに彼女は、無意識のうちに、月の娘といったものであらねばならないと思っており、そのために必死に旅をして、絶えず追い求め続けている。彼女には、そのことに、はっきりと気づいてもらわなくてはならない。言い方を変えれば、彼女も――ユングと同様に――統語的な水準をいまのまま維持しようとして、もう一方で、意味的な水準で自分の問題を解決しようといるのであり、そのことに気づいてもらわなくてはならない。真の治療的な動きは、彼女にその問題は統語的あるいは論理的なものであることに気づいてもらい、その無意識的な要求の高さや期待の高さや、無意識的な膨張を、彼女自身に突きつけることになるだろう。こうした要求や期待は、統語的な範囲や形式や洗練によって裏付けられておらず、認められてもおらず――低俗な芸術作品のように――意味論の産物である。他の人々と同様に、普通の生活の中で、おそらく、庭を耕し、日々の仕事をこなし、良書や展覧会を楽しみ、隣人に手を差し伸べ――そして何よりも、自分の潜在的な生産性を発見し活用できるような、何か役に立つ仕事に打ち込むことによって、満足[67]や充足を見いだせないはずはないだろう。誰にでも、自分が生産的になる何らかの分野なり方面なりを見つけることはできる。なぜ、彼女はこのように大騒ぎをして、知らず知らずのうちに、失われた王冠の徽章を探し、本来存在すべき失われた承認を求めて、まるで隠された女王のような雰囲気を漂わせなければならないのだろうか？　なぜ彼女はごく普通の自分であり、人生の、そして人間であることの素朴さに通じる道を見つけることができないのだろうか？　なぜ彼女は、探し求めるものは何もなく、未来であれ、超越であれ、どこか別の場所などないと理解できないのだろうか？　なぜ彼女は「これだ！」と思えないのだろうか？　彼女のこの現実の人生には、必要なものがすべて含まれている。いまここでの、すでに始まっている彼女の人生が、彼女にとっての幸福や生産性や充実の可能性の源であり、その範囲なのである。まったく何も探される必要はない。それどころか、彼女の探求は充足からの逃亡なのである。

　ユングは、彼が手本としたプエブロ・インディアンが語ったことに、そしてユング自身が心から同意したことに、本当には耳を傾けていない。つまり「探されるべきものは何もない！[68]」のである。本当にない。すべてはそこにある。このプエブロ・インディアンのメッセージは、ユングがスピリチュアルに貧困であることに覚悟を決めて、「自分の周りを回るようにして自分に立ち返るために

〔um bei sich einzukehren〕」と言った自分自身の助言と滑らかに一致していただろう。そしてそれを、いまなら私たちは次のように表現するかもしれない。つまり、ためらうことなく自分自身の「実際のあるがままの」人生に入り込んでいくために、と。（ユングは、私たちが見てきたように、この一節で何か別のことを考えていたのだけれど。つまり、内向性、自分の無意識に目を向けること、自分の夢、などである）。

なぜ、探されるべきものは何もないのだろうか？　なぜなら、充足や至福は探索されるべき遠く離れた目的であるというよりも、（いかなるものであろうとも）いまあるものへと、自分特有の（大きかろうが小さかろうが、いかなる性質であろうが）生産的な力をもって、心を尽くして取り組んでいるかどうかで決まるものだからである。

ユングはかつて「人間にとって最大の限界は『自己』であり、それは『私とは、ただこれである！』という経験によって顕わになる」[69]と述べていた。これで〈充分〉ではないのか？　私は本当に私以上のものにならなくてはならないのだろうか。私は本当に、「何者かであり、自分の役割を、つまり人生という神のドラマの俳優の一人として役割を果たすことになる象徴的な実存」[70]という高次の秩序を必要としているのだろうか？

何という図々しさだろう！　そして逆に言えば、ありふれた人間の人生を、「グロテスクなほど平凡で、ひどく貧しいもの」として捨て去って、なんと軽視していることだろう。彼の死の二年前の一九五九年、ユングは自分自身について「夢想の国から現実に戻るまでの旅は長いあいだ続いた。私の天路歴程は、私の手が、私自身である小さな土の塊に届くまで、千のはしごを降りなければならなかった」[71]と述べている。魅力的な声明である。しかし、自分が「他の何か」であると主張し、「人生の神のドラマの俳優の一人として役割」を果たすことを主張する限り、人はまだ心理学的に（論理的に）夢想の国にいて、壮大なアイデアと共に生きている。そして、ユングの使ったこの定式そのものが、彼が本当には降りてきていないことを示している。なぜなら、本当に降りたなら、自分自身である小さな土の塊に手を差し伸べることなどできないからである。降りたということは、自分とは自分自身にすぎず、すでにずっと自分自身でしかなかったことを理解したことを意味している。私が私自身に手を伸ばしたいと望む限り、手を伸ばしている私は、慈悲深く友人になろうとしている「土の塊」とは別の何かであり、その「土の塊」よりも上位の何かであると信じ込んでいる。自分は下に降りて謙虚でなければならないというアイデアそのものが、すでに図々しく傲慢である。謙虚さという高潔な姿勢は、実際に私は下にいて、すでに避けようもなくいつも下に居続けてきた、という素朴な認識を、寄せ付けない手段である。実は私が頭を垂れることのできるものなど、何も、誰も、存在しない。なぜなら、いわゆる土の塊とは私自身だからである。

一方、「土の塊」という表現は、「グロテスクなほど平凡で、ひどく貧しいもの」という表現と同じように、私たちのありふれた地上の存在を、蔑ろにしすぎている。私は土の塊ではなく、心《マインド》を持った一人の人間である。この言葉を発するときにユングが立っている暗示的な視点は、自分を見下ろすような高い位置であって、〈降りてきた〉という彼の明示的なメッセージとは矛盾する。

『思い出、夢、思考〔ユング自伝〕』の「追想」で、ユングは「ある学生がラビのところにやってきて、『昔は神の顔を見た人がいたそうですが、なぜもはやそれを見なくなったのですか？』と尋ねたとき、『なぜならいまでは誰も前ほど深く身をかがめることをしないからです』とラビが答えたという素敵な昔話」を肯定的に語っている。[72] このアイデアにより、ユングは「理論的な」利点と、「倫理的な」利点の、二つを確立している。「理論的」な利点については、「征服するために身をかがめる」というトリックに頼ることで、ユングは客観的現実においては何も変わっていないかのように振る舞うことができる。神の喪失とはただ私たちの失敗であり、単なる主観的なことで、もし私たちが充分に低くかがみさえすれば、すべてはうまくいき、つまり、神はまだ見えるだろうし、結局のところ神の無媒介の顕現は起こりうるだろう（根源の体験〔*Urerfahrung*〕！）、というのである。倫理的な姿勢に関しては、ユングは免罪符を売っている。もし私たちが身をかがめるという主観的で肯定的な行動に全力を注ぎ、そのように文字どおりの外的な謙虚さを個人的に演じさえすれば（これが免罪符を手に入れる対価である）、ユングは、現実そのものを、心理学的な謙虚さを免除してくれる。つまり客観的、論理的に――すなわち私たちの知るところで――自分の真実に従う謙虚さというものを免除してくれる。形而上的に私たちはすでに底辺にいて、すなわち、そこでは（神ではなく）神という概念そのものが成り立たなくなり、ましてや「神」を直視する可能性もなくなっているという真実に従うことを免除してくれる。こうしてユングは私たちを、幸福な無意識の中に避難させ、自分自身と私たちを神学的・形而上学的なまどろみの中へと誘い込む。ユングは、このように身をかがめる必要があるという考えを持ち続けることこそが、まさに現代人を責める傲慢、思い上がりであることに気づいていない。竹馬に乗ったからといって、その人が偉くなるわけではないように、逆に、身をかがめるという主観的（心的、経験的、文字どおりの）行為は、客観的（論理的、心理学的）なずうしさを取り消すものではなく、ただそれを隠し、したがって肯定しているにすぎない。

私が「ただそれだけ」であるとき、私は高次の秩序を持たず、（自然からだろうと創造主からだろうと、授けられた）資質としての神話的な装いさえ備えておらず、「人間の尊厳」や「不可侵の人権」といった氾濫した現代的アイデアを備えている。私は、永遠の真理や絶対的な理想やより高い価値といったものの輝きを、自分のものとして、それに浴することはできない。そうしたものは私に対して顕現することはなく、私に要求することもなくなった。しかしだからといって、決して「何でもあり」ということではない。私に真理や規範や価値がないわけではない。しかし、それらは逆に、私がそうであり、私がそれを支持することによってのみ、その権威と現実性を得るのである。その意味で、それらは基本的に偶発的、主観的なものであり、すなわち、人間的あまりにも人間的なものである。私が、この食べ物や、あのアート作品や、また別の音楽を好きだったり、また嫌いだったりするのと本質的な違いはない。それらにそれらの客観性を与えるのは、私の存在のあり方という客観的な事実である。『思い出、夢、思考〔ユング自伝〕』の「プロローグ」で、ユングは「〔自分が語ろうとする〕物語が『真実』であるかどうかは問題ではない。唯一の問題は、私が語るものが、私の寓話であり、私の真実であるかどうかである」[73]と述べている。これは、本当に「ただそれだけ」であるという精神《スピリット》で言われていることである。

　ある種の物事、見解、考えられる行動などは、私が誰でどのような人間であるかということと、たまたま相容れないのである。これが、私が自分の真理を証明する唯一の「証拠」である。私はここに立っているのだから、ここに立つこと以外の行為をすることはできない。しかし、私は確かにここに立っており、しかも本当に立っているのである。

ある意味で私は、形而上学的な観点からすると、狩猟者や採集者のステイタスに立ち戻ったのである。形而上学的に言えば、私は手探りで生きている。カール・マイが書いた十九世紀の大衆小説の中で――西部開拓時代の大草原の何もないところにたった一人でいる――語り手が、別の一人の騎手に出くわす。この騎手は、語り手が自分の旅を小説にして他の人に読んでもらう作家だと聞かされ、とても滑稽に感じる。なぜなら、彼が言うところによれば、自分は他の人のために獲物を撃とうとは思わず、自分の糧のためだけに撃つからである。これはそれほど知的な場面ではない。それでも、言いたいことはよくわかる。私は、私自身のために、私の真実や価値に関わることでさえも、私の人生を生きなければならない。

狩猟者と採集者とその手探りの生活という表現は、自分の価値観を既製品のように路上で見つけたり、商品のように「外の」市場で見つけたり、瞬間的な衝動が自分の真理であると宣言することを示唆してはならない。私の真実を見つけ、私の真実を見つけるためには、錬金術的に言えば、私はホモ・トートゥス〔*homo totus*全き人間〕として認識し、私の世界の魂であるロゴスに焦点を当てながら、私の心からの反応を観察しなければならない[74]。

ゲーテの『ファウスト』には、自分の人生を評価して老ファウストが語る箇所がある。「これまで、私はまだ自分自身を表に出して戦ってはこなかった。／もし私が自分の道から魔法を取り除き、／魔法の呪文を完全に取り除くことができて、自然よ、私が、あなたの前にたった一人の人間として立っていたなら、／人間であることの困難に価値があったことだろう[75]」。私たちの状況は、ファウストとは異なる。私たちは自分自身を表に出して戦う必要はない。私たちは私たちの道から魔法を取り除く必要はない。魔法、すなわち、共感的な世界関係や、内部性〔in-ness〕という様式や、形而上学は、私たちが伝聞を通じてしか知らないものである。私たちは、すでに長いあいだ、「疎外され」、止揚された自然に向き合って、それぞれ一人ひとり立っているのであり、形而上学的には、裸でここにいる。私たちにとっては――まさにこの理由から、つまり人間の誕生が達成されたからこそ――人間であることの困難に価値がある、というのが真実ではないだろうか？

10．意味への問いの光に照らして見るC・G・ユングの心理学の論理と起源

ユングに提示された問題とその解決、あるいはサトゥルヌスの呑み込み

ユングの根本にある経験では、現代人は、文字どおりの意味でも、より広義の比喩的な意味でも、教会の外に〔extra ecclesiam〕いる。つまり「もはや守られておらず」、「もはや人民の総意〔consensus gentium〕のなかにはおらず」、「もはや憐れみ深い母親の膝に抱かれてはおらず、孤独である[76]〔後略〕」。私たちはもはや神話を持ってはいない。人間の意識性の不可逆的な増加が、意識を独立させた。[77]意味に包摂されていたところから、意識は産まれ出たのである。

この経験は、ユング独自の変形版であるが、十九世紀の偉大な思想家たちによって分かち合われているものであり、彼らは同じ歴史的断絶を、疎外、ニヒリズム、信仰の喪失など、別の言葉で記述していた。

こうした意味の喪失という事態が、歴史的に見た現代世界に異例の特徴であることに、ユングはよく気がついていた。「これは新しい問題である。私たち以前のあらゆる世代は何らかの形で神を信じて来た」。「象徴性の貧困化」は「前代未聞である[78]」。「〔前略〕私たちは、時代の重要な転換点にさしかかったのである[79]〔後略〕」。

この喪失や断絶を経験したユング以前の他の十九世紀の思想家たちと同様に、ユングもまた、それを耐え難いと感じ、克服したいと望んでいた。意味が終焉し人間が誕生したあとの人生は、根本的に「まったく、グロテスクなほど平凡で、ひどく貧しいもので、無意味で、まったくなんの意義もないもの[80]」であると彼の目には映っていた。それゆえ、ユングにとっての人生の課題は、意味を、つまり「象徴的な生」を、取り戻すことであった。彼のプロジェクトは神話がないという「黒い潮流に対する確固たる防波堤[81]」を築くこと――ここで、ユングが、フロイトの関心についてフロイト自身の記述を引用して説明した際の定式化の一部を使用しよう――でなければならなかった。そして、だからこそ、人生の後半にユングが「私の仕事の主な関心は、神経症の治療ではなく、むしろヌミノース〔聖なるもの〕への接近である[82]」と断言しえたことにも納得がいく。

しかし、どのようにして、すでに失われたものを元に戻すことができるのだろうか？　ユングの先駆者である十九世紀の思想家たち、フォイエルバッハ、キルケゴール、マルクス、ニーチェは、さまざまなユートピア的な約束や希望を提示した。これらのどれもが、集合的な心《マインド》を永続的に一つにまとめるだけの説得力を持つことはなかった。そして特に、ニーチェの期待が実現せず、それが実現できないだろうと認識され、ニーチェ自身が挫折してからは、ユートピアを擁護することはできないという十九世紀の教訓が学ばれることになった。ユートピアは、あまりに空気のようで、あまりに高尚で、そしてあまりに（悪い意味で）思索的であった。二十世紀の思想家はもはやユートピア支持者ではなかった。ユートピア的な考え方は、そのあいだに政治的なイデオロギーや露骨な権力政治の水準へと落ち込んでいった。ユングにとってもまた、ユートピア的な解決策は実行可能なものではなかった。ニーチェとその高尚で大げさなスタイルの後に生じてきた典型的な二十世紀初期の時流にのって、ユングも、堅実で冷静な科学、経験主義的に実証できる解決策を欲していた。ユングの明確な反ユートピア的な態度は、そのプログラム的な告白にきっぱりと打ち出されている。「ある者は欲望を満たすことを求め、他の者は力を満たすことを求める。しかし、またある者は、世界をありのままに見ることを求め、世界を平和な状態においておきたいと思う。私たちは何も変えたいとは思わない。世界はそのままで良い[83]」。

ユングは、単に過去を生き返らせることができなかったのではない。「私たちは車輪を逆回転させることはできない。つまり私たちは、過ぎ去った象徴性に立ち戻ることはできない[84]」「〔前略〕歴史の車輪は、元には戻らない。皇帝アウグストゥスのすべての権力をもってしてさえも、復古の企てを押し通すことはできなかった[85]」。

現在が受け入れられず、未来からの救済を期待することはできず、復古も不可能であった。第四の可能性、つまり、過去のスピリチュアルな宝物に対する反省された壊れた歴史的な関係は、ユングにとっては絶対的に不十分であった。「私たちはあらゆる時代や民族の知恵を掘り起こすが、結局、私たちにとって最も大切で最も貴重なことは、すでに最も優れた言葉で語られていることに気づくだけである。私たちは、欲張りな子どものように、両手を広げていて、もしそれをつかむことができれば、それが手に入ると思っている。しかし、私たちが手にするものはもはや有効なものではない[86]〔後略〕」ユングは「貪欲」であり、子どもが所有するように、所有しようとした。しかも、「有効性」を伴って、つまり、手に入れるものとの直接的で壊れることのない一体性を得て、そこに内部性が伴うことを欲していた。「私の心理学的状況は、何か別のものを求めている。私は、あのことがもう一度真実になるような状態を手に入れなくてはならない[87]」。ユングは、現前する直接的な現実としての意味を要求し、ヌミノースな「根源の経験〔*Urerfahrung*〕」や「根源の体験〔*Urerlebnis*〕」（伝統や歴史的な知識に媒介されることなく、意識的な内省や推敲によってゆがめられておらず、根源から直接やって来る原初的あるいは独創的な経験）を、いまここでの「根源の経験」を要求した！　ムネモジューネ〔思い出〕の中で黙想されるかつての時代に存在した意味だけでは足りなかったのである。

ひとたび意識が意味の内部性から生まれ出て、その不可逆的な誕生が完全に実現した後で、いったいどうやって意識がもう一度、未生に戻れるというのだろうか？　もし、ユートピア的な希望に向かって前進することをせず、過去へと後退することもせず、どちらの選択肢も選ばず、しかも、経験主義的なエビデンスにためらうことなくこだわるならば、本質的なものがどうやってもう一度真実になることができるのだろうか？　解決策は一つしかない。すなわち、内側と外側の区別や分裂のなかに入りこみ、その区別や分裂に取り組むことである。内と外は、右と左のように互いに隣同士に並んで対立しているわけではいない。一方は、包み込むあり方をする他方の内にある。あらかじめ抽象的・形式的水準において、この内が、内部性を提供している。

それゆえに、内側と外側の区別を確立するために、意識はそれ自身でクロノス＝サトゥルヌスであることを教わらなければならなかった。個人という統一において、意識は、クロノス（包み込んでいる外側）であると共に、レアによってクロノスのもとに新たに生み落とされた子どもでもあり、しかも、そのクロノスによって飲み込まれた子ども（包摂された内側）でなくてはならなかった。意識はみずからを解離させなくてはならず、一方では、取り消すことのできない誕生を実際に理解し受け入れた現代的な大人の意識であり、他方では、生まれたばかりの子どもであり、自分の誕生に気がつく前の、現代のリフレクション〔反省〕によって青白くなる前の、無垢な赤ん坊であらねばならなかった。

これが第二の分割である。それは、実体的な内容と論理的な形式の分離であり、より特殊には、意識の抽象形式（その合理的な反省の能力、科学的な心、経験主義的な観察者、錬金術的に言えば、ヴァス〔*vas* 容器〕やレトルト）が一方にあり、同様に抽象化され切断された伝統的（神話的、イマジナル、形而上学的）な意識の内容が他方にあり、その二つへの解離である。完全に生まれた抽象的・形式的な意識として、この意識は新生児としての自分自身（その内容）を飲み込んだクロノスであった。これらの内容は新たに誕生したのであり、なぜならもはやそれらは、生きた宗教的もしくは形而上学的伝統の中にしっかりと埋め込まれた本来の内容ではなく、そうした伝統の資産でもないからである。それらはすでに母なる教会や西洋の形而上学的伝統から解き放たれた内容であり、だからこそ、ユングがこれらを「自律的」「自発的」であると言い、自然の事実と呼んだのである。すなわち、それは、自由に漂うもの、偶発的なものである。伝統との断絶はすでに生じている。そのイメージとアイデア（「元型的イメージ」、あるいは元型的心理学であれば「イマジナル」と呼ぶもの）は、伝統的な内容（「根源の経験〔*Urerfahrung*〕」と「元型〔古代の型〕」、つまり天上から直接やってきたようなもの）が、すでに根から切り離され現代的で抽象的なものに変形したものである。このことは、もともとは教会に置かれ生きた儀式に根付いていた祭壇装飾が、博物館に置かれ、抽象化され現代的に変形されたことと、とてもよく似ている。

　この行為が、「内側というもの」と「無意識というもの」の発明と製造である。意識はいまや二重に存在し、一つは「自我」として、あるいは狭義の意識（単なる形式・容器・機能としての現代的で合理的な心《マインド》）として存在し、もう一つは（潜在的なイメージの宝物としての）「無意識」として現れる。飲み込まれた意識は、飲み込まれたがゆえに、意識の仕事（本質的に公共的である反省や理性的吟味）の実践に参加する可能性を奪われ、そのことによって、事実上、無意識的である。呑み込まれた心《マインド》は、確かに狭い意味での意識であるが、その空っぽの形式にすぎず、それが受け入れる可能性のある内容から完全に切り離され、原理的には、無意識的イメージに対するいかなる知的責任からも解放されている。意識的な心《マインド》は無意識からくるイメージの受動的な受け取り手でしかない。「私たちは心が自発的に語りかけてくる内容に素朴に耳を傾けなくてはならないのです。〔中略〕できるだけ、それをもう一度語るのです。〔中略〕偉大な夢とは何でしょうか。それは、たくさんの小さな夢と、それらの夢の兆しに対する謙虚で従順な行為から成り立っています[88]」という。

　この内側というもの〔The Inner〕はユートピア的ではない。なぜなら、たとえば夢の形式において、この内側は、「いま」であり、直接的であり、経験的な観察に対してアクセスしやすいものだからである。しかし、「いま」であるからといって、リアルで現代的な現前と一致しているわけではなく、今日の公共世界と一致しているわけではない。なぜなら、内側はこの現代的な現前に対比する形で、あつらえられているからである。（シミュレートされ）現前する現実として、内側が過去の再−収集であるための用意は調っている――しかし逆に、一つの現前する現実は、シミュレートされたものとして、そして無意識という定義によって、密かに「過去」という論理的なステイタスにある。ユングはおぼろげながら、現代的な無意識イメージのシミュレーション性に気がついていたのかもしれない。少なくとも、ユングは『分析心理学』に関する一九二五年のセミナーにおいて、彼自身のエリヤとサロメのファンタジーに関して次のように述べている。「このファンタジーが私に訪れる以前に、私はたくさんの神話を読んでいた。そして、その読書で知ったあらゆるものがこれらの人物の姿に凝縮されて行った」[89]。これは、ファンタジーとその起源を集合的無意識から直接的にやってくるものとするユングの通常の思想や、無意識は純粋な自然であるというユングの見方とは、極めて対照的な告白である。

私は、この呑み込まれた内容を博物館の展示品と比較したが、もちろん、無意識が博物館であると考えられる必要はない。博物館とは、いわば、施設に収容され客体化されたムネモジューネ〔思い出〕のことである。それは、あらゆる時代のあらゆる人々の富と叡智に対する歴史的な関係を表現している。私たちは、陳列された対象に手を伸ばし、それを手でつかみ、所有することはできない。すなわち、陳列箱や絵画の前面にはめ込まれたガラスが、そうしたものに対して、論理的に超えられない距離があることを、まさに文字どおりに気づかせてくれる。ひとえに呑み込みと内化によって、いままでの伝統的な内容が、私たちの無意識として「私たち自身」の内側に入り、ユートピア的未来に逃避する必要も、歯車を巻き戻そうとする必要もなく、「あのことがもう一度真実になる」といえるだろう。自分自身の内部性が取り返しがつかないほど失われた状態では、ただ呑み込むことによってのみ、現前する現実（いわゆる「根源の経験〔*Urerfahrung*〕」）としての意味（内部性）を獲得することができるのかもしれない。内側から現れるイメージが、絶対的に自律的で、純粋で汚れのない自然であり、私たちのそうした経験はその源泉から直接に経験されたのだという印象は、ひとえに呑み込むことによって創造されえる。[90] というのも、サトゥルヌスの呑み込みとは、サトゥルヌスの子どもたちが生まれたという事実の後に、二次的な未生状態を作り出し、彼らが公的で知的な生活の一部になることを妨害し、その子どもたちを胎生状態に凍結することに他ならないからである。同じように、イマジナルな内容もすでに宗教や形而上学から解き放たれているが、それらを無意識の中に閉じ込めることによって、それらが「成長すること」は防がれている。つまり、外に出て公共の知的な生活に参加し、その変容によって影響を受けることができないようにされている。その代わり、知性はそれらを、一方では知性自身の所有物や産物とすることなく、もう一方で完全に説明できるものとすることもなく、明白な自然の事実として受け取らなくてはならない。

父親としてのクロノスが、すでに生まれた子どもたちのために、二次的な自然ではない子宮を創造しているのと同様に、無意識の発明とは、伝統的な知識を保護する子宮を供給し、内部性の感覚を模造する目的に寄与するために、抽象的な形式としての現代の意識によって使用される装置のようなものである。

ユング自身ももちろん、彼のいう「集合的無意識」の論理的な起源が、論理的な分離と呑み込みという戦略的な行為であるという事実を十分に承知していたわけではないだろう。何といっても、もし彼がそのことを意識していたとしたら、彼は集合的無意識を信じることができなかっただろう。そして、それでも、無意識が一つの結果であり、つまり、いままでの公共的で伝統的な知の内容や、神話や宗教や形而上学の格下げと縮小の結果であり、その内化と私有化の結果であるという捉え方から、ユングは逃れることはできなかった。このことは、少なくとも間接的には、以下のような引用に表れている。「星が天から落ち、私たちの至高の象徴が色あせたために、一つの秘密の生活が無意識の中で勢力を得る。これが、私たちが今日、心理学を携えている理由であり、無意識について語る理由である[91]」。「私たちの自然な相続財産は浪費されたとき、ヘラクレイトスが言うように、精霊《スピリット》もまた、炎で輝く高みから身を落とした。しかし、精霊《スピリット》が重さを得ると、水に変わるのである〔後略〕」。私たちは「精霊《スピリット》がもはや天上ではなく下に降り、もはや火ではなく水になった時代の子どもである[92]」。「形而上学的な世界の裂け目が、ゆっくりと人間の心の分裂として意識に上り、光と闇の相克が、意識の中の戦場へと移動している[93]」。心理療法家の作業が「成し遂げられるのは、ヌーメン〔聖なるもの〕が最近まさにその居を定めた〔もしくは移住した〕領域、人類の問題〔*Menschheitsproblematik*〕の全重量が移動していった領域において、である[94]」。

実際、呑み込みという当のアイデアがユング自身の思考に浮かんだとしても、彼はそれについて、批判的な距離をもって語るだけである。

さて、ようやく私たちは――歴史の黎明期から数えてはじめて――自然が備えた原初的な生気をすべて、苦労して私たちのうちに呑み込んだ。惑星の領域から神々が降り（あるいはむしろ、引き下ろされ）、地下世界のデーモンに変容しただけでなく、また、［中略］このデーモンたちをもてなす者は、パラケルススの時代には、まだ山や森に暮らし、河川や人間の住まうところあって、幸せそうに戯れていたものだが、それさえ、みじめな残りかすへと落ちぶれ、ついには跡形もなく消滅した。[95]

知性の犠牲と、形式という課題の除外

落ちた星のイメージが、事態を明らかにしてくれる。かつては誰もが目にすることができ、公共の崇拝の対象であり、知性が恥じらう必要もなく、意識的に仰ぎ見ていた対象が、いまや無意識の中に沈み込み、論理的には埋葬され、それは内側で根本的に無意識的であり、公共的な思考に許容されることはなく、合理的な説明〔*lógon didónai*〕の主体である義務も負っていない。知性はそれらに触れる必要はない。それと「戯れる理由を自分に認めてはならない[96]」とユングは発言しているが、それは、これらの内容に対して他者の観点から、つまり知性の側から行われた全面的な免疫獲得を、裏切る形式を伴った発言であり、なぜなら知性は「私たちの遊戯的な知性[97]」とされ、それゆえ定義上、より高次の意味の問題には対応不能であるとされ、その価値を減じられているからである。つまり、「私たちの知性は、決してこうしたことを理解することはできない[98]」のである。確かに、こうした物事を正当に評価することのできないタイプの知性は存在し、それは実証主義的、合理主

義的、功利主義的な思考である。しかし、ユングはなぜこのように狭量な意味での「知性」に、自分を制限するのだろうか？　これは必ずしも必要なことではないはずだ。これはユングの選択である。したがって、彼の発言がどのような形式で示されていようとも、これを事実の無垢な表明や単なる観察だと誤解してはならない。これは、むしろ拒否や禁止である。「知性で象徴に触れてはならない！　知性は原理的に除外されたほうがよい！」。ユングのいう無意識とは、象徴と元型的イメージの領域であり、知性は立ち入り禁止であると宣言されているのであり、無意識の理念それ自体が一つの〈サクリフィキウム・インテレクトゥス〔*sacrificium intellectus* 知性の犠牲〕〉である。というのも、知性は、それらに事実として留意することができる、あるいは留意することになっていると同時に、それらに対して基本的に盲目であり続けなければならないという裏返しの含意がそこにあるからである。確かな事実という性質が、象徴や元型的イメージに対する知性の本質的な盲目性・無力性・免疫性を保証する。知性は、思考的にそうしたものに入り込んではならない。究極的に言えば、意識はそれ自体無意識でなくてはならないことになる。すなわち、対立物の対の両側が、意識と無意識が、共に無意識なのである。

儀礼や象徴に対して知性的なものが絶対的に無力である、という先ほどの引用文は、以下の文脈に埋め込まれていたものである。「私たちがそれ〔処女性と処女という着想の秘密〕をもはや理解することがないのは悲しい真実である。しかし、あなた方もご存知のように、ここ数百年にわたって、人はそのような種類の知的理解を必要としていなかった。私たちはそのことを誇りにしているが、それは何も誇りにするようなものではない。私たちの知性は、こういったことがらを絶対に理解できない。真実、すなわち儀礼や教義にまつわる驚くべき真実を理解するほど、私たちは十分には心理学的に前進してはいない」。この言明は私たちに何を告げているのだろうか？　まずユングは、私たちがそのような秘密を二度と理解することはないと言うことで、以前にはそれが理解されていたとほのめかしている。しかし、ユングは、儀礼や教義がまだ生きていた過去の時代には、そもそもそれを理解する必要がまったくなかったことも明らかにしている。未開社会では、人々はただそのことを知っていただけで、自分たちがしていることは知らなかったのである、というユングの言葉を私たちはすでに耳にした。「彼らは、自分たちの（儀礼的な）行為に意味を見出してはいない」。「［中略］物事は概してまず進行し、そして［中略］それから長い時間が過ぎた後で、ようやくその物事について問いを発する者が現れるのである［後略］」。理解は、意識の儀礼的な段階においては、そもそも必要ではなかった。知的な理解の必要が生じたのは、ずいぶん後になってからであり、特に近代においてなのである。理解の必要性は、それまでの内部性の状態から意識が顕現するために生じたのであり、同時に、それはこの変化を受けた症状でもある。近代人は理解を必要としているという確信は、ユングにとって揺るぎのないものであった。[99] ユングは、結局のところ、青年期からこの必要性を知っていたのであり、堅信礼のための講習においてユングは教理問答書にひどく退屈させられたが、三位一体の神に関する段落だけは別だったのである。ユングの報告に拠れば、彼は、この主題が説明されるときを、いまかいまかと待ち構えていた。だが、牧師である彼の父親が、自分は三位一体について何も理解していないためこの節の説明を飛ばすことにする、と言ったとき、おそろしい失望を味わったという。[100]

ユングが、私たちは「儀礼と教義にまつわる真実〔中略〕を理解するほど十分には心理学的に前進してはいない」と感じたのだから、彼は、私たちの知性を前進させて、私たちの知性が次第にそれを理解できるようになるようにしたいという願望を持っていたのだろう、と期待する人もいるだろう。それにもかかわらずユングは知性を体系的に排除していた。排除されているものとして、知性に対する免疫さえ講じられていた。それ自体の論理形式において、知性は、みずから意識化した無意識内容によって影響をこうむることを恐れる必要はなかった。ここには、構造的な神経症的な分裂がある。すなわち、知性と内容は、互いに影響を及ぼしあい感染しあうようなことがないように設置されている。

このように「無意識」という理念は、実際には、心の中の領域や区画や機関を指しているわけではない。それはそもそも、根本的に禁忌とされ、触れることのできない内容を顕示するラベルである。つまり、そこには意識的な認識と知的な洞察が届かない。このラベルは、そうした内容をある特定の論理的ステイタスに、つまり不可逆的な無-意識のステイタスへと押しやる。それは、越えられない、すなわち論理的な、障壁を建立する。確かに、意識には「無意識の内容」を、それが閉じ込められている論理的に孤立した部屋の窓ガラスを通して見ることが許されており、「拡充」という方法や形態比較という方法を使用することさえ許されている。言い換えれば、そのこと（その事実、つまりその現象学）を知ることは許されており、しかし、それが何であるかを知ることは絶対的に禁じられている。この障壁は、私たちの主観的な感情体験が、つまりそのヌミノース性によって情動的に印象づけられたものが、即時的な近接性を装っているために、気づかれないだけである。

それはまるで、孤立した部屋の窓ガラスの向こうにいる病者への共感と同情が、その窓ガラスを通り抜けるように思えることと近似している——しかし、その窓のガラス板を外すことはできないのである。

この分裂は、それが可能となるために、より深刻な言葉にならない分裂を必要とする。すなわち、意味論的なものと統語論的なものの間の分裂を、内容と論理的形式のあいだの分裂を必要とする。ユングが真に排除したのは、この形式の水準であった。彼は無意識的な内容と意識（知性[101]）の両方を、意味論化した。ひとえに論理的形式への問いだけが体系的に排除されたために、ユングの対立物の二つの側面、つまり意識的な知性と無意識的イメージが、首尾よく互いに対して免疫を与えられたのである（つまり、一方が他方を呑み込むことが最初に起きたのだろう）。（一方向的であれ相互的であれ）感染は形式の水準においては、確かに起きていたはずである。それこそが、この二つのものの触れあう場である（また触れあう方法でもある）。形式や統語の問題が、きっぱりと除外されているために、この二つのものは共に安全であったのである（ここで「安全である」ことをもまた基本的に無意識的であることを意味している）。この意味論化のために、意識は体系的に「それを」知ることへと限定され、それが「何であるか」に対しては盲目的であり、なぜなら「何であるか」は現象の論理以外の何ものでもないからである。究極的には、この形式の水準の除外が、無意識のユング的な理念の根底にあり、それが（ユングが好んでみずからの心理学をそう呼んだように）「無意識の心理学」全体そのものを、無意識的にしている。この「無意識の」という言い回しは、ここで、その言い回しにもかかわらず、目的格の所有格であると同時に、主格の所有格なのである。

ユングは、カトリック教会には戻れず、ゆえにミサの奇蹟を体験することはできず、それは彼があまりにも知りすぎてしまったからだというくだりに続いて、次のように述べている。「それが真実だとわかってはいるが、それはもはや私が受け入れることのできない形式をとった真実である。もはや私は『これがキリストの犠牲である』と言うことはできず、キリストを見ることはできない。私にはできない。それはもはや私にとって真実ではなく、私の心理学的状態を表現してはいない。私の心理学的状態は、それとは別の何かを求めている。物事がもう一度真実になる状況を、私は手にしなくてはならない。私は新しい形式を必要としている」[102]。ここでユングは論理的形式の問題に、つまり統語論対意味論の問題に遭遇している。（抽象的な「それ」に関する限り）意味論上は、ミサの奇蹟は依然として彼にとって真実であった。しかし、歴史がユングを新しい状況へと投げ入れたのであり、結果として彼の「心理学的状態」も、それに応じて、伝統的な形而上学的な内容に代わる新しい形式を求めるようになった。しかもここで私たちは、この新しい形式はユングのためのものであったことを理解する――従来の神話的で形而上的な知識の、心理学化され、内化され、私有化されたものが必要とされたのである。心理学化された（つまり、心的なものになり、厳密には心理学的なものとしては残されていない）場合だけ、つまり、この「新しい形式」においてのみ、過ぎ去ったものはもう一度真実になりうる。そして、「真の行為の場」は、実証化される人間の内部へと移されなければならなかったのである。

「無意識」：発見された事実なのかそれとも、終焉へのよすがなのか？

「星が天から落ち、私たちの至高の象徴が色あせたために、一つの秘密の生活が無意識の中で勢力を得る。これが、私たちが今日、心理学を携えている理由であり、無意識について語る理由である」という記述は、あまねく魂の歴史について語っているというよりも、ユング心理学の起源とユングの知的展開の必要性について、とりわけ多くを語っている。ここから、ユングが、素朴に心理学者としての作業の中で、この無意識の概念を必要とするある種の事実に遭遇したのであり、無意識を発見したわけではないこともわかる。彼は、まずもって心理学者だったわけではなく、そしてまた、集合的無意識をたまたま発見したわけでもない。ユングは、その生まれから、心理学者になるべく運命づけられていたわけではない。彼は、ほかのあらゆる種類の職業を選択し得ただろうし、その職業で一流になれただろう。いや、あべこべである。彼が心理学者にならねばならなかったのは、（彼の言う意味での）無意識が、より正確に言えば、無意識というアイデアの発明とその確立が、彼の企てを首尾よく進めるために、彼に開かれていた唯一の道だったからである。ユングは、無意識を必要としており、なぜなら、(a)現代性という状況下で――ユートピアにも復古にも訴えることなく――神話的な意味を現前する現実として復権させるという至高の目標を彼が持っていたからであり、(b)この目標は、「星々」（＝かつての神話や宗教や形而上学の内容）を個々の人間存在の中へとクロノスのように内化する（呑み込む）ことを通じて（＝心理学化を通じて）、はじめて偶然にも達成されうることだからである。すなわち、「あらゆる神々やデーモンたちの物理的な無は『民衆のアヘン』だと安易に偽って、あらゆる神々やデーモンたちが、その起源の場へ、つまり〈人間〉へと回帰する[103]〔後略〕」。心理主義[104]それ自体——つまり、世界的で宇宙的な〔*cosmic*〕問題や、公共の問題や、さらに「全き人」という思想の問題からもたらされるあらゆる偉大な宗教的で形而上的なアイデアや関心事を、心理学的で、単に内的なものに、つまり〔実体と考えられている際の〕人間の中にあるものへと読み替えること——が、この問題に対するユングの解決策であった。しかし、それは単なるその場しのぎ〔方便、間に合わせ、ごまかし〕にすぎなかった。これは、もちろんその場しのぎでなければならなかったのだが、なぜなら真に求められたもの〔内包性の新しい形式、第二の未生性〕が、矛盾それ自体〔*contradictio in se*〕であったからである。

このように、「心理学」が、ユングの目標へと到達できる残された唯一の道を指し示していたために、ユングはこの職業を選択したのである。

小型化と私物化

この、私たちの観点からの心理学化〔*psychologizing*〕の大きな不利益は、心理学者的にならなければならないことである。ユングは、実際には魂を論理的な生としては理解できなかった。彼は意味論的水準から統語論的水準へと移ることができず、心理学の「主体」が、個々の人やその内的感情体験ではなく、「人間全体」、人という理念、意識全体であるということを理解できていなかった。つまり、与えられた歴史状況における具体的な〈世界内存在〉の論理を理解できなかったのである。ユングは、本来、オプス・マグヌム〔*opus magnum* 大いなる作業〕をオプス・パルヴゥム〔*opus parvum* 卑小なる作業〕へと格下げし小型化しなくてはならなかったのだが、このようにとても一面的で、「もし個人が真に変化しないならば、何も変化しない」[105]という頑なな見解を持っていた。これは逆から言えば、すなわちもっぱら個人のみが変化しただけでは何も変化しないということであり、しかもそれだけではなく、〈世界内存在〉全体の論理さえもまったく変化しないということであり、それをユングは理解できていなかった。[106]ユングは次のように著している。「〔前略〕個人は、自分が秤を傾ける決定的な錘であるということを知っているだろうか」[107]。「要するに本質的なことは、個人の人生のみである。これのみが歴史を創り、ここにおいてのみ偉大な変容がまずもって生じる[108]〔後略〕」。「〔前略〕彼（個人）は一つの大切な要因であり、世界の救済は個人の魂の救済に基づいている」[109]。しかし、もし論理――この論理とは、心情《ハート》と魂であり、そのようなものとしてすべてに行き渡る媒介項であり、現実の論理であり、リアルな人間の実存の論理である――が変化しなかったら、個人は実際にどのようにして変化できるのだろうか？

以下に挙げる記述の一部はすでに先に引用したものである。心理療法家は、「ただこの特定の、取るに足らないものかもしれない患者のためだけに作業をしているのではなく、自分自身のために、また自分自身の魂のために作業をしており、そしてそうすることで、彼はおそらく人類の魂という秤に極小の種を撒いている。この貢献は小さくて不可視だが、それでもそれはオプス・マグヌム〔*opus magnum* 大いなる作業〕である。というのも、心理療法家の作業が成し遂げられるのは、ヌーメン〔聖なるもの〕が最近まさにその居を定めた（もしくは移住した）領域、人類の問題〔*Menschheitsproblematik*〕の全重量が移動していった領域においてだからである。心理療法の究極の問いは私的な問題ではない――それは至高の責務を代表している」[110]。このことは矛盾なくしては成り立ちえない。ここで、ユングがカウンセリングルームの治療者の作業の意味をどれほど肥大化し、どれほど神秘化し、もう一方で、どれほどオプス・マグヌムを小型化しているかがわかる。鶏を小脇に抱えて神の祭壇に出向き、神に「お守りください。このとおり、あなたに美しい山羊を捧げます」と言う未開人と似て、ユングは私的な問題を公共の重大事であると偽り、オプス・パルヴゥムをオプス・マグヌムであると偽ることを欲したのである。彼は無意識の心理学が根本科学（あらゆる科学の基盤となる科学）[111]であると信じたのであり、無意識へと注目することで現実の行為の場に直接到達すると信じたのである。すなわち、「〔前略〕真の問題は、現在から、それに続く薄明の未来まで、心理学的なものであろう」[112]という。この内に無意識を蔵した心《サイキ》は、究極的な決定がなされる真の「戦場」[113]であると考えられている。確かに、心理療法の作業は、それ自体の意義を有し、一つの責任を体現している。しかし、教師、判事、ゴミ収集人、商人、工場労働者、医師、秘書等々といった他の意義ある職業の意義と、根本的な差異はない。もちろん、それが人類の魂の天秤にかけられる限りなく小さな穀物の粒の問題であるならば、ユングが心理療法はそのような貢献をする可能性があると主張するのは正しい――なぜなら、どのような行為も、省略も、思考も、そのような限りなく小さな粒になりうるからである。ここでは心理療法は特権的なものではない。しかし、人類の問題〔*Menschheitsproblematik*〕に関わる限り、心理療法は無意味である。心理療法は、根本的には私的なものであり、根本的に止揚され、つながりを解かれたものであり、せいぜい、いわばフッサールの言うところの「生活世界〔life-world〕」に属するだけであり、より正確に言えば、余暇の娯楽の領域に、つまり遊び場（心理療法にしばしば存在し、高尚な表現でテメノス〔*temenos* 聖域〕と言われる、あの遊び場）に属している。オプス・マグヌムは別の場所にある。つまり私たち〈世界内存在〉の論理を明確化し変化させる作業の中にある。

しかし、ユングは意味論的な出来事に、すなわち無意識や個人的な夢といった経験に頼ることを望んだ。私たちはすでに、「偉大な夢とは何でしょうか。それは、たくさんの小さな夢から成り立っています[114]〔後略〕」という語りを聴いた。なんという劣化だろうか。まだこの数行まえでは——私の間違えでなければ——ユングは、「偉大な夢は、いつも代弁者としてのアーティストを通して語ってきました」と発言している。この発言の中で「偉大な夢」と考えられているものは、間違いなく私的な「小さな夢」の集合ではなく、まったく別の現象である。すなわち、それは偉大な芸術の作業であり、ア・プリオリに公共的で、人間性[115]には属さずに、種族全体に属し、醒めた意識とあらゆる知的な力を備えたホモ・トートゥス〔*homo totus* 全き人〕による生産物である。偉大な芸術も、同様に、偉大な思想も、「無意識」から生じるのではない。自然主義的・実証主義的に、神秘的で人類学的に不変のものと考えられ、無時間的な元型の貯蔵庫であるとされる「無意識」から生じることはなく、個人の（内面の）人格から生じることもない。偉大な芸術や思想は、それぞれの時代のリアルで具体的な歴史的状況から生じ、根本的な真実から、明瞭な表現と回答の両方を提出することを迫られた世代が抱えた開かれた問いと深い葛藤から、それは生じる。それら（その世代の真実、問い、葛藤）は資源であり、プリマ・マテリア〔*prima materia* 第一質料〕であり、しかも、その生産物（「創造性」）の真の主体である。そして、それらは個人的でも「集合的」でもなく、しかし——論理的（完全な別の次元に私たちを連れて行くの）であり、そして、そういうものとして（そういうものとしてだけ）、それらは、「上にあり、下にあり」、内にあり、外にある。そういったものの中に、そして、それらによって作り出された偉大な作品の中に、人は魂を携えているのであり、人の中や、人間の「無意識」の中に携えているのではない。それらの偉大な作品が「人類の問題の全重量」の在り処となるのは、こうした理由からである。それらの作品やそういったものの継承の中に、私たちはオプス・マグヌム〔*opus magnum* 大いなる作業〕[116]を見いだす。

結果的に、偉大な芸術家や偉大な思想家は、（内面や無意識を備えた人としてではなく、ホモ・トートゥス〔*homo totus* 全き人〕として）、そうしたものによって到達された人々である。あるいは、逆に言えば、それらによって到達され、求められたために、彼らの中において、その世代の偉大な問いが発酵し、それがみずから作業し現れ出ることができる。偉大な芸術家や思想家は、錬金術的な容器にすぎず、その中で時代の偉大な問いが第一質料となり、発酵し腐敗し、蒸留され、昇華され、そして、当然、明確化されていく。また、その作品の真の作り手は究極的には、その世代の課題それ自体の中で活動しているメルクリウス的な精神《スピリット》である。このように、世代の偉大な問いの中にいるメルクリウスが自分の中で活動するのを許容できる人こそが、偉大な思想家や芸術家なのである。

しかしながら、ユングにとって、これが以下の三つの点において、まったく異なっている。（1）彼にとって戦いの場は内側にあり、個人としての人間とは、真の心理学的な言い方をすれば、「原点の場」[117]であり、ヌーメン〔聖性〕が存在する場であり、人間存在の偉大な問いの現状が表現される場である。（2）重要な問題や人類の問題は、明らかに超時間的（時の流れに関わらない元型的パターン）である。（3）ユングは、偉大なものと卑小なものの差異も、例外的なものと一般的なものの差異も[118]、オプス・マグヌム〔*opus magnum* 大いなる作業〕とオプス・パルヴゥム〔*opus parvum* 卑小な作業〕の差異も、いずれも根本的なものとして受け入れることを拒否した。元型的なイメージがそれ自体で偉大さを示すことはなく、偉大さを保証することもなく、[119]通常の個人の小さな夢は私的で個人的な意義だけを持つ、という理解をユングは拒否した。ユングは、夢と相談室での作業に、それらが実際に持っている限られた個人的な意義を遥かに超えて、完全に誇張されて、宗教的とさえ言えるほどの意義を与えた。ユングにとって、それらはヌーメンの新たな場であったのである。だが、ほとんど誰もが夢を見ることができることを鑑みると、ユング主義の現状に至る道を準備したのは、ほかならぬユング自身[120]だったのである。つまり、典型的なユング派の著作に見られ、受け入れられている主観的で根本的な素人性や大衆性という特徴が一方にあり、「神聖なもの」や「ヌミノース（聖なるもの）」のような言葉や、象徴や神話から生み出され使用される肥大化した偽物の精神《スピリット》がもう一方にある、という現状である。このコインの一面に対するもう一方の面が事実として示しているのは、ユングの著作は、フロイトの著作とはまったく対照的に、偉人や思想家や作家や芸術家を魅了することはなく、その心を奮わせることもなく、しかも学術的には、こうして中身のないものに留まってきたということである。

こうしたことの一部であり、その前提条件であるものは、真実が、感じられる体験〔*Erleben*〕に取って代わられたことである。体験しているものが何であろうとも、抽象的に感じ取られる体験は、それが無意識からの体験や、それ相応の「汚れのない自然」体験である限り、究極的に重視されるものであった。そして、元型的あるいは神話的な範疇に見いだされる限り、その内容はどんなものでも良かった。ユングの科学者的な経験主義と、その主観主義（人格主義的・人類学的な姿勢）が、ここでは協働している。

感じられる体験〔*Erleben, Urerfahrung*〕の何が問題なのだろうか？　それは現状という論理から、体系的にみずからを排除し抽象化してしまっている点にある。すなわち、人が偶然にその中にいる歴史的な状況や、暗示的で語られることのないまま意識の構成に内在している論理的（あるいは存在論的）な前提から、みずからを排除し抽象化している。本当に重要なことが、つまり、与えられた歴史的な瞬間にいる私たちの体験の心理学的な土台が、ア・プリオリに締め出されている。それは問題とされておらず、そのプロセスに参入していない。このように、感じられる体験はまさしくその状況に備わった魂を排除し、その代りに、一方では、抽象化された意味論的な内容（イメージ）であり、他方で、その反対のものであり、同じように抽象化された主観的な情動反応でもあり、それを餌として、私たちをなだめようとしている。「無意識からの原初的な体験」といった情動的な出来事は、印象的で感動的（「ヌミノース〔聖なるもの〕」）であるかもしれないが、本質的には、個人に閉じた特異なものである。[121][37] 心的には、[122] それらは重要かもしれないが、心理学的には的外れである。

それでもやはり、ヌーメン〔聖性〕の移住や、人間性の問題〔*Menschheitsproblematik*〕の再配置についてユングが述べたことには、非常にはっきりと、人間の意識が従来の意味への包摂性から誕生してきたことに対するユング自身の気づきと、それに対する彼の反応の様式や対処の仕方が示されている。ここには三つの区別されるべきものが見られる。

第一に、この根本的な変化を、「ヌーメン〔聖性〕」の分解、昇華、発酵腐敗、そして、その「死」としてそれ自身に真に帰結させる代わりに、ユングは、この根本的な場の変化にもかかわらず、ただヌーメンを無傷のまま抱え続けることを許すような運動に、この変化を従わせるのである。ユングは、意識の出現に対して、（変化も影響も被ることのない）ヌーメンの潜水によって応答している。すなわち、「精霊が再び浮上することはないと考えるのは、私たちの時代の自己妄想の一つでしょう。〔中略〕私たちは、ただそうした予期せぬ出来事の生じる場から遠ざけられて、狂気に陥って流されてしまったのです〔*Wir sind nur von dem Ort solchen Geschehens entrückt oder verrückt*〕。私たちのなかでも、いまだにそこにいる人々や、再び戻る道を見出した幾人かは、同じ経験によって、以前と同じように魅了されるでしょう[123]」。本当には何も起こっていないというのである。つまり、「〔前略〕何も変化はなく、名称だけが変化したにすぎないのです。〔中略〕私たちの意識が神々を失ったと想像しているだけで、現実には神々はまだそこにいます[124]〔後略〕」。「私たちのなかでも、いまだにそこにいる人々」という言い回しは、もちろん、（二次的に導入された）未生性を示していて、意識の出現を洞察したという事実の後で、その出現を意図的に否認することを示している。

第二に、ユングはヌーメン〔聖性〕の、あるいは、人間性の問題〔*Menschheitsproblematik*〕の全重量のための新たな戦いの場を人の内側に切り開くことによって、公共の領域から、現実の唯一の戦いの場としてのステイタスを、オプス・マグヌム〔*opus magnum* 大いなる作業〕の場としてのステイタスを、奪い去っている。公共の領域で起こっていることは、いまや「〜にすぎない」として軽視されている。行為のリアルな場、魂のリアルな場は、無意識であるとされる。あらゆる心理学的な注意が、芸術・哲学・テクノロジー・経済などで進行している事柄から逸らされて、個人の無意識や私的産物へと、とりわけ夢へと、向けられる。

ユングが「この患者には、ほぼ意味がないのかも知れない」と述べたとき、彼は重要なものに気づいていた。しかし、私たちは彼のこの発言を一般化しなければならない。これは、この特定の患者には意味はないが、一方で、ある別の患者ではそうではないのかもしれない、ということではない。個々の人として、私たちはみな（文字どおりに、あるいは、深いところでは、あるいは、少なくとも潜在的には）患者であり、私たちとそして私たちの中で起こっていることは、実際にはまったく意味のないことである。ユングはまた、究極的に重要なのは、「人類の魂の規模」で存在しているものだと理解しており、A・ヤッフェが強調したように、ユングは「人類の個性化」というアイデアさえ歓迎していた。ここでユングは、真の心理学に、魂の住み処である論理的な次元に極めて近づいていた。しかし、それにもかかわらず、これらすべてをユングは個人の中に詰め込み、そうしてそれを小型化したのである。あらゆる意義のあることが、要するにユングがすでに「ほぼ意味がない」と見抜いていたものに投影された。ユングは人格主義的・人類学的な足かせから自身の見解を解放しなかった。人類の個性化でさえ、最終的には、ただ個人の個性化のプロセスにおいてのみ起こっていると考えられ、それは逆にむしろ個人の救済のプロセスであると考えられた。[125] 個人の個性化のプロセスとは、ユングが自身のあらゆる希望を詰め込んだものである。確かに、ユングはトランスパーソナル的で、客観的な心《サイキ》を考案したが、では、それはどのようなトランスパーソナル性や客観性だったのであろうか？　このトランスパーソナル性という理念は意味論的な領域に固定されている。すなわち、個人的な心《サイキ》の中に生じる元型的イメージが、トランスパーソナル的な性質を持つものであるとされ、それが客観的な心《サイキ》の一部であると言われたのである。統語論的には、ユングは自身の

「トランスパーソナル」という用語を明るみに出すことを許さず、（主観的・個人的である代わりに）トランスパーソナル的で非個人的で客観的であるトランスパーソナル性にそれ自身が到達すること許さなかったのである。すなわち、メルクリウス的に、私たちがいる歴史的状況の内的論理に到達することを許さなかったのである。

疑問が湧き上がってくる。もし、個人ではなく、客観的でトランスパーソナル的なメルクリウスやロゴスが、心理学的な生の実際の主体である（そして、それゆえに一方では、心理学的な研究[126]の主題でもある）という洞察に、ユングがそれほどまで近づいていたならば、なぜ、彼は人格主義的なものや小型化から自分を解放することができなかったのだろうか？　なぜユングは開かれたところに出ることをせず、目に見えない魂の現実の戦いの場である領域へ、すなわち、思想・文化・芸術・科学・経済などの領域へ出て行かなかったのであろうか？　なぜユングはそこで隠れたメルクリウスの兆しを探すことができなかったのだろうか？　答えは明確である。そうすると、意味も内包性も神話も完全に終わったのだということ（そして、この洞察をユング自身が受け入れなければならなくなること）が、必然的に明白になってしまうからである。そして、彼は何の留保もなく、現代性に入っていかねばならず、人間が生まれ出ることを認め、子宮のような容器や神話的な装いから抜け出し、精霊が瓶から抜け出すことを許さねばならなくなっただろう。しかし、ユングの心理学のプロジェクトの目的は、まさに、この脱出した[127]精霊を再び瓶の中に閉じ込め、すでに生まれ出た子どもたちを呑み込むことだったのである――そうして教会（ecclesia）の中にだけ存在するサルス〔*salus* 安全〕を模倣することだったのである。さらにユングは、魂の生の真に（統語論的にさえ）客観的で（非人格的、超個人的な）論理に自分自身を委ね、「意味」という個人的な経験を伴う主観的で個人的な個性化と救済のプロセスへの憧れを諦めなければならなかっただろう。彼は意味を保持し、直接的にそれを所有したかったのであり、結局のところ、彼のプロジェクトは、事実に反する救済のプロジェクトだったのである。それゆえ、いま述べた二つの点において、彼の心理主義的な動きは、首尾一貫しており、彼に不可欠なものだったのである。

第三に、この戦いの場の新たな二重性は、構造的に「神経症的」な解離に通じている。すなわち、哲学・芸術、さらにはその他の文化的・社会的・経済的・政治的なあらゆる発展を伴った公共の領域は、実際には行為が行われる場である――しかし、単に「自我」の内容に「すぎない」とされ、最終的には妄想と狂気の場であるとされる（先ほど挙げた「狂気に陥って流されてしまった」という言葉を参照）。無意識のプロセスの私的な領域が、ヌーメン〔聖性〕が定住し、究極的な人間の問いが決定され、オプス・マグヌム〔*opus magnum* 大いなる作業〕が達成される場であるだろうとされる――しかし、それは現実の世界とは無関係であり、この領域に対して（一部の熱狂的なユング派とその分析者を除いては）誰も気にも留めず、何も気づかない。

生《なま》のものを特権化する

偉大な芸術や思想から離れる傾向のもう一つの側面は、ユングが（錬金術のような）「サブカルチャー」型の活動の産物をいつも特権化していた点に見られる――生もの（すなわち、平凡な作者による、劣等とも言えるテキスト）を、洗練されたもの（すなわち、偉人や偉大な芸術家の作品）の上位に置くのである。[128]

同じように、ユングは無意識や、自然発生的なもの（無意識からの夢・ヴィジョン・絵画）をも特権化した。そして夢あるいは錬金術的な文章が持つ生々しさはもちろん重要だった。なぜならユングも、自働手記の技法を使ったアンドレ・ブルトンやアンドレ・マッソンのようなシュールリアリストと同時代人であり、自然発生的で無意識的な作品に、直接性という特徴を見ることが許されていると信じていたからである。つまりそれは、原始的な自然や究極的な起源としての「無意識」が持つ直接的で濾過されていない啓示である（これが彼が原経験〔*Urerfahrung*〕、原体験〔*Urerlebnis*〕、原直観〔*Uranschauung*〕について語った理由である）。生のものや直接的なものは、偉大なものや洗練され発展したものや、エドガー・ウインドのいう例外的なものよりも、より真実である、という素朴な信念によってユングは導かれていた。「なぜ私たちは長いあいだ、無意識を発見せず、その永遠のイメージの宝庫を明るみに出して来なかったのでしょうか？　それは単に、私たちがあらゆる心的なものに対して宗教的な公式を持っていたからです――そして、それが直接的な経験よりも遥かに美しく包括的なものだったからです[129]」。遥かに美しく包括的な宗教的公式や、長い文化的な発展とさまざまな世代の思考の産物という最新の結果こそが、真の起源（厳密な意味での「元型的なもの」）であり、他方の直接的な経験はそれの不完全で予備的な様態である、というアイデアは、ユングには生じて来なかった。（市民ではなく、心理学者としての）ユングは、はっきりと、芸術における「純粋で、最もナイーブな形式」だけを好み、「あらゆる『心理学的な』意図を欠いた表現の素朴性と純真性[130]」を好み、さらに、あらゆる文化的な洗練を欠き、あらゆる精神的な加工も欠いたものを好んでいた、と付け加えてもよいかもしれない。だが、私が知る限り、ユングが、調理されたもの――蒸留されたもの、洗練されたもの、昇華されたもの——が第一であり、生のものが第二であることを許容するところに近づいたことが一度だけある。それは、芸術家や芸術作品に関する文章の中にある。そこで、ユングは次のように言っている。「最終的にその主体となるのは、彼〔芸術家〕の中の意志であるが、それは人としての人間の意志ではなく、芸術作品の意志である」[131]。すなわち、芸術作品が、その最終的な産物が、生産の第一原因なのである。

　錬金術は、ユングに次のことを教えていた。自然が不完全のままに残したものを、アート〔作業〕が完成させる〔*Quod natura relinquit imperfectum, ars perficit*〕。この言説は、しばしばユングによって引用されるが、適切に理解され、注意を払われてはいない。この言説が私たちに教えていることは何であろうか？　プリマ・マテリア〔*prima materia* 第一質料〕や、原経験〔*Urerfahrung*〕や、（自然発生的な「自然の産物」[132]としての）「小さな夢たち」が真の本質ではなく、完遂された作業の結果が、また、第一質料を加工する人間の長く続く営為[133]の結果が、真の本質である。すなわち、それが、ラピス〔*lapis* 石〕であり、クインタ・エッセンティア〔*quinta essentia* 精髄〕である。誰もが見ることができる「小さな夢」が語っていることを「できる限りもう一度言う」だけでは、まさに不十分なのである。芸術的な加工と洗練によってのみ、小さな夢はそれが（個人にとって）持ちうる深みと重要性を得ることができる。そのような加工を行う心《マインド》（アーティフェクス〔*artifex* 錬金術師〕）の偉大さによってのみ、小さな夢は、おそらくその真髄によって、つまりメルクリウスによって輝き出すのである。

「アニマ」という魂の定義は、現代の現実世界と知的産物を、魂とは正反対のもののように見せて、あるいは魂の外部にあるもののように見せている。ユングは概して、神話から現代性への移行が魂の内側で、魂の作業として起こるという可能性を考慮したがらなかった。[134] そのため、「象徴的な生」や夢やヴィジョンという現象以外の現象が、まさに今日の魂の必要性を表現している可能性があり、魂の理念は、アニマの他者、つまりアニムスを含むように拡大されなければならないだろうという可能性を考慮したがらなかったのである。

イメージの永遠の貯蔵庫？　いや、「ジャスト・イン・タイム」の生産！

他方で、夢やヴィジョンに関する限り、ユングは、それらがまさにサトゥルヌスの呑み込みが起こる方法そのものであるという可能性を考える準備ができていなかった。ユングが夢をイメージしたやり方では、人は無意識を元型的な形式が詰まった袋のようなものと考え、夢はこの袋から意識に漏れ出たものと考えられなければならないだろう。しかし、そのような袋は存在しない。据え置き型の容器としての無意識も、場所としての無意識も、層〔領域〕としての無意識も、代理人としての無意識も存在しない。無意識とは、特定の内容の再定義や再構成の時間的〔瞬間的〕プロセスである。つまり、クロノスの呑み込み行為である。無意識は存在論的ではなく、実体でもなく、遂行的である。無意識の内容としての生産や〔夢などの〕生産物、そしてその解釈の中にのみ無意識は存在し、そのような解釈のたびに新たに生産される。夢の背後に、その生産者としての実体化された無意識があるわけではない。ここでもユングは、目に見える現象的な太陽に関して「これが〈父〉である。その背後には〈父〉はいない〔後略〕」と言って道を示したプエブロ・インディアンの言葉に耳を傾けなかったわけである。[135]

無意識が実在することになるサトゥルヌスの呑み込みという行為は、文字どおり外から内への移転として、また移転された内容物をそこに貯蔵するものとしてイメージされてはならない。そうではなく、それは単にそれぞれの内容を、ある論理的ステイタスから別の論理的ステイタスへと変容させることである。それは、知性には絶対に知りえないという論理的ステイタスを、その内容に与える行為である。それ（とそれゆえ無意識）は、夢を見ること、夢（やヴィジョンなど）を産出する（後から導くpro-duce）こと、そして夢を「無意識」の表現として理解すること、という瞬間的な行為それ自体である。ただこの生産的で解釈的な行為において、そしてそれを通じて、現代の魂は、私たちの文化的でスピリチュアルな遺産の内容を「呑み込み」、公共的な思想や積極的な関わりの内容を「呑み込み」、あたかもそれらが天から直接降ってきたかのような、手垢のついていない本来の所有物であるかのような形式に変換する。それらは、（a）私的で主観的な自分の経験という特別な出来事の形式へと再生産され、そうして（b）その無意識の内容として（絶対的に自律的な自然の産物として、そして公共の心《マインド》や知性には根本的な接近不可能なものとして）再生産される。無意識が存在することになるこのプロセスは、弁証法的である。つまり、イメージの生産（産出）と（内側からの）イメージの表現や出現こそが、（外側から、公共の心《マインド》からの）イメージの内化である。「無意識から現れ」意識的に思い起こされた夢という「再生」こそが、無意識の内容としてのステイタスを獲得し、つまり二次的な未生としてのステイタスを獲得する方法である。この二つの動きは「一度に」起こる。それらはただ自己矛盾的な動きなのである。

解離と未生性の救済

天から落ちた星々という比喩は、呑み込むクロノスという私たちのイメージに対して本質的な条件を付加してくれる。このイメージは、前近代から現れ、神話的な時代にすら由来しているが、一方に父を置き、もう一方に子どもたちを置くという単純な一対の分割でいまだに作用している。しかしいま、この現代の状況において、それはもはや、自分の子どもを呑み込む父というような単純なものではない。いまや呑み込まれているのは、幼年期という概念全体であり、つまり、「人間の子ども－聖なる親」の関係性全体や、仰ぎ見るという姿勢そのものや、上と下の関係すべてが飲み込まれている。かつてのコスモス〔*kosmos* 宇宙〕全体であったもの、〈世界内存在〉の様式の全体であったものは、すでに止揚され、新しいより大きな様式（あるいは、意識の構成）の内にある内的な契機へと還元された。人間は、かつての内包性全体を、自分自身の内へと内化した。現代的な意識としての人間は、「父なるクロノス－その子どもたち」という古い関係性全体を呑み込んだ新しい「クロノス」であり、それによって、自分自身の「無意識」を確立する。しかし、私たちは、同じことを逆から言うこともできるだろう。かつては世界－関係全体だったものを、それ自身の内の止揚された契機へと還元することによって、意識はこの世界－関係に衝突してそこから離れ、意識自身をいままでに聞いたことのない新しい水準へと打ち出した。魚は「水－魚」の関係を飲み込んで、それによって海から現れ出たものとしてのアクエリアス〔水瓶を担ぐもの・水瓶座〕へと変わったのである。

天から落ちた星々のイメージは、無意識が備えた旋回する性質に気づかせてくれる。星々――人間が仰ぎ見る目的地――は、もはや上にはなく、無意識の中のずっと下にあり、それは星々と天空の玩具版である。そのため私たちはいまや現代の意識性の高みから星々を見下ろさなければならない。私たちが「内省〔introspection〕」について語るとき、それは外側から内側を（その中を）見ること、自我から自己を（その中を）見ること、意識から私たち自身の中にある無意識を（その中を）見ることである。これは一つの見方である。しかし、無意識の中に包摂された星々は、それでも星々である。そのためそこには新しい星空、新しい上方と下方、新しい神−イメージが存在する。「無意識」の観点からみると、私たちはそれらを再び仰ぎ見なければならないし、仰ぎ見ることができる。そうしてそこには、（全体として内化され、止揚されてはいるが）新しい内包性があり、新しい超越性を見上げる新しい姿勢もまた存在する。[136] この意味において、無意識はかつての神話的で形而上学的な天ではあるが、（天との関係であり）小さなものとイメージの中のみにあり、もはや宇宙的〔cosmic〕（現実の自然の世界）ではなく、私たちを取り巻いてはおらず、誰もが知っている公式の知識や洞察〔reflection〕の一部でもない。それは、呑み込まれミニチュア化され、だが追いつめられてもいる、かつての時代の真理である。こうして、実物大の現実の中では明らかに失われたものが、「無意識」によって、小さなものとイメージの中で、回復され得たのであろう。

　十分に成熟した止揚（止揚された瞬間への還元）のかわりに、私たちは解離を手にすることになる。つまり、同時的でありながら相互に排他的な二つの真理のあいだで、私たちは切り替えることができるようになる。この歴史的に生じた否定は、完全には拒絶されえるものではない――それは拒絶するにはあまりにも明らかである――が、ユングはこの否定を徹底してやり抜くことを拒否した。すでに耳にしたように、ユングは「新しい形式」で「そうした物事がもう一度真理となる状況[137]」を主張した。完全に生まれ出た意識は、内省的な方向で、かつての星々を宇宙空間から見下ろしている。逆に、夜の航海の途上で呑み込まれた意識の方は、意識自身の上方にある〔ディズニーランドのように模倣された〕天と神イメージを持ち、仰ぎ見る様式の中にある。経験主義的に、夢見る自我にとっては、そこにはいまでも星々があり、ヌミノース〔聖なるもの〕で、ルミナス〔光を放つもの〕である神イメージや神々のイメージがある――しかしそれらは無意識の中に抑留されている。つまり、まさにその星々と神々の光それ自体が、根本的に、すなわち論理的に、閉じ込められ読み取りがたくなったのである。

集合的無意識という理念は、それ自体の外側に現代的な意識〔「自我」、「自我–意識」〕を持ち、そのためその理念はそれ自体で、誕生が生じたことの証拠である。それは、子ども時代という呑み込まれた理念として、達成された成人性の〔写真的な意味での〕現像されたネガ〔否定〕である。集合的無意識という理念は一つの妥協形成であり、内部性から現れ出て教会の外〔*extra ecclesiam*〕にあることを知った存在と、この存在から留保なしに影響を受けることを、新しい内部性の達成に固執し、つまりサトゥルヌスの様態の達成に固執することで拒絶することとのあいだの妥協形成である。

この無意識の旋回する感覚は、ユングが自分の人生に取り組む際に、文字どおりに行動化したやり方によって、最も良く例証されている。つまりはユングが自分の人生を分割した二つの場所について言及しているのであり、それはキュスナハトの通常の家と、ボーリンゲンの彼の「塔」である。それらは文字どおり場所ではあるが、私はそれらを心理学的なトポス〔場所性〕の具象化された隠喩とみなしている。キュスナハトは、「水の中から現れ出た」真に現代的な意識の場であった。ここでユングは、机に向かって仕事を行い、そのあいだ、自分の机に置かれたヴォルテールの胸像の顔を見つめなくてはならなかった。キュスナッハトのユングは、事実を、魂に関する事実だけを、掘り起こす科学者であり、カント的な「精神世界を横切る障壁」[138]を踏み越えるあらゆる思弁を忌み嫌った。断固として、自分は仮説を提示したにすぎないと（あるいは、より謙虚に、現象を名づけて描写したに過ぎないとすら）主張しながら、とりわけあらゆる実体化を忌み嫌った。

対照的に、「ボーリンゲンでは、私は真の人生の真っただ中に〔*in meinem eigentlichsten Wesen,*『私の最も本来的な性質（あるいは本質）の中に』〕あり、私は最も深く自分自身である。ここでは私はいわば、『母の年老いた息子』である。これは錬金術の表現であり、非常に賢明な表現方法である。というのも、私がすでに子どもとして経験的に知っていた『老いた人』、『太古の人』は、人格No.2のことであり、それはいままでもいつも存在し、これからもずっと存在し続けるだろうものだからである。それは時間の外側に存在し、母性的な無意識の息子である[139]〔後略〕」。「時々私は、風景の至る所に、そして事物の内側に、自分が広がっているように感じる。そして、あらゆる木々の中に、波の飛沫の中に、行き来する雲や動物の中に、季節の移り変わりの中に、自分自身が生きているかのように感じる。〔中略〕ここは、世界の、そして心の奥地という空間のない王国のための空間なのである[140]」。そこで生じるこれらの感覚は、真正で美しい経験であるかも知れない。しかし真に現代的な意識にとって、真正な体験とされるこうしたものは、せいぜいある個人の心理における個別の主観的な出来事にすぎず、偶発的なもので、形而上学的には重要ではないのだが、ユングは、彼の「最も本来的な性質〔*eigentlichste Wesen*〕」あるいは「世界と心の奥地の空間のない王国」と表現してそれらに存在論的なステイタスを与えている。明らかに、ボーリンゲンにおいて、ユングは未生である。文字どおりの水準ではユングはすでに生まれているが、それにもかかわらず「ボーリンゲン」という場所（トポス）は、ユングを論理的な水準において未生の状態へと回帰させてくれる機能を持つ。

ここで使用されている最上級格の表現（in meinem eigentlichsten Wesen,「私の最も本来的な性質」）が、明らかにしていることがある。キュスナハトとボーリンゲンの、つまり外側と内側の関係は、正誤の関係ではなく、真実とさらなる真実（あるいは最高の真実）との関係であり、本来性（eigentlich）と最高の本来性（eigentlichst）との関係であるが、「eigentliches Wesen」、つまり「本来の性質」という表現だけで十分だと考えられないだろうか。しかしユングはここで最上級を用いており、その意図に反して、この表現には意味を弱める効果があり、同時にそれは、ボーリンゲンの体験が彼の真実の無垢なる自己提示ではなく、二次的な様式化にすぎないことを暗示しているのである。「ボーリンゲン」は、現代世界の真っ直中にある小さなオアシスにすぎず、ちっぽけで私的な心のディズニーランドなのである。対照的に「キュスナハト」はどこにでもある場所である。しかもボーリンゲンは、現代世界のただ中に残された、かつての世界の、オリジナルの、本物の遺物ではない。それは——明らかに——キュスナハトのユングによって人工的に構築されたものである。そのため、その顔には二次性が刻み込まれている。

キュスナハトでのユングはアクエリアス（水瓶を担ぐもの・水瓶座）の意識でいるが、一方でボーリンゲンでは、水の中で泳ぐ魚である。この文脈において、ユングが若い少女の事例に関する講義で次のようなコメントをして、それをベケットが聴いて、詳しく述べていることは注目に値する。

「彼女は、最も根本的なあり方において、実際には一度も生まれたことがなかったのです。私もまた、一度も生まれたことがないという感覚を常に抱いてきました」[141]。ユングはしばしば自分の心理学を「無意識の心理学」と称していたが、それは未生性に関する練り上げられた理論とプログラムなのである。

ユングは私たちのもとに科学者の装いでやってくるが、「母の年老いた息子」という神話的な装いの栄光をひそかに身に着けている。彼は、公的には、（心理学的に）十分に成人した現代の男性だが、私的には元型的な母の荘厳なる子どもである。公的には彼は形而上学的に剝き出しの姿で自分を示すが、内側では「人生の神のドラマの役者」の威厳を心に抱いている。ユング自身が、警告していたにもかかわらず、まさにユングは「自分自身を王に扮する衣服で包む乞食であり、自身を乞食のように偽る王」[142]ではないだろうか。

「新しい形式」という問題のユングによる意味論化

（「私は新しい形式を必要としている」と言って）ユングは形式という問題に入り込み、その問題に気がついた、とさきほど述べた。しかし、ユングが（新しい）形式という問題にまったく挑戦していなかったことは、ここまでの私たちの作業でわかるとおりである。すでに示したように、ユングは自分の心理学から形式の水準を徹底的に排除することさえした。彼が見つけ、事物へと与えた新しい「形式」（心理学化）は、単なる格下げであり、小型化であり（そして、「もはや上ではなく、下である」という位置の変化であり）、すなわちそれは外的なものにとどまった。内容そのものの内的な論理形式は、まさしく手つかずのままである。しかしもちろん、ユングの心理学の計画全体が、この内的あるいは論理的な形式という実際問題を回避する目的に役立った。つまり新しい形式はすでに現実の歴史的況によってもたらされていたのであり、そしてそれがユングが拒否したものであり、「無意識へと逃げ込むこと」[143]を選んで拒否しなければならなかったものである。この実際に存在する新しい形式とは何だったのだろうか？　彼が関心を持った内容はすべて歴史的存在という状態にあるもので、もはや現前する現実ではなかった（「もはや妥当性を持たない」）。ユングは、復刻に向かう道を進むこともできず、ムネモジューネ〔Mnemosyne 思い出〕の中に限って神話的な意味を味わうことにも満足できなかった。そしてユングは、伝統的で論理的な形式の中にあるその伝統的で形而上学的な内容を、その時代の新しい状況へとこっそりと密輸して、その内容を（古い形式のまま）自分を偽って自分に押し付けなくてはならなかった——彼が「私の心理学的状況」と呼んだものの中にいる彼自身に押しつけたのであり、たとえば「あまりにもよく知っているがために」ミサの秘跡に戻れない現代の意識状態にある彼自身に押しつけたのである。これを成し遂げるために、ユングは「新しい形式」というアイデアを「あたらしい器、容器、包み」というアイデアにひそかに置き換えなければならなかった。器とは外在的な形式である。もし形式が器として理解されるなら、そのとき形式それ自体が意味論化され、それはまさにその反対のもの、つまり事物や実体になる。神話的イメージのためにユングがこしらえた新しい器は、「人間の中の内部」であり、「その無意識」であった。それがいわゆる新しい「形式」であり、それによって現代の意識（「私の心理学的状況」）は、自身の現代的な形式を捨てることも、これらの内容をその古い形式だと批判することもないまま、古い内容を（それらの古い形式のままで！）みずからに受け入れることができる。迷信として、廃れたものとして、きっぱりとはねつけるにしても、ただ歴史的なものとみなすにしても、脱構築するにしても、それに変わりはない。ここには、論理の水準、統語論の水準、論理的形式の水準への接近を、つまり論理的ステイタスへの接近を、ユングが自分に禁じたという驚くべき事実の一つの根幹を見ることができる。それらの中にしか、現実の生の魂と呼びうるものは、見いだせないにもかかわらず、ユングはそれを禁じたのである。

　ボーリンゲンで無意識からの啓示であるものが、キュスナハトのユングの知性にとっては、単純に証明できる観察された事実なのである。それは、「無意識性〔unconsciousness〕〔という実体〕」の中に、愚かな事実至上主義の中に、つまり、そうしたものについて考えることの禁止の中に、密封された事実である。すなわち、それらに心《マインド》が「感染」して、客体であったものが主体（もしくは内容）へと変わることが禁止されている。角砂糖は、プラスチック・ホイルに包まれていて、コーヒーの中に溶け出さないようになっている。無意識の内容は、放射性廃棄物用の容器のような無意識の中に入れられて、形而上学的な逸脱をすれば精神病や資格剝奪の処罰を受けるという条件の下、その容器を開けることは禁じられている。無意識の内容は、その真実の底知れなさへと解き放たれてはならない。無意識は確かに、いわば「放射性廃棄物の貯蔵と輸送のための棺」であるが、元型や神々は、伝えられているように、まだ生きているために、放射性物質と同じように危険であるわけではなく、近代意識を備えた者としての私たちが、それにもかかわらず、なお、そうしたものを信じ、現前する現実としてそれらを迎えるならば、そのときに、またそのときにのみ、私たちは肥大化や精神病に脅かされることになるのだろう。それらの「放射性」とは、古い論理的形式と、現代意識の論理的形式とのあいだのズレに他ならない。新しい論理的な形式によって否応なく形成された意識にとって、この形式のズレこそが、肥大化や精神病という意味で、古い内容を脅威にするである。その論理的な形式が、内部性の形式であり、何にせよ仰ぎ見る形式であった前近代的な意識にとって、そうしたものは根本的な問題を表してはいなかった。「外側の空間」で自分自身と相対して、論理的な形式や統語論の水準が不可欠になっている意識にとって、状況はまったく異なるものなのである。

キュスナハト――放射性廃棄物用の容器の外――では、単に「心《サイキ》についての言説」であり、たとえば、魂の中の神のイメージ[144]にすぎないものが、ボーリンゲン――その容器の内側――では、私たちに奉仕を要求する超越的な現実〔「神の声[145]〔a vox Dei〕」〕なのである〔「神に仕えることは、意味と約束に満ちている。なぜならば、それはより崇高で目に見えないスピリチュアルな存在に服従する行為だからである[146]」〕。この根本的な二重性はまた、人格No.1とNo.2の分裂としても表現されるが、これにはユングにとって二つの利点がある。というのも、科学者としてのユングは、「母の太古の息子」という彼の内なる存在に対して知的な責任をとる必要はなく、このような自己定義を受け入れて個人的に肥大化したり精神病に陥ったりする危険性も避けられる。しかしボーリンゲンでは、依然として彼は、彼の最も真なる本質の中にあり、科学者は心理学的には彼のファサードのステイタスを備えているにすぎず、結局はただのマーヤー〔幻想〕であり、「『この世界のすべての可能態の中で最高に〔dans ce meilleur des mondes possibles〕』良い外装[147]」であり、心理学的にユングはそれに伴う壮大さと形而上学的な意味という恩恵にあずかることができる。

　ボーリンゲンにいる主体（No.2）は、容器の内部の「放射性の」（肥大化を引き起こす）」物質に感染することはない。なぜなら、この主体は、その近代的な心《マインド》と知的な責任をキュスナハトのNo.1のところに置いてきているからである。論理的には、「ボーリンゲンで」夢を見ている（神話の続きを夢見ている）限りは、安全である。ここで「夢見ること」は、心の内での根本的な留保が可能だということであり、つまりそれは単なる「夢」にすぎず、「原体験〔*Urerlebnis*〕」にすぎず、無意識からの言説もしくはイメージにすぎないという知識を伴うものである。しかも、この「夢」はそれ自身の外側に、私たちの実存という疑いの余地のないリアルな現実と信頼できる地盤として、近代意識と「現実生活」という「外部空間」を持っている。「夢見ること」は、この状態で見られ感じられるものが、一種の心的な隔離されたディズニーランドにその場を持っているという事実に、少なくとも暗黙のうちに気がついていることを示している。敢えて言うまでもなく、私たちの近代的な実存の現実的で論理的な前提は括弧にくくられており、そうして「原経験〔*Urerfahrung*〕」へと入りこまないようになっている。しかし、神経症的な解離によって括弧が閉じられなくなり、経験するものを知的に真剣に受け取る目覚めた心《マインド》と共に人が偶然にも現前するとき、また、ためらうことなく現実の感覚とリアルな実存の感覚——究極的な自分のリアルな存在論と論理——にみずからを賭けているとき、そのとき、そうした内容の放射線に、人は曝される危険性の中にある。

　ユングの最も深い欲求と高度な関心、つまり意味の復権に関する限り、心理学は緊急の一時しのぎにすぎない。それは、意識の新しい水準への進歩ではなく、差し迫った問題を理解するための根本的なより深い様式の開示でもない。この心理学は、心《マインド》の歴史的な進化を継続し、それに貢献することよりもむしろ、脇道へと脱線し、フェンスで囲まれた私的な遊び場へと入り込む。なぜなら、それが論理的な形式の問いに対して、論理的な形式の水準において、回答を提供しなかったからである。ユングはこの形式の問題を確かに理解していたが、それに意味論的な水準で答えたのである。

しかしながら――これは本質的なことであるが――この人格的な二重性を、ユングの特異性として、誤って解釈すべきではない。むしろ、ユングが、自分の直面していた課題を解決しようとしたなら、つまり、その歴史的な瞬間において彼に提示された意味という問題を解決しようとしたなら、この方法でなくてはならなかったことを、私たちは理解しなければならない。しかも、それゆえに、それがユングの無意識の心理学を基礎づける人間の概念の一つの例証にすぎないことを理解しなければならない。分裂の性質と旋回する性質は、その心理学の計画の一部である。ユング派の心理学は、同じやり方で私たち自身を理解し、それに従って自身の生を生きることを、私たちに教えようとしている。

魂の歴史によって明らかに時代遅れとされ、そうした無益な計画の歴史的な目的が持つものによっても時代遅れとされているにもかかわらず、なぜユングが「新しい形式」で「もう一度事物が真実になる状況」を確立する計画を立てる必要があったのか、そのことについて不思議に思われるならば、私は、事実的な時代遅れだけでは不十分であるから、と答えることになるだろう。以前の状況を再設定する、あるいはむしろ模倣するという試みは、その試みを客観的に馬鹿げたものにするというはっきりとした目的のために作られたに違いない。意識は、実践を通じて、経験によって、学ばなければならず、それがうまくは行かないものであることを学ばなくてはならない。ただこの方法によってのみ、望みが保たれ、あるいは、逆に望みが本当に（イン・メンテ［*in mente* 心の中］だけではなく）終わりを迎え、意識が不可逆的に現代世界に到達したことになるのである。

大人のしるし

文字どおりの両親に対する（子どもじみた）依存を、より高貴で神的な両親への（成熟した）依存へと交換することだけを、ユングは（個人的な水準における）「（心理学的な）完全な成長」であると構想することができたのであり、このことは、未生性の救済というその試みに適合している。先に私は、伝統的な文化において思春期儀礼に参加するものは、まさに論理的に形而上学的な幼年期へとイニシエートしていくことで、経験的には成人期にイニシエートされていくと指摘した。幼年期から成人期への移行についてのユングの思考は、これと同一線上にあるかのようにみえる。ユングは、フロイトの精神分析を批判して、次のように言う。神経症者たちが「その健康を回復することができるのは、人々に共通するありきたりなものという泥土から這い上がったときだけである。［中略］もし分析が、何か異なったものやより良いことへの気づきを彼らにもたらすことなく、さらに理論が彼らをしっかりとその中に抱えて、子どもじみたものを放棄することへの合理的かつ『分別のある』禁止命令以外の何も提供しないとき、彼らはどのようにして自分の姿を表すことができるのだろうか。それこそまさに、彼らの為しえないことであり、もし彼らがみずからの立脚するものを発見できないならば、いったい彼らはどうやってそれを為したら良いのだろうか。人生の一つの形式は、他のものに交換される以外、簡単には放棄されないのである」[148]。そして、神経症的あるいは子どもじみた形式は、他の人生の形式と、この「立脚するもの」と交換されるべきであり、それこそ――ユングによれば――神的な両親の子どもであるという認識と態度である。「［前略］犠牲のファンタジーは、幼児的な願望を断念することを意味する。［中略］しかし、人は以前の人格と以前の関心の対象とを、簡単に立ち去り後にすることはできない。［中略］ここで、宗教が大きな助けとなる。なぜなら宗教は、象徴という掛け橋によって、リビドーを幼児的な対象（両親）から、かつての象徴的な表象へ、すなわち神々へと導き、したがって、幼児的な世界から大人の世界への移行を促進するからである」[149]。文字どおりの両親から象徴的な表象へと向かう動きは、先に引用したように、絶え間なく探し続けて旅する女性に関するユングの言葉に、最も明確に表現されている。「しかし、もし彼女が〈私は月の娘です。毎晩、私は月が、つまり私の母が地平線を超えるのを助けているのです〉と言うことができたなら。ああ、そうすれば、話は変わります！ そのとき、彼女は生きているのです[150]［後略］」。人間の真の誕生、それに相当する、象徴からの象徴の意味の誕生は、ユングにとっては考えられないことであった。幼年期は、本当には後にすることなどできない。それはただ、文字どおりの水準から、論理的または象徴的な水準へと変容させられる（移送される）だけである。幼年期というもの象徴的な水準へのうまくいった移送は――甚だ奇妙なことに――成熟と呼ばれる。つまり「大人の世界への移行」なのである。

人間の「果てしない孤独」を洞察していたにもかかわらず、ユングは、大人のあり方を論理的に理解する準備ができてはいなかった。自分自身がまさしく大地であり、大地として存在し、同時に、それが自分の立脚する唯一の大地であるという自己矛盾が、大人のあり方である（個人水準での大人のあり方が、私が私自身のみずからの母親となり父親とならなければならないのと同様である）。他に立つべき大地もなければ、器となる子宮もない。確かに、ユングはレトリカルな問いを提起してはいた。「あるいは、そんな仮装はやめて、自分の服を自分で縫製することにさえ進むことを私たちに命じてくるものが何かあるのだろうか」[151]。しかし、ユングが為したことも私たちにするように望んだことも、これとは正反対であった。すなわちそれは、無意識の中で、私的な夢の中で発見される既成の元型的な衣服をさっと身にまとうことであった。ユングがして欲しくないことがあったとすれば、それは私たちが本当に自分の衣服を自分で縫うことである。彼は形而上学的な裸性としての大人のあり方を妥協なく理解する準備さえできていなかった。それは、おそらく本当に自分の衣服を自分で縫いたいと欲する前提条件である。手作りの衣服は普段着であり、荘厳な元型の衣服ではないだろう。神的な両親がいないままでは人は何もできず、何か他の超越的な依って立つ大地を見つける必要がある、とユングは考えていた（だがもちろん、いまは二十世紀であり、この超越的な大地は彼にとって内的に「超越している」）。つまり心理学化されたのである）。

　このように、子ども状態の論理はそのままで、一方で、私たちが個人的＝生物学的、また文化的＝歴史的に成人の時代に到達したという革命的な事実は、理論的には、両親の職務に就いている現職者〔*incumbents*〕の単なる交代によって対処され（そして処理され）た。それが個人的な場合であるが、文化的な場合には、両親のいる場と次元（はじめは宇宙的《コスミック》のちには形而上学的な現実に関する思考という公共的な世界）を、別の場と次元（私的なイメージと感情体験という内面）へと単に置き換えることで対処され（そして処理され）た。さらに、「自分の衣服を自分で縫うこと」は、秘密裏に、自分自身の内的な古着店で、つまり無意識の中で、衣服を個人で内省的に探し求めることを意味するように入れ替えられた。服の仕立てなど問題外だったのである。

　ユングは、私たちのスピリチュアルな貧困と象徴の不在を、公に認める用意があると敢然と宣言していた。彼は、修道士の現世における誓いのアナロジーを用いて、スピリチュアルな貧困の誓いを語ってさえいる。[152] これはもう一度、彼の全体的な両価性や二重性を示している。崇高な言葉（「誓い」には、形而上的に豊かな生であり、つまり神のさらなる栄光のために〔*ad majorem dei gloriam*〕ある修道士の暮らしや、地上での貧困に対する天国での報酬という連想が伴っている）は、意味論的なメッセージ（「スピリチュアルな貧困」）と矛盾する。このように語る意識はまだ雲の上にある。それはまだ宗教と形而上学の論理によってしっかりと形作られている。しかしながら、その言わんとすることは、形而上学的な裸性を公に認め、すべての富を断念したいというものである。ここで理解される必要がある要点は、何も断念すべきものなどないことである。為されなくてはならないことは何もない。（ユングが示唆したように）夢想の国から降りる必要はなく、また低く身をかがめる必要もない。なぜならば、私たちは、事実としてすでに地上に降り立ってここにいるのであって、私たちは形而上的に裸であり、実際に裸である。私たちは、もはや放棄することのできるいかなる象徴も神話も持っていない。ユングの（間違いなく無頓着な）誓いのファンタジーは、まだ彼が個人主義的で自我的な考えに行き詰まったままであることを示すもう一つの小さな徴候である。ここでそれは、正しい針路を目指し、究極的には個人的な救済を目指す私たちの努力に関する思考となっている。彼は真に心理学的な水準には進まない。すなわち、必要とされ求められ不可欠であるものはすべて、論理の意識的な認識であるという理解には進まず、それは心からの感情と知的な理解と共にある私たちによって伴われた、それ自身の自己運動[153]の中にある論理の認識であるという理解には進まないのである。ユングが免罪符を売っていることは先ほど指摘した。ユングは、心理学的にどう反応すべきかを自分自身と私たちに教えた見返りとして、自我に従って、心的な態度と行動（すなわちアクティング・アウト）をとること要求したのである。その心理学的反応は本来、この状況の真実を私たちが素朴に苦悩することであり、そうしてその苦悩が意識に帰郷し、意識に浸透し、意識を変容することであったはずである。

ユングが私たちを非難しないかなり稀な例の一つは、自我や意識的な知性は、歴史的な発達のためにあり、魂[154]に由来するものと理解して、それに感謝の意を表する場合である。ユング自身、次のように言う。「私たちの魂の暗闇」は「私たちの文化とそれに昔から備わる支配因に穴を穿ち、それを切り刻みます。私たちにはもはや何の支配因もなく、［…］私たちの価値観は移り変わり、確かなものは何一つなく、至聖なる因果論〔*sanctissima causalitas*〕さえも公理の玉座から下り、単なる蓋然性の領域に入ってしまいました[155]」。私たちは単に何も持っていないのである。本当に貧しい人々が、どうやって（世俗的なものであれスピリチュアルなものであれ）貧困と富の断念の誓いを立てられるというのだろうか？　私たちがしなくてはならないことは、ただ、二次的に何かのふりをするのを慎むことである。つまり、「神々」、「元型」、「ヌミノース」などの言葉を、ありふれたモチーフや経験に対して軽々しく用いて、私たちの個人的な夢に、象徴や神話に、肥大化した偽の意義を与えるのを慎むのである。誓いのファンタジーは、ユングのそれがまさに貧困の告白のしるしでしかないことを示している。さらに言えば、修道士が世俗的な富を、スピリチュアルな天の富と引き換えにしたように、ユングの心理学は、私たちの文化的・宗教的・哲学的な遺産という意識的な富を、ムネモジューネ〔思い出〕にだけ現前する富を、無意識の、あるいは無意識の中の、富と引き替えにしたのである。すでに見てきたように、ユングの持っていたこの遺産は（私たちによって「浪費」されたとして）はっきりと体系的に打ち捨てられた。そうなった理由、そして唯一の理由は、それがムネモジューネの中にしか現前せず、そのために「もはや妥当ではない[156]」からである。すなわち、それが現前する現実ではないからである。

クロノスは、その子どもたちや、子ども時代そのもの（親子関係の全体、仰ぎ見る様態）を呑み込むだけではなく、その子どもたちの誕生をも呑み込む

「ボーリンゲン」は「無意識」と同様に二次的で島嶼的である。現代の世界がそれらすべてを取り囲んでいる。誕生はすでに生じた。しかし、二次的なものが一次的であると宣言され、（中古品店が原経験〔*Urerfahrung*〕の場として扱われ）、最近の歴史的な結果が秘められた起源であると言明されたりするのが、「無意識の心理学」の論理の一部である。「おそらく、それ〔すなわち、無意識あるいは人間の心《マインド》の奥地〕は、いつの時代にも、またいかなる文化圏においても、そこにあったのでしょう。〔中略〕私たち以前のいかなる文化も、かかる人間の心の背景をそれ自体としてまじめにとり扱うだけの必要を感じていなかったのです[157]」。今日において「あらゆる神々とデーモンたちの物理的な無は『民衆のアヘン』だと容易に偽って、あらゆる神々やデーモンたちがその起源の場へ、つまり〈人間〉へと帰還する[158]［後略］」。この命題は、集合的無意識という二十世紀のアイデアが、実際のところ、（かつて知られていなかった）すべての起源であることを示している。

この原初的な起源というアイデアを表明することも、ユングの言う非歴史的な元型（宇宙論的《コスミック》ではないとしても、人類学的な定数としての元型、つまりシンクロシティ！）の機能である。言語体系における記号の機能が意味という基盤によって決定されるのではなく、差異によって決定されることをソシュール（一九〇六）が証明したとき、ユングは自分の元型という概念によって、実在する単位としての意味というアイデアを復活させた。すなわち、そこでの意味は、心《マインド》の活動の産物（したがって心《マインド》自身の所有物）ではなく、自然な事実としての意味であるとされる。意味は、存在論化され、実体化された超時間的な普遍物となる。逆に、心《マインド》は、元型の産物であり、元型によって受動的に形成されるものだと思い描かれる。

あらゆる神々とデーモンたちがその起源の場に、つまり〈人間〉に帰還したというこの言説は、私が人間の誕生というタイトルの下に描写したことへの洞察ともなりえただろうし、人間が年を重ね、形而上学的な両親を追い越すまでに成長したことへの洞察ともなりえたであろう——もし、「民衆のアヘン」というアイデアに対して異議を唱える形で挿入されたこの一節が、聖なる両親を〈人間〉の内側の無意識に心理学的に詰め込み、それを救おうとして、本来の意図とは反対の方向に用いられるという裏切りを犯さなければ。したがって、この言説は、誕生したことと誕生したものの両方を呑み込むことや、心《マインド》それ自身の生産物であることがすでに見通されたものを再‐神話化すること、というクロノスの戦略の実践を表している。

二次的なものに、本当の起源というステイタスが割り当てられたのである。これが最初の反転である。同様に、無意識の根本的な私的なあり方と個別的な特異性は隠されて、無意識はそれ自体で集合的であると宣言されることによってそれが補償される。しかしユング派の用語である「集合的」は公共的なものではなく、公式のものでも、共同体的なものでも、「魂の」論理的な生でもない！　それは、ア・プリオリに、呑み込まれ完了した公共である。真の公共は影響を受けないままに外に留まり、独自の道を進んでいる。

　このことが私たちを第三の反転へと導く。無意識は意識世界における島嶼であるにもかかわらず、意識的な人格としての私たちは、周囲を無意識に取り囲まれていると言われる。四方を無意識に取り囲まれているというこのファンタジーは、現代の現実（と文化的歴史全般）の意識的で公共的な主たる領域を、魂の現象学に関係すると考えられるところから、ユングが体系的に除外したことによって、可能となった。つまり、哲学的な思索は知的な思弁として価値を減じられたのである。その時代の芸術（たとえばキュビズム）はユングによって素朴に無視された。また、「マルクス」と経済的現実の全体は外側に置かれ、テクノロジーや産業の進歩、社会の組織と構造の変化も同様に外側に置かれた。その他の現代的な現象は単なる大衆的なものとして却下された（もちろんそれらは多くの場合、そういうものには違いないが、大衆的な現象としてであっても、それらもまた現代の魂の間接的な表現である）。それとは対照的に、夢、ヴィジョン、神話、象徴は、魂の真実の記録として特別扱いされ、したがって魂はその「アニマ」の側面に還元的に制限された。[159]「象徴的な生〔life〕だけが魂の必要とするものを表現することができる」[160]。これまで見てきたように、生《なま》のもの〔the raw〕だけが、濾過されていない真理の中にある魂を見せてくれることになる。おそらくこのために、ユングはかえって、その他の現代的で平凡な大衆の動向を神秘化し、それらが原始的な情動を十分に含んでいるように見える場合には、自分の元型理論に適用したのである。そのようにしてユングはナチズムの運動を一つの元型の表現であると誤って解釈し、一神（ヴォータン）を誤って解釈し、それ自身がまったく保持していない心理学的深層がそれにあるとしたのである。

同様に、無意識の内容は実際には抽象化された歴史的過去であるのだが、それにもかかわらず未来に向けた課題が無意識に帰せられている。「それが現代的な心理学であり、それが未来である」[161]とユングは『象徴的な人』のインタヴューの最後に述べている。しかも別の箇所でも、すでに耳にしたように、「〔前略〕現在から、それに続く薄明の未来まで、真の問題は心理学的なものであろう」と述べている。[162] ここでこそユングの「意識の神話」が言及される必要があるだろう。この神話によれば、神は受肉を欲し、人間のうちで意識的になりたいのだという。さて、これが未来にとって、どんな目的地だと言うのだろうか？　これは、形而上学の時代の結論として、また十九世紀のはじまりにおける現代への入口として、歴史がすでに到達した目的地である。それまでこの地平へと投影され、天上の神というアイデアにおいて客体化されていたまさにその意識は、すでに意識の形式へと統合された。さもなければ、なぜ近代の意識は神の死を経験したのだろうか？「神」は、その象徴の意味が神から生まれた場合のみ、死ぬことができる。つまり、それまで意識が、意味論的な内容や実体〔投影〕の形式でながらく必要としていたものが、ついに意識そのものに帰郷した場合にのみ、すなわち、その統語論や論理的な構成に、それ自身の存在に入ってきた場合にのみ、それは死ぬことができる。「神の死」の経験は、神が人間に受肉したという事実の兆候（症状）に他ならない。

今日、この新しい意識は客観的・社会的あるいは文化的現実として（たとえ主観的にはそれほどでないとしても）おおよそ二世紀に渡って存在し続けている。にもかかわらず、それは未来の目的地であると言明されており、それでいて、その未来の目的地は小さくかつ私的である。すなわち、それは無意識の内的な過程の目的地としてあるだけで、公共的で文化的な生活の中にある意識の現実的な発展からは切り離されている。[163]ユングは前進する動きを求めたが、それは私たちが神話の続きを夢見るところにおける前進であった。[164]すなわちそれは、（a）夢であり、（b）神話であった。それは魚の意識、あるいは未生の意識であり、これは「夢見る」意識であり、実際のところ（特定の活動や出来事として）夢を見るだけでなく、その全体の存在が一つの〈夢〉である。アクエリアス（水瓶を担ぐもの・水瓶座）の意識、あるいは誕生した意識は、この〈夢〉から醒め、もはや夢みることはない（それは依然として文字どおりに夢みることを排除しはしない）。なぜならかつての〈夢〉の内容を意識の形式へと統合しているため、それ自体が、かつて〈夢〉が扱っていたものであり、そうでなくてはならないからである。[165]

この動きはユングの「無意識の心理学」のプロジェクトにとって必要なものであった。このプロジェクトの要点は内部性が「新しい形式」で再び現実となることだったため、アクエリアス（水瓶を担ぐもの・水瓶座）の意識という意味での誕生の実際の実存状態が、まったくありふれたもの（あるいは、もちろん、耐え難くあるいは危険なもの）として価値下げされねばならなかった。しかしそれは単に拒絶され、外側に置かれたままにされたのではなかった。この「より高みに」誕生した意識というアイデア、夢から目覚めるというアイデア、アクエリアスの意識というアイデアは、無意識自身の所有物として無意識によって横領されなければならず、その結果、現に存在しているアクエリアスの意識は、この欠乏によって実際に無力化された。そして、公共の意識が「より高い」意識であり、無意識はいわば「古い帽子」[38]だとクレームを付けられて、無意識の立場が脅かされることはもはやなくなった。

その同じ理屈から、無意識は未来の発展というアイデアをみずからの支配下に置く必要があった。未来への約束を公式の（公的な）知性や社会史に委ねるわけにはいかなかった。「未来」と「新たな、より高い意識への前進」という潜勢力は、ユングにとって現実的で本質的で、深遠で隠された歴史の経過の唯一の原点として、その無意識のために収監されなければならなかった[166]。現在すでに到達している意識の段階を、未来の遠い目標であると宣言することは、いかにクロノスが、新生児を次々と呑み込んだだけでなく、誕生そのものを呑み込んだか、つまり、内部性がそれ自身の対極である「そこから生まれること」を「そのポケットにしまい込んだ」かを示している。より高い意識の誕生は、いまでは無意識の出来事として定義されている。この根本的な呑み込みによってのみ、「無意識」、そして内部性の感覚は絶対的なものとなる。

この未来は、論理的に無意識の中に葬られ、ア・プリオリに骨抜きにされた未来であり、文字どおり過去の未来であり、端からすでに現実の発展に追い越されている未来なのである。ユング派の無意識が、一見したところは新しい現在ではあるが、その外側に真の現在（「キュスナハト」）があるような形而上学的過去であるのと同様に、この未来は、実際には私たちが本当に生きている現在である。しかし、それはイメージとしての私たちの現在にすぎず、かつての「内部性」の状態を模倣してミニチュア化された内なる世界の囲いの中で再構築されたものにすぎない（それを克服し、それに衝突して離れたのが、私たちの現実の現在の本質である）。そのため、それは必然的に、人類が邁進すべき偉大な未来の目的地として、人類の歴史全体の目的地として、見えていなければならない。

現実の（すでに存在している）アクエリアス（水瓶を担ぐもの・水瓶座）の意識は、ユングにとって、心理学的な外部空間にある。これは彼が人生の後半に見た二つの夢の彼自身による解釈から明らかになる。その夢の一つは、幻燈機を装備したＵＦＯがまっすぐにユングに向かって飛んでくるというもので、もう一つはユングの顔をしたヨガ行者が瞑想をしているというものである。一つ目の夢に関して、ユングは次のように見解を述べている。「半分まだ夢の中で、ある考えが頭をよぎった。すなわち、『私たちはＵＦＯが私たちの投影であるといつもは考えている。いまや、私たちが彼らの投影であることが明らかになった。私はあの幻燈機によってＣ・Ｇ・ユングとして投影されている。しかし、誰がこの装置を操作しているのだろうか』」[167]。ユングはＵＦＯの夢イメージを文字どおりに「客体水準」で捉えている。ＵＦＯを実体視することにより、彼はそれらに「形而上学的な」解釈を与え、それを「キュスナハト」に住む自然科学者として拒絶しなくてはならなかったのだろう。彼は夢によってまったく提示されていないミステリアスな首謀者がその場面の背後に存在するというアイデアを持ち出して弄んでいる。夢の中のＵＦＯが、ユング自身のアクエリアスの意識を表象している可能性をまったく考えていない。その意識をユングは自分から解離させ、それを心理学的な「外部空間」に投影し、しかもそれを単なる技術的な装置に還元している（参照：ユングの知性に対する見解は、それを物事を考え出す際の恣意的で、多かれ少なかれ無責任な機能、あるいは形式論理学的な意味での機械的な機能としている）。そして、繋がりを再－構築し、解離を癒すこと、すなわち思考する自己関係として自分自身を了解することを自分に認めることが、この夢の目的であるかもしれないとはユングには考えられていないのである。

　ほとんど同様のことが二つ目の夢に対する彼の反応にも見受けられる。「私は深いおそれを感じ、目が覚めて、考えた。『ああ、そうか、彼が私を瞑想している人なのだ。彼は夢を見ていて、私が彼の夢なのだ』。彼が目覚めたとき、私はもはや存在しないだろうということがわかった[168]」。ユングはまたしても、夢をナイーブに文字どおりに、形而上学的に受け取り、自分の生死の問いに関する夢として理解する。ユングはここで、ヨガ行者の内に超越的な存在を見て、自分の自己とそれを同一化し、自分の「出生前の全体性」と同一化し、それが「瞑想するのは私の地上の形態」であると考えるが、それは逆に東洋哲学で言うところのマーヤー（幻影）のステイタス以外の何ものでもない[169]。対照的に、心理学的な解釈では、この夢を魂の自己関係というアイデアを表現しているものとしてみなければならないだろう。ヨガ行者は、彼自身のものであり、同時に彼自身のものではない意識であり、異教化された（ヨガ行者！）現代の意識である、という事実に夢は気づかせようとしていると言っても良いだろう。しかし、夢を見続けて目覚めていない現代の意識は、意識のアクエリアス（水瓶を担ぐもの・水瓶座）の段階として似つかわしいものだろう。「ヨガ行者」の夢は、夢見手を、つまりユングを、「無意識の心理学」の著者として仕立て上げ、あるいは様式化するのであり、言ってみれば、「ボーリンゲン」に暮らす人[170]として、「未生」の者として仕立て上げ様式化するのである。そしてこの人とそれに随伴する「その無意識」は、この自己定義や自己様式化が手放されるときに、当然ながら、消え去るだろう。この夢の究極的なテロス〔目的〕は、ユング自身の洞察《リフレクション》が示すとおり、夢見る状態から覚醒することであり、それには「私はもはや存在しないだろう」という結果が伴っている。このボーリンゲンに暮らす人の死は、人間の最終的な誕生となり、水の中からの出現となるだろう。[39] しかしここでも、この思考は無意識の思考としてだけユングに訪れ、夢の形式を取って、夢の可能態として訪れ、そして未来へと、死後の潜在的可能性[171]へと投影される（この潜在的可能性を、ユングは解決や解放として思い描くことすらできず、それをただ人間としての彼自身の文字どおりの死としてだけ思い描いたのである）。

元型的心理学（ジェイムズ・ヒルマン）あるいは絶対的な呑み込み

ここから私はユング心理学の重要なさらなる展開に限って、つまり元型的心理学に限って概観し、その論理的な発生を描写したい。元型的心理学の起源はユングの立脚点にあった。人格主義的で発達論的な臨床志向を支持して、このユングの立脚点を放棄するのではなく、正統派のユング主義のようにユング派の教義として記された文字に忠実であるのでもなく、元型的心理学はユングによって遂行された運動の力動と目的に忠実だった。すなわちそれは、過去（神話的意味）がもう一度真実になるような状況へと向かうユングの運動を急進化したのであり、つまり比喩的に言えば、「ボーリンゲン」への移動を急進化したのである。そうしてこの移動はいまや、片道切符の旅となった。

ユングの心理学は楕円的であり、「ボーリンゲン」と「キュスナハト」という二つの焦点を持つようになっていた。ヒルマンは、言うなれば、「キュスナハト」の位置をすっかり破壊したのである。つまり、ヒルマンは自分の理論からユングの科学的主張を、その補償理論を、その「元型それ自体」を、「象徴」としてのイメージの解釈を、ユングの「神学」を、さらにはユング派の「意味」への関心（生の意味という大いなる問い）さえをも、取り去った。そうしていまや「ボーリンゲン」は対応する相手を、対立する物を持っていない。ボーリンゲンは、ユングにとっては、まだ島嶼であって、全体の真理の「半分」にすぎなかったのだが、いまやそれは、無制限で、絶対で、全体である。元型的心理学にとって「ボーリンゲン」は至る所にあり、いまや無限に広がって、以前は対立物であった「キュスナハト」さえも包み込んでしまった。これが、元型的心理学に「鏡から窓へ」[172]の移動を、内省や相談室から現実世界全般への、つまり都市への移動を、可能ならしめた理由である。しかしもちろん、そうしてその対立物の下に含まれたこのキュスナハトは、まさにそれゆえに、もはや「キュスナハト」ではない。それは、ボーリンゲン化した都市であり、ボーリンゲンに吸収された都市であり、ロマンティックに——神話的に、イマジナルに、美的に、詩的に、つまり美しさや感覚的な確かさといった観点から——見られた都市である。それはもはや、「キュスナハト」の凡庸さや無意味さに対する防波堤として、ユングがボーリンゲンに石で打ち建てたファンタジー世界と鋭く対立する都市（現代として、抽象的で疎外されたものとして、神の不在としての現代世界）ではない。

それはまるで（ユングの立場である）クロノスによって呑み込まれた無垢なプエル[40]が、今度は逆に、呑み込んだクロノスを内側から腐敗させて吸収し、結果として、呑み込まれたプエルだけが残ったかのようである。しかし、このクロノスの崩壊は、逆説的ではあるがクロノスの最終的な勝利である。というのもこの文脈でのクロノスとは、すでに起こった誕生を遡及的に阻み、プエルを永遠に無垢のままに、二次的な未生性にとどめおきたいとする願望に他ならないからである。呑み込まれた子どもたちが自分たちを呑み込んだものを分解して吸収したのであれば、当然ながら、呑み込みが取り消されたわけではなく（それなら子どもたちは再び吐き出されなければならなかっただろう）、呑み込みが不可視になったということであり、その痕跡が覆い隠されたということであり、それによって免疫性を与えられたということである。それはもはや特別な行為ではなく、隔離部屋（「内側」）を必要とすることもなくなった。さらにはこの吸収合体ゆえに、呑み込むことは呑み込まれた子どもたち自身の態度となった（「攻撃者との同一化」という意味で、テロリストに捕えられた者たちがしばしば誘拐犯の思想を引き継ぐのと似ている）。クロノスはもはや別個の存在を必要とせず、クロノスと彼の呑み込みは、いまやみずからに対立するものを通じて、クロノスの最初の犠牲者を通じて、つまり呑み込まれたプエルを通じて、彼自身を通じて、それ自身を充足させた。クロノスの呑み込みは究極の結末を迎え、いまや完全なものとなった。絶対的かつ永遠化された。呑み込みはみずからを呑み込んだのである。[173]

　このようにして、（「キュスナハト」と対をなす文字どおりの特別な場所としての、そして特別な知のトポスとしての）ユング派の「ボーリンゲン」を昇華させ、気化させることによって、元型的心理学は、この呑み込み／未生性を、全体の論理的な特徴に変化させたのであり、一つの「視点」あるいは「スタイル」に変化させたのである。それは、たとえば科学的な意味でいう現代の「宇宙《ユニバース》」を（あたかもそれが）古い「宇宙《コスモス》」[174]であるかのようにみなし、現代の世界そのものを束の間のイメージの世界であるかのようにみなし、リアルな現在を再現された過去という神々に満ち溢れた世界であるかのようにみなすことを許す。元型的心理学は、ユングがしたように神々を存在論的に神学的に受け取る必要がなく、神々を「心理学的に」、「隠喩的に」、「イマジナルに」受け取るのである。それに応じて仰ぎ見ることも、もはや文字どおりで主観的な行為でも態度でもなく、元型的心理学それ自体がいまや止揚され蒸留された仰ぎ見ることそのものであって、つまり、行動あるいは心的な現象学の水準から、心理学の客体的で論理的な形式へと遠のいていった仰ぎ見ることなのである。言ってみればそれはいまや「制度化」されたのである。

元型的心理学は、内省やカウンセリング・ルームから出て、都市という現実の世界に移動したものの、開かれたところへと本当に出たわけではなかった。現実の世界へと踏み出すように見えるものは、実際には逆に現実のすべてを引き込むものである。イメージとして見られる世界（この意味でのイメージ）は、クロノスの胃の中にあり、二次的な未生である。すべてはクロノスに捕らえられている。元型心理学は、ユングの事業の論理的な完成であり、改訂[41]〔revision〕や改革・革命ではない。

元型心理学が、神々について神学的に解釈されることを望まずに神々について語り続けたように、元型そのものを完全に取り除くことなく、元型自体と具体的な元型的イメージのあいだのユングの区別を廃止した。このため、元型心理学における「イメージ」は——その自己解釈に関する限り——メディア的現代におけるイメージのようなものではない。メディア的なイメージには、元型的深みも、神々も存在しない。それは単なる見せかけである。対照的に、元型的心理学におけるイメージの理念の論理的な起源は、（a）ユングの「元型それ自体」がユングの「元型的イメージ」に反映《リフレクション》（内化）されることによって、両者の差異が解消されることにある。さらにまた、（b）「元型的イメージ」が、心的な出来事や現象（狭義のイメージや象徴、たとえば夢の象徴）としての文字どおりのイメージのステイタスから「爆発」して、それによって、現実のあらゆる現象や出来事を「呑み込む」ことが可能になり、それらを包含するようになることにある。しかし、もちろん、元型的心理学の「イメージ」、その「イマジナル」、その「隠喩」は、その対極にあるように見える一方で、それ自体がユングが語った「象徴の貧困化」であり、この貧困化の賛美であり、そういうものとして、それにもかかわらず、メディア的な現代性の表現である。産業や経済、消費主義の世界における商品〔*Ware*〕（マルクス）というフェティッシュ（崇拝の対象）が、元型的心理では「イメージ」なのである。

　この世界のあらゆるものには、その元型的な深みがあり、その内に神が存在する、という。それは、この新しい意味でのイメージそのものである。すなわち「イマジナル」に包含されている。内部性、または未生性は、いまやそれ自体の外側に何もないだけでなく、「窓の外の外的現実」というアイデアそのものを内に取り込み、論理的に自身のコントロール下に置いている。つまり、「内部性」は絶対的なものとなったのである。これは、元型心理学の美の概念に反映されている（醜さに対する文字どおりの美ではなく、現象がイマジナルに無条件に包み込まれていることを意味する）。ここでいう「美」は、かつてユングにとって「意味」が占めていた場所にある。それは「意味」の後継概念であり、そのさらなる定義であり、昇華され、蒸留され、蒸発したもの、すなわち止揚された形式である。

　このように、ヒルマンは、ユングがやや異なる方法でそうしたように、普遍的な概念により高い（あるいは排他的な）現実性を割り当て、その唯一無二の存在が真に現実的なものに参加しているという意味においてのみ、二次的な意味で現実的だとみなされるという、古いネオ・プラトニズム的な衝動に従った。現象それ自体は、ヒルマンによれば、マーヤー（ユング）であり、解釈主義にとらわれた「堕落した世界」の一部である。それらは、特別な経験（夢、元型的な原体験〔*Urerfahrung*〕）によって補償される必要が一方ではあり、他方ではそれを「神々に差し出すこと」（エピストロフェ〔結句反復〕）によって補償される必要がある。

元型的心理学では、唯一無二のものはそれ自体に元型的な深みや内なる神を宿しているため、もはや外側や上部に位置するものではない。そのため、かつて（近代以前）その特徴であった、個人が外的な規範に適合するように、それが圧力をかけることは、もはやない。上に一つの例として示したように、かつて同性愛は倒錯的であり、「男性」または「女性」のアイデア（概念）や真の現実や本質を侵害するものとみなされていた。人々は、この普遍的な考えに個々の生活を「差し出す」必要がかつてはあった。それに対して元型的心理学では、たとえ歪んでいたり、病的なものであったり、倒錯的であったとしても、個々の傾向や行動はそれ自体が独自の美[175]を備えた元型的イメージであり、それを「神々」に「差し出す」とは、そのような病的な行動や倒錯的な行動が起こる神話の中で、その行動を元型的に認可する神々をみつけることを意味する。

ここでは、ユングを超えた基本的な動き、すなわち「ボーリンゲン」の立場にもっぱらとどまり、元型をいまや「美的」なイメージに反映させるという動きから、元型的心理学の二つの基本的な原則が直接的に導かれることが容易に理解できる。これらの原則は、多神教的な立場であり、「各々の独自性」の強調と、病理化はソウルメイキングであるとするアイデアに沿うものである。歪んでいて病的なものであっても、個々の特徴はそれ自体が現象であり、独自の元型的な深みを備えたイメージである。この種の理論がもたらす経験的・実践的な結果が、前者のネオ・プラトニズム的態度のもたらす結果と同等に素晴らしいものであるとしても、根本的な論理は両者とも構造的には同じである。ただ、わずかにより昇華され、凝縮されているだけである。

ユングは、当時の「まったく凡庸な」現実世界に対する対極の世界である自身のファンタジーを、文字どおり石に刻み込む必要があった。[176] そうすることで、それが直接的に「現前する現実」として、彼自身にとって確固たるものとなり、納得のいくものとなるはずだったからである。ユングの立場を蒸留し止揚した元型的心理学には、もはやそのような必要性はない。「石の性質」（ここでは「感覚的な確実性」と呼ぶ）は、（全体として「イマジナル」に吸収されている）現実の世界という「窓の外」から、また、おのおのの現象の疑いの余地のない現実性からやって来る。一方、この世界の詩的またはイマジナルな性質は、元型的心理学が注目したりメッキを塗ったりしたものを、元型的心理学がみずからその繭の中に包み込むことでボーリンゲン化されたヴィジョンからやって来る。この両方の側面は、元型的心理学の「美的」に関する特殊な理論において結びついている。

＊＊＊

ユング派や元型的心理学を「ポストモダン」に見せかけようとする人々もいる。彼らは、この二つの心理学が、微妙に異なる方法ではあるが、いずれも近代性を回避しようとする試みであり、近代的な意識形態[177]への変容やイニシエーションを無条件に経験することを回避しようとする試みであることに気づいていない。より正確に言えば、この二つの心理学は意味論的には確かに近代性を考慮しているが、統語論的または論理的には、明らかに近代以前の意識水準に固執しようとしている（または二次的に再創造しようとしている、すなわち模倣〔simulate〕しようとしている）。意味論と統語論、想像上の形式と論理的形式のあいだのこの分裂の弁証法は、まさに古い意識水準を救い出そう、あるいは模倣しようという願いを伴いながら、統語論的には近代の強い影響下にあり、その代表者であることを表している。その一方で、それらの意味論は過去の意味論であり、（「神話」、「神々」、グノーシス主義、錬金術、ルネサンスのモデル、意味という感覚、あるいはより精製された「美的なもの」という感覚といった）過去の（止揚され、意味論化された）統語論である。

（猪股剛訳）

原註

1 私は「形而上学的」という言葉を二つの意味で使っている。広い意味でのそれは「超越論的」「超自然的」「高次元」といった言葉と多少なりとも同義であり、厳格な意味では、ヘラクリトスに始まりヘーゲルで終わった第一哲学の伝統としての形而上学という西洋の伝統を指している。どの部分でどちらの意味になっているかは文脈から明らかになる。

2 *MDR*, p. 171.

3 *MDR*, p. 332.

4 前掲書同頁。

5 *CW*18, §598.

6 *CW*9i, §28.

7 *CW*9i, §29.（英語版全集では、「それとだけ暮らす to dwell with itself alone」となっており、この「それ」は「精神的貧困」を指すことになっている。しかし、ユングの原文の文章である"um bei sich einzukehlen"は、文脈上、「自分自身と（だけ）暮らすために in order to dwell with *oneself* (alone)」と読むこともでき（そして私はこの方がより相応しいと感じる）、さらに相応しいのは「自分自身との交わりを保つために」や「自分の魂を探求するために」と読むこともできる。）

8 参照 *CW*16, §83, および *CW*11, §509, 514, 516.

9 *CW*18, §627.

10 *Ibid*, §625.

11 *MDR*, p. 332f.

12 参照 Claus-Artur Scheier, *Nietzsches Labyrinth. Das ursprüngliche Denken und die Seele*, Freiburg, München (Alber) 1985.〔クラウス＝アルトゥール・シャイアー『ニーチェの迷宮　原初的思考と魂』〕。

13 *CW*18, §630.

14 *MDR*, p. 165.

15 「しかしこの現象の新しさは、いまや存在者としての人間の規定が、単に中世や古代の人間に対比させて別物だという点にあるのではない。決定的なのは、人間がこの規定を自分自身から生み出されたものとして自分に引きつけて自分のものにしている点である。……いまや初めて人間の規定のようなものが存在しているのである」。Martin Heidegger, "Die Zeit des Weltbildes," in: *Holzwege*, Frankfurt a.M. (Klostermann) 1972, p. 84.〔ハイデッガー「世界像の時代」『ハイデッガー選集13』理想社、一九七六年〕。（この文章の唯一の問題点は、ハイデガーが近代［形而上学の後の、十九世紀以降］の状況を、形而上学の最後の時代、すなわちデカルトからヘーゲルまでの時代に当てはめていることである。この過去への投影については、Claus-Artur Scheier, "Die Sprache spricht. Heideggers Tautologien," in: *Zeitschrift für philosophische Forschung*, vol. 47, 1993, no. 1, pp. 60-74, here p. 69.〔クラウス＝アルトゥール・シャイアー「言語が語る　ハイデガーのトートロジー」〕。

16 「神の売却」というアメリカの社会科学の概念を参照。

17 ラテン語の *de-votio*, *de-vovere* に由来する「献身 devotion」の語源学的な意味合いは、「上を見上げる」とは反対であるように思われる。献身 *devotio* の儀式において、兵士は地下世界へと、つまり死へと捧げられる（あるいはみずからを捧げる）。

（参照："Blood Brotherhood, Blood Revenge, and Devotio: Glimpses of the Archaic Psyche," in: *SOUL-VIOLENCE, The Collected English Papers of Wolfgang Giegerich*, Volume 3, New Orleans, LA [Spring Journal Books] 2008, pp. 267-315.〔「義兄弟、血の復讐、そして献身　古代的な心の片鱗」本書第三章所収〕）。しかしここでは、文字どおりの方向性は重要ではない（それが文字どおりの献身*devotio*であるか、崇拝という一般化された意味での献身devotionであるかどうかに関わらず）。地下世界の神々への献身にさえも「上を見上げること」が存在していた。上を見上げることがなければ、神々は上にも下にも存在しないだろう。

18 CW18, §630. ただし私たちはここで、太陽を助けて継続的に空を横断させ、それによって世界全体の暗転（破滅）を防がなくてはならないことは、それに不気味な側面を付け加えていることを心に留めておくべきだろう。また別の民族であるメソ・アメリカのアステカ族では、毎日続く太陽の運行を援助することは、非常に多くの人々の心臓を切り出し神々に捧げるという犠牲的殺害の形を取っていた。

19 *Ibid.*, §628.

20 命題という近代の論理（フレーゲ）とは対照的な、形而上学的伝統という文脈における判断の論理は、クラウス＝アルトゥール・シャイアーによる多数の著作の中で分析され議論されている。たとえば"Die Grenze der Metaphysik und die Herkunft des gegenwärtigen Denkens" in: *Abhandlungen der Braunschweigischen Wissenschaftlichen Gesellschaft*, vol. XLVI, 1995, Gottingen (Verlag Erich Goltze) 1996, pp. 189-196〔「形而上学の限界と現代の思考の起源」〕、また"Russels Antinomie und der Heraklitische Anfang der Logik" in: Rainer Enskat (ed.), *Erfahrung und Ureteilskraft*, Wurzburg (Konigshausen & Neumann), pp. 43-54〔「ラッセルの反対主義とヘラクリトス論理の始まり」〕を参照。

21 一つの例として、使徒言行録十六章三十三節で描かれている、広く知られた現象についてだけ述べる。「〔前略〕そして洗礼を施され、彼と彼のすべての〔後略〕」。家長はキリスト教に改宗させられ、彼の家族や彼を頼りにしている人々全員も同様に改宗せねばならなかった。別の例は、人々の自己理解に対して血筋genealogyが及ぼす力と、姓の使用である（論理的に人は、誰々の息子や娘であることに自分の同一性を見出していた）。

22 CW18, §649.

23 CW9i, §31.

24 GPSを通じた、つまり地球観察衛星による遠隔的な知覚を通じた、位置情報の定位。また星間戦争〔スター・ウォーズ〕に関するSF本やSF映画の蔓延を参照のこと。

25 人間の生産の形式における革命とその哲学的示唆については C. A. Scheier, *Ästhetik der Simulation*, Hamburg (Meiner) 2000〔『模造の美学』〕を参照。

26 誤解を避けるために、「無意味さmeaninglessness」や「意味の喪失または終焉」は、（人生の意味〔*Sinn*〕や価値、神話的あるいは形而上学的な意味といった「意味meaning」のような）実質的な意味における意味のみを指すことを指摘しておきたい。形式的な意味における「意味Meaning」（かくかくしかじかの語、文、文章などの意味［*Bedeutung*］）は、もちろん変わらぬままである。

27 CW18, §632.（「The Symbolic Life」象徴的な生）

28 *Ibid.*

29 CW9i, §28.

30 *Ibid.*

31 CW11, §739. でユングによって批評されている。

32 CW9i, §28.

33 *MDR*, p. 225.

34 類似の視点に関しては、CW18, §632参照。また、人々は「ある神話がもう生きて育つことがないなら、それは死んでいる、ということがわかっていない」*MDR*, p. 332. という箇処も参照。

35 参照 Desmond Jonh Morris, *The Naked Ape*, New York (McGraw-Hill Book Company) 1967.〔デズモンド・モリス、日高敏隆訳『裸のサル　動物学的人間像』角川文庫、一九七九年〕。

36 プラトン『プロタゴラス』321e.

37 プラトン『プロタゴラス』321c6.

38 C. G. Jung. *Visions Seminar* I (9 Dec. 1930). Notes of Mary Foote. p. 282. quoted in J. Hillman, "The Animal Kingdom in the Human Dream," in: *Eranos* 51-1982. p. 313.

39 参照 Erich Fromm. *Man for himself* (1947)〔E・フロム『人間における自由』東京創元社、一九五五年〕。

40 たとえば *MDR*, p. 333.

41 参照「コリント人への手紙」十五章五十五節「死は勝利にのまれてしまった。死よ、おまえの勝利は、どこにあるのか。死よ、おまえのとげは、どこにあるのか」。

42 *MDR*, p.266. ドイツ語の原著にしたがって私が翻訳、強調した。

43 CW18, §540.

44 彼の脳の中、頭の中にあるのではない、心は世界の地平線である！

45 ここでは意味 meaning は、明らかに形式的な（論理的、言語論的な）意味で用いられている。

46 私が指摘したように：現実主義の自然な魂 *anima naturaliur realista.*

47 一九六七年のテオドール・サヴォリー（Theodore Savory）の言説は、「科学は多くの点で言語の天敵であることは間違いない」と、この疎外の程度を明らかにしている。

48 これは魂の構造の深い所の根本的な変化というだけでなく、実際的な現実においても明らかな影響力を持っている、それはいま日における、言葉や記号によるだじゃれや遊び（"4" for "for," "I ♥ NY"）の、信じられないほどの増加や、言葉の代わりの頭字語の急増に見て取ることができる。

49 *Letters* 2, p. 586. to Berann. 27 August 1960.

50 CW18, §632.

51 CW11, §203.

52 エンペドクレス、断片129.

53 「ツァラトゥストラ」の悲劇は、ニーチェの「神は死んだ」ために、彼自身が神となったのである。彼は、神の死が引き起こしたインフレーションの犠牲となったのである」CW11, §142（*GW*に従って修正した）。参照 CW10, §437. and *Letters* 2, p. 168. to Victor White. 10 April. 1954（「神の否定を通じて人は神格化されたものになる［後略］」）。

54 *CW*11, §203. ユングはしかし、これらの言葉を現代の状況に関連して使ったのではなく、グノーシス主義に関連して使っている。

55 Georg Christoph Lichtenberg, *Sudelbücher* I. Heft F, No. 167. in: *Idem. Schriften und Briefe*, vol.1, ed. by Wolfgang Promies, München (Hanser) 1968. p. 485.〔ゲオルク・クリストフ・リヒテンベルグ『リヒテンベルクの雑記帳』作品社、二〇一八年〕

56 C. G. Jung, *Letters* 2, p. 225, to Pater Lucas Menz. 22 February 1955. 次の書簡も参照「〔前略〕自己破壊的な宇宙の力が人間の手に委ねられ、人間は父なる神の二面性を継承した」。*Letters* 2, p. 167, to Victor White. 10 April 1954.

57 ユングはこの語句を自身の「経験主義的立場」に使用した。*Letters* 2, p. 573, to Robert C. Smith, 29 June 1960.

58 アウグスティヌス『神の国』第二十一巻第十四章。

59 *CW*9i, §28.

60 「大切な一つのこと」というアイデアはマタイ福音書十三章四十六節にある模範例（「一つの素晴らしく高価な真珠を見つければ、行って持ち物をすべて売り払い、それを買うでしょう」）に従っている。

61 *CW*9i, §28.

62 *MDR*, p. 340.

63 これとはまったく異なる現象である深刻な（神経症的ではない）抑うつや重篤な人格障害で現れる、意味の喪失の感情もまた、病理的ではあるが、それは私たちの議題である、神話的あるいは形而上学的意味とはなんの関連もない。それは心的（類-生物学的）病であり、生命力の障害であって、サイコロジカルな病ではないし、魂あるいは精神の病でもない。

64 Friedrich Nietzsche, *Die Unschuld des Werdens. Der Nachlaß*, ed. Alfred Baeumler, Vol. 1, Stuttgart（Kröner）1956, pp. 306f. (#953).〔フリードリヒ・ニーチェ著、アルフレート・ボイムラー編『生成の無垢』ちくま学芸文庫、一九九四年〕

65 *CW*18, §630.

66 Cf. *CW*9i, §27.

67 ラテン語の *satis* = enough.

68 *CW*18, §630.

69 *MDR*, p. 325. これは特筆すべきであるが、しかしながら、ユングの次の文は彼が超越の中に戻っていったことを示している。

70 *CW*18, §628. 私の強調である。

71 *Letters* 1, to Freud, 11.11.10, note 8, p. 19.

72 *MDR*, p. 355.

73 *MDR*, p. 3.

74 狩りと真実の関係については著書 *The Soul's Logical Life*, Frankfurt am Main etc. (Peter Lang) 4rh ed. 2008 (1st ed. 1999), ch. 6 "Actaion and Artemis," pp. 203-275. を参照のこと。

75 ゲーテ『ファウスト』第二部第五幕「真夜中」一一四〇三行以降。著者による英訳。("Noch hab' ich mich ins Freie nicht gekämpft. / Könnt' ich Magie von meinem Pfad entfernen. / Die Zauberspüche ganz und gar verlernen, / Stünd' ich, Natur, vor dir ein Mann allein, / Da wär's der Mühe wert. ein Mensch zu sein.")

76 *CW*18, §632.

77 Cf. *CW*11, §203. ユングはしかしながら、この定式化をグノーシス主義の時代に心理学的シチュエーションに用いた。

78 *CW*9i, §50.

79 *MDR*, p. 334.

80 *CW*18, §630. ユングは、ある特定の人の人生について例を上げる形で話しているが、この例の含意は一般的なものである。

81 *MDR*, p. 150.

82 *Letters* 1. p. 377, to Martin. 20. VIIIA5. (Briefe I. p. 465). このドイツ語版では日付が28日となっており、どちらが正しいのかは不明である。

83 *CW*18, §278.

84 *CW*18, §632.

85 *Letters* 2. p. 226, to Pater Lucas Menz, 22 February 1955.

86 *CW*9i, §31.

87 *CW*18, §632. 「あのことthat thing」：この直前に、ユングはミサの奇跡とカトリック教会に戻ることはできないことについて述べていた。

88 *Letters* 2. p. 591. to Sir Herbert Read. 2 Sept. 1960.

89 C. G. Jung. *Analytical Psychology. Notes of the Seminar Given in 1925*. ed. By William McGuire. Princeton (Princeton University Press) 1989. p. 92. Greg Mogenson が親切にもこの一節を私に教えてくれた。

90 すべてのものの最も豊かな収穫というのは、第一の素材［*Urmatnie*］の中に自然に見つかる。つまり、夢である。夢は考えだされるものでも、糸のように紡がれるものでもない。［*ersponnen* 孵化する、考案する、工夫する］。それらは不随意の自然の産物であり、意識の意志の干渉を受けないサイキのプロセスの自発的な表現である *CW*18, §1282.

91 *CW*9i, §50.

92 *CW*9i, §32. 私は"the spirit was no longer [...]"という文章の"was"を"is,"に変更した。なぜならJungが使ったドイツ語の現在形"isr"を過去形で訳すべきという明確な理由がないからである。

93 *CW*13, §293. *GW*: "der Kampf des Lichtes gegen die Finsternis verlegt seinen Schauplatz ins Innere derselben." viz, "der menschlichen Seele." 人間manの内界は新しく、以前には存在しなかった戦場へと変化する。

94 *CW*16, §449. 著者による修正訳。*Menschheitsproblematik*：起こるかもしれない特定の問題ではないが、人間の存在それ自体の問題のようなもの。

95 *CW*10, §431.（著者による修正訳）

96 *CW*18, §617.

97 *Ibid*.

98 *Ibid*.

99 「思慮深い理解」（ドイツ語には *denkendem Begreifen* という表現があり、これは「知的理解」とか厳格な思考における理解に近い）に対する一般的な、そしてユングにとっては常になく急進的な弁解は *CW*11, §170 に見られる。

100 *CW*9i, §30., *MDR*, p.52f.

101 意味を持った知性は抽象的な道具としてみなされる知性であり、意味を持った意識は抽象的な「形式」として解される意識である。つまり、何も入っていない容器である。

102 *CW*18, §632.（著者による強調）

103 *CW*18, §1366.

104 ユングはCW11, §751とその脚注において心理主義のついての責任に対する予見から自分自身を防御をしている。しかし、みずからに向けた心理主義の概念は、本書において彼に対して生じた責任とは大きく異なる。ユングは彼が考えていた意味での心理主義の信奉者でないという点については、私はユングに賛同する。

105 *Letters* 2, p. 462, to James Gibb. 1 Oct. 1958.

106 ユングの初期の洞察（一九一二年）によると、「患者の個人的なもののように見える葛藤は、その環境や時代の普遍的な葛藤として明らかにされる。神経症とは、普遍的な問題を解決しようとして、しかし失敗に終わった個人の試みに他ならない。」（CW7 §438; 参照 CW7 §18:「神経症は、私たちの時代の問題と密接に結びついており [dem Problem der Zeit]、個人によって、個人自身の中において、普遍的な問題の解決が部分的に取り組まれながらも、失敗に終わった試みであることが如実に表されている。」）ユングは、この考えを撤回することはなかったが、このことからそれを発展こともなかった。少なくともここでユングは、彼の思考の一般的な形式において、個人主義的な見解から離れてはいる。ここで彼は、（a）人間の内側や無意識と対比して、環境、すなわち私たちが生きている現実世界を強調し、（b）抽象的な（元型的な）普遍と対比して、時代、すなわち歴史的な契機の葛藤を強調している。しかしながら、彼の論文の特定の内容については議論の余地がある。神経症が、本当に時代の普遍的な問題を解決しようとする試みであり、したがって時代の真の問題に取組むものであるという点は、疑わしい。むしろ、神経症においては、長い歴史の中で決着のついた戦いが繰り広げられていると考える方がよいだろう。そうだとすれば、神経症の問題は、その試みがたまたま成功しなかったというだけではなく、その試みはユングがそう信じたいと望むほど、ア・プリオリに重要ではないということになる。

107 CW10, §586. §523によると「個々の人間は」「あらゆるものごとの基準として中心に」いなければならない。

108 GW及びCW10, §315. 第一文は著者による翻訳。

109 CW10, §536.

110 CW16, §449. 著者による修正訳

111 どの科学もいわば外側を持っており、一方心理学はそうではなく、その対象はあらゆる科学の主体［あらゆる科学を生み出し、そのようなものとしてあらゆる科学の背後にある主体］である。*CW8* §429. 著者による修正訳。括弧内の言葉は筆者による注釈である。

112 *Letters* 2, p.498, to Werner Bruecher, 12 April 1959.

113 CW13, §293. *GW*.「der Kampf des Lichtes gegen die Finsternis verlegt seinen Schauplatz ins Innere derselben（闇に対する光の闘争はその内側へと戦いの場を移動させた。）」つまり「der menschlichen Seele（人間の魂）」へと移動させた。人間の内側は新しい、以前には存在していなかった戦場へと変わったのである。

114 *Letters* 2, p. 591, Sir Herbert Read, 2 Sep. 1960.

115 かつて、ユングは次のように表現していた。芸術的な創造の領域や段階において、それは「もはや経験する個人ではなく、全人類である［後略］」*GW*15, §162（著者による翻訳、この

文章はCWでは失われている）。

116 ユングは単一の時代を同じように理解している。芸術作品は「個人的なものをはるかに超えて上昇し、人類の心（マインド）と心情（ハート）の両方から心（マインド）と心情（ハート）に向けて語られている」GW15, §156著者による翻訳。［前略］詩はあらゆる民衆の真実を表現している」ibid, §159著者による翻訳。

117 CW18, §1366.

118 Edgar Wind, *Pagan Musteries of Renaissance*, revised and enlarged edition, New York(The Norton Library), 1968, p. 238.〔エドガー・ウィント『ルネサンスの異教秘儀』晶文社、一九八六年〕。

119 元型もまた通俗的な作品と同様に、大衆的でありふれたものの中で、平凡な仕事の中で、低俗なものの中で生じている。元型的な特質は、偉大さや心理学的な重要さの基準ではない。あらゆるものが元型的になりうる。

120 各個人の自由連想、彼や彼女の「心（サイキ）」から生じる自由なファンタジー化としての心理学的思考。

121 「集合的無意識」という用語が私たちの目をくらませることになってはならない！

122 人間の心的な生は、人間の生物学、動物行動学（有機体の行動）の一部である。対照的に、魂は、根本的に自然に反するものの *contra naturam* である。それが論理的な生である。

123 *Letters* 2, p. 612 to Olga von Koenig-Fachsenfeld, 30 November, 1960.

124 *Letters* 2, p. 594 to Miguel Serrano, 14 September 1960.

125 参照：たとえば、すでに引用した文章「［前略］世界の救済は個人の魂の救済からなる」CW10, §536。（ここでユングが使ったドイツ語は*Erlösung*ではなく、*Rettung*であり、すなわち、救済ではなく救助である）。

126 最も幅広い意味で、人間の生物学（有機体の行動）の一部としての人々の心（サイキ）の研究とは対照的に。

127 参照CW13, §250f.

128 参照Graham Hough, 'Anima and Poetry,' *Spring*, 1973, pp. 85-96, esp.p. 87. and David L. Miller, 'Fairy Tale of Myth?,' *Spring*, 1976, pp. 157-164.

129 CW9i, §11.

130 CW18, §1280.

131 GW,15, §157. 著者による翻訳。CWの英語の言葉選びではあまりにも不明瞭である。

132 ここでは、実際には夢はユングが思っていたような無垢なもの（純粋な自然）ではないという事実は無視している。現象学的に、明らかな自然発生性は、それ以前に行われている介入と人間のリフレクションの忘却の結果である。それらは、二次的に生産された直接性である。

133 人生は短く芸術は長い〔*ars longa vita brevis*〕。

134 いくつかの独立したコメントは除く。たとえば、下記の引用。脚注154など。

135 CW18, §688.

136 それが新しい仰ぎ見ることと内部性であったことは、それがまさに古い形式であったことを示している。しかしながら、それが新しい（内化され心理学化された）仰ぎ見ることであったことが、ユングに「新しい形式」を提案している。

137 CW18, §632.

138 *CW* 18, §1734.

139 *MDR*, p. 225.

140 *MDR*, p. 225f.

141 以下の論文中の引用より。the dissertation (Pacifica Graduate Institute, 2003) on *The Absence of Myth* by Sophia Heller. 典拠はJames Olney, *Memory and Narrative*, Chicago(Chicago Univ. press) 1998, p. 325に引かれたCharles Juliet, "Recontre avec Beckett," tr. Suzanne Chamier, in *TriQuarterly* 77(winter 1989/90) p. 14.

142 *CW* 9i, §27.

143 Wolfgang Giegerich, "The Flight into the Unconscious: An Analysis of C.G. Jung's Psychological Project." Psychology at the Threshold. UCSB, Santa barbara, CA. September 2000(audiotape, Sounds True Recording, Louisville, CO, 2000)

144 「私が『神』と言うとき、擬人化された（元型的な）神－イメージを意味しているのであって、私が神について何かを語っているとは思わないで下さい。私は神については否定も肯定もしていないのです〔後略〕」C. G. Jung, *Letters* 2, p. 54, to Haberlandt, 23 April 1952.

145 *CW* 18, §603, 601.

146 *CW* 13, §55.

147 C. G. Jung, *Letters* 1, p. 171, to Hermann Hesse, 18 Sept. 1934. 元の形式は"eine gute Exoterik"

148 *MDR*, p. 166.

149 *CW* 4, §350.

150 *CW* 18, §630.

151 *CW* 9i, §27. 著者による強調

152 *CW* 9i, §28, and 29.

153 私がここでユングを非難しているのは、ユング自身がかつて「ファウストの姿に扮した現代人」を非難したことと非常によく似ている。「人はドラマを認識する〔*erkennen*, 知り見通す〕代わりに、ドラマの中の人物の一人になっている」（*CW* 12, §558. ユングはゲーテの『ファウスト』のパリスとヘレナの場面〔第二部第三幕〕を参照している。翻訳は著者によって修正されている）。

154 すでに引用された*CW* 11, §203の言説にもあり、また次の手紙の中にもある。「人間は神の力によって、意識と認識を増すように前進を強いられ、さらなる発展をして宗教的背景から遠く離れていく。なぜなら宗教的背景をもう何も理解していないからである」C. G. Jung, *Letters* 2, p. 436, to Kelsey, 3 May 1958.

155 C. G. Jung, *Letters* 2, p. 590, to Herbert Read, 2 September 1960. 百年も前にカール・マルクスによってまったく同じことが観察されている。「固体がすべて空気に溶けて、聖なるものはすべて忌み嫌われ、人はついに、自分の本当の生活条件と自身の本質との関係に冷静に向き合わなければならない」。*Manifesto of the Communist Party*, in: Marx & Engels, *Basic Writings on Politics and Philosophy* ed. by Lewis S. Feuer, Anchor Books edition, 1959, p.10.）〔マルクス＆エンゲルス『共産党宣言』岩波文庫、一九六六年〕。

156 *CW* 9i, §31.

157 *CW* 10, §161. *GW*にしたがって二つ目の文章の英訳を変更した。〔*GW*10, §161該当部。「人間の心の背景ないしは無意識

が、現代にいたってはじめてこのような相貌を呈するようになったとはちょっと考えられません。おそらくそれは、いつの時代にも、またいかなる文化圏においても、こうであったのでしょう。［中略］ただ、私たち以前のいかなる文化も、かかる人間の心の背景をそれ自体としてまじめにとり扱うだけの必要を感じなかったのです。」」。

158 CW 18, §1366.

159 拙著 *Animus-Psychologie*, Frankfurt am Main et al. (Peter Lang) 1994.

160 CW 18, §627.

161 CW 18, §639.

162 *Letters* 2, p.498, to Werner Bruecher, 12 April 1959.

163 ある種の、公共の精神に到達可能な歴史の下方に流れる隠れた暗流、〈秘密の歴史〉というユングのアイデアとの関連でもこれを捉える必要がある。

164 CW 9i, §271. "The most we can do is to *dream the myth onwards* […]"「私たちにできる最たることは神話を夢見続けることである［後略］」。しかしこれはドイツ語の原文と完全に同義とはなっていない。*GW* 9/I, §271, "Man *träumt* bestenfalls den Mythus weiter […]"「人間はせいぜい神話をさらに夢見続けるだけである」

165 ひとたび目覚めたならば、意識はそれがかつて有していた（＝私たちのスピリチュアルな財産）夢について、そのあらゆる詳細について反省する（〈解釈する〉）ことができ、そしてMnemosyne〔思い出〕の中に貯蔵することができる。

166 私が個々で用いた「収監する take prisoner for［後略］」という表現は、ナジアンゾスのグレゴリオスにまで遡る（『バジルへの賛歌 In Praise of Basil』の中にある「私たちはすべての考えをキリストのために収監する」という表現［*Pat. Gr.* 36, 508］が、ジェイムズ・ヒルマンの Psychology: Monotheistic or Polytheistic, in *Spring* 1971, pp.193-208 の中の p.202 の脚注15で用いられているものに因る。

167 *MDR*, p. 323.

168 *Ibid*, p. 323.

169 *Ibid*, p. 323f.

170 あるいは、より正確に言えば、キュスナハトの人物は、結局のところ、真の自己としてのボーリンゲンの人物を取り巻く「通俗的な」外殻にすぎないものとして定義されている。キュスナハトの人物の問題は、常にボーリンゲンとその未生生を究極の真実として心の背後に抱えており、それゆえ、現代〈アクエリアス〉の意識に身をゆだねることは決してないということである。その意識は、まさにその理由から、イマジナルには、宇宙空間に属する一種の異星人の姿としてしか現れることはない。

171 ユングは「ファウストの結末に結末がないという事実に非常に感銘を受けた［後略］」という（*MDR*, p.318）。「［前略］ファウストの最後の若返りは、その死後の状態でのみ起こり、すなわち未来へと投影される」CW12 §558。「それは無意識の現実であり、ファウストの場合は、その当時は手の届かないものと感じられていた。この理由から、それは死によって彼の実際の実存から切り離されている。」*Letters* I, p. 265 (to Anonymous, 22 March 1939).

172 James Hillman, "From Mirror to Window. Curing Psychoanalysis of Its Narcissism," in: *Spring* 49, pp. 62-75.

173 呑み込むことは、四つの段階（あるいは契機）を通して完遂する。つまり（1）子どもたち、（2）子どもと両親の関係全体、（3）（子どもたちの）誕生そのもの、（4）呑み込むことそれ自体、を呑み込むことである。呑み込むことはそれ自体の痕跡を消し、不可視となる。こうして新たなうわべの純粋さ（感覚的直接性）が、人工的につくりだされる。

174 James Hillman, "Cosmology for Soul. From Universe to Cosmos," in: *Sphinx* 2, 1989, pp. 17-33. ヒルマンの論文の、詳細なディスカッションについては、上記の第四章を見よ。

175 ヒルマンにとって美は、私が指摘したように、文字どおり化されてはいない！

176 ボーリンゲンでの、彼の塔と石のモニュメント。「しかしながら、言葉と紙は私にとって充分にリアルではないように思えた。なにかがもっと必要とされていた。私の最奥の思考の石への表出といったものに到らねばならなかった……」*MDR*, p. 223.

177 しかも、それにもかかわらず、これはあまりにも明白なことである。ユングの絶え間ない意味の探求への関心、意味が持続する単位としての元型への彼の信奉、彼の神学、主体の検証を伴う個性化のプロセスのアイデア、「中心」・「自己」・マンダラへのコミットメント、そして「中心の周りを円環すること」へのコミットメント、ユングの直接経験（*Urerfahrung*〔根源的経験〕）と、それによる直接的な現前へのユングの固執は、あらゆる疑いを、当然ながら一掃するはずであろう。

訳註

［1］この内部性Innessという概念は、本論の中で内性Interiorityと峻別される概念として使用されている。訳注22にて改めて紹介している。

［2］この「統語論syntax」と「意味論semantic」の対概念は、ギーゲリッヒの心理学の中で繰り返し使用される重要なものである。意味論的に世界をとらえた場合は、一つひとつの対象や具体的な内容が世界のあり方を明らかにすることになるが、統語論的に世界をとらえた場合は、同じ対象や同じ具体物でも、その場の状況やその瞬間の現実の構成によって、一つひとつのもののあり方が変わっており、世界のあり方も変わっていることになる。言語理解にたとえて言えば、意味論は単語を見て文章を理解しようとするものだが、統語論は講文全体を見て文章を理解しようとするものである。また、ユングの心理学に即して言えば、意味論はイメージを一般化してイメージ辞典を使用して理解できると考えるようなものであり、統語論はイメージをその時々のコンステレーションの中に置いてはじめて理解できると考えるものである。

［3］包摂性containmentという概念も本論に頻出するが、これが実体的である場合、それは自由で自立した主体からは拘束具のように感じられるものになることを心理学は肝に銘ずる必要があり、それがみずからがみずからを包摂するという意味で運動している場合に限り、心理学的で心理療法的な包摂性となると言うことができるだろう。

［4］埋め込まれているあり方embeddednessは、包摂性と共に、前近代の人間の明確な特徴として繰り返し明示されている。

［5］本書において「statusステイタス」という言葉は、意識や心の歴史的なあり方を指しており、姿勢や体勢といったその都度の個別なあり方とは異なり、意識や心の歴史的な変化を見ていく際に使用される重要概念である。

［6］論理学における、英語のbeなどの命題の主語と述語を結びつける語（句）を指す。

［7］論理学における命題。「人はすべて死ぬ」など一つの集合の全ての成員について肯定または否定する。

［8］論理学における命題。「ある人は死ぬ」など判断において主概念の一部分についてのみ立言される場合を言う。

［9］万物の創造は一者あるいは神からの完璧なるものの流出によるとする考え。

［10］日本の現代における集団同調性の強さは、まさしくこの全称命題の中にしか自分がいないという前近代的な感覚だと言えるのかもしれない。

［11］語源的に、uniとverseが合わさり、すべてが一つになったという意味を持つ。

［12］古代では火や光の存する所、後に神や天使の住居と信じられていた。

［13］普遍は単なる音声であり気息であるとするいわゆる唯名論哲学の考え方である。

［14］Antoine-Laurent de Lavoisier (1743-94)。フランスの化学者であり、近代化学の創始者。燃焼時における酸素の重要性を発見している。

［15］神から産み出された被造物としての自然を指す。

［16］創造主としての神を意味し、自然は、この唯一絶対的な実体である神が生ぜしめているものとされる。

［17］lightという言葉によって、現代が「光」と「軽さ」の世界になっていくことを示している。

［18］キプリアヌス Thascius Caecilius Cyprianus (3C)「教会の外に救いなし Sallus extra ecclesiam non est」という言葉で知られている。

［19］歴史の錬金術という考え方については、W・ギーゲリッヒ「歴史の錬金術」(『魂と歴史性』日本評論社、二〇〇〇年)を参照のこと。

［20］ユングはここでesotericとexotericの違いを明確に使い分けている。ここでは前綴りによって差異が表されているが、ギリシア語でesoはwithin、exoはoutsideの意を持ち、その比較級が形容詞化したものである。

［21］ここで、フランツ・カフカ「変身」を思い起こしてみても良いだろう。

［22］ここまで「内部」「内部性」と表現されていたものは、英語表記ではInnessとされているものであり、それは自然や宗教性など外界に包摂されているあり方をさしていた。ここで「内性」と表記されたものはInteriorityと表記され、心が心の内に内化した状態を表している。包み込まれた状態ではなく、出来事が思い出化され、リフレクションを経て、心の中に入り込んだ状態を指している。それは、ドイツ語のErinnerungに端を発する言葉であり、思い出という意味や、内側に入れるという意味を持つ。外部のものに包まれる内部性Innessと、みずからの内化する動きそのものである内化Interiorityとは、「内」という言葉に関わる二つの根本的に異なるものであり、後者は、「外」を持たない「内」であることに大きな特徴がある。

［23］Erinnerungとは、日常的なドイツ語では「思い出」を意味しているが、erという前綴りとinnerungという後方の綴りを語源的に考えてみると、「内に入れる」という意味を持ち、すなわち「内化する」という動きを指している。思い出にする・記憶する・歴史化するという意味でここでは極めて心理学的な運動を指している。訳注22に挙げたInteriorityは、著者によるこの英訳である。

［24］ここで、「帰還する」と訳出された英語はcome homeであり、著者ギーゲリッヒに特徴的な言葉の使用の一つであり、ある意味や行動や症状などが、それ自身の本来のあり方に立ち返って、それが明らかになる動きを指している。

［25］現代では成り立たなくなった集合的な物語を指す。リオタール『ポストモダンの条件』(一九七九年)を参照。

［26］日本語でいう「能記」もしくは「記号表現」を指す。言葉の意味内容ではなく、言葉の音声や感覚的側面を指す。「所記」もしくは「意味内容」を指すシニフィエと共に、一つの対語としてソシュールが言語学に導入したもの。J・ラカンが精神分析用語として位置づけた概念でもある。

［27］フランス語で「書くこと」「書かれたもの」の意。一九六〇年代にM・ブランショやR・バルト、J・デリダらにより強調され、フランス現代思想の鍵言語の一つとなっている。

［28］旧約聖書のモーゼの十戒のことを指している。

［29］ギリシャの伝説の四時代のうち、最初のGolden Ageには人間が純潔で幸福な繁栄の生活を送ったとされ、最後のIron

Ageは最も堕落した時代であったとされる。

〔30〕 インド哲学の循環する四つの時代のうち、最後の時代であり、人間の文明によって人々が神から遠ざけられ、霊的な堕落を引き起こすとされる。

〔31〕 これはギリシア神話の象徴であり、オルフェウスの卵から生まれるということは、つまり時間（クロノス）と必然（アナンケー）に縛られた状態から抜け出したということであり、夜の世界から昼の世界に至ったことを示している。

〔32〕 J・ラカンの『無意識における文字の機関、または、フロイト以来の理性』という論文の題名となっている言葉。無意識が言語のように構造化されていることを表した言葉である。従来はL'instanceが「審級」と訳されていたが、FreudのInstanzに由来するこの言葉は、ある種の公的な「機関」や「機構」を表すものである。

〔33〕 陥入とは、主に動物の初期発生において、嚢胚形成の際に胞胚期の細胞の一部が内部に折り畳まれることをいう。

〔34〕 ヌミノースを定義したR・オットーが、『聖なるもの』（一九一七年）において宗教的感情を分析し、ヌミノースの基底に相反する一対の感情が存在することを明確にしている。それがトレメンドゥムtremendum〔畏怖〕とファスキナンスfascinans〔魅惑〕であり、ここではそれが参照され言及されている。

〔35〕 中世英語のenforme, informeは「形を与えるgive form to」の意味であり、古期フランス語のenfourmerは「心を形成するform the mind of」の意味であり、ラテン語のinformareは「形shape」の意味で、in-'into'+forma'a form'に由来する。

〔36〕 CW9i, §27「今日、それは問題になるのだろうか？ 異国の地で育ち、異国の血で飽和し、異国の言葉で話し、異国の文化で養われ、異国の歴史の中で変容した既製の象徴を、新しい服のように着ることが、私たちにできるだろうか？ 乞食が王衣に包まれ、王が乞食に変装しているのだろうか？ 間違いなく、それは可能である。だが、それとも、仮装をするのではなく、もしかしたら、自分の衣を自分で縫えという命令が、私たちのどこかにあるのではないだろうか？」

〔37〕 ここに使われているidiosyncraticという言葉は、「個人特有の」という意味を持つが、この場合の「個人」や「特有性」は、他者と関わることを知らない閉鎖的な特異性のことを指している。いわゆるidiotという言葉が愚かさを示しているのは、知性の低さを指しているのではなく、その心のあり方が他者に開かれずに閉じていることをさしている。

〔38〕 〈古い帽子〉＝うんざりするほど見慣れ、そして時代遅れであるものの慣用表現。

〔39〕 この二つの夢に関するユング派の典型的な解釈は、既存の近代的な自我や意識が、実はそれ自身で独立して成立しているものではなく、常に別の何かとの相互対話によってのみ成立しているとするものである。近代的な自我のあり方を問い直す夢として、さまざまな形で引用され解釈されている。

〔40〕 プエルという少年像は、まさしくヒルマンがみずからの心理学の中心に据えた象徴的なイメージであり、その心理学を動かし続ける永遠の原動力である。

〔41〕 J・ヒルマンが、元型的心理学を明確に論じた『改訂し続ける心理学 *Revisioning Psychology*』の「改訂」を指している。

人間の誕生の受け入れ難さ

四人の分析家のコメントと、キャラクター化された神

宮澤淳滋

四人の分析家

まず、この論文がユング心理学に与えた衝撃を振り返り、それを紹介しておきたいと思う。意味の終焉について書かれたこの論文は、二〇〇四年に*Journal of Jungian Theory and Practice* 誌に掲載され、国際的に著名な四人の分析家（ジョン・ビーブ、テリー・プルヴァー、デヴィット・ミラー、グレッグ・モゲンソン）が、論文へのコメントを寄せている。そしてさらにそのコメントに対してギーゲリッヒ本人が返答している。この四人のコメントを読むと、ギーゲリッヒの論文を受容することの難しさがわかる。たとえばジョン・ビーブは、ギーゲリッヒについて、ユングの心理学をさらに発展させる理論家として賞賛しながらも、ユングの思想やギーゲリッヒの思想をタイプ論的観点から考察するだけで、その論旨の本質には触れていない。テリー・プルヴァーに至っては、ビーブと同じく本質に触れないだけでなく、激しく嫌悪感を示しながら、テキストに示された理論をギーゲリッヒの

逆転移によるものだと断言し、それと比べて、彼の依って立つ理論家であるジャック・ラカンがいかに優れているかを示そうとする。一方で、デヴィット・ミラー、グレッグ・モゲンソンは、ギーゲリッヒの論考の内容を十分に理解し、その本質に踏み込み、対話的にコメントを寄せている。ここではこの二人の論述の抄訳を紹介していきたい。

終焉の終焉：デヴィット・ミラー

神学者でもあるデヴィット・ミラーは、「ギーゲリッヒが問題としている領域は、心がすでに辿り着いている領域であり、そこを避けて通ることはできない。私もこれまで自分自身のやり方で、そこに何度か踏み込んでいる」と述べ、彼自身が「意味の終焉」をテーマにしていくつかの論文を書いてきたことを紹介している。ミラーは、ギーゲリッヒの論考が、ミラー自身による取り組みよりも徹底されていることを認め、「ギーゲリッヒが『神の死や意味の喪失というアイデアは、その論理的帰結にまで推し進められていないことも多い』と述べるように、解決しようとしている問題そのものを再設定することなく、意味の終焉について意義のある指摘をすることは、容易なことではない」と語り、その問題を解決しようとしながら再設定したジャック・デリダなどの例を取り上げている。

「その難しさは、意味を探求することが意味そのものと矛盾するためである」とミラーは述べ、魂の持つエナンティオドロミアや共時性といった論理や、自己は本質的に二重であり弁証法的であるという、ユングの理論からこのことを説明する。意味の探求も、無意味さの感覚も、自我の領域で働くものであり、「自己にとって意味のあるものも、自我にとっては意味を阻害するものとしてとらえられるかもしれない」と述べ、意味の探求は自我の望みであり、自我学ではあっても心理学ではないと、ギーゲリッヒの論考を受け入れている。その一方でコメントの後半では、「意味の探求を扱いにくいものにし、さらに言えば意味の終焉について語ることを困難にしているのは、心の論理そのものである」と述べて、ギーゲリッヒの論考からさらに発展的な持論を示している。ここからは、ミラーのコメントをまとめた形で示したい。

この困難さは、ギーゲリッヒのテキストに頻出する「歴史」という観念と関連する。ギーゲリッヒは『魂の論理的生命』や『アニムス心理学』で、神話や宗教や形而上学のアイデアは、心理学的思考へと止揚される必要があると論じている。しかし私〔＝ミラー〕には、ギーゲリッヒの歴史的な論理に、いまという時間が直線的に動くようなイメージが、つまり歴史に備わる通時的で非弁証法的なイメージが潜んでいるように思える。

「個体発生は系統発生か？」（一九七五）という論文で、ギーゲリッヒ自身がこの進化主義や発達主義に、次のように異を唱えている。「文化的な歴史に、発達という考え方を持ち込むのは無益であると結論づけざるをえない。歴史に変化はあるが、進化はない」「ノイマンの段階説に文字どおり従うなら、心理学は不適切な存在論を土台にすることになる。その存在論からは真に元型的な心理学は現れないし、それと同時に、経験的な現実もその具体性を剝奪される。

ダーウィン主義による偏見を追認し、それによって無意識を未開人に結びつけ、高度に発達した意識を私たち自身に結びつけている。そして私たちは英雄神話や太母神話に陥り、心理学的ではなくなっていく」。思想家たちが考えを変えるのは当然のことであるし、ギーゲリッヒの見方も変わったのだろう。しかし私には、彼の以前の考え方が正しいように思える。

ある論理は他の論理よりも複雑かもしれないが、だからといってそれが他よりも優れていることにはならない。ある論理から別の論理へと、因果関係的に発達したわけでもない。それらはただ違うだけである。

革新的な一神教の成立に伴って、自然の庇護下から「意味」は居場所を変えられ、歴史の庇護下に入った。聖なるものはアニマ・ムンディとして木々や山や川の中に体験されるのではなく、イスラエルのような民族の歴史の中に、あるいはキリストの受肉のような歴史的出来事の中に体験された。神は自然よりも上位に高められ、超越的な他者となったが、歴史を通して働きかけていると信じられていた。しかしそれで終わりではない。ここで特に重要なのが、神学者マーク・タイラーによる文化論である。

その著作『踏み外し　ポストモダンの反/神学』において、タイラーは、ギーゲリッヒの心理学が踏み込んだのと同じ領域を、「神の死」「自己の消滅」「本を閉じること」と表現した上で、「歴史の終焉」と呼ばれる章を付け加える。彼によれば、序盤－中盤－終盤という物語的な筋に沿ってプロット化していく歴史的意識（ギーゲリッヒの意味の「終焉」という考え方も含まれる）は、「根源的な欠如」を「巧みに回避」しているという。彼は、人々が物語を語り歴史を作ることによって時間を潰している、と揶揄する。

そうした論評があるにせよ、ギーゲリッヒの議論が反駁されることはないかもしれない。ギーゲリッヒは今回の論文の中で「神の死というアイデアについて語られたこととほぼ同じことが、意味の喪失というアイデアについても当てはまる」と言い、さらに次のように述べている。「私たちはもはや意味の喪失について語ることすらできない。なぜなら、意味の喪失を語るならば、秘かに意味を論理的カテゴリーとして蘇生させ、現代においてそれはたまたま経験的に空疎になっているだけだとして、それにしがみ付くことになるのだろう。その場合、この真空は必然的に、意味の探求への切望を、つまり強迫を作り出すことになるだろう。〔中略〕この真空も、そして真空への耽溺も、もし当初意味論的に経験された『喪失』が、それ相応の意識の統語論性へと感染して浸透することが許されれば、即座に消失する」。

この段落はギーゲリッヒの一九七五年の小論と、今回の論文とを、結び付けるかもしれない。ここでは物質的な歴史を指し示しているのではなく、自然や歴史に関する形式的思考を指し示しているのであり、論理的な変形を示唆している。それは「終焉主義」の終焉を暗示しており、その止揚は自然の止揚であるだけでなく、歴史の止揚でもある。

この問題において、一九七五年の小論よりも重要なのは、一九八五年のエラノス講義「歴史という錬金術」である。この講義では、今回の論文で語られている「歴史」を、ギーゲリッヒ自身が止揚している。流刑地の装置の針が、囚人の身体を深く切り裂きながら、罪を宣告する言葉を刻んでいくというカフカの「流刑地にて」という物語を用い、彼は「歴史的に埋め込まれていること」や「歴史の意味」や「歴史の裂け目」について再考している。それは特に、ドイツ語で歴史を意味するHistorieとGeschichteという二つの言葉を区別することによって拡充されている。ギーゲリッヒがそこで語っているのはGeschichteについてであり、それによって彼は、十九世紀以降のある種の歴史学によって約束された「歴史〔Historie〕の贖い」から、彼自身の議論を分離させている。

私が「歴史」の止揚を問題としたのは、ギーゲリッヒの論文に疑問を投げかけるためではなく、その語り口によって読者はこの論文を、論理的ではなく意味論的に、形式的ではなく物質的に、〔Geschichteとして〕心理学的にではなく、〔Historieとして〕歴史的に〔誤って〕読んでしまうだろうと思ったからである。ギーゲリッヒの議論は、物事が実際にどのようにあるかを論じるだけの意味論的な屁理屈よりも重要なものを含んでいる。重要なのは心理学であり、意識である。だからこそ、今回の二〇〇四年の論文は、以前の一九七五年の論文や一九八五年の講義との関係で読まれるべきである。そのことによって、アニマである魂は、精神《スピリット》であるアニムスを犠牲にせずにすみ、そうして人間の心身の中でシジギー〔対立物の結合を示す両性具有性〕が生まれるのである。

このようにミラーは、終焉主義を例に出し、進化論的な歴史観に警笛を鳴らしながらも、それはあくまでも読者の読み違えを防ぐための方策であったと最後に明らかにして、ギーゲリッヒの論考に賛意を示していく。神学者であり、みずからも長く人生の意味や充実、意味に満たされることについて問い直してきたミラーのコメントは、とても対話的なものであり、「意味の終焉」という論題をより深く私たちに考えさせるものであると言えるだろう。

では、このミラーのコメントに対してギーゲリッヒ自身がどのような返答をしているのかを、次に見てみたい。これも抄訳の形で示したい。

ミラーに対するギーゲリッヒの返答（抄訳）

デヴィット・ミラーの素晴らしい返答を読んだ。彼は私〔＝ギーゲリッヒ〕の論文を徹底して読み込み、最近の思想の文脈の中に位置づけている。そして批評するというよりも、私の論文を発展させようとしているようであるが、その方向性は私の考えとは異なっている。

確かに「重要なのは心理学であり、意識である」。私たちは「自我学」から「心理学」へ移行しなければならない。しかし私は、ミラーによる強調点の移し替えに反対する。（1）「物質」と「形式」を対立させること、（2）歴史の止揚という考え、（3）異なるものを「ただ違うだけ」と解釈すること、という三つの点についてコメントしたい。

（1）ミラーは、私の論文が「物質的な歴史を指し示しているのではなく、自然や歴史に関する形式的思考を指し示している」と述べ、「形式的ではなく物質的に」私の論文を読まないよう、読者に忠告している。しかし、歴史について形式的に考えることは、物質的な歴史について考えることであるし、物質的な歴史も、すでにある程度は形式的にとらえられている。両方とも、物質的であると同時に形式的なのである。「自然や歴史に関する形式的思考」は、物事が実際にどのようにあるかという問いの中で生じなければならない。さもなければそれはある種の自由連想、つまり自由に空想することになるだろう。

ここで言われている「形式的思考」は、外側にある物質的歴史に関する、私たちの心《マインド》の内側の理論のことを指すのではない。形式的思考とは、現実の（「物質的な」）歴史的変化を、一つの外的な（「物質的な」）状況から別の外的な状況への移行として理解することではなく、意識や世界の論理的構成の「錬金術的な」変形として理解することである。そしてその変形は本質的に、心の中で絵を描くこと（表象〔Vorstellen〕）を超えて、思考へと至る動きである。それは主観的な心《マインド》の中の変化であるだけでなく、それ以上に外側の変化でもある。それはその新しい現実の論理としての、社会的な組織や、公共的な思想や、科学的知識などの中に、客観的に具象化されている。それは第一に、現代の現実の新しい論理的構成であり、それによって、絵画的な古い思考様式にしがみついている私たちの主観的な心《マインド》が、適切な「形式的」思考へとイニシエートされる。

（2）この意識の変形は、主体と客体の両方に変化をもたらすのであり、歴史の止揚というような、一方を捨て去ることではない。物質的な歴史についての私たちの暗黙の思考形式は、私たちの意識に帰り着くと、明示的な形式的思考を形成する。そしてそれに応じて、私たちの思考は形式的に思考されるべき「新しい」物質的歴史を受け入れる。それは新しいものとして知覚された、同じ物質的な歴史である。私には「人間が歴史的に埋め込まれていること」がどのようにして終わりうるのか、そしてどのようにして止揚されうるのか、理解できない。自然の止揚は、反対に、歴史の誕生である。論理的な変形によって止揚されるものは、物質的な歴史ではなく、私たちが歴史の中に埋め込まれていることでもない。物質的な歴史が意識の中に現れる形式が変化するのである。

ミラーは、マーク・タイラーの『踏み外し　ポストモダンの反／神学』に言及し、「歴史の終焉」という文言を引用している。歴史の終焉というファンタジーが厄介なのは、二つの異なる歴史の概念が曖昧にされているからである。一つは、「序盤－中盤－終盤という物語的な筋に沿ってプロット化」していく歴史的意識や、革新的な一神教の成立に伴って「自然の庇護下から『意味』は居場所を変えられ歴史の庇護下に入った」とミラーが言うときの歴史である。これは私が「歴史的地点」と言うときの歴史とは異なる。

一神教の成立は、自然から歴史への転換ではない。一神教は、意味の場としての自然を克服する最初の直接性にすぎなかった。キリスト教において、新しい意味の場は歴史ではなく、救済史〔heilsgeschichte〕として止揚された神話だった。一神教の成立によって生じたものは、自然の止揚であり、いまだ自然の領域の内側にいながらにして、特称〔個別のもの〕から全称〔普遍的なもの〕へと、つまり木や山といった個々のものから創造や救済といった自然全体へと、論理的に移動することであった。

本来の歴史や、歴史的意識が表面に現れたのは、救済史が意識に対する支配権を失った十八世紀のことである。そのとき人間は、特定の自然の聖なる力という観点によっても〔多神教〕、普遍的な神による世界の救済という観点によっても（神学）、自分の存在を反省することができなくなった。人間はいまや、以前の全称を止揚した結果生じた、新しい、つまり反省された特称の観点によって、自分を把握できるだけである。それが具体的でこの世的な、経験的歴史である。意識が具体的な人間の歴史に踏み込み、真に通時的に考えるようになったこのときに、はじめて自然は十分に止揚される。

「『終焉主義』の終焉」や、救済史としての「歴史」の止揚すなわち終焉は、自然の止揚という最初の直接性の止揚であり、「歴史的意識」の止揚ではない。「人間が歴史的に埋め込まれていること」を語るタイラー自身も時代の子どもではないのだろうか？　彼の見解は、特定の個人としての彼だけによって生み出されたものではない。彼のいる歴史的な場が共著者となって、彼に考えさせているのである。百年前なら、「欠如に備わる根源性」を宣告することはできなかっただろう。百年後でも、そのようなことは考えないだろう。そしてタイラー自身も、「ポストモダン」という言葉を本のタイトルに使うことで、彼自身が歴史の中に埋め込まれていることを認めているではないか。心理学の課題は、私たちが具体的な歴史的状況の中で無意識的に包摂されていることを、私たち自身に自覚させることであり、どのようにこの状況の論理が私たちを形作っているかを、私たち自身に見通させることである。

（3）通時性のことを、「いまという時間が直線的に動く」ようにイメージするのではなく、錬金術のように「第一質料」がたどる段階ととらえることもできる。ミラーは、歴史を通時的に見ようとせず、階層的な発達段階を免れようとしている。彼は現象を横に並べて、「ただ違うだけ」であると言う。二つの問題が、彼に「段階」という考え方を避けさせている。それは、価値判断を恐れていることと、発達を「因果関係的な」発達と考えていることである。

「ただ違うだけ」の現象は確かにあるが、そのカテゴリーはあらゆる現象を正当に扱うわけではない。「ただ違うだけ」〔verschieden〕のものは、お互いの差異にこだわらない。多様性〔verschiedenheit〕が究極的に行き着く先は「何でもあり」ということである。しかしその差異に無関心ではいられない現象もある。その一つの例が、多神教と一神教である。一神教は「私の他に神を持ってはならない」と要求する。それはそれ自身の内側で、それ自身の他者である多神教を否定している。すなわちそれ自身と衝突してそれ自身から離れている。なぜならそれは、その他者を、自分が克服したものとして、自分自身の内側に含んでいることが前提となっているからである。そしてそれは、それ自身が媒介されたもの〔直接的ではないもの〕であると明示している点で、多神教より優れている。

この順位付けは、私たちが主観的に、現象の外的な特徴を基準にして判断することではない。ここで差異を生み出しているのは、現象それ自体である。一神教はそれに先行する多神教の真実を征服し、特称の水準を後にして、全称について考えている。しかし多神教を「より原始的」とし、一神教を「より高次」とすることを、価値判断と混同してはならない。一方が他方と比べ「より良い」ことを主張しているのではない。心《マインド》の自己運動を、因果関係的な発達としてではなく、自由で新しい反応であるととらえなくてはならない。たとえばそれは、スピノザやライプニッツが、デカルトの因果関係的な結果ではなく、デカルトへの反応であり、そのさらなる発達であるのと同じである。それらはデカルトの時代の方法論的反省では実現できなかった新しい水準の「方法論的反省」を切り開いており、デカルトと並んで置かれるただ違うだけの見解ではない。

文化的現象を、ただ違うだけ、とみなすことは、論理的に、それらを意識の「死んだ」対象へと還元し、私たち自身を外的な観察者にしてしまう。心理学が内化の学問であるかぎり、心理学的な仕事は、外側の観察者から見てわかる異なる性質を記述することではなく、現象自身によって現象自身の内側で打ち立てられた差異を記述することである。そのときにだけ、私たちはそれらの内側にいて、それらの魂の住処となる。そうしてそれらを対象としてではなく、「言語」として理解するのである。

以上がミラーとギーゲリッヒによる応答である。ここでは、「歴史」という概念を巡って本質的な議論が交わされている。歴史という概念は、ギーゲリッヒの多くの論文の底流にあるため、彼の他の論文を読む際にも参考になるだろう。

さて、コメントをしている残り一人の分析家、グレッグ・モゲンソンは、ギーゲリッヒの語る論旨をよく理解した上で、『白鯨』を手掛かりとして、ギーゲリッヒの論文を解説しようと試みている。モゲンソンは自分を、報告者であるイシュメイルの立場に置き、ギーゲリッヒをエイハブの立場に置く。しかし彼はイシュメイルの立場に留まらず、ギーゲリッヒへの返答を書きながら、自覚しないまま自分自身をいつのまにかエイハブの立場に置いているように見える。そうしてギーゲリッヒをモビィ・ディックにし、ギーゲリッヒに銛を突き立て、彼と共に海の中へと潜り込んでいっているようにも思える。モゲンソンのコメントと、そのモゲンソンに対するギーゲリッヒの返答を、抄訳にして、以下に示したい。

ギーゲリッヒとの捕鯨、観念のエイハブ：グレッグ・モゲンソン（抄訳）

論文を読み、「私のことはイシュメイルと呼んでくれ」というメルヴィルの『白鯨』の一文がすぐに思い浮かんだ。

冒険に憧れて捕鯨探検隊に参加したイシュメイルは、徐々にそれが普通の探検ではないことに気づき始める。エイハブ船長は、凶暴なモビィ・ディックを追い詰めることに執念を燃やし続けるが、最後までモビィ・ディックを殺すことのできないまま、エイハブを含む乗組員全員の溺死で終わりを迎える。イシュメイルだけが一人生き残り、この物語を伝えるのである。

かつてユングは彼の獲物である無意識について語ることができたが、いま同じスタイルで精神的な探求を語るとすれば、一つのパロディになってしまうだろう。ユングは神話を取り戻すことができると信奉者たちに語ったが、ギーゲリッヒは取り返しのつかない断絶をそこに見て取る。しかしギーゲリッヒの考えでは、それは前進であり、魂がみずから行ったことであり、象徴から生まれた意識は、いまや、自己意識あるいは主体となっている。

『白鯨』という小説も、神秘的な感覚を読者に呼び起こす一方で、いまや娯楽となっている。小説の「内部性」の感覚は、本を閉じれば終わりを迎える。私たちは小説の外からそれと向き合って読む。神話や象徴は商品となり、ユングの探検は、本質的に商業的で観光客向けのホエール・ウォッチングになった。鯨を見て喜ぶ旅行者と同様に、被分析者も絶滅した象徴が夢の中に現れるのを見て喜ぶのである。

真の捕鯨は、真に近代的な意識による、すべてを包含する内化として行われる。その場合、モビィ・ディックである現実の状況は、私たちを、エイハブと同じように、状況そのものに入り込ませる。それは錬金術的に言えば、「錬金術師自身が器に入る」ことであり、器と内容物とのあいだの分離が克服される。

ここで、モビィ・ディックの背中に自分の銛の綱で縛り付けられて死んでいくエイハブが思い起こされる。メルヴィルのエイハブは、個人的な人間ではなく、〈人間〉または〈心《マインド》〉そのものである。鯨に縛られたエイハブは、意味の終焉あるいは死に向かって沈んでいくが、それは同時に人間の意識の新たな誕生でもある。ここでは、「個人だけしか変化せず、世界内存在の論理自体が変化しないなら」その変化は本物ではないというギーゲリッヒの主張が、イメージとして実現している。

ユングの心理学の避けがたい真実は、意識の無-性である。それは無意識という概念とは対照的である。無意識の場合、その内容は実証的なものであるために、容易に外在化されうるが、「意識の無-性」と言えば、心理学にはそれ自身を客観視できるアルキメデスの点がないというユング自身の真に心理学的な洞察を、よりよく定式化できる。

感覚的世界の直接性から離れた私たちは、すべてが絶対的に内化され、媒介を経た、思考される世界内存在へと移行した。このことを、現代における現実の捕鯨とは何かというテーマに結びつけ、捕鯨も内化されて行われていることを理解しなくてはならない。海に出ること、獲物を狩ること、殺すこと、そして潜ること、これらはすべて、最初から媒介されている。十九世紀の実際の捕鯨、メルヴィルの文学的捕鯨は、いまや分解され気化されている。もはや感覚やイメージの内容も、個人的な個性化過程の内容も、エイハブやイシュメイルやピークォド号の乗組員のように潜水し、思考という形式そのものになっている。

『白鯨』でエイハブは宣言する。「目に見えるものはすべて厚紙でできた仮面のようなものだ。しかし、生きることという紛れもない営みの中では、それぞれの場面で、得体がしれないけれども理性的なものが、それ自身の特徴を、理性のない仮面の裏側から飛び出させる。突き破るなら、仮面を突き破れ！　囚人は壁を突き破る以外に、どうやって外に出られるというのか」。

ユングは鉦打ちをためらい、知覚に与えられた世界を否定するだけで満足した。この否定を通じて、彼は第一の否定の形式にある魂を、つまりイメージとしての心《サイキ》を認識した。しかし、それに制限されたため、彼の心理学は、厚紙の仮面にとらわれ、それを突き破れなかった。「私たちは絶望的に心的世界の中に閉じこめられている」とユングは述べている。彼は、心《サイキ》のイメージを研究し、重要で印象的な観察をしたが、彼の経験主義によって、そのイメージは金魚鉢へと縮小され、認識論的な壁のこちら側に留まることになった。壁は第二の否定によって突破されなければならない。イメージを観察したり想像したりするだけではなく、考えることによって、その感覚的な直接性を超えて、壁を突き破り、思考という無限の領域に入っていくことが、ギーゲリッヒの言う「弁証法的侵入」である。

メルヴィルの小説のある場面で、イシュメイルは、二頭の鯨の頭が並んでいるのを見て感動し、鯨の感覚器官と人間の感覚器官の違いについて、次のように考える。「人間を含む大半の動物の二つの目は、脳の中で一つの絵を作り出せるように並べられているのに対し、鯨の目は巨大な頭を挟んで並べられており、それぞれで別の絵を見て、そのあいだの全部は闇で何もない。この欠点のために、クジラは一度に何隻もの船に襲われたとき、奇妙な恐怖を示すのだ」。このような生物学的な考察は疑わしいが、それでも神話的なモビィ・ディックに対する観察に、神話を後にした心《マインド》が導入されていることがわかる。イシュメイルは人間の視覚がいかに限られているかを思い知る。「人間は一瞥しただけでものごとを一望できるが、同じ瞬間に二つのものを注意深く調べることはできない。では、鯨の場合はどうか。鯨の脳は、反対にある二つの視野を注意深く調べられるのかもしれない」。

このような鯨の脳は、内的論理形式や近代意識の先触れと言える。魂の観念としての大鯨の脳は、対立物の一致と言える。そしてエイハブのように熱烈にこの鯨を追い求めるなら、意識はやがて獲物の特徴を帯びることになる。もはや諦めて仮面の中に閉じこもることはない。あらゆるものが心《マインド》の中で思考によって保持され、「統一と差異の統一」が銛の切っ先となり、精神世界の壁を突き破り、思索的な思考へと至り、真の心理学へと至る。

ここで特に思い起こされるのが、ギーゲリッヒによる〈真実〉についての言及である。伝統的なユング派が真実という概念に対して抱いている困難さは、カントの認識論が知識に課している制約を、彼らが受け入れていることに起因している。カントを念頭に置いていたユングは、自分が語る真実は心的な真実にすぎないと述べていた。たとえば、彼が神に言及するとき、それは常に心の中の神像にすぎないとされた。マルティン・ブーバーはそれを「神の失墜」と呼んで批判したが、ユング自身はこの心理学的な謙遜が、自分の真実への裏切りであることに気づかなかった。

ギーゲリッヒによる真実への言及にポストモダンの思想家たちが意義を唱えるのは、それが彼らにとって、差異や変質を尊重しない、論理中心主義や男根中心主義や植民地主義の亡霊を呼び起こすからであるが、それはギーゲリッヒをよく読めば、正しくないことがわかるだろう。

フロイトがもともと考えていたように、分析的なセラピーは、真実の発見による癒しの試みであった。フロイトは、真実とは正反対である催眠による暗示に不満を覚えたのである。そして、はじめに誘惑理論を展開したフロイトは、真実という観念を根本的に見直した。それによって真実は、抑圧された無意識の幻想になった。それと共に分析の解釈も、子ども時代のトラウマを暴露する権威的な解釈から、控えめな転移解釈へと変わっていった。しかし必要に迫られてのこの転換は、厳密な科学を求めたフロイトにとって、失望をもたらすものでもあり、再び暗示と主観性がトロイの木馬のように入り込む危険があった。実際、今日の精神分析における真実の追求は、まさに主観性と暗示によるものになっている。

「真実」という言葉は、構成主義や間主観性によって形成されている現在の精神分析にとって、呪いなのだろうか。大文字で書かれた真実は確かに呪いだろう。しかし、ギーゲリッヒであれば、ユングの神と神のイメージとの関係を念頭に置きながら、大文字で書かずして、どのようにして真の真実を示すのか、と言うかもしれない。〈真実〉がなければ、ありふれた真実は嘘と見分けられないのではないだろうか。感情を覚えたというだけで、その感情が真実であると主張してよいのだろうか。私たちがイメージしたというだけで、私たちのイメージは真実なのだろうか。

フロイトに始まった真実の探究は、ギーゲリッヒに引き継がれている。決定的なことだが、魂の否定性がどれだけ把握されたかということだけがここに関わっている。フロイトは実証主義から出発したものの、誘惑説を否定することで、それに衝突してそれから離れたが、結局徹底することはできなかった。ユングは、心理学にはアルキメデスの点がないことを認識し、フロイトの実証主義を克服したが、再び経験主義に陥り、外的な知覚を持ち込んだ。ギーゲリッヒによってはじめて、心理学はそれを徹底させ、心理学自身に帰りつくことができたのである。

厳密に定義すれば、真実とは、それ自身が内的に立っている場所――それ自身の主観性や暗示性という自己関係――のほかには、堅固な足場を持たない意識または知識のことである。魂は、いかなる臨床的観察にも実証的事実にも納得せず、自己関係という内部的論理形式を主張する。この最も厳密な意味において、真実とは、魂自身の観念の深みから生じる、魂による魂自身の権威についての語りでしかありえない。

心理学は、一つの神話のあらゆる細部に現れているものを、同じ魂の内的論理のさまざまな決断や契機であるととらえなくてはならない。『白鯨』をこのように読むなら、イシュメイル、エイハブ、そしてモビィ・ディックといった登場人物たちは、心理学の内的論理や自己関係のさまざまな決断や契機であるとみなせる。しかし、ギーゲリッヒに問いたいのだが、クィークェグはどうだろうか。ユング派の理論ではクィークェグは元型や集合的無意識に対応するが、その彼もまた、心理学を心理学自身の観念へと内化する、心理学自身の内的論理の中にある契機である。

イシュメイルは、野蛮な銛打ちであるクィークェグと、航海に出る前に滞在していた宿で出会う。イシュメイルは、頭から足まで象徴的な刺青を入れたこの恐ろしい野蛮人が自分の隣に寝ていることに気づき、恐怖のあまり目を覚ます。ユングは「どれほど混乱を引き起こすような状況でも、元型が介入し、人類が常に反応してきた方法で、その人に反応させ、本能的に適応させる」と言う。それがここで当てはまる。イシュメイルは捕鯨に行ったことのないまったくの素人である。その課題に直面して、いわば一人が二人になったのである。

イシュメイルとクィークェグの驚くべき最初の出会いには、十九世紀の人間の世界内存在の革新的な変化が描かれている。ただしこの小説では、イシュメイルとクィークェグという二人が、並んでベッドに横たわっている。十九世紀に取り消すことのできない断絶が生じたというギーゲリッヒの主張に異論はない。しかしこの二人を念頭に置けば、同時にその断絶は、それ自身への止揚へと至る弁証法的な動きの一部でもあったと言うこともできるだろう。十九世紀以前のクィークェグと十九世紀以後のイシュメイルは、メルヴィルの小説の中で「統一と差異の統一」として登場しながら、一つの思考の異なる決断、観念の内的な論理の異なる契機を示している。

ここで私（＝モゲンソン）は、ギーゲリッヒと共に歩みながら、ギーゲリッヒに反対したい。ギーゲリッヒはこの論文で、神話的で象徴的な意味の消滅を描写し、歴史がこれらを過去のものにしたと主張している。彼の説明には説得力がある。しかし、ユングのノスタルジックな引用文を通じて、実証的にそれをユングであるとしている。絵画的な思考に陥ったギーゲリッヒが描く絵は、魂自身が神話や象徴としての魂自身を客観的に否定することに抵抗する心的ディズニーランドにいるユングの絵である。彼はユングの取り組みに、否定の否定を見いだしていない。その一方で、「もはや私たちは神話を持っていない。しかし、お前の神話は何だ？」というユングの発言は、魂の論理的な生に対するユング自身の弁証法的な貢献として理解することができる。「神話を持たない」ということは、向こう側に、外的な基盤を持たず、無限の底なしの海の中にいることである。そして、心理学の外部にアルキメデスの点がないときにだけ、モビィ・ディックが現れることを、私たちはギーゲリッヒから学んだのではなかっただろうか。ユングのモビィ・ディックは、時代遅れになった神話というグッピーではなく、止揚された神話だった。その神話が分析心理学である。

メルヴィルの小説では、クィークェグの出自と、彼が商業捕鯨船の銛打ちとして働くようになった経緯が語られている。熱帯の島で王子として生まれたクィークェグは、キリスト教の世界へ行ってみたいという激しい願望に取り付かれるようになった。ある日、捕鯨船が彼の島を訪れると、彼は船に忍び込み、甲板にあった環状の固定金具を掴んだ。そしてどんな脅し文句を浴びせられても、それを離さなかった。そうして船長も心を動かされ、乗組員になることを許したのである。

ユングのクィークェグは、つまり彼の元型は、メルヴィルのそれと同様に、ノスタルジックなものではなく、未来を目指している。野蛮な銛打ちが刺青で覆われているように、かつての時代の象徴的なイメージで覆われてはいるが、ユングの元型とは、いまこの瞬間の経験によって、私たちが衝き動かされることなのである。それは「未来への回帰」のダイナミズムである。元型という概念は、その歴史的な内容や、古代的な起源にもかかわらず、それ自身の中へと否定されていく。

最後、ピークォド号は破壊され、乗組員は溺死し、エイハブ船長もまた絶対否定的に、海へと内化される。イシュメイルは、刺青の象徴と似た象徴が刻まれたクィークェグの空の棺にしがみつき、一人生き延びる。エイハブの執拗な目的、鯨の顕現、真実の瞬間としての殺害、イシュメイルの他者、クィークェグ。それぞれが、観念の止揚された契機として、絶対否定的に、お互いに内化される。しかし、私がギーゲリッヒの論文から最も強く連想するのは、この最後の場面である。そこではクィークェグの棺の上に、神話以後のステイタスにある新たな心理学が浮かび上がっている。

ここまでがギーゲリッヒの論考に対するモゲンソンのコメントである。一読してわかるように、彼はギーゲリッヒの趣旨をよく理解し、『白鯨』という小説を使って、ていねいに解説してくれている。唯一の違いは、最後に書かれているユングが実は弁証法的な問いかけをしているのではないかと問い直しているところだが、以下に見るように、ギーゲリッヒはユングをそのように見ることには反対し、それでは、現代のこの状況を受け入れ、それと衝突することにならないと考えている。そのギーゲリッヒの返答の抄訳を示してみよう。

モゲンソンに対するギーゲリッヒの返答（抄訳）

『白鯨』を読み込んで、論理的否定性や心理学における「真実」という難しいテーマを論じ、私〔＝ギーゲリッヒ〕の考える心理学の中心的な着想を明らかにするモゲンソンの論文の主要な箇所に対して、付け加えるべきことは何もない。だから、私が当惑を覚えた二つの周辺的な点についてだけコメントを加えたい。

モゲンソンはモビィ・ディックを参照して、「観念の探求」と呼ぶべきものを鮮やかに描き出しているが、それでもこの物語は誤解を生じさせるだろう。『白鯨』はあまりにも英雄的な情緒を呼び起こすが、私の心理学を論じるには高尚すぎて、適切ではない。メルヴィルの物語は最大の動物である鯨の中でも、特に偉大なモビィ・ディックに焦点を合わせていて、それは私が批判したユングの考えを呼び起こす。つまり、「貴重な一つのことと比べれば、他のすべてはマーヤー〔幻影〕である」という考えである。鯨のイメージを用いると、心理学的な努力が巨大で絶対的な対象に向けられているように誤解されてしまうかもしれない。求められているのは、身近にあるきわめてありふれた現象の中のメルクリウスであり、論理であり、観念であり、魂である。モビィ・ディックを追い求めるエイハブのイメージは、ユング派に広く行き渡っている、神話と意味への耽溺を密かに正当化してしまうかもしれない。「魂」〔観念〕を追い求めることは情動的なものではなく、強迫的なものでもない。非常に落ち着いた、方法論的な過程である。

第二の点は、モゲンソンの論文の最後の箇所にある。彼はユングが「魂の論理的な生に弁証法的な貢献をしている」と述べるが、それはどうだろうか。モゲンソンは「もはや私たちは神話を持っていない。しかし、お前の神話は何だ?」というユングの発言を、弁証法的に読み取ろうとするが、私にはその発言が、ユングの反弁証法的な立場を示しているように思える。「しかし」という接続詞がすべてを語っている。ユングは、否定として働く自分の洞察を拒絶する。その内的矛盾を展開させず、それが何を生み出すかを見つめていない。二つ目の文章によって提起される開かれた問いは、まだいかなる「モビィ・ディック」もユングにもたらしていないが、自我人格としてのユングは、ア・プリオリにその性質あるいは形式を決めつける。すなわち彼が望んでいる神話という形式である。

「底なしの海」の無限の否定性は、今日、鯨が絶滅しつつあり、媒質であり統語論である海だけが残されていることによって定められている。求めるべき「モビィ・ディック」はもはやいない。神話的意味を与えてくれる意味論的な内容はもはやない。

モゲンソンは「もはや私たちは神話を持っていない」という発言を、「向こう側に、外的な基盤を持たず、無限の底なしの海の中にいること」だと言う。「神話を持っていない」から「しかし、お前の神話は何だ?」へと至るユングの動きを、モゲンソンはもう一度繰り返している。すなわち、「ギーゲリッヒと共に」と言いながら、しかし、「ギーゲリッヒに反し」、ユングを守ろうとする。ユングは、アルキメデスの点のない、新たな外的な状況に突き進んでいるが、それ自体が新しいヌミノースな神話（モビィ・ディック）を求めることにつながっている。

モゲンソンの論文を読めばわかるように、彼は、重要なのが向こう側の客体ではなく、主体であることをよく知っている。しかし彼は、分析心理学の高尚な目的を救済したいという彼自身の願いに誘惑されているだけでなく、彼の選んだエイハブとモビィ・ディックというイメージにも誘惑されている。彼はイメージによる定式化を修正していない。ミラーの表現を用いれば、引用されているユングの文章を、モゲンソンは「物質的に」読んでいるが、私たちは「形式的に」読むべきである。神話の喪失は、外的な基盤の喪失を意味しているわけではない。そして、そうした喪失の後に続く、同じく外的な底なしの環境に晒されることを意味しているわけでもなく、そこから現れるまったくの他者との出会いを意味しているわけでもない。それは、神話の喪失によって生み出される差異ではない。その前後には同じ世界が広がっている。唯一の変化は、状況の論理にあり、物事の置かれた客観的なステイタスにあり、そして私たちが（主観的に）抱く物事の重要性にある。

それは、基盤から底なしの海へという、意味論的で水平的な移動ではなく、同じ一つの世界／意識の、一つのステイタスから別のステイタスへの、垂直的で錬金術的な変成である。「人間の誕生」は、ゴドーを待ち、モビィ・ディックを待つことから脱却し、ヌミノースな体験によって癒されることから脱却することである。〈意味〉はもはや問題ではない。大いなる期待を抱くのではなく、魂を込めつつも知性的に、この地上で生きるための仕事を謙虚に成し遂げようとするだけである。

水平的な動きは、「基盤」と「底なし」とを、意味論的で客観的な差異として分離する。そして素晴らしい意味内容であるモビィ・ディックに意識を向けることによって、意識は絵画的な表象様式に留め置かれる。必要なのは、思考することであり、すでにそこにあるものをただ深く理解することである。表象から思考へのこの動きが、「神話の喪失」によってもたらされる変化である。

しかし、「外的な基盤を持たず、無限の底なしの海の中にいる」というイメージは、重要である。この点においてはモゲンソンに賛成する。ただし海の中にいることは、形式的なことであり、科学技術的立場や人文主義的立場などと同じく、ときおり採用されるような方法論的な立場にすぎない。それは意味論的なことではなく、神話の喪失によって現代の人間が投げ込まれた新しい現実の状況そのものではない。心理学は、一つの実践にすぎず、エピステーメー〔知識の枠組み〕ではない。心理学を行っても、形而上学的な問いに答えることにはならない。

このことを考慮した上で、『白鯨』の結末が破滅である点や、唯一の生存者の視点から語られている点を考えれば、この物語は、絶対否定的な内化の例である以上に、意味の探求というユングのプログラムが不毛であることの描写として、適切であるかもしれない。この小説は、客観的に、この探求が終わりに向かって愚かしいものへと還元されていくことを描いているのかもしれない。

ここで止揚された神話と偽物の神話との差異を示したい。

止揚された神話や象徴は、現代人のイメージの中に現れる水没した真実であり、それは個人的な重要性を持つにすぎない。止揚された神話は、西洋の形而上学やキリスト教神学であり、それが生きているあいだは、個人はその中に埋め込まれており、それは真実であったが、いまは過ぎ去っている。止揚された形而上学やキリスト教神学が、実証主義的な現代世界であり、産業的現代性としてはじまったそれは、いまやメディア的現代性となっていて、ポストモダンと呼ばれることもある。そこでは鯨は文字どおり絶滅の危機にあり、〈意味〉が求められることはもはやなく、神話はショーやエンターテインメントに利用され、大量消費主義に吸収されている。

これと対照的な偽物の神話が、シミュレートされた偽物の神話である。それは、現代における欠如の感情を補償するものであり、「意味」を求める主観的な要求が客体化されただけの、空虚なものである。

モゲンソンにとっての「元型は、ノスタルジックなものではなく、未来を目指している」とされ、「その歴史的な内容や、古代的な起源にもかかわらず、それ自身の中へと否定されていく」とされるが、彼はユングの元型が退行的ではないことや、ユングの神話的意味がシミュレートされたものではないことを、証明してはいない。ユングの元型をノスタルジックなものにしているのは、ユングがそれを現在の現実とみなす必要があったからであり、それを彼の実存的な望みのために悪用したからである。

クィークェグに関するモゲンソンからの問いに答えるなら、十九世紀以前のクィークェグと十九世紀以後のイシュメイルが一緒にいることを念頭に置いて、私の論じた断絶が、「それ自身への止揚へと至る弁証法的な動きの一部でもあった」と結論付けることはできない。それは「統一と差異の統一」のイメージなのだろうか？　その結合が技法的なもので、観念の内的論理の自己展開ではないことを、明らかにしているのではないだろうか？　二つの根本的に分離したものが外的に一緒にいるだけにすぎず、錬金術的で論理的な結合とは言えないのではないか？

私たちはユングの心理学のプロジェクトの根本的な欠陥に気づいたが、その気づきを徹底させることなく、その弁証法を展開させることができるのだろうか？　過去を完全に清算せずして、未来があるのだろうか？

以上が四人の分析家たちとギーゲリッヒの対話である。

このように著名な分析家たちのコメントを概観した上で、日本人としての私が私の歴史的状況に衝突してそこから離れる試みを、以下に提示してみたいと思う。

日本的な神、キャラクター化された神

一つの事例

私のお会いしているクライエントが、ある日、次のように語った。「早く死んで、神に転生したいんです」と。自分の人生が満足のいくものではないと語る彼は、この満足のいかない人生をやり通すことで、神に生まれ変わることができるのだと言う。「本当は死にたいのですけど、自殺すると神になれないので、自殺できないのです」と、差し迫ったように真剣な面持ちで語る彼からは、来世に希望をかけざるをえないその苦しみが痛々しく伝わってくる。

神になりたい、あるいは神になっている、という語りは、心理療法の中では珍しいものではない。むしろ典型的なものと言ってもよく、たとえば精神医学の教科書などに、よく見られる妄想として記載されている。私が心理臨床家として精神病院で勤め始めた二十年ほど前には、確かに病棟でそう語る患者さんたちが少なからずいらっしゃった。ユング心理学的に言えば、元型的なものにとらえられ、それと同一化しているのだと考えられるだろう。いわゆるインフレーションを起こしているわけである。

ところが、私のクライエントは、インフレーションを起こしているわけではない。話を詳しく聞いていくと、彼がなりたいと欲している神は、伝統的な神ではなく、彼の好きなゲームに登場するキャラクターとしての神々のうちの一人であるらしい。元型的な深みのない、陳腐な神と言っても

よいだろう。彼の私的な世界の中では、その神も重要性を持っているのかもしれないが、そこから公共的な尊厳が完全に失われている。ギーゲリッヒの言葉で言えば、徹底して「商品」化されている。ゲームの開発会社によって、文字どおりに商品化された神である。

「転生」について語るクライエントも、彼だけではない。少なくない数のクライエントが、ゲーム感覚で、死んで転生したいと言う。そこには伝統的な死生観は存在しない。ただ水平的に、この人生からあの人生へと移動するだけである。そこに存在の論理の変容はなく、垂直的な断絶はない。死は一つの生ともう一つの生のあいだを区切る、扉のような役割しか担っておらず、扉のこちら側とあちら側とでは、論理的に変わらない空間が広がっている。

ギーゲリッヒは「意味の終焉と人間の誕生」と名づけられた本論を始めるにあたり、孤独について語るユングを引用する。「意識の冷たい光の中で、その世界の無表情な不毛さは遙か星にまで達している（CW9i, §29）」。この引用から、意識によってすべてを均一に見通すことの不毛さを嘆くユングの姿が浮かび上がる。「自分たちのスピリチュアルな貧困と、象徴の不在とを、毅然とした態度で認めることの方が遙かに望ましい（CW9i, §28）」と語りながら、その一方で彼はこの不毛さを救済するため、「意味」を求める。神話的・宗教的・形而上学的な「意味」を取り戻すことで、均一な世界を二重化しようとするのである。すなわち、「意味」と「現実」である。

ギーゲリッヒは、世界に意味を付与して二重化しようとするユングを批判する。この世界は徹底して一つしかない。しかしそれでいて不毛ではない。「ホメロス、ダンテ、シェイクスピア、ゲーテ、プラクシテレス、シャルトル大聖堂、レオナルド・ド・ダ・ヴィンチ、モーツアルト、プラトン、トマス・アクィナス、ヘーゲルなどなどは、結局のところ残っていて――その豊かさは信じがたいほどで、無尽蔵である」。世界は「美しくて青々とした牧草地」である。

ただし、世界は一つであるものの、ギーゲリッヒはそこに二つの側面を見て取っている。「意味論的〔semantic〕」なものと「統語論的〔syntactic〕」なものである。この二つの側面の差異は、「現実」と、その神話的あるいは形而上学的な「意味〔meaning〕」との差異とは、まったく異なるものである。「意味論的」なものも「統語論的」なものも、どちらも「現実」に備わる二つの側面であり、徹底して現実的なものである。

「ホメロス、ダンテ（中略）などなど」も、意味論的にとらえられる内容はもはやそれほど面白いものではないかもしれない。しかしそれらがムネモジューネとして、私たちの意識に反省〔reflect〕されるなら、そうして私たちの意識の中で、コーヒーの中で甘さを与える角砂糖のように溶けて、意識の統語論的な形式に甘みを与えるなら、いま私たちの目の前にある徹底的に現実的な現実が、「美しくて青々とした牧草地」となるかもしれない。その意味でギーゲリッヒは、この世界を不毛ではないと言うのである。

私のクライエントが不毛な現実に生きざるをえなかったのも、彼のキャラクター化された神が「意味論的」なものにとどまっていたためだろう。それはプラスチックバックに包まれたままで、彼のコーヒーの中に溶けだしてはおらず、彼のコーヒーはまだ苦いままで、統語論的な形式を変容させてはいない。

大きな作業

神はすでにキャラクターとして商品化されているが、それでも私のクライエントはその商品を信じ、神という概念を大切に持ち続けている。そのようにしてそれが意味論的に残されているあいだは、彼の苦しみが終わることはないのかもしれない。彼はその神に畏怖を覚えているかもしれないが、それはきわめて私的な畏怖であり、徹底して小型化され私物化されている。

相談室で語られる彼の話は、もちろんとても重要なものである。彼の苦しみは偽りのないものであるし、耳を傾けるべきものである。しかしそれはきわめて個人的なものであり、「人類の問題の全重量」がのしかかっているようなものではない。個人的な問題を扱う心理療法は、その意味で、小さな作業と言える。陳腐なものと化した信仰に苦しむ彼という個人は、現代を支配する統語論的な論理に意識が追い付いていないことを具体的な姿で示してくれる、場にすぎないとも言えるだろう。

ギーゲリッヒは、大きな作業を別の場所に位置づける。それは「偉大な芸術の仕事であり、ア・プリオリに公共のもので、（中略）全き人〔homo totus〕の生産物である」。これはユングとは対照的である。ユングはあるセミナーで次のように語っている。

分析の最中、あるいは被分析者の内側には、大仰なものばかりが現れるが、一方で、子猫や虫たちといったものが芸術の世界の中には生み出されやすい。これが私たちの時代の傾向である。いまや絵筆を使う者はみな芸術家で、ペンを使う者はみな作家である。

ユングがこのように考えたのは、ギーゲリッヒの指摘にあるように、サブカルチャー型の「生《なま》のもの」に特権を与え、「偉大な精神や芸術家の生産物」の上位に置いたからである。そしてそれこそが、「いまここでの「原体験〔Urerfahrung〕」」であるとされる。一方で、本当に大きな仕事が行われ、私たちの統語論を変容させるような芸術作品は無視されてしまう。キャラクター化された神は、そうしたサブカルチャーの代表とも言えるだろう。

そもそも私たちの生活において、本当に「いまここ」が現れるのは、「原体験」によってではないだろう。心理療法をしていても、本当に「いまここ」が現れるのは、長い時間をかけ、苦労もあれば喜びもある多くの作業を経た後のことである。時に過去を振り返り、時に未来に思いを馳せ、行っては戻り、行っては戻りを繰り返し、何度も何度も往復し、そうした中で瞬間的に「いまここ」が感じ取られる。そうした「いまここ」は、たとえ一瞬〔moment〕であったとしても、私たちの意識のあり方を変える。ギーゲリッヒの言葉を使えば、それは私たちのムネモジューネ〔Mnemosyune〕になり、思い出化〔erinnert〕され、意識の内側の一つの契機〔moment〕になり、私たちの統語論を変容させる。

そうした過程を伴わない直接的な原体験は、たとえヌミノースを伴って、「いまここ」の〔偽の〕感覚を呼び起こしたとしても、ゲームなどのエンターテインメントで感じ取られる刹那的な興奮とあまり変わらない。だからこそ、私のクライエントが、キャラクター化された神の登場するゲームに熱中し、繰り返し「いまここ」の感覚を呼び起こしたとしても、それは刹那的な興奮にすぎず、本当の「いまここ」が立ち現れることはない。そのために、彼の神は統語論へ変容せず、彼は常に手の届かない来世にあこがれを抱かなくてはならないのだろう。

一方、現代の統語論的な論理を示していると思われる芸術作品を鑑賞する際には、刹那的な興奮は生じない。現代の芸術作品は、ただ受身的に鑑賞するだけで楽しめるものではない。たとえばマルセル・デュシャンの〈階段を降りる裸体〉について、ユングが「この絵画では、絵を動かすことによってはじめて、絵から浮かびあがってくる人物をとらえることができる」〔前掲書〕と語るように、主体が絵を上下左右に動かし、繰り返し絵に働きかけ、主体と客体とのあいだを何度も何度も往復し、それを反省することによって、はじめて「いまここ」が現出する。そうして主体自身の統語論が変容させられるのである。

演出家の高山明は、彼が演出家を目指すきっかけになった、『ザ・マン・フー』の観劇体験について次のように回想している。

一つ一つのシーンが堪らなく面白かった。〔中略〕舞台の上で行われていることよりも、むしろ自分の身体感覚が変容するのが面白かったのである。もっと言うと、自分とまわりの空間との関係が変化していく様子を、私は楽しんでいた。ものすごく集中しているのだけれど醒めてもいて、醒めているからといって退屈というわけではまったくない。〔中略〕我を忘れてしまったり、没入してしまったり、二時間が一時間に感じられたり〔ということはなく〕〔中略〕一時間四〇分は一時間四〇分に感じられたし、同化も感情移入もしないから、自分の体がここにあるということはわかる。〔中略〕まわりのお客さんもそこにいるとわかる。舞台上で起こっていることも冷静に見ていられる。〔中略〕私は目の前で繰り広げられる光景以上に、自分の身体に生じた感覚の変化を、また、身体感覚に変容をもたらした空間を楽しんでいたのだった。

（『テアトロン』）

ここで語られているのは、いわゆるエンターテインメントにおける熱中とはまったく違っている。「没入」することはなく、「一時間四〇分は一時間四〇分に感じられ」、「まわりのお客さん」のことも「舞台上で起こっていること」も「冷静に見ていられる」。現実は一つであり、そのことを醒めた意識で見据えている。それでいて「退屈というわけではまったくない」。高山は「舞台の上で行われていること」や「目の前で繰り広げられる光景」という意味論的なものではなく、「自分とまわりの空間との関係が変化していく様子」や「身体感覚に変容をもたらした空間」という統語論的なものを楽しんでいる。それでいてやはり彼は徹底してその場にいて、「自分の体がここにあるということはわかる」のである。

芸術作品は、意識の統語論を変容させていく。それは高山の個人的な体験だが、芸術は現代の意識の統語論を体現するものであるからこそ、芸術として認められるのであり、その意味で公共性を持っている。

一方、心理療法においても、クライエントが統語論的な変容を遂げることはもちろんある。だからこそ心理療法は意義深い仕事と言えるだろう。しかしそれはあくまでもクライエント個人の私的な変容であり、現代における公共的な意識の統語論の変容ではない。その意味で、心理療法の意義は、「他の意義ある職業の意義と、根本的な差異はない」。「人類の問題の全重量」がのしかかってはいない。そのように考えるとすれば、それこそインフレーションを起こしていることになるだろう。

誕生と未生の同時性

ギーゲリッヒによれば、ユングは統語論的にはすでに徹底して現代人になっていたにもかかわらず、意味論的な神話世界を保ち続けようとしていた。そのために行われたユングの方略が、「サトゥルヌスの呑み込み」であり、そうして作り上げられたのが、彼の心理学だったという。キャラクター化された神を信仰するクライエントも、神をキャラクター化して尊厳をはぎとっており、その意味で統語論的にはすでに徹底して現代人になっていたにもかかわらず、それを信仰し、ユングと同じく、意味論的な神話世界を保ち続けようとしていた。それも「サトゥルヌスの呑み込み」と言えるだろう。

ここで思い出されるのが、芥川龍之介の『河童』という物語である。これは精神病院に入院している、第二十三号と名づけられた患者が、河童の国を偶然訪れたときのことを回想して語る話である。河童の国ではさまざまなことが人間の世界とは反転しているのだが、その中に次のようなエピソードが描かれている。

実際また河童のお産位、可笑しいものはありません。現に僕は暫くたってから、バッグ〔第二十三号の友人の河童〕の細君のお産をする所をバッグの小屋へ見物に行きました。〔中略〕父親は電話でもかけるように母親の生殖器に口をつけ、「お前はこの世界へ生れて来るかどうか、よく考えた上で返事をしろ。」と大きな声で尋ねるのです。〔中略〕すると細君の腹の中の子は多少気兼でもしていると見え、こう小声に返事をしました。／「僕は生れたくはありません。第一僕のお父さんの遺伝は精神病だけでも大へんです。その上僕は河童的存在を悪いと信じていますから。」／バッグはこの返事を聞いた時、てれたように頭を掻いていました。が、そこに居合わせた産婆は忽《たちま》ち細君の生殖器へ太い硝子《ガラス》の管を突きこみ、何か液体を注射しました。〔中略〕今まで大きかった腹は水素瓦斯《ガス》を抜いた風船のようにへたへたと縮んでしまいました。

（『河童』）

誕生する前から誕生を拒絶する、グロテスクな描写である。サトゥルヌスの呑み込みは、河童のバッグの息子と同じことをしていると言えるだろう。それは誕生という抗えない自然の過程に介入し、未生のままに留まろうとする試みである。

しかしそれと同時に、自然に介入することは、意識が誕生したことの証拠でもある。内部性のステイタスにあるとき、人はみずからを包み込む自然の過程に徹底して従わなくてはならない。疑問を覚えることなく、神話や儀式や聖書や律法に決められたとおりに動かなくてはならない。それが内部性のステイタスにあることのしるしであった。しかしバッグの息子は、明らかに内部性のステイタスにとどまってはいない。生まれるか生まれないか、主体的に、みずからの意志で決定している。

抗いえない誕生を否定することは、現代の社会では明確に現実のものになっている。ギーゲリッヒが例として挙げている、遺伝子操作や、ジェンダーの否定にとどまらず、持って生まれた身体を否定する美容整形外科など、出生のときからすでに決められていたはずの属性が、論理的には、いまや自由に人が決められる。たとえば分析哲学者のデイヴィッド・ベネターは、倫理的に、「悲惨な人生を送るだろう人々を生み出すことを避ける義務はあっても、幸福な人生を送るだろう人々を生み出さなければならない義務はない」と考え、「どんな人生にも始める価値があるということに私は反対する。〔中略〕人類は（他の種も）絶滅する方が良い」と結論づける。そうして彼は反出生主義を掲げ、出生そのものを否定する（小島和男訳「考え得るすべての害悪」『反出生主義を考える「生まれてこないほうが良かった」という思想』所収）。このような思想が可能になったのは、そもそも彼が現代に生きる誕生した人間だからだろう。いわば、誕生することが誕生の否定を可能にし、そして逆に、誕生の否定が誕生を可能にしている。そこでは誕生と未生とが同時に生じているとも言えるだろう。

ギーゲリッヒによれば、内部性のステイタスから誕生した人間は、人工衛星のような意識を持ち、そこから意識自身を見下ろしていることになる。そしてその人工衛星のような意識を神話的・形而上学的な羊水と共に呑み込んだユングのことを、つまり「内化」したユングのことを、ギーゲリッヒは批判している。しかし別の論文でギーゲリッヒは、この人工衛星のような意識を可能にするものが、まさしくこの呑み込みであると述べている。

魂はそれ自身の内側で、それ自身を、つまりかつての外側の領域〔意味論的側面としての神話や宗教〕と落ちた星々との両方であるそれ自身を〔中略〕呑み込んだのである。外側にあったもののこの内部化を通じて、つまりそれ自身のこうした巻き込み〔involution〕を通じて、魂は事実上、それ自身をそれ自身から追放したのである。そうしてそれ以降、それは二つのものとして、すなわち内部と、それを内部として取り囲んでいたものという二つのものとして、存在することになった。〔中略〕追放された部分としてのそれは、呑み込まれた部分としてのそれ自身を征服することで、それ自身の内側で、それ自身の上部へと上昇したのであり、そうしてそれは根本的に新しい客観的な魂の現実を、つまりそれ自身の新しい二段構造の論理的構成を作り出したのである。そして魂のこの新しい構成が、私たち近代人が私たち自身を発見する心理学的な状況であるのだから、つまりそれが私たちの心理学的な状況であるのだから、それ自身を〔つまりかつて外部にあった魂を〕呑み込んで内部化するという魂のこの行為は、私が人間の誕生と呼んだものである。それは誕生した人間としての近代の人間の魂の状況であり、それに沿えば、誕生した人間は当然、自分自身を外側に、〔いまや「彼の」内部あるいは「無意識」と呼ばれる〕「魂」の上部に見出さざるをえない。（*Coniunctio*）

いわば、呑み込むことを通じて、外側のものを内側にし、それによって内側にあった意識を外部に押しのけ、そうしてそれを人工衛星のように打ち上げて、その打ち上げられた意識によって、かつて外側にあったものを見下ろすのである。

つまりギーゲリッヒも、ユングの呑み込みは誕生の完成を妨げるものであると批判しながら、まさしくその誕生の否定そのものが、同時に人間の誕生を完成させるものであることを指摘している。そのように考えたとき、サトゥルヌスの呑み込みを行い、キャラクター化された神を信仰するクライエントは、一見すると不毛にも思えるが、新たな意識を生み出そうとしている過程にあるのかもしれない。それはもちろん、彼が意識的にそれを生み出そうとしているわけではないかもしれないし、単なる私的なものにすぎず、公共的な作業にはならないかもしれない。しかしそのように考えることは、心理療法という小さな作業の中で、彼の産みの苦しさを理解することにつながるだろうし、心理学が相談室という狭い枠組みの中に留まるのではなく、現代の意識の統語論に感染し、心理学そのものが変容することにもつながるのではないだろうか。

日本における弁証法

ただし、ここには注意が必要だろう。ここまでのところからも明らかなように、ギーゲリッヒはユングを否定しながらも、全否定しているわけではない。それは弁証法的な否定であり、ギーゲリッヒはユングをムネモジューネとして思い出化し、意識の内側の一つの契機にしている。それは歴史的な過程である。しかも、ミラーのコメントにある区別を用いれば、それは単に、同一の水準にある事実が時間経過に伴って生じるHistorieとしての歴史ではなく、多神教をみずからの内側で否定して一神教が成立するような、Geschichteとしての歴史である。ギーゲリッヒはユングをみずからの内側で否定している。

ミラーのコメントが歴史の周囲を回っているように、弁証法的な否定について考える際には、歴史的な観点がきわめて重要である。しかし果たして日本において、Historieとしての歴史は豊富であっても、Geschichteとしての歴史は存在するのだろうか。たとえば自然宗教を携えていた古代の日本人が、仏教を受け入れたとき、そこに弁証法的な否定はあったと言えるだろうか。あるいは鎖国していた日本が西洋文明を受け入れたとき、日本の伝統的な文化は弁証法的に否定されたのだろうか。それは「ただ違うだけ〔verschieden〕」の、同じ水準にある別の選択肢として受け入れられたのではなかったか。そのような日本において、ミラーが取り上げるような「歴史の終焉」が問題になることなど、ありうるのだろうか。キャラクター化された神も、一見すると、尊厳に満ちたかけがえのない神を弁証法的に否定しているように思われる。しかし元々日本において、そのように否定されうる神など存在したのだろうか。

また、モゲンソンの取り上げた『白鯨』を参照するなら、私のクライエントにとってのモビィ・ディックは、キャラクター化された神であると言えるだろう。それならば、「転生」して神になりたいという彼は、エイハブと同様に、神に銛を突き刺して、認識論的な壁を超えようとしている、と言えるのだろうか。もちろんそうではないだろう。自然宗教が完全に否定されていない日本においては、神的なものとの一体感が古代から変わらず強いままで、突き破るべき壁そのものがはじめから存在していないとも言えるだろう。さらに言えば、大文字で書かれた〈真実〉という観念そのものも、元々日本にはないのかもしれない。

四人の分析家のコメントを読むとわかるように、ギーゲリッヒの論文は西洋の人々に衝撃を与えている。それは彼らの意識が、否定を繰り返し経験して、つまりGeschichteとしての歴史を経て成り立っているからであり、そうして成り立った彼らの意識に、ギーゲリッヒの論文がもう一度否定をもたらすからであろう。いわばそれは彼らの主体にまで入り込み、主体の統語論を変容させようとしていると言えるだろう。だからこそそれは、時に無視され、時に激しい拒絶を引き起こすのである。しかし日本でギーゲリッヒの論文が読まれるときはどうだろうか。そもそも日本において、Geschichteとしての歴史も、認識論的な壁も、〈真実〉という観念も、存在していないのかもしれない。さらにはミラーがなぜ歴史を取り上げ、モゲンソンが認識論的な壁や真実の問題を取り上げたのか、私たちははっきりとは理解できないかもしれない。なぜならそれらは私たちの意識を成立させる土台とはなっていないからである。もし私たちがギーゲリッヒの論文を読み、私たちの意識を統語論的に変容させようとするのなら、その内容を知的に理解するだけに留まらず、私たちの意識との差異を認識し、そのことを意識に反省させ、そのことをムネモジューネとして思い出化し、意識の内側の一つの契機にする必要があるのかもしれない。

参考文献

W.Giegerich, W. *Coniunctio*, Dust Owl Books, 2021

Jung, C. G. *Introduction to Jungian Psychology: Notes of the Seminar on Analytical Psychology Given in 1925*, Princeton university Press, 2011
（『分析心理学セミナー　1925　ユング心理学のはじまり』河合俊雄監修・猪股剛他訳、創元社、二〇一九年）

高山明『テアトロン　社会と演劇をつなぐもの』河出書房新社、二〇二一年

芥川龍之介『河童』岩波書店、二〇〇三年

デイヴィッド・ベネター「考え得るすべての害悪」『現代思想特集　反出生主義を考える「生まれてこないほうが良かった」という思想』二〇一九年十一月号、小島和男訳、青土社、二〇一九年

（メルヴィルについては、英語論文中のものを翻訳して使用しています）

義兄弟、血の復讐、そして献身

古代的な心の片鱗

ヴォルフガング・ギーゲリッヒ

心理学においては――人類史において発生してきたあらゆる目覚ましい文化的変化にもかかわらず（採集狩猟から農耕を経て産業・技術社会に至り、多神教から一神教を経て非宗教的時代に至り、儀式的・神話的な文化形態から形而上学的な文化形態を経て科学的で情報科学を基盤に据えた文化形態へと至る）――私たちは通常、人間の心の基本構成は変わらぬままだと思い、その想定から出発する。人間の心《マインド》の表現形式の多くは変化したが、その下部構造は変化しておらず、変化を被ることもないと信じている。これは真実かもしれない。人類のあらゆる文化的発達段階において、すなわち世界のあらゆる時代、あらゆる地域において、人間の心《マインド》の同じ一つの構造が人の中で稼働しているのかもしれない。しかし、私たちが現在同化し素朴に当たり前だと思っている人間の世界内存在の様式の根本的な構成に関わる基本的前提が、いつの時代でも妥当すると考えることはできない。今日の私たちにとって素朴で自然で、何の疑問の余地なく当然なものが、他の歴史時代ではそうではなかったかもしれない。生《ライフ》や世界に対する一つの認識方式や、ある種の根本的な世界内存在様式や、一つの人間の自己理解の形式を、かつての時代に遡及的に投影することは――極度に誘惑的だが――大きなあやまちである。ユングは個人心理学について非常に的確に、次のように述べていた。

心理学については、自分がもっともよく心得ている、と誰もが考えている――心理学はいつもその人の心理学であり、その人だけがそれを知っているものであり、その人の心理学こそ純然たる心理学の代表である。人は本能的に、自分自身の心的構成が一般的なもので、誰もが本質的に他のあらゆる人々に類似していて、すなわち自分自身に似ているのだ、と推測している。夫は自分の妻にこうした類似を仮定し、妻は自分の夫に、親たちは子どもたちに、子どもたちは親たちに、同じ推測をする。それはまるで、誰もが自分の内側で進行中のことに他の誰よりも直接的に関わり、それを熟知し、それについて意見を述べる能力があるかのようであり、まるで彼自身の魂が、同時に他のすべての人のうちにもある普遍的な魂でもあるかのようであり、そうしてためらうことなく、人は自分独自の性質を普遍的に妥当するものであると考えている。

(CW10, §277)

この現代生活の文脈において個人心理学の領域に該当するものは、過去の時代や異質な文明に向き合ったときに、よりいっそう重要なものとなる。次のように考えることが極めて自然なこと(ユングによれば「本能的」)となっている。すなわち、本質的な問題に関して今日の私たちが感じ考えている方法は、当然、私たち以前のあらゆる時代の民族が、また世界のさまざまな場所に暮らす土着民族が感じ考えた方法と同じものであるに違いない、と思っているのである。

どれほどこうした一般的想定には気をつけなくてはならないのかを、私たちは近年のイスラム教原理主義の自爆テロによって痛感した。私たちは概して、個人の内的動機づけの深層にあるものは自己保存欲求であるとみなしているが、自殺を厭わない暗殺者が多くいることを考えた場合、これは明らかに妥当しないと言わねばならないだろう。そして、宗教的信条や名誉や王や国のために、自分の生命を危険に晒す必然性が感じられる時代を一瞥してみれば、生存欲求がもっとも強力な動機づけの地位にはないことがはっきりわかる。

ユングにとって、この心的な画一性という暗黙の先入観は、本質的には、十分に分化されていない意識を基盤とした無垢で原始的な心《マインド》の枠組みの名残りであった——といっても非常に強力なものだが（CW10, §280）。それは「意識の始原的な夜が残した際立った遺物であり、その頃は私とあなたとのあいだに知覚可能な差異が存在せず、誰もが同じように考え感じ振る舞っていた。しかし、もしいったん何かが起こり、同じ心《マインド》を持っていない者がいるとわかると、たちまち騒乱が起きていた」（CW10, §282）。私たちがより無意識的となり、また、この先入観がより強く私たちに遷延すると、その分だけ、他者が別種の感情や思考を持っている状況に出くわしたときに、失望はより大きくなり、私たちはまさしく憤慨するのである。「この痛ましくも明白な差異は、自然の秩序に対する違反であるように思われ」、それは「耐えがたく、さらには我慢ならず、一つの過ちであり、咎めるべきものだとされる」（CW10, §277）。それは徹底的な大逆罪ではないとしても、私たちの自己に対する小さな、いやそれほど小さくはないかもしれない、そんな自己愛的侮蔑なのである。

心理学的な分化、あるいは意識の教育・開拓という重要な課題は、それゆえ、自分独自の個人心理学に備わる根本的な主観性と相対性とを自覚することであり、他者の心理学に備わる他者性に開かれることであり、すなわち区別することである。現代の生活領域において、「私の」心理学と「あなたの」心理学との区別がたやすいわけではないが（いかに多くの結婚がこの問題のために破綻していることか！）、それにもかかわらずそれは「心的」な困難にすぎない。他者の心的な他者性が、その人々の異なる個人的な装いにある限り、この他者性は私たちにとって受容可能となりうる。それは同一の基本的な心的構成を備えた個々人が持つ多様性の問題にすぎず、たとえばユングが記述した（外向対内向、感情タイプ、思考タイプ、感覚タイプ、直観タイプといった）心理学的タイプ論における多様性にすぎない。このような場合、二つの向性と四つの機能があらゆる人間の心に備わっていることを私たちは知っている。そして、私たちに共通して備わっているそれらのものの強調点が異なることによって、はじめて差異は生じる。しかし、古代的な心《サイキ》とその他者性とに直面すると——これは、もっとずっと恐るべきことであり、基本的な存在論的前提が疑問に附され、すなわち個人の同一性や単一性といった形而上学的な感覚そのものも、人格や個性といった私たちの理念も疑問に附されるのである。それゆえ、これはまったく異なる種類の難題である。

こうしたことに直面することが、心理学的に重要であるのは、次の三つの理由による。

第一に、個人的水準において、それは上述したような意識の開拓に貢献する。意識的になることは自分自身との距離を獲得することであり、自分自身をあたかも外側から眺められるようになることと、自分自身と脱-同一化することを意味している。私は私自身を、偶発的で、ひいては根本的に相対的な事実であると理解し、さらに、それがただ私の周りにいる同時代人に当てはまるだけではないと理解するようにならなくてはならない。

第二に、個人の同一性という私たち独自の現代的感覚に閉じこもっている限り、私たちは心的現実の一部分しか見てはいない。可能な限り心的現実の全範囲と広がりを洞察することが望まれ、実際にそれは心理学の領域の一つの要件である。現代において顕現した魂を見渡すとき、そしておそらくキリスト教時代においても、またある程度は古代ギリシア時代においても、そうして魂を見渡すとき、私たちはいわば手入れが行き届いた秩序だった庭園を歩き回っている。しかしながら、古代的な魂に私たちが向き合ったとき、この庭園の門は開かれ、私たちはまったく別の非常に野性的な景観と出会うことになる。それは崖や谷や、本当の荒野や流砂も備えた景観である。心理学的現実という私たちの着想の論理的無害性は、ここで克服される。なぜ私が「論理的」無害性というかと言えば、魂が決して無害なはずはないことを、意味論的に私たちは知っているからである。私たちは魂の中に、殺害、去勢、八つ裂き、皮剝ぎ、磔などを見いだす。私たちはこうしたイメージに慣れ親しんでおり、そのため、心的現実という着想は決して無害ではない。しかしこれらの残酷な行為はすべて、私たちの基本的な存在論的前提を脅かしはしない。それらは、私たちが前提とし大切にしている存在論的枠組みの中で、私たちの感情を害し、個々の人物や実体を破壊するが、存在論的枠組みは無傷なままに留め置かれる。だが、古代的な魂に関する理解は、この枠組みを吹き飛ばしてしまうのである。

第三に、これまでよりも心理学が心理学自身へと回帰できるために、根本的な他者性の感覚が必要とされる。今日心理学はいまだに、私たちが心理学について抱いてしまう自然主義的な着想によって妨げられている。魂を自然主義的に、脳や他の身体器官とのあいまいな、通常は明示されない類似性に基づいて、人類学上の定数のようなものとして考えることは、「自然な」ことであるかのように思われている。魂は暗黙の内に実体化されている。あるいは魂は少なくとも、基盤としての人間存在に付随していると考えられている。いずれの場合も、魂は自然的存在という属性を備えたものと思われている。しかし、もし私たちが古代の時代の「魂」の構成が本質的な点で根本的に異なっていたと認めざるをえないなら、魂についての自然主義的な着想は支持されえなくなる。私たちはそのとき、「その魂」は決して自然なる所与の「事実」などではないことに気づかざるをえない。それははじめから歴史的であり、心《マインド》による「生成的な」産物であり、文化的作品であり、そうしたものとして物理的世界の「上」にあるそれ独自の「人工的」空間に存在している。それは「発明された」のである。言い換えれば、そのとき私たちは魂を、人間の文化の背後にある人類学的要因や動作主であるとは、もはやみなせなくなる。また、私たちが文化と呼ぶものをひとまとまりに作り上げているアイデアや価値や制度や作品といったあらゆる文化的現象の産出を請け負って存在する現実であるとは、みなせなくなる。そうではなく、「この魂」は、それ自体で、魂の歴史的展開の中で魂が産出したものであり、それ以上のものではない。魂は魂のこうした歴史的展開である。自然に存在する造物主（あるいは基盤）と、この造物主（あるいは基盤）によって創造された文化的産物とのあいだにある安寧な区別は消滅する。

私たちの世界（現代的な世界だけではなくて、西洋の思考の伝統的な世界全体）と古代世界の人間の世界内存在の本質的構成における根本的な差異を、よく理解できるようにうながしてくれる注目すべき論点が、人間の実存の自然な単位に関する問いである。それは存在論的な問いである。私たちにとってこの問いに対する回答は明瞭である。個人的な人間存在は究極的な単位である。社会も、人類全体でさえも、個人個人によって構成されている。この個々人同士は交流し、友人にも恋人にもなりえる。彼らは結婚し、家族、一族、部族、国家の中で共に暮らすことができる。彼らは同好会やそれに似た組織を作り、互いに協力しえる。同一の言語・文化的伝統・歴史的経験によって偽りのない集団意識を持って客観的に団結することもできる。しかしそれにもかかわらず、これらすべての場合において、個人が、事実上もっとも存在論的に重要な現実である。集団意識は、その集団に所属する個人を包み込み、個人の差異を除去し、真に知性的で情動的な個人の独立を、おおかた抹消してしまうかもしれない。しかし、この状態は、人々の心的状態や、人々の意識や、人々の心のあり方や感情を指しているのであって、存在論的には何の関連性もないものである。

これから本論で古代の二つの現象を検討するが、そこで私が提示しようとしているのは、実際に個人の存在論を超越する人物や人間存在という感覚があるという点である。それゆえ、私がここで関心を向けているのは、単なる神秘的融即[1]〔paticipation mystique〕という現象ではない。神秘的融即は古代の人間の心理学に結びつけられ、一般的には子ども時代や無意識状態に結びつけられるのが常である。確かに、心理学的に個人は、他者との、さらには物理的世界との、無意識的一体性という原初の状態から常に発達していかなくてはならない。個性化のプロセスというユングの理念は、こうした必然性に取り組んでいる。だが、この必然性は原始的一体性の解消を遥かに超えて、文化的に現実にはなお未踏の地平にまで達しようとする課題を含んでいる。その上で、こうしたこと全体が、何よりもはじめの未分化な心的状態からの心理学的分化の可能性を指し示している。

私が今後の議論において例証として示す二つの現象は、第一に義兄弟という古代の制度であり、第二に初期ローマにおけるデボティオ〔*devotio* 献身〕の儀式である。古代的な心を論じる際には、解釈や再構築の作業が必要とされることは明白である。そして実際これは、相談室における現代の患者との現実の作業も含め、あらゆる心理学的な取り組みに当てはまる。心《サイキ》への直接的な接続など存在しない。さらには言えば、自分自身の魂にさえじかに接続できる者などいない。私たちが私たち自身について、気づき考え感じ知ることのすべてが、すでに一つの解釈（自己-解釈）であり、剥き出しの事実の観察ではない。しかし、古代の時代にまつわる状況はいっそう難しい。なぜなら、そもそも頼るべきその時代の「魂の記録」やその他の証言を私たちがほとんど持ち合わせていないからである。そしてまた、私たちは大きな歴史的隔たりによってその時代から切り離され、古代の民族の心理学が私たちに馴染みのないものとなっているからである。

この二つの現象を論じる際、私はみずからの調査を提示するわけではない。ハイノ・ゲールツによって提示された再構築を全面的に信頼し、それを再録する。ゲールツは驚くほど博学で、希少な痕跡の一片一片を探し出しては組み立てることにおいて、狩人のような精神を持ち合わせている[1]。だが、それだけではなく、おそらく古代的な魂に対する非凡な共感的洞察力に恵まれている。学習だけでは不十分である。自分たちの発見したものにひどく合理的で単純な解釈をほどこす学者も多く、悪くすると、アーカイブ化しようという心の眼鏡をかけて基礎資料に接することもある。実証主義的で、まったくもってありふれた功利主義の地平の内側で作業するだけで、実証的事実の記述を超える冒険をしようとしない学者があまりにも多い。これでは何の役にも立たない。個々の基礎資料をその内側から活気づけ、（あるいはかつてそれを活気づけていた）生きた精神《スピリット》に同調できなくてはならない。それに続いてある程度は、現代的な思考様式を離れることが必要であり、そうして、かつての時代の心《マインド》の中に身を置けるようにならなくてはならない。一つの文化の中で個々の現象を生み出し拍動する意味の中心にまで分け入っていくことができないならば、それはただ断片に取り組んでいるにすぎない。

　このような奮闘作業が単なる自分の投影となってしまわないようにするためには、解釈学的な円環の道[2]を歩む必要がある。対象となる過去の時代の生き生きとした精神《スピリット》を、説得力のある証拠に基づいて議論し、その証拠の一つひとつを、このあらかじめ再構築された精神や意味の観点から検討し、その生産的な源泉であると理解する。しかしここでもまた、解釈学的な円環の内側で正しく作業するだけでは十分ではない。どれだけその時代精神を捉えることができるのか、どれだけ深くこうした解釈学的作業を深く掘り下げることができるのかは、その作業を行う人物の心《マインド》の偉大さと気概、その視野の広さや心情《ハート》の深さによって決まる。

義兄弟

いまの時代に義兄弟を話題にすると、通常私たちは、特別に深く固い親密な友情を思い起こす。

それは当該の二人の男たちが血のしずくを混交させることで成立する。このような義兄弟性はその者たちの主観的な感情水準における結束であり、その血を混ぜ合わせることは彼らの主観的な意図に視覚的表現を与え、それを感覚的に強調するための単なる象徴的行為にすぎない。しかしながら古代の義兄弟（血誓兄弟とも呼ばれるもの）は、まったく異なる秩序あるいは次元の現象である。古代の義兄弟にはより真剣で深刻な関心が備わっており、それはまったく異なる一つの現実である。古代の義兄弟は、単なる主観的な感情に基礎づけられることも、それに制限されることもない。それは、客観的で実質を持った現実である。この意味するところが、ここで明らかにされなければならないだろう。

まず古ノルド語文献の義兄弟の契りの儀式にまつわる証言から始めよう。これに関わるテキストの一つひとつがそれぞれで完結しているわけではない。すべてを思い描けるようにするためには、さまざまな痕跡の欠片を組み合わせる必要がある。古ノルド語のサガの一つに、まさしくその名称を「義兄弟」のモティーフから取った『フォーストブレーズラサガ〔*Fostbrœdrasaga*〕』がある。これは、ソルゲイルルとソルモーズという名の闘志に溢れたアイスランドの二人の青年についてのサガである。

彼らは昔から友人だったが、それは彼らがさまざまな点で似ていたからである。それは後に本当に真実となるのだが、彼らの直観は昔から、彼らが刃に倒れるだろう、と告げていた。というのも、彼らは誰と決闘しようとも、決して屈服せずに、勝利者になると決めていたからである。このために、彼らは互いに、長く生き残った方が死んだ者の仇を討つという約束を交わしていた。その時代でも、人々はキリスト教徒と呼ばれていたが、それでも当時のキリスト教はまだ未成熟ですこぶる不完全で、そのため異教時代の多くの火種がいまだに残存していた。そして、長生きした方が他方の復讐を果たすという定めを取り決める男たちの名高い慣習が受け継がれていた。彼らは、大地を剝いだ三つの道の下をくぐらねばならず、それを誓いとした。この手続きは次のようになされた。まず一人が三つの芝生の筋を大地から切り取り、その端は地面にしっかりと着いた状態で、その真ん中を中空へと持ち上げ、もう一人がその下をくぐれるようにしなければならなかった。ソルモーズとソルゲイルが互いに約束を交わした際に、この風習に従った。

別の〔創作された〕サガである『エギルサガ・アインヘンダ〔*Egilssaga einhenda*〕』を読むと、二人、つまりアランとアスムンドは、

当時青年たちのあいだでならわしとなっていたあらゆる鍛錬を積んでおり、彼らは非常に似ていたので、誰も二人の違いに気がつけなかった。そして、彼らが取っ組み合いの試合を始めると、その戦いはがっぷり四つとなり、どちらが強いのか判断できる者は誰もおらず、両者共に疲れたところで試合は落着した。そうしてアランはアスムンドに向かって語りかけた。「ぼくたちは腕力でお互いの力を試すべきではないね。これでは二人とも消耗してしまうよ。フォーストブレーズララグ〔血誓兄弟の慣例〕にぼくたちも身を投じよう。これで、ぼくたちは互い

に互いの仇を討たねばならないことになって、獲得した財も獲得しなかった財も、ぼくたちのあらゆる所持品は共用ということだよ」と語りかける。彼らの誓約はまた、長く生きた者が死んだ者の墓を即座に立て、中にはその死者にふさわしいと思われるだけの財を供えるべし、という項目も盛り込まれていた。

『ギースリサガ〔*Gíslisaga*〕』には、四人の男が血誓兄弟の義務を負うことを決めた例外的なケースがある。彼らは、

芝生をその両端が地面に残るように切って剝がし、そうしてその中央部の下に、手を伸ばすと刃先まで届くルーン文字の刻まれた槍を立てた。彼ら四人全員、すなわちソルケル、ギースリ、ソルグリーム、ヴェーステインは、その下に足を踏み入れなくてはならなかった。それから彼らは自分自身を切りつけ、芝生の下で剝き出しになった大地にその血を滴らせ、血と土とを混ぜ合わせた。それから全員が膝をつき、おのおのがお互いを兄弟として、お互いの仇を討たねばならないと誓い、立会人としての神々に祈った。

多くのテキストでは、血誓兄弟の誓いの実践について、さらにずっと短い定型句で語られている。『オルムの物語〔*Ormsþáttr Stórólfssonar*〕』は、二人の男、すなわちオルムとアスビョルンについて述べている。そこで語られているのは、ただ、「彼らはあらゆる類の技を競い、力が雌雄を決することに

図1　血の絆を飲み、一体となる2人のスキタイ人。ウクライナ、クジュバ出土、紀元前4世紀後半。サンクトペテルブルク、国立エルミタージュ美術館所蔵。

関わらないときにはあらゆるもので引き分けた。力が、その局面を左右するときには、オルムの方がいつも強かった。そうして彼らは古代の慣例に従い、義兄弟となった。片方が倒れた場合、生き残った者はもう片方の復讐を果たさねばならない」と語るのみである。

　この儀式の主だった特徴を要約すれば、義兄弟の儀式は、槍によって持ち上げられた芝生の下に掘られた一筋の穴で演じられものであり、通例では二人の男だけが芝生の下に入り、血を大地へ滴らせ、それを混ぜ合わせ、そして握手をし、神々に祈りながら、互いに誓い合うのである。この誓いはとりわけ（時には排他的に）、一方が戦闘で死んだ場合における他方による復讐に関するものであり、さらに生きている者は死んだ者の埋葬の責任も負うことになる。しかし往々にして、彼らは（義兄弟関係に持ち込んだものも、その後に獲得されるものも）あらゆる所持品を共有すると明言されている。

　これらの記述文を読み知って、私たちはこの儀式の手続きと目的と、その到達点について、いくらかは理解することになった。だが、まだ二つの本質的な問いが残されている。

・第一に、土と混ぜ合わされた血の中で起きる二人の事実的で物理的な結合の意味するものは何か？

・第二に、この結束／絆の到達点、すなわち復讐というもののより深い意義とは何か？　特別な儀式を演じることで、それが起きる遙か以前に準備をしておくことが必要だと感じられるほど、血の復讐は、なぜ求められたのか？　仇を討ってもらえる保証があることは、極めて重要であるというアイデアがあったに違いない。

これらの問いに対する答えを、先述のサガやその他の資料の義兄弟制度に関する古代の文献の中に見いだすことはできない。その理由は部分的には、このテキストが義兄弟儀式に関するいかなる説明も必要としなかった時代に記されていたからであろう。それは一般常識――明示的で反省された知識ではなく、古代の人間の世界内存在様式には所与であり内在していた自明な「感情」――であった。また部分的には、あまりにもわずかなテキストしか伝承されていないことも挙げられ、その内容が古代的であればあるほど、後代の人々にはもはや意味をなさず、テキストが消失しやすかったということでもあるだろう。義兄弟のテキストや物語が、より後代に通用した理念や感情に照らして、人に理解できるように改変されたり調整されたりしたこともありうる。中世以前のいくつかの物語は何らかの形で中世まで伝えられてきたが、そこで人間の側に由来するまったく異なる世界関係や世界認識や世界体験によって特徴づけられた中世という世界の状況の中に、どっぷりと浸けられることになった。その結果、以前は生活様式の不可欠な一部であったため非常に意味があったモチーフも、その新しい時代には完全に場違いとなり、新しい世界観や新しい世界内存在様式に属した概念に従って、再解釈されるか、新たな語りの動機が付与されることが必要となった。

　実際に、この後者の過程、新たな語りの動機を付与される過程については、一つの好例がある。中世盛期のテキストである『ニーベルンゲンの歌』において、ジークフリートはヴォルムスにあるグンテル王の宮殿へ赴き、王のあらゆる所有物、国、城を求めて決闘を挑む。ジークフリートとグンテルがかつて血誓兄弟として描かれていたという事実は、明らかに、すでに失われてしまっていた。『ニーベルンゲンの歌』が創作される時代には、義兄弟という制度の意味や目的や効果を感じ取れなくなっていたということだろう。古代的で儀式的な戦いに挑む動機は、より「近代的で」「心理学的な」動機に取って代わられ、すなわち、〈人間的あまりに人間的な〉名誉欲と所有欲に取って代わられた。（部分的にはニーベルンゲンの歌と同じ筋書きを持つ）古ノルド語の『ヴォルスンガサガ』は、中高ドイツ語[3]の『ニーベルンゲンの歌』と著しい対照をなして、まだ儀式的な動機を残している。そこでは二人の戦士について歯切れよく次のように述べられている。「彼らはいまや、あたかも〈共に産まれた〉兄弟であるかのように、血誓兄弟の位階［あるいは立場］に入ることを誓ったのだ〔*Þeir sverjast nú í bræðralag, sem þeir se sambornir bræðr*〕」。文字どおりに言えば、「共に産まれた」という意味になるサンボルニール〔*Sambornir*〕は、一般的には「同じ母から、同じ両親から産まれた」兄弟と訳されている。私たちの文脈では「一つの血の兄弟」というのがもっとも適切かもしれない。

あまりにも多くの伝統的な知識が喪失したにもかかわらず、中高ドイツ語の英雄叙事詩にも血誓兄弟について語られた記述が少なくとも一つあり、ここで簡潔に言及しておくに値する。なぜならそれは、すでに引用された記述で触れられていながらも、いまだそれにふさわしい強調をされておらず、この義兄弟の儀式手続きに備わった一つの特徴、すなわち冒頭に置かれている戦いに挑むことの儀礼的意義をより良く理解させてくれるからである。二重になっている叙事詩『オルトニットとヴォルフディートリッヒ』では、ヴォルフディートリッヒがオルトニットの継承権を求め、彼に戦いを挑む。しかし、ヴォルフディートリッヒがオルトニットからその王国を強奪すること望んでいたわけではない。古代的で儀礼的な文脈では、それはまったく異なった意味を有している。すなわち、ヴォルフディートリッヒは自分が復讐の才に溢れる優れた戦士であること、オルトニットが戦いに斃れた場合には継承者としての価値があること、それを証明したかったのである。だからこそヴォルフディートリッヒは、「私が彼を打ち負かしたあかつきには、彼のゲゼル〔同志、戦友〕になりたい」と言うのである。ここでは、同志というより一般的な言い回しが、「血誓兄弟」という特殊な言葉の代わりに使用されている。のちに、ヴォルフディートリッヒが実際に戦闘で勝ったとき、私たちは彼が望んでいたとおりの言葉を聞くことになる。「彼ら、この偉大な騎士たちは、互いに誓い合った。これより先、二人の勇猛な戦士たちを分かつものは、死以外に何もない」。

ヴォルフディートリッヒの叙事詩の該当部分を読むことで、なぜ義兄弟の儀式に先立って、これほど頻繁に義兄弟になろうとする者たちが戦っていたのか、この戦いが意味するところがわかる。また、『ニーベルンゲンの歌』において、ジークフリートがグンテルに挑んだ元来の意義も理解できる。すなわち、戦いを挑むことは、グンテルから王国を奪い取るというジークフリートの不遜な願望の表れではなく、戦いを挑んだ者から挑まれた者に対する、血誓兄弟になろうという要請であり勧誘なのである。二人の男が互いに力とわざを試し合い、徹底した交戦によって、彼らはこれから結ぼうとしている盟約、すなわちその最奥の目的が血の復讐となる盟約のために、相手の真価を本当に感じ取るのである。それが、義兄弟の必須条件であると考えられている。

昔話の重要性

これまで述べてきたことによって、中世の叙事詩やサガという文学からはそれほど多くを期待できないことがはっきりしたに違いない。大地で二人の個人の血を混ぜ合わせることで成立する現実の結合、また、血の復讐の必然性とその意義、この二つの問いに関して、そこからあまり多くは得られない。しかし幸運なことに、義兄弟というこの古代の制度について、より深い理解に貢献する別の情報源がある。すなわち昔話、特にヨーロッパの二人兄弟に関する昔話、AT303（「双子あるいは義兄弟」）という話型がある。[2] しかしまずは、昔話が実際どうして手助けになるのかについて、説明が必要である。というのも、昔話を一見しただけではまったく何も得られる見込みがないように思われているからである。

（昔話という分野のフィクション的性質はさておき）昔話に見込みがなく思われるのは、ほとんどの昔話が近現代に生きる人々の語りに基づき、十九世紀や二十世紀といった私たちに近い時代に記録されているからである。それでは、いかにして昔話が古代的な生活の様子について信頼できる情報源でありうるのだろうか？　実際私たちは昔話の中で、明らかに古代以後の概念や後年の社会状況の主題が現れているのを目の当たりにする。たとえばある種の昔話は、悪魔という中世キリスト教思想に端を発するイマジナルな人物像を取り上げる。同様に、王や王国、街や城、四輪馬車などを目にするが、これらはすべて古代の世界の構成のされ方には対応していない。

しかし大変興味深いことに、こうした表面的特徴はさして重要ではない。昔話の基本的な構造も筋書きも、その本質的な主題のほとんども、驚くほど保守的である。すぐにわかるのは、たとえば悪魔と呼ばれる人物像は単に新しい名称を与えられているだけであって、その背景に古代の物語に登場する人物像のあらゆる特徴が保たれていることである。いわゆる悪魔は、真正の昔話においてはまったく悪魔的、サタン的ではない。その名称の他には中世キリスト教の悪魔との共通点を有していない。同じことが他のより現代風の多くの主題にもあてはまる。宗教、文化、精神性における何千年にもわたる変化を経て、昔話の基本的な中核はほぼ無傷のまま残されてきた。明らかに、昔話の内的な実質は、人々の精神性や、日々の生活の社会組織や、物質文化においてこの数千年間に起きてきた莫大な変化に、参画していない。

「数千年」という言葉を使うことで、昔話が実際にそれほど古いことを私は暗示している。この命題を証明することはもちろん困難であり、真正の昔話すべてが同じだけの年月を経ているわけでもないだろう。しかし昔話が途方もない年月を経ていることが実証される例がわずかに残されている。死者の恩返し（AT507）という話型の昔話は、古くは旧約聖書外典のトビト書にある。王子の翼のタイトルでも知られる二つの話、木製の空飛ぶ乗り物（AT575）と、不実な妻の生活に寛容な男（AT612A）は、インドの『パンチャタントラ』にある。妻による失踪した夫の捜索（AT425）の話型は、アプレイウスの『黄金のロバ』の中の「アモールとプシケー」に描かれている。こうしたことは、これらの昔話が上記の書物に収められたときにはもうすでに口伝による長い歴史を持っており、少なくとも二千年間、存続してきたと考えられることを示唆している。

本論で扱われている話型である二人兄弟AT303は、期せずして古代エジプトにその異型が確認されているため[3]、少なくともこの話型は三千年から四千年以上の昔から記録されてきていることになる。

このように、これらいくつかの特定の話型が古くから伝えられていることには、疑う余地のない歴史的裏付けがある。その他の話型に関しては、その年代にまつわる歴史的・事実的痕跡は失われている。しかし昔話の本質的な主題や筋書や、その昔話が表現している文化的意義は、文化的発達のより早期の有史以前の段階にまで遡るものであることは示し得る。多くの学者たちが、この命題について説得力のある議論を提示してきている。

言及すべき最初の学者はハンス・シウツ〔Hans Siuts〕である。『ドイツ民話の彼岸のモティーフ〔*Jenseitsmotive im deutschen Volksmärchen*〕』（ライプツィヒ、一九一一年）で彼は、多くの昔話のモティーフがあの世への旅を構成要素としていると言い、あの世に関する特殊な話型は、登場する人物像の性質と同じく、キリスト教の伝説にある超俗的モティーフとは相容れないことを論証した。このことは、これらの魔法物語の起源が前‐キリスト教的、あるいは非‐キリスト教的な文化・時代に求められるに違いないことを私たちに納得させる。

二人目のピエール・サンティーヴ〔Pierre Saintyves〕は、昔話は「多かれ少なかれ儀式に対する寓話的註解であり」、その起源は有史以前の民族の慣習や行儀にあるとして、了解可能な論説を展開している。サンティーヴによれば、ヨーロッパ民族の祖先たちは間違いなく彼らなりの通過儀礼を執り行っていたのであり、同様に、それら儀式に対する註解となる物語を持ち合わせていたのである。[4]

言及すべき三人目の著者は、一九四六年にレニングラードで『魔法昔話の起源〔*Istoricheskie korni volshebnoi skazki*〕』（不思議な物語の歴史的起源〔The Historical Roots of the Wonder Tale〕）という題目の研究論文を刊行したウラジミール・プロップ〔Vladimir Propp〕である。[5] 彼は広範に昔話の通過儀礼的・儀式的内容をつぶさに解明している。彼にとっては昔話が永らく意識から失われていた文化現象に対する価値ある情報源であり、その宝庫であった。このことで、それゆえに昔話は説明されなければならない、ということになるわけではない。むしろ逆に、昔話はとても完全に、とても忠実に、とても健全に、過去を保存しており、そのため過去における儀式あるいはその他の現象は、ただ昔話によって本当に解明されるのである。

また別の学者、オットー・フート〔Otto Huth〕は、注目すべき話型、ガラス山のお姫さま（AT530）は、巨石文化時代にまで遡るに違いないと論じている。

ハイノ・ゲールツは、世界中から集めた多様な話型の持つ信じがたいほど多くの類型や類版に対して、独自の調査と包括的な研究を行い、それに基づいて、この独特の話型の持つ多くの内的な意味や論理を再構築し、それらをシャーマン的忘我体験やイニシエーション体験に関するイマジナルな形式の表現であると解釈することに成功した。元々そうした物語は、特定の儀式の最初の施行時の模範的実演（「昔々あるところに」）に関する語りであり、そういうものとして、儀式の適切な実演の準備のために、そしてまたそれらを意味に満ちた方法で、しかも真正なる理解の下で実践するために、手本かつ想像的補助として役立っていた。のちに、物語に対応する儀式は全般的に行われなくなったのだが、それは意識が新しい発達段階に入ったためである。さらにその新しい段階が社会文化的にも実現されたことで、昔話は儀式的実演との固有なつながりを断たれることになった。しかし、昔話自体は完全に失われることはなかった。むしろそれは保存されたのだが、それ自体で独立したお話として、現在の呼称である「口承文学」として、単に興味深く面白い物語として保存されたのである。かつての時代の思考様式や体験は、過ぎ去った長い年月のあいだに大部分が理解不能となっているが、これらの昔話が存続したために、そのあいだに保存され、昔話の筋書きや主題といった象徴的形式で守られてきたのである。

相対的に見ればほんのわずかしか残されていない真正の昔話が持つ価値は計り知れない。なぜなら完全なる物語としてのそれらの中に、私たちは唯一、書き言葉以前の先史時代から途切れていない口頭の（すなわち語りの）証言を得るからである。以前の文化に関する他の考古学的発見や報告の大部分は、その精神的・文化的文脈から引き剝がされた孤立した断片であるが、真正な昔話はより大きな意味の文脈を私たちに理解させ、その文脈の中には多様な一つひとつの象徴や一つひとつの儀式的主題がおのおのの居場所を持っている。[6] これが、義兄弟の血盟の儀式に関する二つの疑問について、他のすべての文献や考古学的証言では答えが出ていないにもかかわらず、適切な昔話によって何らかの洞察が得られると期待できる理由でもある。

昔話の意義についてのこの節の締めくくるにあたり、昔話（*Märchen*）と地方の伝説（*Sagen*）との本質的な差異について、簡潔に述べておくことは役に立つかもしれない。昔話におけるヒーロー〔英雄〕は、典型的には常にその目的を達成するが、伝説における救済の試みは、基本的な主題も試練もかなり似通っているにもかかわらず、一貫して失敗する。なぜだろうか。こうした時代には世界体験もより早期の時代にあり、私が古代的な世界と呼ぶものに属している。こうした時代には世界体験も世界内存在様式も、いまだ儀礼的現実性によって構成され、儀礼的現実性が浸透した結果、昔話のヒーローも、その現実における片割れも、すなわち通過儀礼加入者も、共同体全体とその集合的知識が持つ世界内存在の論理によって支えられている（それは決して集合的無意識によって支えられているのではない！）。昔話のヒーロー、あるいはその実在の人物である通過儀礼加入者が特定の状況に陥ったとき、「本能的に」彼は自分が何をすべきかわかった。それは、通過儀礼加入者に課された課題の重要な一部であり、彼が幻視の旅で出会った超世俗的な存在を救済すること、つまり、何らかの病気や苦悩からその存在を救済することだった。それとは対照的に、地方の伝説は、まったく異なる世界内存在の論理、すなわち宗教的文化の論理を持った時代のものである。そこでは儀式的知識はすでに大部分が、与えられた一揃いの教義的真理に関する宗教的学びに取って代わられ、あの世的人物像との個人的で直接的な通過儀礼的接触や関与とは対照的に、主観的な信仰的態度へと置き換えられている。こうした後の時代の条件の下で生きる個人が、昔話的（つまりシャーマニズム的あるいは儀式的）世界内存在様式において意味を持ちえていた通過儀礼的試練あるいは体験におのずから直面することになった場合、まったくの独力でこの試練に挑まねばならないことは明白である。その状況に求められる正しい振る舞いをもたらしてくれたであろう集合的知識や集合的生活様式を、儀式的時代の通過儀礼加入者のようには心得ておらず、それに支えられても包み込まれてもいない。この欠如が、地方の伝説に反映されている。地方の伝説の内容となった実際の経験あるいは幻視的出来事は、そうした伝説の中で、それらが体験される世界にとっては異質な――まったくもって驚嘆すべき、超自然的な――ものごととして提示されている。ほぼ同じことが、ただしより高度に、科学技術の論理で構成された世界に住む現代の人々の夢にも当てはまる。私たちはもはや世界に対する宗教的立場によってさえ形作られることはない。

双子兄弟の物語

古代の心に関する手がかりを得て、その洞察を得るために、昔話に取り組んでいくことには、正当性や必然性があるという予備的な注記を終えたところで、私たちは「双子もしくは義兄弟」の物語に専念することができる。この昔話の話型は、さまざまな国において多くの類版がある。それぞれの版の違いについて調べ、物語の筋の成り行きとしてもっとも相応しい本来の形態をそこから再構成しようとするのではなく、ここでは率直さを優先し、本質的なモティーフを含む一つの版に基づいて議論を進めていくこととする。この版はグリム兄弟による昔話の書籍の初版（一八一二年）に所収されているものであり、「泉の子ヨハネスと泉の子カスパール」[7]という題名が付されている。

物語は次のように展開する。

ある王が、娘の結婚を許そうとはしませんでした。森の奥深く人も来ない寂しい場所に、王は娘のための家を建てさせました。娘はそこで、まだ結婚していない若い女たちと暮らさなければならず、他の人を目にすることはまったくありませんでした。ところが、その森の中の家の近くに、不思議な力を持った泉がありました。お姫さまがそこから水を飲むと、二人の王子が生まれました。そこで、一人は泉の子ヨハネス、もう一人は泉の子カスパールと名づけられました。二人はまったく瓜二つでした。二人の祖父である老王は、二人に狩りを習わせました。二人は成長して、立派な美しい若者になりました。いよいよ二人が家を出て、世の中を旅して回るときがやってきました。二人はそれぞれ銀の星と馬と犬を道中のお供に連れて行きました。二人はまず森にやってくると、すぐに二匹のうさぎを見つけました。そこでうさぎを射ようとしましたが、うさぎは命乞いをして、どんな危険なときにでも二人をお助けして、お役に立ちますから、どうかお仕えさせてください、と言いました。二人の兄弟は説得されて、召し使いとしてお供をさせました。しばらくして、二匹の熊に出会いました。二人が熊を射ようとすると、熊は同じように命乞いをして、忠実にお仕えする、と約束しました。そうしてまたお供の数が増えました。

さて、二人は分かれ道にやってきました。そこで二人は、「別々の道を行かなくては。一人は右を、もう一人は左を行くとしよう」と言いました。けれども、二人は分かれ道に立っている一本の木に、それぞれナイフを刺しました。ナイフについた錆びを見て、もう一人がどうなっているのか、まだ無事に生きているのかどうか、知ろうということになりました。それから二人は互いに別れを告げ、口づけをすると馬に乗って先へと進みました。泉の子ヨハネスはある町にやってきました。その町はひっそりと静まりかえって、悲しみに沈んでいました。国中を荒らしているドラゴンに、お姫さまを生け贄として渡さなくてはならなかったのです。ドラゴンのご機嫌をとるには、それより他に方法がありませんでした。命を賭けてドラゴンを退治してくれた者には、お姫さまを花嫁に与えよう、というお触れが出ていましたが、名乗り出る者は一人もありませんでした。それにこの怪物をだまそうとして、お姫さまの侍女を差し出しても、侍女はすぐにその魂胆を察し、ドラゴンのもとに行こうとはしませんでした。泉の子ヨハネスは、さあ自分の運を試してみろ、多分うまくいくさ、と自分に言い聞かせました。そしてお供を連れてドラゴンの住みかへ出かけていきました。戦いは激しいものでした。ドラゴンは口から炎を吐き出して、そこら中の草を燃やしました。ヨハネスは、うさぎと犬と馬が火を踏みつけて消してくれなかったら、きっと窒息して死んでしまったことでしょう。ドラゴンはとうとう戦いに敗れました。泉の子ヨハネスはドラゴンの七つの首を切り落とすと、次に舌を切り取り、ポケットにしまいました。ところがヨハネスはとても疲れていたので、その場で横になると、眠りこんでしまいました。

　寝ているところに、お姫さまの馬車の御者がやって来ました。御者は男が寝ていて、その横にドラゴンの首が七つ並んでいるのを見ると、これをうまく利用しない手はないぞと考え、泉の子ヨハネスを刺し殺し、七つのドラゴンの首を持っていってしまいました。ドラゴンの首を持って王のところへ行くと、怪物を退治してまいりました、証拠に七つの首を持参いたしました、と言いました。そしてお姫さまは御者の花嫁になりました。

ところでドラゴンとの戦いが終わって、ヨハネスの近くで横になって眠っていた動物たちが目を覚ますと、主人が死んでいました。ところが、戦いのあいだに巣の塚を壊されてしまった蟻たちが、死んだ仲間の蟻に近くのオークの木の樹液を塗ると、死んだ蟻がすぐにまた生き返るのを、動物たちは見ました。そこで熊が樹液を採りに行って、泉の子ヨハネスに塗りました。するとヨハネスは再び息を吹き返して、すぐにとても生き生きとして元気になりました。そこで、ヨハネスは戦って手に入れたお姫さまのことを思い出して、急いで町へ行きました。すると町では、ちょうど御者との結婚式が行われているところでした。町の人たちは、あの御者が七つの頭のドラゴンを倒したのだと口にしていました。犬と熊がお城へ入っていきました。するとお姫さまが、犬と熊の首にあぶった肉とワインをゆわえつけ、あの動物たちのあとを追っていって、その主人を結婚式に招待するように、召し使いに命じました。そこで泉の子ヨハネスが結婚式に来てみると、御者が持ってきたというドラゴンの七つの首の入った鉢がちょうど運ばれてきました。泉の子ヨハネスは七つの舌を取り出すと、その横へ置きました。それで、泉の子ヨハネスが本当のドラゴン殺しだということが、みんなにわかりました。御者は追い払われて、泉の子ヨハネスはお姫さまの花婿になりました。

それからまもなく、ヨハネスは狩りに出かけ、銀の角の鹿を追いかけました。長いこと追いかけていきましたが、いつまでたっても捕まえることができませんでした。しまいに、あるおばあさんのところへやってきました。するとおばあさんはヨハネスを、犬と馬と熊もろとも石に変えてしまいました。そうこうしているうちに、泉の子カスパールが二本のナイフが刺してあった木のところへやってきて、兄弟のナイフが錆びているのを見つけました。すぐに兄弟を探し出そうと思い立って、馬に乗って兄弟の花嫁が住んでいる町へ出かけていきました。カスパールはヨハネスとたいへんよく似ていたので、お姫さまはカスパールを自分の夫だと思って、また戻ってきてくれたことを喜んで、いつまでも自分のそばを離れないでほしいと頼みました。けれども泉の子カスパールは出かけていって、兄弟がお供のものたちと一緒に石に変えられているのを見つけました。そこでおばあさんにその魔法を解かさせました。それから二人の兄弟は馬に乗って家に向かいました。途中二人は、お姫さまが最初に首に抱きついた方がお姫さまの花婿になることにしようと話し合いました。そしてそれは、泉の子ヨハネスの方でした。

この昔話には、血誓兄弟あるいは義兄弟という非常に独特で接近しがたい古代の制度の内的論理が、物語的にそして絵画的に描写されている。以下では、その内的論理に深く入り込んでいきたい。よく知られているように、多くの昔話の話型にあるテーマは、どのようにして王になるかをめぐるものである。昔話の中では、単に生まれによって（つまり先代の王の息子としての生まれによって）、もしくは権力闘争を通して「王」になることはできない。また、卓越した政治的展望や外交上の技術、素晴らしいリーダーシップを示したとしても、まだ十分ではない。この領域において「王」になれるのは、実際にこの世を超えたところへと旅立ち、そこで得た宝物を示せる者だけである。たとえばそれは昔話の中で、生命の水やこの世のものではない黄金と呼ばれ、同じように、この世のものではない王女と呼ばれもする――それらはすべて、深奥にある生命の源泉としての実在的な光を、象徴的に具現化したものである。したがって「王」のもっとも重要な仕事は、別の世界にある霊的《スピリット》な源泉を、この世界で民のために利用できるようにすることにある。言い換えれば、昔話で「王」と呼ばれるのは、実際には後世におけるシャーマン的な人物たちである。私たちの昔話も、この「王」になることにまつわるものである。

　しかしながら、この物語の特殊な点は、そのはじめから二人の同じ特徴を持った若者が登場し、王位を得るための旅を始めるところである。王位をめぐる他の昔話で登場するのは、一人の人物、もしくは互いに競争下にある異なる特徴を持つ複数の人物のいずれかである。この物語に登場するのは、二人の奇跡的な生まれ方をした兄弟であり、彼らは完全に瓜二つで、等しく同じ特徴を備えている。二人は共に旅を始め、血誓の兄弟が芝生の下の窪みから出てくるのと同じように、彼らの生まれた領域を後にする。しかし次に、彼らはそれぞれ別の道を進むことになる。兄が右への道に、つまり、身体的な行為の道に向かうのは道理にかなったことである。双子の弟は、左の道を進んでいくとも、左の道に留まるとも言えるが、いずれにしても内的な活動の道に進む。兄弟は別れたにもかかわらず、接触を持ち続ける。昔話ではその接触が分かれ道に立つ樹木に刺さったナイフを通して象徴的に行われるが、現実では義兄弟の儀式によって確立された内的な生きたつながりによって行われる。しかし、二人のうち一人しか花嫁を得て、結婚し王になることはできない。この物語の中で終始きわめて重要なのは、二人の兄弟に対して一人の女性、一人の王女しかいないことである！

他の版では、王座を相続することになっている王女の姉妹が物語の最終局面で突然手品のように登場し、二人目の兄弟も結婚できることになる。しかしこのような版の最終場面に置かれた一文（「そして兄弟は王女の姉妹と結婚しました」）は、この昔話の内的な客観的論理に反する。この一文は対称性を保ちたがる語り手による主観的な創作であり、昔話にはまったく不釣り合いである。この一文が誤りである一つの理由もしくは証拠は、石に変えられる主題が意味するところにある。すなわち、それは死を意味している。確かに兄は、勇敢に闘ってドラゴンに勝利し、王家の血をひく花嫁を得て、王になる。しかし、それはつかの間の出来事にすぎない。結婚式の夜にすでに死の予兆――微かな光、雄鹿、デモーニッシュな雄鶏――が彼には現れており、死を司る女性のデーモンの領域に立ち入り、死を迎えようとしていたからである。これが死を意味する別の証拠として、さまざまな異版において、苦境を教えるサインが、すなわち錆びたナイフが、もう一人の兄弟の死を明示していることが挙げられる。

ロシア版では、二人の兄弟はグリム版とまさに同じように、水の子イワンと水の子ミハイルと呼ばれ、グリム版と類似した生まれ方をする。そして魔女が水の子イワンに噛みついて死に至らしめ、彼をばらばらにし、ばらばらになった体に塩をかけて籠に入れ、その籠を森に埋める。グリム版の「二人兄弟」の昔話に出てくる魔女は、[4] 魔法の力を備えた人間の女などではない。彼女は死の女神であり、ゲルマンの文脈では女神ヘルを指し示す。したがって、二人のうちではじめて運命に挑み、

王位のために ドラゴンと闘った兄が、言い換えれば、はじめて自分自身を曝した兄が、死をこうむる。兄弟のどちらかが獲得したものはすべて二人のものであることから、右へと向かった兄は、王冠や王国や妻すらも兄弟二人のために、つまり自分のためだけではなく弟のためにも、獲得したのである。そして兄が犠牲となって死ぬのは、弟を通して運命を成就させるためである。この成就は、左へと向かって最初は背景に留まっていた弟を通して生じることになる。つまり、その後、弟が活動をはじめ、その結果、物語が展開し、その兄を結婚生活と王位に復帰させるが、この結婚も王位もただ一人だけが享受する。

弟はどうやって兄を死から連れ戻すことができるのだろうか？　ゲルマン世界には、死者を生き返らせるよく知られた方法がある。しばしば、孫が祖先の名前を与えられ、そうすることで、祖先が孫へと再び受肉すると信じられていた。こうした意味で、弟が兄を生き返らせると考えても良いだろう。つまり、元々は死んだ者の妻であった女性とのあいだに一人の息子をもうけることで、死んだ兄弟を再生させるのである。このような発想は私たちにとって十分に納得できるものではないが、古代においては当然のことだったのである。

しかし、これは、この昔話の中に生じる出来事についての説明とはなっていない。ここで生じているのはより一層神秘的なことである。弟が再生した兄をもうけて父親になるという単純なことではない。昔話では、兄自身が戻ってきたこと、そして兄が第一の夫であったことが明言されている。そして生まれてくる息子は本当に彼の、兄の、息子である。このことを理解するために私たちはより深い水準に行き、古代の世界の思考にまで至らなければならない。

ヴィルヘルム・グレンベック[5]〔Vilhelm Grønbech〕（一八四三－一九四八）による『昔の時代の人々〔*Vor Folkeat i Oldtiden*〕』に記されたいくつかの文章が、ここで助けになるかもしれない。彼が述べているところでは、（チュートン人[6]のあいだでは）親族がお互いを強くしたという。二人もしくは複数の人々がそれぞれで力を合わせたということではなく、むしろ彼らは等しく分別を持って行動していたのである。なぜなら彼らが自分たちに共通する奥深くへ降りていくと、そこには彼らのことを知り、彼らのことを考えている神秘が存在していたからである。これに加えて、彼ら一人ひとりが仲間の力を自分の中に引き入れることができるほどつながっていたことも挙げられる。北スウェーデンの民間伝承では、人間のこのような特徴が熊にもあることがよく知られていた。その賢い動物のものとされる格言は、「私は二人の兄弟と戦うことよりも、十二人の人間と戦うことを選ぶだろう」と述べている。十二人の人間であれば、熊は一人ずつ殺すことができる。しかし二人の兄弟を相手にしたら、一人ひとりを殺すことができない。そしてたとえ一人が倒れても、その力はもう一人の方に渡ってしまう。

実在的な結合

近代的な心《マインド》を持つ私たちは、グレンベックによる記述のようなものをあまりにも心理学的に読んでしまう。死んだ兄弟の力がもう一人の兄弟の手に渡るという記述から私たちが考えるのは、一人の死はもちろん、もう一人が自分自身を立て直し、その最大限の意志の力を行使する機会になる、というものである。しかし、これは決して、そのようなことではない。古代の心《マインド》は、そのように考えはしない。古代において重要なのは、このプロセスの実在的な現実であった。つまり現実的な影響／現実的な流入〔in-fluence〕があり、死者が生者の中へと流入していたのである。

しかし、私たちの時代においてもなお、こうした類のことはいまだに経験されうる。アニエラ・ヤッフェが「超心理学的〔parapschological〕」もしくはシンクロニシティの経験に関する現代の報告をまとめているが、その中で、一人の元エンジニアが次のように述べている。

一九五〇年四月八日、私の兄弟が死にました。彼が六十歳になる年でした。一九五〇年四月十一日に彼は埋葬されました。その数日後……私はいつものように午後の八時頃に床に就きました。しばらくのあいだはまだ起きていて、仰向けで横になっていました。兄弟のことについては考えていませんでした。おそらく十分か十五分のあいだ、そのように横になっていたのかもしれません。すると突然、私のまわりの暗闇の中から、まるで濃い霧の中から出てきたかのように、私のおおよそ一・五メートル上方に彼が現れたのです。等身大の、いつもと同じ服を着た姿で浮いたままゆっくりと近づいてきて、私の身体の向きと交差して私の上に立ち止まりました。ただ、彼は上半身だけの姿でした。そこで奇妙なことが起こったのです！　突然に何かとてもきめ細かい霧のようなものが彼の（私の目には見える）身体から離れ、同時に私の身体からもそのようなものが出ていきました。この二つのとてもかすかな霧状のものは彼と私のあいだのちょうど真ん中へと移動し、そして完全に互いに混ざり合いました。そしてその一体化した人影が私の身体へと戻りました。

その一部始終が、おそらく一分ほどのあいだのことで、何の物音もせず、何の感情も引き起こされませんでした。その「霧」あるいは「霊《スピリット》」、あるいは人はそのようなものを幽霊と呼ぶでしょうが、そうしたものが、私の身体の中へと完全に消えていくと、私の兄弟も同様に、彼が現れたときと同じように音も立てずに再び消えていきました。

この経験についてたびたび考え、どのように理解すべきなのかと思いめぐらせたのですが、明確な答えは思いつきません。牧師に尋ねたこともありましたが、やはりよい結果は得られませんでした……[8]

この近代的な経験と、中高ドイツ語による叙事詩『エッケの歌〔*Eckenlied*〕』の一節とを比較することができる。この節の二つの詩連を通して、非常に古代的な実体性が中世文学作品の中に保存されているという数少ない例外と出会うことができる。この作品のより短い版で、これら二つの詩連が削除されているのはきわめて示唆的である。

この叙事詩はディートリッヒ伝説をとり扱っている。ある若い女性に仕えて戦っているエッケという名前の若い戦士が、ディートリッヒ・フォン・ベルン（伝説上の人物で、実際には歴史上の人物であるテオドリック大王のこと）〔7〕に自分と戦うよう強いることについて、そしていかにしてディートリッヒが自分の意に反してエッケを殺さなければならなくなるのかについて、この物語は語っている。その後、ディートリッヒはエッケの兄弟であるファゾルドと出会い、ファゾルドは兄弟の復讐をするために戦いを挑む。この状況において、彼らが交わす言葉は次のようなものである。

ディートリッヒ：「神がこの者から私をお守りくださいますように――お前は赤い戦士〔赤い剣、勇士 ein roter Degen〕だ！　エッケの心臓がお前の中に入ったのだな。私が馬に跨がりエッケのもとを離れたとき、奴は森の中で死体として横たわっていたものを。お前たちが二人して私を攻撃するのは道理に合わない。その心臓から離れろ、ゲゼル〔同志、戦友〕をその心臓から引き離せ。もしお前がただ一人、私と向かい合うのなら、それこそが本当の勇気だろう！」

ファゾルド：「なぜ心臓が二つあることを非難するのだ！　お前の中にもディーターの心臓が、一人の女の子宮から共に生まれてきた驚くほど勇敢な兄弟の心臓があるではないか。ラヴエンナの外にある野原で勇敢なウィティヒがディーターを殺したとき、彼の力がお前の身体の中に入ったのだ！」

この二節は、非常に古い観念に関する貴重な断片である。死者であるディーターとエッケの力は、生きている兄弟であるディートリッヒとファゾルドの中にそれぞれ存在している。その力は彼らの身体の中に入ったのであり、そうして彼ら自身の力と結び付いて息づいている。そしてこの力は、私たちの近代的な感覚で言う何らかの抽象的なもの、「力」や「エネルギー」ではない。そうではなく、それは死者たちの心臓そのものなのだ。

このことは本当に実在的な感覚で理解されるべきだろう。『エッダ』の「レギンの歌[8]」が、当時起こっていたことへの実在的な理解に近づく助けとなるだろう。この詩の中で、シグルズは——レギンによってそそのかされて——ファーヴニルというドラゴンを殺した。表面上は、宝を守っていたファーヴニルによって殺されたレギンの父親の復讐を果たすためだったが、実際はその宝を自分のものにしようと望んだレギンに、そそのかされたのだった。レギン家は、デモーニッシュな殺人者の一族である。レギンが黄金を一人占めするためには、シグルズを殺すだけでよかった。同時に、シグルズを殺すことは、シグルズによって殺された兄弟ファーヴニルの復讐にもなるだろう。このために、レギンは兄弟であるファーヴニルの心臓を食べようとし、シグルドはレギンのためにその心臓を火であぶらなければならなくなる。しかし、この心臓はドラゴンの肉の単なる一部ではない。遥かにそれ以上のものなのだ。原文ではそれをフヨルセギ・フラーン〔*fiörsegi fránn*〕と呼んでいるが、これを翻訳することは難しい。なぜなら、私たちはフヨル〔*fiör*〕という言葉を失っているからである。中高ドイツ語では、「生命、もしくは生命の座としての肉」を意味するヴェルク〔*verch*〕としてまだ存在し、また古英語でも通常「生命、霊、魂」と翻訳されるフェオル〔*feorh*〕として、当時まだ存在していた。フヨルセギ〔*fiörsegi*〕は単独で文字どおりには「生命」の一片や一部分を意味し、実体主義的には「生命の筋肉」のようなものを意味し、そのようなものとしての心臓を表している。一方でフラーン〔*fránn*〕は「きらめき」を意味する。それらをつなげた、フヨルセギ・フラーンという言葉の真の内的な意味は、もしかすると「生命の力のきらめきのかけら、生命の実在のきらめきのかけら」と表すのが最もよいのかも知れない。しかしながら、この具体化された実体的な生命の力のまとまりは、現代の解剖学や外科医学が心臓について考えているような単なる個人の肉体の一構成要素であるだけではない。フヨル、フェオル、もしくはヴェルクは、個人の肉体の一部であると同時に、宇宙の肉体の一部でもある。それが「世界」を意味し、ウルフィラス[9]がギリシア語のコスモス〔*kósmos*〕の訳語として用いたゴート語フェイブス〔*fairhvus*〕でいう世界という語と、フヨルやヴェルクが密接に関係していることを考慮に入れると、事実は明らかとなる。生命と世界はつながっているのだ。フェオルやヴェルクは宇宙的《コスミック》な次元を備えている。きらめく生命の力としての「心臓」は、一人の人間の中における宇宙の力の具体化なのである。もし古代において心臓がこのように理解されていたのなら、なぜレギンがファーヴニルの心臓を食べようとしたのかが明確になる。また、千里眼を持つことや、テレパシーのような伝達をすること、未来についての知識を得ることがなぜ、原理的に可能だと考えられていたのか、言い換えれば、ユングならば「共時的」と呼ぶような現象がなぜ、存在できたのかも明確になる。世界に対するこうした態度の下で、個人の肉体はフェオルやヴェルクを通して宇宙《コスモス》と直接に関係していたのである。この結合は、存在論的なものであった。少なくともこれが、古代においてこうした事柄がどのように経験され理解されていたのかを再構成して、導き出される結論に違いない。

いずれにせよ、レギンはドラゴンの姿をした兄弟ファーヴニルのフヨル〔*fjör*〕を取り入れて統合し、そうすることでシグルズを打ち負かし殺す力を得ようとする。つまり、ファゾルドがエッケの心臓を体内に持つことで意図していたのとまさに同じように、レギンも兄弟の復讐をするために力を得ようとする。しかし、知ってのとおり、シグルズは心臓を火であぶっているときに、焼き加減を確かめようとして指先で触れてしまう。この過程で彼の指は火傷してしまったため、彼は指を口に入れ、こうしてファーヴニルの血がほんのわずか彼の舌につく。驚いたことに、彼は突然頭上を飛んでいる鳥の声を理解できるようになり、そうしてレギンの殺意に気づく。死者の心臓によって、彼は世界の声に、運命の導きに開かれたのである。

血の復讐：冥界からの買い戻し

もしレギンがシグルズを殺していたなら、レギンはドラゴンの財宝を手に入れたことだろう。しかし私たちにとってより重要なのは、そうすることでしか彼は「生命の力のきらめくかけら」を真に得ることができなかったということである。兄弟を殺した者を死の運命へと従わせることで、レギンは生贄の犠牲者であるシグルズを死んだ兄弟の代わりとし、そうすれば、兄弟を生き返らせることができたのだろう。

これが、血の復讐がいかに「作用する」かの概略である。つまり、復讐を行う者は、兄弟を殺害した者を殺して死の神のもとへと送り、その代わりに、死んだ兄弟を取り戻す。弟は兄を殺した者を殺害することで復讐を果たし、そうすることでその殺人者から兄弟の魂を手に入れる――もしくは兄弟殺しの魂を死の神に捧げることで、兄弟の魂を死の神から救う。こうして義兄弟の真の目的が私たちに明らかとなる。血の復讐を行うのは究極的に、死んだ兄弟の魂を、復讐を行った兄弟の身体の中で生存させるためである。この点を考えれば、昔話が物語っていることは当然なのである。すなわち、一人の花嫁のもとに、二人の兄弟が共に戻ってくるのである。そののちに、兄の結婚がその死によって取り消されるのではなく、弟という人物の中で兄の結婚生活は続くことになる。そして弟を通して兄は王として統治を行い、この結婚によって子孫が生まれれば、兄はその息子や娘からもたらされる魂によって活気づけられ、王としての強みを得る。反対に、弟はただ自分自身であるだけでなく、死者の領域〔*Erbtocher*〕（王位を受け継ぐ娘）[9]の父となる。この意味において、彼は両方の世界をまたぐ支配者であると言えるかもしれない。

ここで描写されているのは、冥界からの救出レデメプティオ・エクス・インフェリス〔*redemptio ex inferis*〕、冥界からの買い戻し、もしくは身請けである。注目すべきなのは、キリスト教においても死者の救済は商業用語によって表されることと、キリストが買い戻し人〔*Redemptor*〕（救い主〔redeemer〕）と呼ばれることである。この言葉はそもそも請負人、調達人、税金の取り立て人のことを指し、キリスト教的なラテン語においてのみ救世主の意味を持っていた。

ここまで、私たちは死者が血の復讐を通して帰郷することの実在的な――存在論的な、とさえ言えるかもしれないが――意味を理解してきた。また、昔話の中で兄がどのように石の牢獄から自由になるのか、そしていかに彼自身が花嫁のもとに戻り、子をもうけることで自分自身を再生することが可能であるのかを理解してきた。しかしさらにこのことは、相互に復讐の誓約を結ぶという形式をとった「生命保険証書」が、古代の人間にとって、非常に重要な性質を持つものであったことを私たちに明らかにする。彼らはいつ起こるとも知れない闘いと戦争という不確かさに直面しなければならなかった。けれども、復讐の絆は、復讐を果たす側の生存者に最上の利益をもたらすことになる。なぜなら胸の中に、自分自身の心臓に加えて、第二の心臓を収められるのだから。死んだ血誓兄弟の姿をした失われることのない戦友を得るのである。生きている兄弟は死んだ兄弟に「憑依される」。しかしこれは決して悪いことではなく、悪霊による悪意のある憑依ではない。善霊による慈悲深い憑依なのだ。当時はこうしたことが珍しいものではなかった。それは、一般に知られており、典型的なもので、待ち望まれているものだった。それは先に引用した『エッケの歌』においてディートリッヒが「お前は赤い戦士だ！」と言っていたことからもわかる。この言葉は明らかに、義兄弟の魂にとり憑かれた人物のことを指す専門用語である――旧石器時代以降、ユーラシア大陸の広範囲にわたって、死や死者の色は赤だったという事実とまさに一致する。また、勝利を導くそのような戦士の勇敢さや力強さが何に由来するかと言えば、それは部分的には、真の戦士が死んだ者であり、生者はその戦士の媒体にすぎなかったという点にある。私たちはゲルマニアに伝わる別の文脈では、聖別された戦士であるヴィガンドたち〔*wigands*〕や、神にとり憑かれて戦うバーサーカー〔ベルセルク・狂戦士〕と呼ばれる戦士たちのことも知っている。しかし、それらが死者の魂にとり憑かれていたのかどうかを判断することはいまとなってはもはやできないだろう。

神話的イメージ

それぞれが生と死に別れる運命を携えて、一人の妻をめとるこの二人の戦士のペアは、インド＝ヨーロッパ語族の時代にまで遡ってたどることができるものであり、その姿は双子神の神話に反映されているように思われる。私たちに最もよく知られているものは、ギリシア神話のディオスクーロイ[10]、カストールとポリュデウケースであり、それらの神話は多くの場合、彼らの妹であるヘレネー[11]の神話と結び付けられている。たとえこの妹が彼らの花嫁でないとしても、ディオスクーロイは非常に多くの儀礼的イメージの中で一人の女性の両側に対照的に描かれており、その女性は見たところ彼らの姉妹ではない。そして実際に、いくつかの伝統では彼らの姉妹ではないのだ。このことが明言されていることは、着目に値する。兄弟のそれぞれが死に対して異なる関係を持っていることも重要である。カストールは不死ではなく、死後に冥界に下る。そしてポリュデウケースはオリュンポス山に上る。しかしながら兄弟愛から、二人は一日は共に天上に暮らし、一日は共に深淵に暮らし、そこを往復する。

「花嫁」に対する同様の関係性が、ラトビアの太陽の息子たちのペアにも見られる。彼らは馬に乗って、太陽の娘を手に入れようとやって来る。彼らは求婚者である場合もあれば、花嫁を月へと連れて行く友人である場合もある。同様に、一人の花嫁と二人の兄弟というモティーフは、ヒンドゥー教の双子神アシュヴィン神話[12]にも見られる。彼らが太陽の娘を連れて乗る馬車は、このため『リグ・ヴェーダ』の中で三座と呼ばれている。ヒンドゥー教における偉大な叙事詩『ラーマーヤナ』の第二巻では、ラーマとラクシュマナの兄弟が、敵に由来する名を持ち神話的で偉大な一人の女性シーター[13]と結び付けられてもいる。ここでも、二人の兄弟の死に対する関係は根本的に異なる。今までのところ[14]、このインド＝ヨーロッパ語族の双子の神々が、一人の花嫁の姿を伴うという奇妙で注目すべき結合に関して、満足できるような説明はされてきていない。この難問に対する回答に最も近いものが、義兄弟の対に関する神話である。義兄弟の生と死をとり巻く運命はからみ合っており、一方は必ず死ななくてはならず、その死はもう一方が勝利して復讐を果たし、この世の花嫁を獲得するために、必要なことなのである。

グレンベックによって引用され、戦士たちのペアについて述べている（上述した）熊の知恵と重なるお決まりの格言もまた、インド＝ヨーロッパ語族の時代にまでさかのぼれると思われる。その金言は中高ドイツ語で「二つは一つである〔*zwêne sind eines her*〕」と述べられており、それと非常によく似たものは『詩のエッダ』[15]の中で「軍隊のような二人〔*tveir ro eins herjar*〕」と表されている。この格言が意味するところは明らかで、この二人の戦士は、軍隊に見えるような一つになった戦士の脅威を示しており、また『エッダ』では複数の軍隊が一つになったような脅威すら示している。

このような解釈が与えられると、解釈するのが非常に難しいオーディン[16]の戦士たちの名前が、驚くべき道筋で理解可能になる。それは、エインヘリャル[17]〔*einherjar*〕（単数形ではエインヘリ〔*einheri*〕）のことである。彼らは一人ひとりが、すでに一軍隊に匹敵する戦士だった。マルティン・クルシウス[18]〔Martin Crusius〕の『シュヴァーベン年代記〔*Swabian Chronicle*〕』には、アイネヒア〔*Eineheer*〕もしくはアイノテア〔*Einotheer*〕という名前の巨人についての言及がある。その名前の意味も同様に、つまり、一人で軍隊全体と同等な者を示している。

ギリシアの伝統において熊の知恵は「二人を相手にしては、ヘラクレスでさえ成し遂げることができない」と表現されている。これは、ヘラクレスが喫した特定の敗北に対する当てこすりであり、つまり、モリオニダイ〔Molionides〕に敗北したことを指しているが、私たちの議論している内容にも関係している。モリオニダイは一つの銀の卵から生まれた一心同体の双子の二輪戦車乗りのペアである。

一つの血、一つの心の

ここまでに、義兄弟の絆が、死を迎えるまでに、そして死後において、どのような結果をもたらすのかが明らかになってきた。いまあらためて私たちは、この絆の前提である血の儀式にもう一度立ち戻らなければならない。この儀式が、儀式後にもたらすものを詳しく知ったことで、義兄弟の絆の基盤について、いままで以上に理解することができるだろう。法歴史学者たちは血誓兄弟を、人工的につくりだされた家族関係の成立だとみなす。しかし、儀式的な生の中に、人工物など一つとしてない。そこには現実の深化もしくは強化しかない。血誓兄弟が二人の兄弟を超えて、それぞれの家族にまで範囲を広げることはない、ということも重要である。

このことにまつわる悲劇的な例が、『ヴァイキングの息子、ソルステイン・サガ〔*Thorsteinssaga Vikinssonar*〕』に示されている。その中で、ウップランドの王であるニョルヴィ〔Njörfi〕とヴァイキングのヴィヴィルスソン〔Vifilsson〕は義兄弟の絆を結ぶ。その後、血なまぐさい争いが彼らの息子たちの陣営間で勃発し、ニョルヴィの末息子もまたヴァイキングに敵対することを決意する。息子は父に次のように言う。「もし仮に兄弟たちの仇討ちが私に降りかかってくるのであれば、それは耐えがたいことでしょう。私はためらうことなく言いましょう。ヴァイキングにもその息子たちにも、安らぎは訪れないでしょう。彼らを冥界に送るまでは、私はあきらめません！」――それに対して、父が返事をする。「それならば、私とお前のどちらが友人を持っているかを証明することが、私の責任だ。私に従うすべての者たちと共に、私はヴァイキングの民を守るために出発する。なぜなら、お前がヴァイキングの殺害者にならないように取り計らうことが重要だからだ。そうでなければ、私は二つのうちいずれかを為さねばならない。つまり、お前に死んでもらうか、あるいは、私がヴァイキングより生きながらえたならば彼らの復讐をすると誓った約束を破るか、そのどちらかをしなければならなくなるのだ」。

なんと酷く複雑にもつれた状況だろう！　このような板挟みは、シグルズ伝説においても生じている。グンナルとシグルズは義兄弟だが、グンナルの妻のブリュンヒルドが、彼女を裏切ったとしてシグルズに復讐するよう夫を説得する。こうして、実行犯とはならないにせよ、血誓兄弟を殺すことに着手する。宿命的な結果、大量の血が流れることは避けられない。

この血誓兄弟の例外状況に関する別の例は、『ヒャズニングの戦い〔*Hjaðningenwíg*〕』におけるヘジンとホグニの戦いにもある。二人は義兄弟関係になるが、その後互いに命を賭けた戦いをすることになる。夜毎、ホグニの娘でありヘジンの妻であるヒルドが、一度石と化してしまった二人の死んだ男たちを起こし、そして、彼らは再び戦わなければならない。このような循環をラグナロクまで永遠にくり返すのである。

ところで、義兄弟が人工的な家族関係の構築でも、別の一族への加入でもないのだとしたら、その意味とは何だろうか。そう、それが意味するのは間違いなく、一方の死と、もう一方による血の復讐とによって完遂されること、つまり、結合である。二人の個人は、私的で個人的な存在であることを放棄し、大地の中でお互いの血を混ぜ合わせることによって、おのおののフョル〔*för*〕やヴェルク〔*verch*〕を宇宙の基盤の中で結合させる。そして、自分たちの獲得したものも獲得していないものも、すべての所有物を単に共有するだけではない。一緒になり、いまや彼らは、二人で一つになって、ただ一つの生命と運命を携える。その生命はかつておのおのの生命だったものよりも大きいのである。死の一撃が両者を分かつが、そのうちの一人による復讐で勝利が得られることで、両者は再び生き返る。「二人兄弟」の昔話は、このことをイマジナルな形式で提示している。石に変えられた兄弟が、その後、石化から解放されているが、この石化は、兄弟のうち一人が身体的存在ではなくなることを意味している。そして、石化の呪いの魔法からの解放は、この兄弟がもう一人の兄弟の身体的存在の中で生き続けることを示している。

しかし、義兄弟という共同存在を、つまり実在する共同存在を選び、そうやって自分の個人存在を放棄することが可能であるということは、人間は自己‐包摂的で個人的な人格構成を初めから持っていたわけではなく、決定的にそうして定義されていたわけではなかった、ということに違いない。古代の心《サイキ》の状態に特徴的なのは、この点である。可視的な物体としての身体を持つ個々人が別々の存在であるということは、究極的な重要性を持っていたわけではない。人は生物学的な有機体としての存在の中に、（哲学的、形而上学的な意味での）実在を持ってはいなかった。古代人は、そのような表面的で存在的な現実（「現実〔reality〕」は「もの〔thing〕」を意味するラテン語の*res*に由来する）に過度に影響を受けることはなかった。存在論的には古代人の同一性は、個々の身体的な枠の中に決定的に釘づけにされ閉じ込められていたわけではなかった。人は自分の真の実在や自己そのもの、そして自分の究極的な存在を、自分自身の中ではなくより大きなものの中に、その時代に人が身を置いていた包括的な儀式的現実の中に持っていた。これが、特別な儀式的行為を通して、二つに分かれた肉体をまずは視覚上維持しながらも、二人の人間が一つになることが可能であった理由である。また、生死の境界が究極的なものではないのも、同じ理由による。二人の新しい同一性、つまり両者を止揚された個々人として包含する同一性は、そのうちの一人の死によって崩壊することはなく、それどころか、同一性が達成され真に実現されるのは、その一人の死によってであった――なぜなら一人の死とその兄弟のために行われる血の復讐を通して、一つの共同の（二重の）同一性は、ついに目に見える身体的な現実となり、つまり、赤い戦士となったからである。一つの身体、一つの自己でありながら、それは二人から構成されているのである。

個性化・自己になること・自己発達は、こうした環境下では目標にはなりえなかっただろう。こういった目標は、物事が心理学化され、主観化され、そして実体化されて久しい、近代的な状況においてはじめて生じ得るのだろう。

私たち近代人にとって、このような思考に馴染むことは非常に難しい。私たちは現実から感じる事物の印象に過度に影響される。その思考は、根本的に実体主義的であり、実証的‐事実的なものにしがみついている。個々に別々の身体を目にして、それが私たちの存在論の決定的で不可避な基礎となる。近代人が生物学的に独立した個々の有機体として存在するという事実は、私たちに克服し難い限界をもたらす。それは生死の境界線が私たちにとって絶対的で乗り越えられないものであるのとまさに同じである。生物学的な存在であることが、「実在」の感覚や自己、そして同一性のあり方を定めるため、義兄弟や血の復讐を、古代の感覚のままに、理解することが決してできない。そうすることは私たちには不可能だろう。たとえできるだけ誠実に、そして正確に古代の義兄弟の儀式を模倣したとしても、うまくいかないだろう。なぜなら、そのような儀式が真実かつ現実になるための前提条件だった古代の存在論の中に、もはや私たちの身の置き場はないからである。私たちが行う儀式は、偽物の模造品にならざるをえないだろう。私たちにとって現実的で不可避の場は、第一の現実として、物理的身体の中にあり、包摂的で儀式的な現実の中にはない。そのために、私たちは私的な個人的な観点から物事を考えなければならず、そのようにしか考えられず、そして――もし過度に個人主義になりたくなくても――コミュニケーション、社会化、関係性、間主観性、チームワーク、愛を強調しなければならない。これらはすべて個人という存在論に基礎を持つのである。

ユングが考えたように、確かに私たちは集合的無意識を想定することができる。しかしこの理念は、心理学という限定された理論的領域の中の一つのアイデアに留まる。現実の生活はそのアイデアの周りや外側にある。それは、私たちの生きる存在論や、実在や現実へのリアルな感覚に接触することはなく、それらを表現することもしない。実際にそして真に二つの身体が一つになることは、単純に言って私たちには実行不可能である。これこそが、集合的無意識のアイデアの創案者でさえ、個人や真の目標としての個性化に焦点を当てなければならず、そしてそれゆえに究極的な基準や尺度としての物理的（実証的-事実的）身体に信頼を置くに留まった理由である。

論理学の言葉を用いれば、古代人にとって「生命」、「同一性」、「自己」などの概念は抽象的な普遍的概念ではなく、全称[19]としての——実証的‐事実的なものとしてではなく、論理的に否定的なものとしての——具体的な実在的現実だったと言うことができるだろう。古代人は理論的な思考をする単なる（新プラトン主義の伝統に基づいて中世の普遍論争を行った哲学者たちのような）実在論者だっただけではなく（そもそも彼らは「理論化」しなかったが）、彼らはまさに実践的な意味合いにおいて現実としての〈概念〉の水準を実際に生きており、全称の現実の中に包み込まれていたのである。彼らは実在論を（全称を）生きていた。それが彼らにとって自明で疑問の余地もない世界の構成だった。また、私たち近代人の観点からすれば、古代人はいまだそこから生まれ出ておらず、絶対否定から「実証主義的」な世界内存在様式へと、そして（論理的な！）[10]絶対的孤独や個人の分離性へといまだ解放されていなかったと言うことができるだろう。古代人は、まだ身体に閉じ込められてはおらず、身体によって不可避的に限定されてはいなかった。古代人が儀式を真の意味において実演できた理由はここにある。その一方で今日に生きる私たちがなお儀式と呼んでいるものは、実際には単なる祭典やパフォーマンスやショーなのだ。それらは「象徴的」ではあるがもはや存在論的[11]ではなく、「美的」ではあるがもはや現実ではない。その理由は、いまやそれらが必然的に「実証主義的」な上演になっており、対立に橋を架ける力はそれ自身の内にも外にもはや備わっていないためである。すなわち、生における行為と死の領域、実体的な行動と心的な否定性、個々の出来事と普遍といった対立に橋を架ける力は備わっていない。今日の儀式は主観的な心を情動的に動かしたり興奮させたりするかも知れないが、客観的な魂とは、すなわち現実的な魂や現実的な論理とは何の関わりもなく、それらに到達することもない。

現代の考えに則ると、人は原則的にその生物学的身体に閉じ込められているということを、私は強調しておきたい。これは、心的なもの自体が、これに対応して、イメージ、アイデア、着想、感情、情動、欲望など——つまりは本質的に、現実を、すなわち「物理的」なものを、その外側に持つものとして根本的に定義されているという事実に対する、物理的なアナロジーである。もちろんユングは集合的無意識のアイデアを導入しただけでなく、客観的な心《サイキ》についても考えるように促した。確かにこの区別は本質的で遠大ではあるが、イメージが主観的で個人的なものと見られようと、もしくは客観的で元型的なものと見られようと、私たちの文脈においてはそれほど大きな違いはない。なぜなら、このイメージは、究極的には、魂の存在論的な広がりまでは届かず、またそれらを包み込むこともないからである。ましてや、古代人が生きていた儀式的で儀礼的な現実性をア・プリオリに構成していた現実そのものにまで届き、それらを包み込むことはないからである。私たちは心の中で「アニマ・ムンディ〔*anima mundi* 世界魂〕」という夢を見るかもしれないが、これ（私たちの心が世界の魂やウヌス・ムンドゥス〔*unus mundus* 一つの世界〕を夢見ること）はフヨル〔*fjör*〕やヴェルク〔*verch*〕のようなものではない。実際に、そしてア・プリオリに、フヨルやヴェルクは宇宙的である。[12] 古代人は「心理学的差異」を生きていただけではなく、つまり人間という有機体と魂との差異を生きていただけでなく、さらに古代人自身の定義上、ア・プリオリに、彼らはこの差異そのものだったのである。その一方で、私たち現代人にとって、この心理学的差異は否応なく、私たちが時おり選び取ることがある方法論的な立場でしかなく、そしてその立場をとることは、経験が示すように、いくらかの努力を必要とし、また多大な困難を引き起こす。方法論的な立脚点としての心理学的差異は、すでにあらかじめ、具体的な事実や生物学的有機体と定義される私たち人間というア・プリオリな存在に、その座を奪われ、すなわち、心《サイキ》、精神《マインド》、そしておそらく「魂」や「霊《スピリット》」を素朴に備えている有機体としての人間存在に取って代わられている。魂は私たちの内側にあり——これは今日の私たちが生きる状況であるのだが——外側にあるもの、世界、宇宙は、私たちに相対している。

　これが先ほどの幽霊のような話がなじみ難くなる由縁である。私たちは先ほど、死んだ兄弟の幽霊から生じた「霧」もしくは「霊」と、自分から生じた「霧」もしくは「霊」が一つになり、その一体化した物が自分の中に入ってくる経験をした元技師について、ヤッフェの報告を耳にした。そうした話を聴いて、私たちはそれを事実として受け入れ、実際に経験した嘘偽りないものとして受け入れるかもしれない。それにもかかわらずその話は、元技師自身にとってもそうだったように（彼はその出来事をまったく理解することができなかった）、私たちにはまったくなじみ難いもので、道理から外れた出来事に留まる。私たちはこの経験を疑わないかもしれないが、日常の出来事を信じるのと同じようには、その経験を本当に信じることはできない——少なくとも自分自身に正直であれば信じることなどできない。それは私たちの思考に対して絶対的に異質なものであり、私たちが生きる存在論、もしくは私たちの存在そのものである存在論の中に統合することはできない。ユングのシンクロニシティの理論は確かに合理的な説明を提示しているかもしれない。しかし、たとえ私たちがその説明に「賛成する」としても、出来事自体が単なる主観的な経験に留まるのと同じように、私たちにとってその説明は、高尚な単なる知的な理論に留まる。シンクロニシティ理論は、私たちが何者であるかということに裏付けられていない。そのために、この経験は完璧に正しいかもしれないが、それにもかかわらず真実にはならない。同じ理由で、たとえば易経の占いを今日行うような人々はみな、必然的に知性の犠牲〔*sacrificium intellectus*〕を犯しており、彼ら自身の真実を――彼らそのものである真実を[13]――侵害している。私たち現代人が、知性や共感を働かせることで古代の心《サイキ》のいくつかの断片を再構成することは可能かもしれない。しかし、それでもなお私たちは、古代の心《サイキ》とは深淵によって隔てられている。

共時性／シンクロニシティ

宇宙《コスモス》の基盤において自分たちのフェオル〔*feorh* 生命・霊・魂〕を相互に一つにして契りを結んだ兄弟は、お互いの分離した個別性を放棄し、（目に映る姿はいまだに二つのままであったとしても）、真に一つになる。この点から、その兄弟の一方に降りかかった運命の一撃は、もう一方の兄弟にも直接に感じ取られることを、論理的に結論づけなくてはならないだろう。この兄弟は実際には二人に分かたれてはいない。兄弟は一つであり、一つの生命を共にしている。これは私たちの現代の言葉で言えば、兄弟間に千里眼やテレパシーのつながりがあるにちがいないということになるだろう。これは実際に古代の資料の中に報告されている。

昔話の中で、この神秘的なつながりは、兄弟が互いに承知している苦難や死の兆しの中に、兄弟が樹木に差し込むナイフや、標識であることを目的として大地に植えられる植物に、具現化されている。そして、一方の兄弟は、そこにもう一方の兄弟の苦難の兆しが示されるとき、いつも必ずその場にいる。これは奇跡のように見える。昔話の中では、それが説明されることのないまま、素朴に偶然の一致であるかのように生じている。しかし、私たちはユング的な意味のシンクロニシティの事象として、世界の意味性との結び付きから生まれる一時的な一致として、これを理解することもできる。

この二人兄弟の物語の類版であるリリコルト〔*Lillekort*〕（〈小さく短い〉の意、ノルウェー民話）では、一方の兄弟が呼びかけさえすれば、もう一方の兄弟は即座にその場に居る。ヤクート（北東アジアのモンゴロイドの民族、サクハ〔Sakha〕とも呼ばれる）の二人兄弟の昔話でも、同様のことが生じている。一方の兄弟がデーモンとの戦いに敗れる危機にさらされ、もう一方の若き兄弟に呼びかけると、彼は即座に現れ、その髪でデーモンを縛り上げ、退治する。この主題は、二人兄弟の物語の中世の変種にとりわけ巧みに展開しており、それはアミクスとアメリウス（アミとアミル）というキリスト教伝説の中にある類話である。そのフランス語版で、アミルは死の危機に瀕する。その友アミだけが、この苦難から彼を救い出すことができる。アミは苦しい夢を見るのだが、その中で裏切り者の廷臣に脅かされているアミルを目にする。アミは即座に飛び起きて裸のまま剣を手に取る。そのときまったく同時に、アミルは自分では参加することのできない決闘に、アミに代わりに臨んでくれないかと頼みに行くため、馬の背に飛び乗ったところだった。アミのところに向かう道すがら、アミルは二人が義兄弟の誓いを立てた草原に差し掛かる。ここでアミルは不思議な解決策に思い至る。「ここは美しく花々に彩られた草原で、ぼくら二人の友情が生まれた場所だ。ここでしばし眠りにつこう。そうすれば、神がぼくを親友のアミのところに連れて行ってくれるかも知れない。そうしてアミの便りを聞くと、彼が生きているか死んでいるかがわかるような気がする」。そうこうしているうちに、苦しい夢のお告げのおかげで馬に乗って出発していたアミが、ちょうどこの草原に到着し、アミルを目覚めさせ、求めていた救い手として彼の目の前に登場する。この草原において、すなわち義兄弟の誓いの場において、お互いの役割が入れ替わる。

それでもなお欠けているものは、物理的には別々である義兄弟のシンクロニシティの一致が、血の儀式自体に起因することを伝える文献情報である。私たちは相当の後の時代、すなわち十七世紀、コペンハーゲンにおける北欧古代研究の初期の記録で、それを間に合わせなくてはならない。私たちが拠り所とする記録の執筆者・医師トーマス・バルトリンはコペンハーゲン大学で教鞭を執っていたが、同時期に、北欧手書き写本の著名な収集家であり、古代スカンジナビアの生活と文化の研究の扇動家でもあったオル・ヴォルムもそこにいた。この点から考えると、バルトリンが報告しているものは、少なくとも部分的には、さらに古い伝統的な知識に基づいているのかも知れない。その目的や手続はすでに高度に合理化されているのだが、当時まだ行われていた実践を彼は私たちに教えてくれている。二百年ほど前の複写資料の中でバルトリンは次のように報告している。

一方の者が、血が流れるようにナイフの先端で左腕を切り、スポンジでその血を慎重に洗い流す。もう一方の者は、薬指（金の指／環の指）を同じように切り、そこから滴り落ちる血を初めの者の傷口に落とす。そうして初めの者はその腕に、もう一方の者はその指に包帯を巻き、二人ともその傷口が完全にふさがるまでは、そのままにしておく。その後、今度は二番目の者がその左腕を切り、初めの者がその薬指を切り、そして指の傷口から滴り落ちる血を左腕の傷口に垂らして、腕と指の傷が癒えるまで再びそこに包帯を巻いておく。その二人はどんなに離れていようとも、一方の者が閉じた傷口を針で刺すと、もう一方の者はそのとき同時に針で刺された痛みを感じる。さらには、二人が事前に、一度傷口を刺すと何を表すのか、二度刺すことや三度刺すことで何を表すのかを取り決めておけば、どんなときでも、一方の者がもう一方の者にすぐに自分の状態やその状況を知らせることができる。

バルトリン自身も断言している。

相手の血を使って互いの消息を伝えあっていた親しい友人たちを私は知っている。さらに、彼らは取り決められたある種の合図によって、お互いが離れた場所にいるとしても、互いに知らせを送れるのだとも主張していた。コルフィッツ・ウルフェルトとその妻ウルリカ・エレオノーラのあいだでも、このようなことが生じていたと言われている。

ウルリカ・エレオノーラは、デンマーク王クリスチャン四世の娘であり、その王の娘婿であるウルフェルトはデンマークを指揮する地位に就き、一六四一年にフェルディナント皇帝によって神聖ローマ帝国伯爵の称号も与えられている。しかし彼は本国では嫌われ者に甘んじ、一六五三年にはスウェーデン（当時はデンマークの敵国である）に国外逃亡を強いられることになった。そして、一六六四年にドイツにて死を迎えるまでの十一年間、不安定で危険にさらされた生活を送ることになった。バルトリンの報告は一六七三年に出版されているが、つまりそれはウルフェルトの死の九年後ということになる。ウルフェルトが、その政治的放浪のあいだ、消息を妻に伝えるテレパシー的なつながりを持っていることをとても望ましいことだと考えていたとしても不思議ではない。

バルトリンの儀式の記述からは、ある古代の特徴、すなわち大地における血の交わりが失われていることが、私たちにとって注目すべきことである。ここでのつながりは意図的な個人的文脈において生み出されており、もはや宇宙的《コスミック》な参照枠においてではない。存在論的な基盤や背景はすでに失われていたのである。ここでのつながりは、消息を伝える単なる功利主義的な手段として利用されているだけであり、このことが、危急存亡のときに備えて結ばれた運命的な結束との一致を消失させてさえいる。たとえそうであったとしても、トーマス・バルトリンの報告は、結局は、古代的な血誓兄弟の儀式に本来備わっているシンクロニシティ的事項にまつわる後年の、いくぶん一面的な、立証になっている。

＊＊＊

私たちは、ここまでもっぱらヨーロッパの、そしてとりわけゲルマンの歴史的文脈における義兄弟の儀式を見てきた。ここで、血誓兄弟に関する議論の結論として、そしてその一つの終章として、世界のまったく別の地域から伝えられる血誓兄弟の儀式についての報告、すなわち中国からの報告を取り上げたい。それは歴史的叙事的劇作である「三国志演義」の〈桃園の誓い〉という著名な物語である。

張飛が、「うちの裏に桃園がある。ちょうど花が満開だ。明日、そこで天地の神々を祭って、われら三人、義兄弟の契りを結び、力を合わせ、心を一つにする誓いをたてようではないか」と提案し、劉備と関羽は声をそろえて、「大いにけっこうだ」と賛成した。翌日、桃園に黒牛・白馬・酒など供え物の支度をととのえると、三人は香を焚き再拝して、誓いの言葉を述べた。「われら、劉備・関羽・張飛の三人は、姓を異にするとはいえ、すでに義兄弟の契りを結びしからは、心を同じくして助け合い、困窮する者たちを救わん。上は国家に報い、下は民を安んずることを誓う。同年、同月、同日に生まれることを得ずとも、同年、同月、同日に死せんことを願わん。皇天后土の神々も、なにとぞこの心をご覧いただきたい。われらが義に背き恩を忘れることがあれば、天罰を受けるであろう」。誓いおわると、劉備を長兄、関羽を次兄、張飛を弟と定めた。天地の祭りを終えたあと、もう一度、牛を殺し天に捧げ、白馬を殺し大地に捧げた[14][20]。

ここでは復讐の主題は失われているが、死における合一は強調されているものの、それは一般的習俗に根ざしていた。この物語の後半で、最終的に復讐の主題が登場するが、それは劉備が（処刑された）関羽の仇を討つときである。劉備が、その仇討ちで命を落とすことになるにもかかわらずそれに臨むのは、関羽が劉備の契りを結んだ義兄弟だからである。

執政官プブリウス・デキウス・ムスのデボティオ〔*Devotio* 献身〕

契りを結んだ義兄弟の主題とは正確には一致していないが、古代ローマ時代には、極めて古い風習があった。これは、非常に本質的な点で、特に死の役割に関する点で、私たちの主題と関わっている。[15] それは古代的現実と、魂の古代的構成に光を投げかけるものであるため、ここで議論しておく価値がある。注目されているのは、この論考の中で私が最も重要だと考えている特殊な一面、つまり〈古代の存在論〉であり、それは別々の身体を持った別々の有機体である具体的・事実的人間の実存に抗って、生と死の相互作用と共にあり、包括的で儀礼的な現実に第一義的な重要性を与えるものである。ここで注目される古代ローマの風習は、デボティオ〔*devotio* 献身〕である。

今日の私たちは、畏敬や敬愛等の意味で献身〔devotion〕というものを理解している。あるいは、礼拝対象〔devotional objects〕というものも存在している。まずは、この表面的な意味づけを忘れなくてはならない。デボティオ〔*devotio* 献身〕は、根源的には、そしてここで議論される儀式に関わる場合には、まったく別の意味を持ち、さらに深刻で薄暗いものを示している。すなわち、下方の神に向かって、死に向けて、自分をあるいは他者を聖別すること、言い換えれば犠牲である。

ここで、私たちが一つの犠牲を扱うからこそ、義兄弟の儀式の本質的な主題、すなわち血の復讐の主題をそこに見いだすことなど思いもよらない。この献身は、相手を殺害する復讐ではない。何年も先に発生するかも知れない不測の事態に備えて末永く続く結束を作り出すことでもない。むしろ、いわば「その場で」執り行われる儀式であり、特殊な状況で極めて限られた目的のために、いまここで執り行われるものである。だからこそ、それは独自の意義を持ち、それ自身の内に充溢を見いだすのである。デボティオ〔*devotio* 献身〕の目的とは何か。それはその敵に対する勝利である。この勝利を勝ち取るために、あるローマの将軍は、みずからを地下世界へと聖別したのである。

献身の習俗は、実際に演じられ試みられたと報告されているわずか三つの事例と、リィヴィ[21]が彼の記録に付記したいくつかの一般的特徴によって知られている。第一の事例は、紀元前三四〇年にヴェスビオ山近郊の小さな川辺もしくは村ヴェスビウスの戦いにおいて生じたものである。第二の事例は、紀元前二九五年に第三次サムニウム戦争においてセンティヌムの戦いで起きている。第三の事例は、紀元前二七九年にピュロス戦争の最中にアスクルムにおいて行われている。しかし第三の事例においては、意図されたものが実際には達成されていない。

この三つの事例で捧げられる犠牲者は、全員デキウス氏族から選ばれている。彼らは父とその息子と孫である。国家存亡の危機に際して特定の氏族が犠牲に捧げられる事例が各地にあることを私たちは承知しているが、この場合には、世襲的に犠牲に捧げられる古代的伝統がこの氏族にあったということではないだろう。むしろ、自分たちの先祖であるプブリウス・デキウス・ムスの模範的犠牲を模倣しようという子孫たちの願望から生じたものが、第二および第三の事例であろう。センティヌムにおけるその息子の自己犠牲は、いずれにしても、この息子の神経質でロマンティックな気質から生じたように思える。それは、古代において受け継がれてきた犠牲の責務、つまり選択や意思や英雄的態度からは完全に独立したものであり、死を前にした際の個への無頓着さというよりも、プロイセン将校たちの家族が戦場において伝統的な死を遂げたことに近しいものである。それに対して、その父の犠牲は、さらに古くからの伝統に根付き支えられてきたものであるように思われる。この場合、儀式的な意味が決定的な要因となっていた。彼の犠牲は、個人の勇敢さや英雄的な勇壮さから生まれたものではない。それは、一つの客観的で儀式的な必然であった。もし彼がその必然性を理解し、それを受け入れ、みずから引き受ける決断をしたのだと考えてしまうと、それはまさに誤った構成的な理解になるだろう。むしろ、彼はいまだに儀礼的な様態の世界内存在として形作られており、ある種の現実状況におかれたときに、この儀礼的現実が彼を呼び起こし、彼自身を犠牲に捧げるように強いたのである。それが、彼の行為の真の主体である。それに対して賛成であろうと反対であろうと、彼の側の決意はまったく関わりがない。選択の問題ではない。しかし、彼の息子は、個人的な意志や名誉欲によって動かされていたように思われる。この差異を考えると、大きな決定的な歴史的転換がこの二つの世代間で起きたことがわかる。すなわち、古代的で真に儀式的な思考から、遥かに「近代的な」思考への転換が起きたのである。

リィヴィやカッシウス・ディオやプルタルコス[22]によるヴェスビウスの戦いにおけるこの父親のデボティオ〔*devotio* 献身〕に関する古代の記述は、かなり後の時代に記されたものであり、それはもはやこの父親の自己犠牲の儀礼的意味や必然性を正確には理解できない時代となっていた。しかし、彼らがこの事例の特異な事実をしっかりと記載してくれたおかげで、ゲールツがその古代の意義を再構成することができたのである。ここにはゲールツによって再構成されたこの儀式の手続とその本来的意義を記載したい。つまり、ゲールツの議論の詳細やその議論を支える論拠を示すことはせずに、その結論の要約を提示したい。

狭義のデボティオ〔*devotio* 献身〕の直接的行為は、次のように進行した。将軍であり執政官であるデキウス・ムス――最高神祇官の命により、トガ・プラエテクスタ、すなわち公式な神官の装いをして、頭を隠し、手はトガの下で顎に添えられていた――は、地面に置かれた槍の上に歩みを進め、その神祇官に続いてデボティオの式文を唱え、神にみずからの国の民に力と勝利が与えられることを懇願し、敵には恐怖と死が与えられることを懇願した。「私が厳粛な言葉で宣言したように、私は――ローマの民と軍……のために――敵の……軍隊……と私自身とを共に、死者の霊〔manes〕と大地に向けて聖別〔*devoveo*〕するのである」[24]。デキウス・ムスは、そのとき別翼を指揮していた同僚のところに束桿捧持者を向かわせ、彼へこの「献身〔devovement / dévouement〕」について知らせる。デキウス・ムス自身は、武装して儀式の装いとなり、馬に跨がり敵軍の中心へと真っ直ぐ進んでいく。敵は、本物の戦士である彼に畏れおののき、まるで神々の憤りを注がれた天与のピアクルム〔*piaculum* 罪祭・償いの犠牲〕を見るように畏れおののき、それに留まらず、デキウス・ムスがついに倒れ彼らの槍の下で死した後でさえも、その距離を保ち、近づかずにいる。すなわち、生死に関わらず、この捧げられたものに触れることが危険なのである。

ここであらためて、このプロセスの実体的な性質を理解しておくことは大切だろう。儀式的思考とは実体的思考である。この献身の儀式を通じて、捧げられた者は、神々の憤りの全重量を引き受け、害悪の全可能性、すべての災禍を自分にのし掛かる実体的なものとして引き受け、それを自らの内に携え、またみずからと共に、自軍から離れて敵軍の中に運んでいく。もし近代で類似したものに喩えようとするならば、デキウス・ムスは、（同じように私たちの目に映ることのない）エボラ・ウイルスといった危険な感染症を引き起こす細菌に冒された生物兵器になったとも言える。唯一の違いは、この場合の感染症が生物学的ではなく「形而上学的」であるという点である。しかしさらにもう一度くり返して言えば、「形而上学的」なのは、単に精神的な真実としてではなく、一つの発想や信仰や確信としてでもなく、絶対的に現実的で触れられる実体として、「影響を及ぼす元凶」としてなのである。

リィヴィの著作において、この捧げられた執政官の騎行の結果として描写されていたものを、その息子であるデキウスは、自分の献身の式文へ付け加えている。すなわち、彼の目前にいるあらゆる者が恐怖と逃亡の思いに捕らわれ、上方の神々や下方の神々の憤りに捕らわれ、そこにある死体の麻痺状態が敵の隊列と武器を覆いつくす事を式文に書き加えたのである。かつては正確に執り行われた儀式に伴う客観的で必然的な結果であったものが、たった四十五年という時の中で、希望と祈りになってしまった（少なくともリィヴィの作家的な脚色の下に肖像化されたものではそうなっていた）。ここに私たちは、世界内存在の儀式的様態から宗教的様態への革命的な移行を認めることができる。しかしこの息子デキウスも、敵の隊列の最も密集したところにみずからを投げ入れ、そこで敵の槍の下に犠牲に倒れたのである。

この迫り来る捧げられた戦士が戦慄を引き起こすかどうかは、明らかに敵の国民性に左右される。同様の儀式によって通過儀礼を体験している近隣地域のラテン軍に対して、ローマ軍が対峙したヴエスビウスの戦いにおいては、この効果がより絶大であったと考えられる。ラテン軍は、ピアクルム〔*piaculum* 罪祭・償いの犠牲〕を畏れ萎縮したのである。それに対して、息子デキウスの感情化された行為は、サムニウム戦争におけるガリア連合軍に対して向けられており、この敵軍に対しては、同様の効果をもたらすことはなかったようである。

孫のデキウスが試みたデボティオ〔*devotio* 献身〕の場合、ピュロスとその兵士たちは、この生ける捧げられた男に対して何の畏れも感じず、それにピアクルム〔*piaculum* 罪祭・償いの犠牲〕を、見いだすことはなく、触れると呪いに感染する呪われたもの（呪いに感染させられたもの）を見いだすことはなかった。彼らがそこに見たものは、勝利を得るという目的で犠牲に捧げられた者でしかなかった。それはただ一人の戦士の殺害を通して完成され遂行される犠牲の供儀でしかなかった。こうした殺害は忌避されるべきものであり、戦士その人が忌避されるのではない。おそらく昨今では、地下組織の抵抗運動の戦士たちと戦うときには、その指導者を殺害することはしばしば避けられてきており、それはその指導者を殉教者にしてしまわないためであるが、これはそれと同じである。その考えに従って、ピュロスがはっきりと命じたのは、捧げられた戦士が、もしいたならば殺さずに捕えよ、であった。二世代前のラテン軍にはこのようなことは絶対に不可能だっただろう。さらにピュロスは、彼の命令が確実にデキウスに知らされるようにした。この情報は、孫デキウスにそのデボティオを思いとどまらせる効果を持っており、というのも、もしそれが彼の死という結末で終わらないのならば、彼の自己犠牲は不完全で意味のないものとなるからである。そして、この場合はそのとおりになったのであって、言い換えるならば、そうした洞察に基づいて、孫デキウスはデボティオをやり遂げることを思いとどまったのであり、そして私たちはここでもう一度、初めのデキウスの行為に続く短い期間で、ローマにおける世界との関係に極めて大きな変化が起きたことを知るのである。初めのデキウスのときには、儀式的な必然性が肝要であり、それは個人的で英雄的な美徳ではなく、純粋な実践的思惑によるものでもなかった。

捧げられた市民と違い、捧げられた将軍は、もし生き残ったとしても、儀式的に再び浄化されることはない。彼は通常の生活に戻ることはできず、もはや二度といかなる宗教的式典に参与することもできず、公職に就くこともできない。彼は形而上学的に抹殺されたと言ってもよいだろう。すなわち、地下世界へと捧げられ聖別されたのである。

このデボティオ〔*devotio* 献身〕が執り行われた槍について、それが敵の手に落ちることは決して許されないと言われている〔*fas non est...*〕。そして、それにもかかわらずそうしたことが起きると、浄化の犠牲がマルス〔戦の神・火星〕に捧げられなくてはならない。すなわち、ソウヴェトォウリラ〔Suovetaurila 浄化の犠牲〕（雄牛・雄羊・雄豚という三種の雄の犠牲獣による厄払いの犠牲）である。

原初の文脈では、槍や剣は、ブレーメンの「ローランド」（一四〇四年製、図2左）やカルベの「ローランド」（一三八一年製?、一六五六年複製、図2右）といった多くの立像に見られるように、垂直方向に立てられ、鋒を上方に向けているときにのみ、本当の意味を携えている。それはこの二つの武器と光（火）が結びついているためである。武器は、本来は単に実践的な目的に使われるだけの道具ではなく、それに加えて、「形而上学的」で実体的な意味を携えている。剣と槍は、光の賜物である。このことは今日でも槍の鋒にしばしば飾られている三角旗で明示されている。この三角旗が象徴的に表しているのは、ゆらめく炎であり、この象徴性は「オリフラム〔oriflamme〕」（ラテン語の *auri flamma*、黄金の炎）、すなわち中世フランス王たちの聖なる軍旗、風になびくたくさんの尾を付けた赤い絹糸の軍旗の中に、明確に示されている。剣の光とのつながりは、葉が伸びていく先端[25]という象徴的な言語表現に見受けられるだろう。しかしながら、献身の儀礼で用いられる槍は、完全に型破りに、地面に横たえられた水平方向の槍である。これはなぜなのか。いったい何を示しているのだろうか。その上に乗って献身が生じる槍は、明らかに、放射状に伸びていく勝利の槍でも、旗を飾られた長槍でもなく、もっぱら破滅の元と、恐怖とを詰め込まれた犠牲の槍である。だからこそ、この槍に触れることが許されるのは捧げられる者だけなのである。

図2　ブレーメンの「ローランド」（左）とカルベの「ローランド」（右）

献身の遂行で横たえられた槍の上に立つことを通じて、捧げられた将軍はこの槍と同一化することになる。将軍はその槍を自分の内に吸収する。逆に、彼の犠牲がこの木製の武器を聖別し、それを犠牲の槍へと変容させる。この槍の上に立つことは、それゆえ、ある種の儀礼的な祭式において犠牲の血がイニシエーションに臨む者や捧げられた者に注がれるのとまったく同様に、彼の生命力がその上に注がれたことを意味している、と考えられるだろう。二人のデキウスの嵐のような攻撃に際して、敵軍に対してみずからを投げ出していく意図は殺害することではなく、突き刺すことであり、捧げられた彼ら自身が、突き進む槍となることである。

この槍が破滅をもたらす槍と同一であるがゆえにこそ、敵軍は完全に畏れに捕らわれ、その槍に触れることさえ恐れなくてはならなかったことが明白となる。これが、同一化の主題に加わる第二の主題である。私たちはすでに、槍が上方を指した槍〔*hasta*〕であったときには、それが光の賜物であったことを知っている。しかし、いまや槍は、打って変わって、死の夜に満たされている。槍と将軍とは、その同一性において、共に地下世界の神々に対して聖別されている。両者とも、死の威力にとり憑かれ、呪いに満たされている。

肯定的な側面を、すなわち勝利の輝きを解放するためには、犠牲によってこの槍を浄化する必要がある。そして、この浄化する犠牲とは、まさしく犠牲的に虐殺されることであり、身を捧げる人間の献身的誓約は自分と敵とを、この虐殺されることに、参入させる。この犠牲の血は、死の力や呪いをみずからの内へ吸収し、それを地下世界の神々の元へ返すことになっており、そのように定められている。

戦場の敵たちの真っただ中で引き起こされるべき犠牲的虐殺は、献身の儀礼的遂行において先取りされていた。すなわち、将軍は象徴的に殺され、そうしてすでに死んだ者として敵に突き刺さった。地下世界の「力」がその個人に宿ったのではないが、それは聖別されたテルム〔*telum* 武器〕に宿ったのである。このローマ時代のデボティィオ〔devotio 献身〕に、私たちは、ケルトやチュートンの人々が「作っていた」悪魔的な武器と、それを使用して行われる儀式の名残を見ることができる。その一例がオーディンのグングニルの槍であり、それは敵を混乱させると共に虜にもしたのである。

献身の意義と目的は、しかしながら、敵の殺害だけにあるのではない。その行為は、ローマ皇帝を勝者〔triumphator〕とするための勝利〔victory〕を獲得することにも向けられている。だが、たとえこの極めて高尚な犠牲的決断によって将軍が鼓舞されていたとしても、そしてまた将軍が生物学的には生き残り、すなわち戦死しなかったとしても、この戦闘の儀式において生まれた勝利の輝きと力が、捧げられた将軍に具現化されることはもちろんありえなかった。私たち現代人の思考方法では、将軍は戦場の本物の「英雄」であるが、現実にはこの勝利は彼に帰せられるものではなかった。彼の犠牲は、彼自身の勝利の放棄でもあった。

儀礼において、たとえ歴史家が人物とその行為について語っていても、人物が、そして人間が顧みられることはなかった。ただ一つ大切だったのは実質であって、行われたことの現実性、使用されたものの現実性であり——そして、その儀式の客観的な儀礼的意味と目的に合致したあらゆる事柄である。関わった人々〔qua person〕の無関係性は、献身して生き残った人が儀式的用語で言えば、完全に人物性を失い、中核を奪われたという事実によって示されている。彼は空っぽの抜け殻となった。この洞察によってのみ、デボティィオ〔devotio 献身〕の亡霊的次元が、私たちにとって、時代の闇から浮かび上がるのである。このローマの美徳〔virtus Romana〕は、後世において賞賛の対象となったが、それは決して自身の命を犠牲にする英雄的な行為ではなく、生命の本質そのもの、すなわち生命の内なる本質である光や輝きを放棄する、超人的な行為であった。それは、個々の寿命を超えたものだったからである。デボティィオは、文字どおりの死による経験的な本人の消滅にとどまらず、彼の「形而上学的」消滅をも意味していた。（このことはおそらく――亡霊性に関する場合に限られ、他の場合には当てはまらないが――中世のキリスト教者による永遠の救済の絶対放棄と比肩し得るものであろう）。

ここまで私たちは捧げられた人間の献身だけをずっと見てきたが、これは献身の全体像の片面でしかない。デボティィオ〔*devotio* 献身〕の総体としての儀礼的現実は、もう一方の片面を含んでおり、そこは血誓兄弟とある種の類似性が表れてくるところである。デボティィオの儀礼的行為全体は、初めから二人の人物を、つまりひと組のペアを巻き込み、そのペアによって執り行われていた。私たちの事例では、この一組の人物とは、二人のローマの執政官であり将軍である、プブリウス・デキウス・ムスと、その同僚であるティトゥス・マンリウス・トルクァトゥスである。通常はこの二人の執政官は対等な関係にあって平等だが、献身の儀礼が、二人のあいだに対比を生み出した。犠牲的な救済と犠牲的な破滅、凶運と犠牲の恵みが決定的に分かたれたのである。ディオスクーロイの運命やその置かれた状況が分かたれたのとまったく同様で、つまりカストールは死すべきもので死後に冥界に下りていき、ポリュデウケースは不死で天なるオリンポスに上っていくのと同じように、ここで、儀礼は二人の同僚の運命的な役割を相補的に分配する。一人は犠牲者、もう一人は供物を受け取る者である。

すべては一つの夢から始まった――それは、デボティィオ〔*devotio* 献身〕が自我の動機に依拠して行われているのではないことを示す兆候であった。ラテン軍との戦闘前に、ローマの将軍であり執政官である二人、ティトゥス・マンリウス・トルクァトゥスとプブリウス・デキウス・ムスは同じ夜に同じ夢のヴィジョンを見ていた。その夢の本質は後に腸卜（生け贄の動物の内臓を読む占い）によって確定された。いずれの場合もそのメッセージは同様である。すなわち、互いに向かい合った二つの軍隊のうち、一つの軍隊は全軍が地獄の神への、そして母なる大地への、捧げ物となるが〔*Deis Manibus Matrique Terrae*〕、もう一方の軍隊は将軍の一人だけがその犠牲になるであろう、というのである。すなわち、あえて自発的に自分自身をこの力に捧げた将軍が、敵の凶運を決定するだろうというのである。

このト占を知って、二人の執政官は共に一つの考えに至っている。おのおのが自分を犠牲に捧げることを厭わないが、どちらが犠牲となるべきかを自分たち自身では決定せず、その決定を運命に任せたのである。そして彼らは、先に後退せざるをえなくなった軍隊の長が、自分を死へと聖別することにしようと取り決めたのである。あいにくこの戦いの外的経過は、この決定を下すものとはならなかった。むしろ、事態を決着させたのは戦場における最後の腸卜であった。なぜなら、その占いの結果、ティトゥス・マンリウスには極めて好ましい予兆が示され、プブリウス・デキウスにはローマ軍全体にとっての肯定的なしるしが示されたからである。しかしそれはもちろん、プブリウス・デキウス個人の死を予言していた。

献身の誓いの二面性には、この人物と予兆の二元論と正確に一致する部分があり、それは、将軍と敵軍全体を犠牲の運命、地獄の神々、大地の側に置き、ローマ軍（生き残った将軍とともに）を犠牲の恩恵と天上の神々の側に置くものである。それゆえ、デボティオ〔*devotio* 献身〕は、儀礼的に、敵軍の凶運を用意するだけではなく、（多かれ少なかれ当然の結末である）ローマ軍の勝利を用意する。この点から、私たちに伝聞されているこの戦闘儀式の物語には、必要不可欠でありながらも、失われた部分があるにちがいない、と考えられる。槍のことをもう一度思い起こそう。それは、捧げられた将軍が敵軍に向けて投げた槍であり、儀礼的に敵軍の血で浄化され、そうして勝利の印となったものである。このテルム〔telum武器〕は、一人の将軍の手からもう一人の将軍の手に渡される。直接ではないにしても、そうした戦いの運命を経由し、あるいはその戦いの運命の下を通り越して来ている。捧げられた者の儀礼的な推進力が、そのまま自軍の強力な戦術的猛攻の引き金となったのである。

この敵の血によって清められた武器〔*telum*〕が勝利だったのである。この武器は回収されなくてはならなかった。オーディンが携え投じていた槍、グングニルの槍について言えば、話に聴くところでは、それは投擲されても必ずオーディンの手元に戻ってきたという。このことは決して、グングニルの槍をブーメランのようなものと考えて、単に技術的な実体的なものと理解（そして誤解）されるべきではない。投擲者の手に戻ってくるという主題は、もちろん象徴的で儀式的な意味を持っている。このことは、その槍がいかなるときでも運んでくる勝利の中で必ず回収されることを示唆している。

ここでは、つまりこの儀礼的な文脈の中においては、勝利とは、私たちが考えるような単なる抽象的な概念ではなく、別の言い方をすれば、戦闘に勝ったという単なる外的で具象的な事実であるだけではない。それは元来、実質的なものでもある。すなわち、勝利とは、呪いが血によって洗い流されたあとに回収された槍のことであり、呪いが血と共に大地の中に沈み、冥界に至り、槍がもう一度本当に光を発する実体となり、勝利の実体となる過程を経たあとに回収された槍のことである。

生き残ることになった将軍ティトゥス・マンリウス・トルクァトゥスは、この争いの中で同僚が命を落としたことを理由に酷く批判され異議を突きつけられたが、それにもかかわらず、その勝利の凱旋を祝った。確かにこうした異論の側に立ち、同時にこの二千年の歴史科学とは異なる立場を取れば、生き残った将軍と捧げられた同僚を見て、この二人が個人の美徳や野望ではなく、ただ儀式的な結束と彼らのレリギオ[26]〔*religio* 結び付き・宗教性〕によって動かされていた最後のローマ人であることがわかるだろう。同時代や後世の歴史家によるティトゥスの勝利に対する非難とはまったく対照的に、この生き残った執政官は、紛れもなく勝利を義務づけられていたと、すなわち儀式的な根拠によって義務づけられていた、と私たちは結論づけなくてはならない。いかなる個人的な状況も彼を抑制することはなく、その同僚の死さえも彼を阻むものではなかった。それどころかデキウスの死は、この義務をもたらす出来事であり、すなわち、一人の勝利それ自体が、もう一人の帰還だったのである。

儀式によって特徴づけられ動機づけられた儀礼的文化においては、人間はいまだ、「形而上学的」に、すべてのことが究極的には自分自身の魂の救済や自分自身の自己発達を中心にして廻っているような、そうした自己として、人として、個人として、主体としては、構成されていなかった。実際の主体や実際の動作主は、ひとまとまりの儀式的現実であり、そこが個人の居場所であり、それが一人ひとりに役割を割り当てていた。人間は、より大きな儀式的現実に属し、それに抱えられていた。人間は、その儀式的現実の所有物として、その現実によって内包され包装され、自分に与えられた環境の中で、儀式上割り当てられた役割を生き抜くのであり、具体的には、それが犠牲に捧げられる役割であろうと、勝利者の役割であろうと、それを生き抜くのである。この儀式的な真実と必然性は、実際に本質的で現実的なものであり、それに比べて実在の人々はいわばこのような本質の中に生じる偶然の出来事でしかなく、ひとえにこの儀式的必然性においてのみ、その儀式の充溢においてのみ、人間も自分自身の充溢を得たのである。人間は、心的現実としての「形而上学的なもの」（ここでいう「形而上学的なもの」とは儀式的で神聖な現実の古代的な形式である）への内包から「孵化」してはおらず、ましてや近代的な啓蒙の意味でみずからを解放してはいない。今日の（正確にいうと最近までの）私たちにとって、個人の人間的尊厳は、真の実体である[16]（あった）。しかし古代的人間は、自分自身の内に自身の真実や価値を携えてはいなかった。たとえイニシエーションを通して実質的な光を獲得し、昔話的な意味で王となった場合でも、この光を発する生命の実体はその者を通じて光り輝きはしたが、それは彼自身のものではなかったのである。

　ゲーテの『ファウスト』の中で、ファウストが「ヨハネによる福音書」の第一章第一節をギリシア語から翻訳する一節があり、ファウストはいろいろな可能性を試したあとに、最終的に「はじめに行為あり」をもっとも相応しい表現として選んでいる[27]。ファウストがこのような選択をした理由と動機の在処は、今の私たちには関心がない。私がこのファウストの言葉を紹介したのは、ひとえにそれが、それ自身の歴史的文脈から外れて、人間文化・人間の心理学的な人生・人間の意味経験のはじまりを叙述するために利用できるものであるからに尽きる。初めに行為があった、つまりタ・ドロメナ〔*tà drómena*〕「行われたこと」、行為化され、遂行され、肉体で生きられたものがあった（これは、意図されたもの、意味されたもの、信じられたもの、感じられたものとは対照を成し、人の態度や発想や内的イメージや教義や理想とも対照を成している）。これは、ヒルマンによる「初めにイメージあり」[17]とはまったく異なる命題である。真実と魂と意味は内的現実ではなく、思い描かれたものではなく、人々の個人的な信念ではなかった。そのうえ、出来事の意味と真実は、行われたものの心の内奥の本質ではなく、目に見えない本質でもなく、その事実性と対照を成す深奥の「象徴的」意義でさえない。そうではなく、真実、魂、意味こそが、事実性における現実的行為〔*drómena*〕それ自体であった——それら自体が、もちろん、これらの実演で役割を演じた現実のもの（たとえば、現在の文脈から例を挙げると、剣や槍など）とともに、またそれらに関連して発せられた言葉として、言葉それ自体として、物質として存在していた。タ・レゴメナ〔*tà legómena* 語られたもの、すなわち、*drómena* 行為〕について語られた神話や物語は、それとは対照的に、当初は二次的な付随物、準備的な補助的要素でしかなかった。

儀式的真実に包まれていた頃、人間はまだその真実の外に出たことはなく、「自分自身のための人間」（エーリッヒ・フロムの著作の題名[28]）としてその真実に向かい合ってはいなかった。個性化は、目的地ではなく、目的地であることはできなかった。人生の主たる目的は、自己実現ではなく、たとえ自身が死ぬことになったとしても、儀式的真実の実現であった。ここでの人間は、いわば安息日のために作られていたのであって、人間のために安息日が作られていたのではない（『マルコによる福音書』第二章第二十七節参照）〔29〕——ただし、社会的圧力や外的制約によってそのように作られていたのではなく、人々自身の心的真実によってそうなっていたのである。

文化発達の宗教的な水準では、人間と真実とのあいだの部分的区別と、その二つの分離がすでにある程度始まっていた。神話は、次第に儀式的生活から切り離されていき、神聖な真実についての教義に変わっていった。そしてさらには、イメージされた真実となり、心の中の真実となり、表現〔語源的には再現 representation〕の中の真実に変わっていった。救済は、実質的ではなくなった（すなわち自分自身の行為によって獲得されるべき実質ではなくなった）。それは、いまやその人の主体的態度や敬虔さに左右されるものとなった。それでもなお実際に行われるものもあるだろうが、それは信仰者が救済を授かるための敬虔な振る舞いの一部となった。それは、いまこの場の、救済の実質自体による真の生産や獲得ではなくなった。逆に言えば、宗教において神々や宗教的な真実が死すべき人間の現実生活から離れていったのと同程度まで、人間は自分自身の権利に基づいた個人となり、自力で自分の魂や自分の自己を携える者となり、自分の中に宿る自分の価値や尊厳を携える者となった。人間はすでに部分的には主体となる途上にいたのであり、そして再び逆に言えば、人間が自分自身の権利に基づいた個人になったのと同程度まで、自分自身をそれだけ救済が必要な者だと思うようになったのである。人間が折に触れて自分自身の行為や（昔話の場合に良く見受けられるような）ある種の他界的力を通して救いの課題に携わっていたいままでの時代とは対照的に、いまやこの救済は、ただ彼岸から、神々から現れてくるものとなった。

宗教〔Religion〕は、そのため決定的にレリギオ〔*religio* 結び付き〕、すなわち儀式的義務や儀式的拘束とは区別されなくてはならない。

古代的世界には、レリギオ〔religio 結び付き〕以外にも、人生を決定づける力があった。すなわち、運命や宿命である。人間は、儀式的真実の所有物であり儀式的真実の中に完全に内包されており、同様に自分の意思や能力の外側にある運命に翻弄されてもいた。人間はまだ主体ではなかった。運命と儀式的義務とが、いわば、人生の力の二極であり、その相互作用の内側で人間の本質的な人生が生じていたのである。

運命あるいは宿命は、儀式的光の下で観察されるものであった。すなわち、私たちがすでに見たように、戦争における運命が、デボティオ〔devotio 献身〕の作法に則ってプブリウス・デキウス・ムスに自己犠牲を要請したのと同様に、ある種の運命的な出来事は、儀式的な実際の行為への挑戦でもありつつ、それを招聘するものだった。運命は、このように、運命の輪[30]でイメージされるような栄枯盛衰という後年の発想や、私たちの時代にある幸運や不運という発想とは決定的に区別されるものを含意していた。

初期のギリシア（特にホメロス）を見ると、人間存在が、運命に関する、またその運命が強いたであろう「レリギオ〔religio 結び付き〕的」義務に関わる、古代的思考から、すでに少しずつ（しかし完全にではなく！）自分を切り離し始めていたことがわかる。ホメロスにとって、神々の上に存在する運命、モイラ〔Moira〕はまだ存在するが、神々自身の存在は現実には基本的に幸福で、苦痛のないものであり、つまり、実質的には運命を備えていないものであった。

古代的人間は、自分の意思や能力の外側にある運命に翻弄されているものとして自分を経験している、という私の先ほどの発言は、決して、古代的人間が従順な弱々しい人形であるという意味で解釈してはならない。逆に、私たちはプブリウス・デキウス・ムスのような人間を思い浮かべるべきであり、あるいはみずから進んで義兄弟の契りを結んだ戦士の姿を思い浮かべるべきであって、そうした者たちは、印象的なほど強く、強い意志を持ち、力をみなぎらせた、才覚のある人物たちであり、偉大な決断力と熱意とを備えて自分の人生を生きている人間である。その者たちをおそらく私たちなら本当に「個性的」だと呼ぶであろう。彼らが意志なく運命に曝されていることは、単にその時代の人間存在の全体の論理的状態がそうであるにすぎないのであって、それが、その他の同時代人と同様に、彼らが参加しているものなのである。彼らの性格の個別の本質的な強さは、彼らの経験的な特徴である。運命と儀礼的現実という二つの首尾一貫した複雑性に彼らが論理的に埋め込まれていることは、経験的に彼らがそうした性格の堅牢さを持つことを可能にしているものだったのである。

（猪股剛訳）

原註

1 ハイノ・ゲールツ Heino Gehrts（一九一三－一九八九）は非常に多くの本や論文を執筆している。本論の主旨に最も沿うものは、広範囲に渡る研究である Heino Gehrts, *Das Märchen und das Opfer: Untersuchungen zum europäischen Brüdermärchen* (Bonn: Bouvier, 1967)〔『御伽話と犠牲者 ヨーロッパの兄弟の研究』〕であるが、ここでは私はより短く要約された論文である "Vom Sinn der Blutsbrüderschaft," *Märchenspiegel* 4(1993): 2-7.〔「血の義兄弟の意味」〕に密接に付き従っている。

2 「AT」はアンティ・アールネの *Verzeichnis der Märchentypen*（民俗学者の交流誌 *FF Communications* No3, 1910）〔『御伽話の話型』〕を基礎に、スティス・トンプソンによって翻訳・増補された第二版（Helsinki: Academia Scientiarum Fennica, 1981）による昔話〔『民話のタイプ 分類と目録』〕の国際分類のこと。

3 "Das Bata-Märchen," in *Altägyptische Märchen,* trars. Emma Brunner-Traut(Düsseldorf: Eugen Diederichs Verlag, 1963), No.5 and pp. 275ff.〔エマ・ブルンナー＝トラウト訳『古代エジプトの御伽話』野中の「バータの御伽話」〕。

4 Pierre Saínryves, *Les Contes de Perrault et les récit paralleles: Leurs orgines, coutumes primitives et liturgies populaires*』(paris, 1923).〔ピエール・サンティーヴ『ペロー童話と類似する物語 その起源、未開の慣習と人々の儀礼』〕。

5 この本は英語では入手できないようである。これはまずロシア語からイタリア語に翻訳された（*Le radic storiche dei racconti di fate* [Turin, 1981]）。ドイツ語の翻訳（*Die historischen wurzeln des Zaubermärchens*）は一九八七年に出版されている（Munich, Vienna: Hanse Verlag）。

6 私たちは昔話の類い稀な重要性を、他のタイプの古代的な語りにも、すなわち神話にも、割り当てようとしがちである。そのような動きにはある種の正当性がある。しかし神話は原初的な儀式的経験からは若干遠ざけられている。なぜなら神話においてはこうした経験やその実演は、歴史化や永遠化や人格化といった形で追加の加工や濾過を被っているからである。かつて具体的・事実的な通過儀礼の体験において遭遇していた力は、神話において、時間の経過に影響されずに永遠で常に存在すると考えられた神聖な人格たちに姿を変える。そうした人格たちによって引き起こされた出来事は、もはや毎年繰り返される儀式的実演自体の現実における瞬間や継続時間にはその場所を持たず、過去に遂行された単回の出来事とみなされる（エリアーデの言う「そのときに *in illo tempore*」）。神話はこのように移行段階に属する。それはいまだ儀式的世界観と連結しているのだが、後－儀式的な、すなわち宗教的な、死ぬ運命にあるこの世的な人間の領域と不死であるあの世的な神々の領域とのよりいっそう際立った分離が特徴的な世界内存在様式の先駆けでもある。Heino Gehrts, *Von der Wirklichkeit der Märchenwelten* (Regensburg: Erich Röth, no date [1992] pp33f.) 参照〔ハイノ・ゲールツ『昔話の世界の現実性』〕。「年を取らず常に存在する」というユングによる元型の定義（*Letters* 2, 15 Oct. 1957, to Trinick, p 394）は、彼が元型を（より後期のプラトン主義的なものでないにしても）神話的観点から着想していたことを示唆している。

7 ドイツ語表記では、"Von Johannes-Wassersprung und Caspar-Wassersprung,"となり、第一巻七十四番の物語である。

8 Aniela Jaffé, *Geistererscheinungen und Vorzeichen: Eine psychologische Deutung* (Zürich and Stuttgart: Rascher, 1958, p.62)〔アニエラ・ヤッフェ『幽霊と兆候 一つの心理学的解釈』〕。昔話とはまったく異なる地域伝説が生じるような文化状況について述べた上記の説明を考慮すれば、この経験のまったくの意味のわからなさは理解できる。この提示された事例は一つの典型例であろう。つまり、孤立していたヴィジョン的経験が無力な意識の中になだれ込んできたのである。というのも、ヴィジョン的経験がその中に自分の居場所を持ち、その中でだけ意味を持つことができる文脈を、この意識は完全に失っているからである。

9 王国は王の息子に受け継がれるではなく王の娘の夫のものとするという歴史的な律法的伝統が、昔話においては通常反映されている。

10 孤独感や、実存主義者の孤独の観念について語っているのではない。

11 「存在論的」という代わりに「神聖な sacramental」とも言えるだろう。

12 これは錬金術におけるジレンマでもあった。錬金術は、神秘 *mystica* と物理 *physica* の、現代の言葉を用いれば心的なものと化学的なものの、結合の原理に基づいて、もしくは上方にあるものと下方にあるものの一致の原理に基づいて作用していると主張した。それは錬金術の仕事が、古代人の包括的儀式的現実とまさに同じように、直接的に存在論的であったことを暗示するだろう。ユングは「物理 *physikā* と神秘 *mystikā* の分裂のプロセスは十六世紀末に始まった」（CW12 §332）と考えた。その頃、イマジナルな中にまだ完全に浸かっていたかつての錬金術から、実証主義的な科学としての現代の化学を最終的には解放することになる分岐が始まったのは確かである。しかし、中世の錬金術師たちの時代においてすでに、声高に主張されていた物理と神秘の結合、つまり彼らの仕事が存在論的次元にかかわるという主張は、それ自体心 mind の中のアイデアにすぎず（ユング自身はそれを「投影」だと述べた。私たちなら、無意識的なイデオロギー、あるいは信念と言うかもしれない）、それ自体はもはや物理的なものを包み込んでいなかった。それはもはや真実ではなく、ただの主張だった。真の分裂は数世紀前にすでに生じていた。人間が中世人として久しく古代の心の（もしこういってよければ）「存在論的な」構えを放棄していた時代にあって、錬金術の心 mind は、古代の心 psyche にとって真性であるいくつかの思考様式をいまだに保持していた。錬金術師たちの意識はすでに、彼らの存在そのものである真実に遅れをとっていた。錬金術師たちは、支払うことが不可能である知的な負債を被っていたのである。

13 彼らが何かになりたいと思ったり望んだりすることや、彼ら自身をどのように（意識的にせよ故意ではないにせよ）型にはめるかということとは反対に。

14 編者注：この記述は物語のいくつかの版を複合したものであ

る。近年の英訳は、Luo Guanzhong, *Three Kingdoms: A Historical Novel*, abridged edition, translated from the Chinese with Afterword by Moss Roberts (Berkeley, CA: University of California Press, 1999), pp. 8-9. を参照〔『三国志 歴史小説』要約版〕。

15 これに続く議論は、Heino Gehrts, *Das Märchen und das Opfer*, pp. 9ff. に負っている〔ハイノ・ゲールツ『昔話と犠牲』〕。

16 個人と人間の尊厳がもっとも価値を備えていた時代はすでに終わった。西洋世界において、すなわちこの個人性と人間の尊厳という理念を展開させた唯一の世界において、こうした発想は多くの場合すでに、口語的呪物やイデオロギー的小道具に還元されていて、それに対して政治家や人権主義団体が口先だけの賛同を示すだけで、文化水準においてそれはもはや何の真実も携えておらず、真に人を説得する力も動かす力も持ち合わせてはいない。

17 James Hillman, *Re-Visioning Psychology* (New York: Harper & Row, 1975), p.23.

訳註

［1］フランスの人類学者レヴィ＝ブリュルがその著書『未開社会の思惟』において使用した participation mystique の訳語。主体と客体が未分化に融合している状態を指す。

［2］個々の部分は全体から、全体は個々の部分から理解されなければならない、とする解釈学。

［3］ドイツ語の言語変種である、高地ドイツ語（ドイツ語高地方言とも呼ばれる）の一〇五〇年頃から一三五〇年にかけての段階のことを指す。中高ドイツ語によるよく知られている作品は、『ニーベルンゲンの歌』などである。

［4］北欧神話における死者の国を支配する女神。

［5］デンマーク人文化歴史学者。なお、生まれ年は一八四三年ではなく一八七三年である。

［6］ゲルマン民族の一派。ユトランド半島が原住地で、紀元前一一三年頃に南下してローマへ侵攻したが、紀元前一〇二年にはローマに敗れた。

［7］テオドリック（四五四－五二六）は東ローマ帝国の軍人および政治家で、東ゴート王国の創始者。

［8］エッダは北欧神話の初期（八〇〇－一〇五〇）の形態を伝える文書群。『レギンの歌』はその中の英雄詩の一つである。

［9］ウルフィラス（三一一頃－三八二）はゴート人司教で、聖書の布教のためにゴート文字を発案した。

［10］「ゼウスの息子」の意味で、双子の兄弟カストールとポリュデウケースのことを指す。双子は片方が神で不死であり、もう片方が人間で死の運命にあるとされる。しかし、双子の両方とも神であったり、人間だとされたりする場合もある。

［11］表向きはスパルタ王夫妻の娘であるが、実父はゼウスであるとされる。トロイアの王子にさらわれ、トロイア戦争の原因になった。

［12］インド神話における医術の神で、美しい姿をしているとされる。名は「馬を持つ者」の意味で、馬との関係が深い。

［13］『ラーマーヤナ』の主人公（ラーマーヤナは「ラーマ王行状記」の意味）。英雄、理想的な君主像であり、シーターを后とした。ヴィシュヌの化身だとされる。

［14］ラーマとシーターが故郷を追放された際に、ラクシュマナは故郷を出て行く義務はなかったが、ラーマとシーターと行動を共にしたことを指していると思われる。

［15］一六四三年に、のちに『詩のエッダ』もしくは『古エッダ』と呼ばれる詩集が記された『王の写本』が発見された。『エッダ』に引用されている詩が多く含まれていたために、そのもととなったものだと考えられて『古エッダ』と呼ばれるようになったが、実際は一二七〇年頃に編纂されたものだと考えられている（『エッダ』あるいは『スノッリのエッダ』自体は一二二〇年頃に書かれたという）。

［16］北欧神話における最高神で、ウォーデンとも呼ばれる。その名の語源は「吹く」という意味である。宇宙を支配し、天地や人間をつくったとされる。戦の神として、死んだ戦士を自分の住む館であるバルハラに招いた。

［17］北欧神話における戦死した勇者の魂のこと。死後バルハラの館に集められ、ラグナロク（北欧神話における終末の日）の

際にオーディンらと共に巨人たちと戦うために、毎日お互いに殺し合いをして腕を磨き、死んだ者は夕方になると生き返り、夜は盛大な宴を行うという。

[18] マルティン・クルシウス（一五二四－一六〇七）はドイツの古典歴史学者で、特にシュヴァーベン（スワビア）についての研究を行った。

[19] 論理学用語で、「人はすべて死ぬ」などのように、一つの集合のすべての成員について肯定または否定する働きを持つ。

[20] 本訳は、講談社学術文庫版の訳を基本とし、英語版の内容に沿って一部改変して訳出した。

[21] 『ローマ建国史』を著したティトゥス・リウィウスのこと。

[22] 『ローマ史』を著したルキウス・カッシウス・ディオ・コッケイアヌスのこと。

[23] 『対比列伝』（『プルタルコス英雄伝』ともいう）を著したプルタルコスのこと。

[24] 古代ローマにおいて、権威の標章として使用された束桿を持って執政官につき従って警護する役職の者。

[25] 木の先端では、光の方に向かって葉が伸びていくことを指していると思われる。

[26] レリギオ religio の語源には、キケロに遡る relego/relegre（読み直す／選びなおす）と、ラクタンティウスに遡る religo/religare（結び付ける）にさかのぼる説があり、アウグスティヌスは『神の国』でラクタンティウスの説を採用している（三上信司『レリギオ〈宗教〉の起源と変容』参照）。ギーゲリッヒはそれにならい、ここでレリギオに拘束性をみており、レリギオから派生した宗教 religion よりも、儀式 ritual に本来のレリギオ／拘束性を見て取っている。

[27] 定訳の新約聖書では、「行為 deed」ではなく「言葉 word」とされている。

[28] 一九四七年刊行。邦訳『人間における自由』。

[29] この新約聖書の箇所では「そしてさらに言われた。『安息日は、人のために定められた。人が安息日のためにあるのではない』」とあり、ここでギーゲリッヒのいう儀式的世界が、ちょうどこの聖書的世界観とは正反対であることが示されている。

[30] フォルトゥーナはローマ神話に伝わる運命の女神であり、運命の車輪を司り、人々の運命を決めるとされる。

血から心臓へ、心臓から心へ
日本における血の象徴の展開

兼城賢志

言葉なんかおぼえるんじゃなかった
日本語とほんのすこしの外国語をおぼえたおかげで
ぼくはあなたの涙のなかに立ちどまる
ぼくはきみの血のなかにたったひとりで帰ってくる
田村隆一「帰途」

一　はじめに

あるとき、ヨーロッパから来た留学生の心理療法を引き受けた。彼は日本のアニメーションやゲームに魅力を感じて、日本語を学ぶために留学した。日本文化にはどこか悲しみが感じられ、それがより一層アニメーションやゲームの世界を美しくしていると彼は感じていた。

来日して数か月が経ち、彼は何かがおかしいと思い始めた。彼の住んでいる寮の談話室でも電車の中でも、人々があまりに静かで陰鬱に見えた。まだ日本語がよく理解できないのに、少しでもルールを間違えると日本語でまくしたてられた。電車の中で席を見つけて座ると、周りの人が避けるように席を立った。さらにわずか数か月の間に、三度も警察から職務質問を受けることになった。もう耐えられないといった様子で、彼は私の勤める相談室を訪れた。彼は戸惑った様子でこう話した。

世界の反対側にある日本という国にずっと来てみたかった。みんなとても静かで、行儀がよくて、日本はとても安全な国だと思う。でも、それは人々が内側にひきこもることで保たれていると感じる。こんな表現で気を悪くしないでほしいのだけど、この数か月間、まるで刑務所で暮らしているみたいだった。みんな暗黙のルールを守り、僕も「みんなと同じ」にならないといけない。ルールを守らない人は、孤立するという形で暴力を加えられる。

それを暴力と呼ぶのかもわからない……。僕の国では、確かに犯罪も多いし、人が喧嘩するときは身体的暴力を振るうこともある。けれど、そこには肉体がある。日本人は場違いな僕のことをじっと見つめて、そして、さっと逃げていく。まるで亡霊みたいだ。こんな現実の生活があまりにも辛いから、日本人はアニメーションやゲームといった仮想現実を美しく作ることができるのかなぁ……

彼が遠慮がちに使った「刑務所」という比喩を聴いて、私に思い出されたのは、かつて心理療法を担当していた日本人のクライエントだった。これとはまったく違う文脈で彼も同じ比喩を使った。

進学校を出て有名大学に入学し、その後は企業から内定をもらい、卒業を控えた男子大学生だった。何もかも順調そうに見える彼が、精神科で「うつ状態」と診断されて、心理療法に紹介されてきた。彼はこう語った。

　生きている意味がわからない。本当はやりたい仕事も、趣味もない。でも死にたくもない。大学を卒業したら、ずっと働かされて、気がついたら死が目前に迫っているんだろうと思う。まるで、刑務所の中にいるみたいだ……

「刑務所」という比喩は、日本に生きる若い世代の行き詰まりの雰囲気を表しているのだろうと思う。分析心理学の観点で考えるなら、これは日本の魂が生み出している、ひとつのイメージだと言える。その魂のイメージに囚われると、人の心は高い塀に囲まれた空間に閉じ込められる。そこでは看守の指示に従い、皆と同じように行動していれば自分も傷つかないし、誰かを傷つけることもない。けれど、そこに「私」の自由はない。

　実際には、欧米諸国の方が日本よりも犯罪が多いという。ヨーロッパ人の彼が言ったように、西側の国々では人と人が関係することは「肉体」を伴い、時には「血」が流れるのだろう。それと比べると、日本は一見安全である。しかし、心は不自由で、行き詰まりを感じている。静かに、肉体を持たない亡霊のように暮らしている人々がいる。

　確かに、東京で心理療法の仕事をしていると、「生きていても、つまらない」「生きている目的がわからない」と訴えるクライエントに出会う。この生きている感覚の希薄さは、「血」を避け続けた結果、肉体を持たず、刑務所の中で生きているかのような感覚が生まれていることと関係しているように思う。彼らは「自殺はできない」と言う。一方で、「長生きはしたくない」「できるだけ早く死にたい」と語る。仕事に情熱を注ぐこともできず、趣味に生きることもできない。誰かを心の底から愛し、それに苦悩することもない。うっすらとした自殺願望を抱きながら、灰色の日々を生きている。どうして誰かと出会ったり、新しい体験を求めたりしないのかと問うと、多くの場合、「傷つくのが怖い」という不安が明らかにされる。予測のつかないものや他者に出会うことによって、傷つき、血が流れることを彼らは恐れているようにも見える。

本論では、日本における「血」の象徴の変遷をたどり、「刑務所」で生きているかのような感覚を生み出している、日本の魂の心理学的状況を描き出してみようと思う。ユング、そしてギーゲリッヒの心理学の基本姿勢は、歴史的観点から現代の心を見ることにある。そのため、歴史的諸相のすべてを網羅することはできないという限界を踏まえながらも、本論では古代の魂から近世、そして現代へと至る「血」の象徴の展開を検討したいと思う。具体的にはイザナギ・イザナミ神話から、浄瑠璃『阿弥陀胸割』の物語をたどり、最後に現代の文学作品と臨床事例を取り上げる。

二　血の象徴と日本の魂

本書に収録されたギーゲリッヒの論文『義兄弟、血の復讐、そして献身　古代的な心の片鱗』は、古代西洋における「血」の象徴を分析したものである。誤解を恐れずに要約すると、『義兄弟』と『血の復讐』についての分析では、血が二人の人間を結び付け、どちらかが死んだときに知らせがある。そして、生きている方が仇を打つことで、死者の魂は買い戻され、ひとりの人間の中に「ふたつの心臓」が生じる。これが強力な生命の源泉となる。『献身』では、みずからの命を捧げて冥界を開くことで、勝利へと導かれる。いずれにしても、血は冥界との繋がりを生み出し、そこから「生命力」や「勝利」へと至る道が開かれる。

この論考は具体的なイメージから血の象徴について論じているにもかかわらず、ギーゲリッヒの論文の中で難しい部類に入るのではないかと思う。なぜなら、古代西洋における血の象徴とその後の展開は、私たちが生きる日本とはまったく異なる歴史を持っているからである。実際、日本における血の象徴について調べてみると、日本では家族や仲間同士の繋がりを意味するときに、「血」という表現が用いられることはほとんどなく、「血の繋がり」「血縁」といった表現が用いられるようになったのは近代になってからだという[1]。西田知己著『血の日本思想史 穢れから生命力の象徴へ』には、日本における「血」の概念の変遷が緻密に論じられている。本論は西田の歴史的研究に依拠して「血」の象徴とその展開に対して深層心理学的考察を加える。歴史的事実に関する詳細は、西田の著書を参照されたい。

民俗学や宗教・思想の歴史的研究が示しているのは、日本において血が穢れであり、忌むべきものとして体験されていたことである。長年、日本の魂にとって血は力や超越的な繋がりといった肯定的な意味での繋がりではなかった。それは穢れとして否定的な意味を持つ、断ち切るべき「繋がり」であった。このことは、最初に血が描かれたと思われる古事記の場面、イザナギとイナザミの神話からもうかがえる。周知の通りイザナギとイザナミは最初に日本の国土を産んだ神々である。血が登場するのは、イザナミがカグツチを生む有名な場面である。

イザナミは火の神カグツチを産んだときに女陰を焼かれて死んでしまう。怒ったイザナギはカグツチを殺し、その血からさまざまな神が生まれる。その後、イザナギは黄泉の国にくだったイザナミに会いに行く。イザナミは地上の世界に戻れるかどうか相談するから、それまで姿を見ないでほしいと伝える。しかし我慢できなくなったイザナギは火を灯してその姿を見る。そこには朽ち果てた恐ろしい姿のイザナミがいて、怒り狂って追いかけてくる。イザナギは必死に逃げて黄泉の国とこの世を隔てる扉を閉じる。イザナミは恨みをこめて地上の世界から毎日千人の人のいのちを奪うと述べる。イザナギはそれに対して、毎日千五百人の人を生むと答える。イザナギは黄泉の国で穢れたと言って禊をおこない、そこからさらに古事記を構成する主要な神々が生まれてくる。

この神話の心理学的主題は、ユング派心理学者の河合隼雄が述べているように、死の恐怖への直面であり、原始的な意識の始まりである。[2] 河合は特に火の誕生と意識の始まりを結び付けて解釈した。一方で、フロイト派心理学者の北山修はこの場面で出産による失血死が描かれていると指摘している。[3] 両者の解釈はどちらも正しいと言える。なぜなら、古代の魂にとって「火」と「血」という二重の意味が同時に成立し得るからである。この神話では「火」と「血」は等価のものとして扱われており、どちらも赤く熱く、存在の内に宿っている生命力を表している。火の神カグツチを殺害することで、そこから血が流される。この殺害はイメージの分化を表しており、このときカグツチは火と血に分離した。そのため、この殺害に続く場面で、イザナギはすでに「火」を獲得しているのであり、黄泉の国に下って火を灯し、イザナミの死の本質を見ることが可能なのである。

この神話は古代日本の魂の運動を描き出している。それは火や血によって、この世とあの世という世界の分離が起き、原初的な意識が誕生することである。ここで最も重要なのは、イザナギが黄泉の国のイザナミの真実に出会ったときに、そこから逃走したことだろう。イザナミの死と、イザナギの殺害と火／血の出現は冥界を開き、意識が誕生した。それと同時にイザナギは逃走した。この逃走こそが日本の魂の「意識」を構成している。その後の神道的観念や儀式において、出産や女性が穢れたものとして隔離されたことにも示されるように、日本の精神文化の中で「血」は穢れを表すようになった。こうして日本の魂は血を祓い、「穢れなき意識」を獲得したと考えられる。

この神話から、日本的な意識に見られる潔癖さが、血の抑圧と関係していることがわかる。強迫神経症の汚染不安で繰り返し手洗いがおこなわれるように、血は繰り返し日本の精神性の中で洗い流されてきた。しかし、それは日本の魂から、論理的に血や穢れが消えてしまったことを意味しない。イザナギはイザナミを地上に連れて帰ることも、あるいは戦って冥界を征服することもできなかった。それどころか、逃走によってイザナギはイザナミとのあいだに永遠の緊張関係を生み出した。イザナギとイザナミが最後に交わした言葉からもわかるように、この世の生命を侵食するものとして常に冥界が存在し、殺害や流血と結びついたイザナミは穢れとして思い起こされることになったのである。

ギーゲリッヒの論じた『献身』でも、死の聖別によって敵軍を脅かすものとして「血」が用いられていたことが思い出される。[4] 古代西洋においても血は冥界を開く特別な力を持つものだった。古代日本の魂も同様に、「血」によってこの世とあの世を分離し、同時にその通路を開いている。しかし、その後、日本の魂がたどった展開は「逃走」であった。体の中から流れ出る血は、血を流した者の悲しみや恨みといった情念を含んでいるものであって、禊によって洗い流さないといけないものとなった。西洋と日本では、冥界を開くという点で血の持つ象徴的意味は共通していても、その後に魂が取る態度がまったく異なっているのである。

三　影としての血

西洋の精神史を考えるとき、血はその後も「繋がり」という意味を担い続けていたと思われる。たとえば、神話的世界観の後にヨーロッパを覆い尽くしたユダヤ-キリスト教文化では、神への犠牲として血が重要な意味を持ち、過越祭りでは門に子羊の血が塗られた。さらに新約の時代に入ると、キリストの血が救いの象徴として重要な意味を持ち、現在に至るまでカトリックのミサでは司祭が手をかざしたワインをキリストの血に、パンをキリストの肉に変容させ、信者はその血を飲み肉を食べることでキリストと一体となる。近代では、契約を重視する精神性に、「繋がり」としての血の象徴が展開した結果を見ることができるだろう。西洋では個人と個人の意思によって契約が交わされることが重視される。『義兄弟』の文脈で言えば、西洋では、「義兄弟」であることが重要なのである。つまり、「血縁」が重視されるのではなく、みずからの意思に基づいて「血」を注ぎ、そのことによって繋がった者が重視される。「血」という象徴がその概念自体へと展開した結果、現代の西洋では個人と個人の繋がりに先立って意思表示が重視されていると言える。

それに対して、日本の魂は古代から近世まで血を抑圧してきた。代わりに日本人にとって繋がりを生み出す象徴は「家」であった。民俗学者の柳田國男によると、生物学的な血の繋がりがなくとも、「家」の一員となることができたという。[5] 家族は死後に祖霊に加わり、子孫に祀ってもらうことが価値のあることだった。ここでは、「家」という空間的な共同性が人々の繋がりを生み出していた。

人々の意識は、「家」の存続と繁栄に向けられていた。しかし、イザナミの恨みが消え去ったわけではない。毎日千人のいのちを奪うというイザナミの宣言に暗示されているように、意識は常に血の穢れに脅かされていた。「血」は常に意識の構成に組み込まれており、それゆえに定期的な儀式によって祓われなければならなかった。その後、血の象徴が日本文化の中で表現されるようになるには、近世文学の出現を待たなければならない。たとえば、近世文学でイザナミの恨みに通じるものは、忠臣蔵に対する四谷怪談であろう。四谷怪談は、私利私欲のためにお岩が殺害され、怨霊となったお岩が復讐を遂げる話である。この怪談は、忠臣蔵で描かれる共同体や「家」的な繋がりへの忠誠と美化に対するアンチテーゼの意味があったと言われる。[6] それは一見、美談として描かれる「家」の世界の背後に、女性への裏切りや殺害がおこなわれていたことを糾弾している。

ところで、ユング心理学では、心の中に現れる異性像が重視される。ユング自身は男性であったため、ユングは心の中に現れる女性像を重視し、それをアニマと名づけた。アニマとは魂を意味する言葉であり、ユング以降は広く無意識全般を表し、イメージを生み出す働きそのものであると理解されるようになった。心理療法では、まず最初にその人自身が見たくないと感じていた心が表れると言われる。ユングは日常語を用いて、それを「影」と呼び、常に「私」に最も近い場所にいながら、「私」が「私の一部」として認めたくない暗い部分であると考えた。心理療法の初期に「影」と向き合う作業を通過すると、次に現れるのが「アニマ」である。アニマのイメージが訪れるとき、それはその人が自分自身の心と向き合う準備ができたことを意味しており、アニマはこれまで生きられていなかった心の領域を旅していくときの、最初の導き手となる。

このように西洋精神史の過程で生まれた心理療法という文化においては、影やアニマという明瞭に区別された用語で、その恢復のプロセスを説明することが可能であった。しかし、日本ではこのように明確な形で影やアニマといった段階が展開するのではなく、むしろ両者は渾然一体となって現れることが多いように思う。つまり、四谷怪談のお岩が「家」という価値観の崩壊を糾弾するものとして出現したように、日本では既存の意識が揺らぐときに、「影としての女性」が現れて来るのである。現代では、「影としての女性」の一例は、「ジャパニーズ・ホラー」というジャンルとして出現している。これは日本人独特の恐怖感覚が映画やアニメーション作品、ゲームなどに表現されているものであり、世界に広く知られることとなった。このホラー映画の代表作が、『リング』[7]だった。この映画は九〇年代にヒットし、その後は海外でリメイク版がいくつも制作されることになった。長い髪で顔を覆われて、白い服を着た女性の幽霊のイメージは、誰でも思い浮かべることができるだろう。この物語で興味深いのは、ビデオのダビングという当時としては最先端の技術が、女性の怨念の増殖と結び付けられたことである。さらに小説の続編では、この怨念はコンピューター上のシミュレーションの世界に起きるバグであることが語られる。

この物語は従来の「家」の崩壊を糾弾する形で出現した女性怨霊のイメージを借りているが、実際には、テクノロジーの中に影としての女性が産まれ出てくる物語である。近代の日本は西洋文明を取り入れて、自然科学や情報技術の分野で目覚ましい発展を遂げてきた。当然ながら西洋の自然科学を取り入れ使いこなすためには、日本人は合理的・論理的思考を身につける必要があっただろうし、その過程で西洋の合理精神も取り入れてきたはずである。しかしこの映画に象徴されるように、日本人の合理的思考は決して西洋的な合理精神と同一のものではない。その皮を一枚剝ぐと、すぐに日本的な穢れと祓いの世界が顔をのぞかせる。そのことが映像の複製という科学技術の中に怨念というものを滑り込ませた『リング』という作品に見事に表れている。この作品は、テクノロジーのもたらす明るい未来が幻想であったと人々が気づきはじめたとき、テクノロジーの中にイザナミが再び姿を現すことを予見している。

現代医学の知識を持っている私たちにとって、もはや「血」は生命や遺伝的繫がりを意味する言葉である。しかし、魂の深層において「血」はいまだ穢れとして生きられている。このことは、近年のアニメーション作品に、繰り返し「血」や穢れの世界が描かれることにも読み取れる。四谷怪談から『リング』へのイメージの展開を考えるとき、日本の魂は「家」から「テクノロジー」へと、その領域を移しているように思われる。そして「影」とは常に意識の態度との相関関係で現れる。「家」が意識にとっての至上価値であったために、四谷怪談の物語が生まれた。科学技術が価値あるものとされた時代には『リング』の物語が生まれ出たのである。このことは、日本の意識が逃げていくところに、イザナミとしての影が現れるとも考えられる。血からの逃走によって意識が生成され維持されている限り、血は穢れや怨念として回帰し、アニマは影として姿を現すことになるだろう。

四　逃走とアニメーション的二重化

『義兄弟』の考察では、血によって開かれた繋がりと、復讐によって魂が買い戻されることによって獲得される生命力という、冥界を経て生命力へと展開する運動が分析されていた。これに対して、イザナギは冥界から逃走し続けることによって、この世とあの世の間に緊張関係を作り出し、それが日本的な意識の基盤を形作っていると考えられた。このとき、冥界は開かれると同時に閉じられている。まさにこの逃走によって、常に地上世界と冥界は分離したままであり、意識は二重化された構造を維持するのである。これは地上世界と冥界の対立関係ではない。たとえば、ギリシャ神話のペルセポネーの物語と比較するとわかりやすいだろう。ペルセポネーは冥界に下るが、その後、条件付きで地上世界に戻ってくることができた。ここで重要なのは、地上世界と冥界が対立関係にあり、それゆえに対決や交渉が生じるということである。それに対して、「逃走」とは、地上世界と冥界を関係させないことであり、お互いが接触せずに並列されることである。そこには化学反応が起きない。心理学用語で言えば「解離」である。

こうして「逃走」によって日本の魂は二重化した意識を作り出し、その結果として日本文化ではアニメーションやゲームといった仮想現実にうまく現実感を作り出すことに成功したのだろう。これは西洋のリアリズム的描写とまったく違うリアリティの創出である。たとえば、日本のアニメーションでは実際の人間像よりも明らかに目が大きく描かれている。これは「目は口ほどにものを言う」という感覚のみが重視された結果だろう。写実的な人物描写よりも、より感覚に現実感を与える描写の方が重要なのである。このことは、盆栽や日本庭園などの文化にも見て取れる。人間が自然を改変して人工的に美を作り出しているにもかかわらず、「自然そのもの」が表現されているかのように美が構成される。そこでは、実際の自然風景よりも、より「自然を感じられる」という現実感が重視されている。

しかし、近年では逃走によって生み出される、このアニメーション的な世界の二重化も限界を迎えている。いや、むしろ、魂の展開の結果として、帰結すべきところに達していると言うべきかもしれない。この日本の魂の生み出すイメージに囚われて心理療法を訪れる人々は、どの世界にも現実感を感じられず、この現実世界も仮想現実も等しくリアリティを欠き、色彩を失っている。本論の冒頭で述べた「生きていることがつまらない」「生きていたくない」という、現代の日本に生きる若者に見られる気分も、このアニメーション的な二重化による現実感の創出に限界がきていることを暗に示している。現実感とは、主体が体験している客体的世界が本物であるという感覚であり、翻って主体がそこに存在し、生きている感覚を生み出すものである。もちろん、実際には現実世界で現実感を得られなくとも、アニメーションや映画や文学作品などに現実感を見出し、そこにみずからの精神生活を据えて、現実世界での生活を仮初めのものとすることで、生きている実感を維持している人は多くいるだろう。しかし、魂の観点すなわち論理的水準から考えるのであれば、すでに現実感は失われていると言える。

これは個人の生き方の問題ではなく、集合的水準で多くの人々に生じていることであり、日本の魂が魂自身から生命を抜き取り、生きている実感を消し去っているのだろう。魂が魂自身から生命を抜き取るという複雑な論理は、西田が紹介している近世の物語イメージに見事に描き出されている。西田は「血」の意味が穢れであったところから、生命力へと転換していく中世の移行期において、例外的な物語が生まれていると指摘し、いくつかの物語を紹介している。その物語のひとつが、江戸初期の古浄瑠璃『阿弥陀胸割』（一六一四年頃初演）である。それは次のような物語である。

物語の舞台はインドである。ある富豪の娘である松若が病気になり、その娘を救う唯一の方法は同じ生年月日の娘の「いききも（生き胆）」を取り出し、延命水という酒で七十五回洗い清めて服用させることだった。父母に先立たれて弟しか身寄りのない、天寿姫という娘が見つかる。天寿姫は富豪の願いを受け入れて、その代わりに亡き父母のために御堂の建立と阿弥陀三尊像の造立を望んだ。その後、天寿姫は自害して「いききも」を取らせる。松若は回復するが、哀れに思って天寿姫の自害した宿を訪れる。すると亡骸はなく、血の跡だけが残っていた。

そこで御堂に行ってみると、天寿姫と弟が眠っていて、安置されていた阿弥陀如来の胸が割れて膝まで血が流れていた。阿弥陀如来が身代わりになって、胸の中の「いきぎも」、すなわち、「心臓」と思われる臓器を提供したことがわかる。

この物語では、すでに血は生命に必要なものとして描かれており、生命力のかたまりとしての「心臓」が求められている。しかし、心理学的に重要であるのは、この物語で「血」を流すのが人間ではなく、阿弥陀如来が肩代わりしている点である。『義兄弟』で分析されていたように、古代北欧では、血の契りが交わされた後に復讐がおこなわれ、そうして死んだ魂を買い戻すことによって「心臓」の真の結合が生じていた。ここで、ひとりの人間の中にふたつの心臓が生じ、それが強力な生命力の源泉となることが表現されていた。しかし、『阿弥陀胸割』では超越的存在が肩代わりしてしまうために、人間がみずからの血を流し、そのことによって冥界と繋がり、生命の源泉である「心臓」へと到達する物語が生じない。松若が阿弥陀如来の犠牲によって心臓を得たからといって、阿弥陀如来と一体となって特別な生命力を得るわけではない。なぜなら、天寿姫が主体的に行った血の犠牲を無化するかのように、超越的存在である仏が肩代わりして血を流しているからである。御堂の建立と阿弥陀三尊像の造立を望んでいたことからわかるように、ここでは、天寿姫の自害は、この世での生命をみずから放棄することによって、あの世での存在を確立することであり、「死して生きること」が目指されていた。そして、それは魂によって帳消しにされている。

近世以降、「血」は文学的演出や西洋医学の知識の普及によって、生命力の意味を担うようになっていった。しかし、それはもはや生物学的知識に基づいた自我による合理的理解であって、日本の魂の逃走してきた「穢れとしての血」ではない。穢れとしての血とそこからの逃走は、現代ではすでに日本人の意識の論理的構成となっており、もはや「血」というイマジナルな形式を取っていない。つまり、誰も意識的には「血」を恐れているわけではなく、「血」が人間を汚染し変質させるというモチーフはアニメーションや映画などの作品に表現されるに過ぎない。それらはあくまで創作物であり、非現実としての見世物に過ぎず、私たちの存在様式に関わるものではない。

血からの逃走それ自体は、日本の魂の論理的構成として展開し、精神病理としては「生きていてもつまらない」という生命力や意欲の喪失感として表現されている。このことを考えるためには、現代に生きる私たちの心理学的な状況から、血とそこからの逃走を再考する必要がある。

五　テクノロジーとアニミズムの終焉

ギーゲリッヒは、現代において魂はテクノロジーの中にある、と繰り返し論じている。これは、風習や宗教などの歴史的な表現の中に魂が存するのではなく、まさに私たちの生活状況と直結し、絶えず私たちの生のあり方を改変し続けている科学技術の中にこそ、魂の論理的生命を読み解くことができるという考え方である。このテーゼを議論の出発点に据えるのであれば、現代においてテクノロジーと血がどのように表象されているかを捉え直す必要がある。そこで、本節では二〇〇五年に発表されたカズオ・イシグロの長編小説『わたしを離さないで』[8]を取り上げ、心理学的考察を加える。この作品はテクノロジーによって発展を続けた社会と人間の心との関わりを見事に描いている。この長い物語を要約すると次の通りである。なお、この要約には、すでに筆者の物語解釈が含まれることを断っておく。

物語は、キャシーという女性の回想として語られる。前半は彼女が全寮制の学校で暮らしている場面が描写される。学校では先生たちが授業をするだけではなく、生徒たちの健康状態を監視している。キャシーは、癇癪持ちのために周囲からからかわれている男の子トミーに対して優しく接し、次第に二人は互いにほのかな恋心を抱く。生徒たちは創作活動をおこない、さまざまな芸術作品を作るが、定期的にそれを買い取りにくる「マダム」がいる。芸術作品を売ったコインで、キャシーは『わたしを離さないで』というカセットテープを手に入れて、その音楽に酔いしれる。キャシーの友人であるルースは、豊かな精神世界を持つキャシーに嫉妬をおぼえ、キャシーの恋心を知りながらトミーと交際を始める。

十五歳になったときに、一人の先生から、キャシーは臓器提供のために育てられた人間であると知らされる。十六歳になって学校を出た生徒たちは、臓器提供の日まで、それぞれの人生を送る。キャシー、ルース、トミーの三人は同じコテージで他の施設出身者と共に過ごすが、その中で彼らは自分たちがクローンであると考え、自分たちのオリジナルの人間を探しに行こうとする。彼らは自分たちのオリジナルが善良な人間であることを期待し、犯罪者などではないことを願う。しかし、結局、オリジナルは見つからない。その後、キャシーは臓器提供をおこなう人たちの介護人として働くことに決めて、他の二人と別れる。

それから七年後に、キャシーは何回目かの臓器提供を終えたルースと再会する。そこでルースは嫉妬からキャシーとトミーのあいだを邪魔し続けたことを告白し、もう一度、トミーと会ってふたりに結ばれてほしいと伝える。さらに、彼女はふたりの愛が本物であることが証明されたら、臓器提供が免除ないしは延期されるという噂があると話す。キャシーとトミーは再会し、結ばれる。そして二人は「本物の愛」を証明するために、トミーが描いた絵画作品を携えて、かつての教師を訪ねる。しかし彼らはそこで、愛を証明することで臓器提供が延期されるという制度はないとの事実を伝えられる。学校で芸術教育がおこなわれていたのは、彼らにも「魂」があることを証明するためであり、臓器提供をおこなう成人になるまで、人道的扱いを受けさせるためのものだったことがわかる。四度目の臓器提供を迎え死を予期したトミーは、キャシーのもとを去る。キャシーはルースもトミーも失い、最後の場面では徐々に幼少期の美しき記憶も薄れつつある。ここでは彼女自身の現在が描き出される。彼女はゴミ溜まりのような荒野にトミーの幻影を空想する。しかし、彼女は途中でその空想が進むことを中断する。そして、「行くべきところへ出発しました」という言葉をもって物語は終わる。

この小説は世界中でヒットして、二〇一〇年に映画化された。さらに日本では舞台化、テレビドラマ化されるなど、多くの人々の心をとらえた。小説の舞台はイギリスの寄宿学校を思わせるが、作者のイシグロは本作について、二〇一五年までの自身の作品の中で「もっとも日本的な小説」であると述べており、これまでに接してきた日本の映画や小説の影響が出ているという。この作品は日本で広く読まれて映像化され、カズオ・イシグロという西洋と日本のあいだに立つ作家に注目が集まるきっかけになった。特にキャシーが悲しみや失望を感じても表に出さず、淡々と仕事をこなしていく姿は、奥ゆかしい古き良き日本人の姿を彷彿とさせる。しかし、深層心理学的立場から仮説的な解釈を述べるのなら、この作品が日本人の心を打ったのは、まさに臓器移植という最先端のテクノロジーによって、残酷にも、生命の物質性や交換可能性が描かれた点ではないかと思われる。イシグロの作品はちょうど、日本人の精神性の古層にあると考えられてきたアニミズムと真逆のベクトルを伴った魂の運動を描いている。アニミズムとは、人間に魂があると考えるだけでなく、あらゆる物にアニマ（魂、心）を見出すことである。それに対して、『わたしを離さないで』に描かれた臓器移植の物語は、あらゆる存在が物質でしかなく、人間の生命もそのうちの一つであり、交換可能であり、誰かの利益のために消費される存在である、という現代の魂の真理を表している。

この小説を、臓器移植やクローン人間を作ることの是非をめぐる視点から議論する人もいるだろう。しかし、心理学で重要なのは、「臓器提供」や「クローン」というアイデアそのものである。人間が人を物質として見て、複製や交換可能な商品として見て、みずからの血や臓器でさえも資本となるというアイデア自体が心理学の真の研究対象である。義兄弟の契りが交わされた古代西洋であれば、仮に技術的に可能であったとしても、血を共有することは相手との絶対的な繋がりを生むのであって、「臓器移植」というアイデアは生まれないだろう。先に紹介した物語『阿弥陀胸割』では、阿弥陀如来という超越的存在が肩代わりして臓器を提供していたが、それは当時の日本の魂の座が、まだ神道・仏教的世界観にあったことを示している。しかし、『わたしを離さないで』においては、もはや超越者が臓器の提供を肩代わりするのではなく、人間が人間に臓器を提供する。

ここでは、「臓器移植」というアイデア自体が、現代の魂によって生まれたアイデアであり、魂が魂自身から生命の象徴としての「臓器」を抜き取っていることがわかる（現代でも臓器移植を経験した人の中に、自分自身が経験したことのない記憶を思い出し、それが臓器提供者の記憶であると感じるという超自然的な体験が報告される。しかし、このことが普遍的経験ではなく、個人の私的な経験である限り、血の繋がりがそのまま魂の繋がりとなる古代的心性の現代的な現れであると考えるべきだろう）。

この作品が描いているのは、人間が物質的存在になりさがったこと、かつてのように神という超越的存在から魂を吹き込まれ、聖なる存在として成立し得た「人間」が、もはやその聖性を喪失し、物質に還元されたという魂の真実と、それに対する人間の苦悩である。それでは、イシグロはなぜそれが「日本的」であるというのだろうか。仮にこれが人間性の物質化であるとするならば、それは科学的世界観の浸透した西洋でも同じことであろう。このような魂の表現が他ならぬイシグロという西洋と日本のあいだに立つ作家から生まれてきたのは、なぜなのだろうか。

この小説を読んだ西洋人は「なぜ、臓器移植のために育てられたクローン人間たちは逃げないのか？」という疑問を抱くことが少なくないという。ここにひとつの手がかりがある。この物語では、「臓器提供」という社会的制度に従い、みずからの「心臓」を捧げ、生命を投げ出す主人公たちの姿が描かれている。このことがまさに「血からの逃走」なのである。主人公たちはクローン人間として育てられたことを拒否し、みずからが人生の主人公となり、オリジナルになることを求めない。主人公たちは自分自身の人生を取り戻すことを拒否し、みずからの生から逃走しているのである。古事記でイマジナルに描かれていたイザナギの「逃走」は、ここでは一見すると「逃げない」

というイメージで描かれている。しかし、これは「逃走」という魂の運動が止揚され、論理的構成になっていることを意味する。『阿弥陀胸割』における天寿姫の自害は、御堂の建立と阿弥陀三尊像の造立が条件であり、死後への希望があった。それに対して、キャシーたちが臓器を差し出すことには、何の希望もない。むしろ、ここでは、臓器を捧げるという主体的な行為が、阿弥陀如来によって帳消しにされるという運動自体が内化され、制度に従い、主体的に生きようとしない主人公たちの心理学的状況を構成している。ここで描かれた主人公たちの人生は、集団への同調を強く求める日本社会の問題であると考える人類学的視点もあるだろう。しかし、心理学的観点から言えば、これは魂が魂自身の内部から心臓を抜き取り、生命を消し去る動きであると言える。経済的にも知性的にも自由にみずからの人生を選択できる人々でも、この魂に囚われたときにみずからの人生を放棄し、「刑務所の中で暮らしている」かのような感情を抱くことになるのである。

小説の中盤では、ルースのオリジナルを探しに行く場面があるが、これも、みずからの生を取り戻す試みにはならなかった。自分が臓器提供をおこなうためのコピーに過ぎないという事実への絶対的服従は変わらない。このオリジナルを探す小旅行は、せめて自分の存在のルーツが善良なものであることを願うという絶望的な試みであった。それは「自分探し」という甘美なものではなく、「私」という存在の核がそもそも善によって裏付けられるのか、悪に裏付けられるのかという深刻で切実な問いかけである。このことは、むしろ輪廻転生の思想に近いだろう。すなわち、前世や来世という別の生を創り出すことで、現世の苦しみに対処しようとする試みである。現在が苦しいのは、前世で悪いことをしたからであり、現世で良い行いをすれば来世で救われるというように、現在の状態を裏付けるために別の生が想定されるのである。しかし、結局、ルースのオリジナルが見つからないことは、現在の苦しみが別の世界によって理由づけられることがないことを意味している。

この物語全体は現代人の状況を描いているが、その中でも「臓器提供」という制度に従順なクローン人間というイメージは、日本の魂の置かれた状況を的確に表している。このことが「日本的」であるのは、日本的な魂にとってアニミズムの終焉が、切実な問題であるからだろう。日本の魂は、逃走によって「血」を遠ざけ、穢れのない意識を生み出してきた。そうして血や肉体という現実と衝突することなく、現実感そのものを創出し、そうして独自の文化や美意識を築いてきた。しかし、西洋から取り入れたテクノロジーによって、「自然」も「生命」も物質になりさがり、アニミズムはその本質であるアニメーションへと止揚され、「現実感」を再現する技術になりさがった。そのために、二重化された世界の一方であるアニメーションも、他方であるこの現実世界も、「アニマ」としての性質を失い、生命力を失いつつある。

ところで、キャシーが探していたのは、『わたしを離さないで』という歌であった。キャシーは真面目で奥ゆかしい人物であるが、それゆえにトミーに愛を伝えることができず、むしろルースに言われるままにルースとトミーの恋愛を助けてしまった。まさにキャシーは自分自身から疎外されている心の有り様そのものである。そしてこれが、イシグロが描いた日本人の姿である。日本人は「わたし」を手離してしまった。そして、共同体に埋没し、自分自身を押し殺して生きようとしている。それゆえに、キャシーが失った歌は、『わたしを離さないで』なのである。この題名は、もちろん文字どおりに受け取れば恋愛の歌であるが、心理学的に見れば、魂に対して魂自身が歌っているのだ。彼女は自分自身を手離し、自分から自分自身を遠ざけてしまった。そうして彼女にとって最も大切なトミーとの関係を手放し、生きられたはずの時間を失ってしまったのである。

それでは、彼女が手放したトミーとの繋がりとは、何を意味しているのだろうか。トミーは幼少期から癇癪を持つ子どもだった。彼は真実を知らないことによって守られる「幼少期の美しい記憶」よりも、真実を知ることを望んでいた。その後、臓器提供の延期がないことを知った後の場面で、彼は再び癇癪を起こし、叫び声をあげる。この叫び声が、みずからの「心臓」を取り戻そうとする彼の最後の抵抗であり、キャシーが手放したものだったのではないだろうか。

六　叫び、「心臓」を取り戻すこと

ここまでの「血」の象徴論をまとめると、ギーゲリッヒの論では血が冥界との通路を開き、そのことによって「心臓」すなわち生命力を得ることへと至る道筋が開かれると考えられた。しかし、日本の魂はこの血を忌み嫌い逃走し続けていること、またそれゆえに、逆説的に冥界が常に開かれており、世界が二重化し、アニメーションや映画作品などの日本文化が花開いていると考えられた。しかし、現代では、心理療法を訪れる個人のレベルで考えると、この二重化が帰着するところでリアリティの喪失が起きており、この世界に生きている感覚を感じることができない人が増えていると言える。つまり、この現実も作り出された仮想現実も、等しく本物であると感じられず、生きている実感がなく、「生きていてもつまらない」のである。

ここまで、日本の魂における血の象徴の展開をたどり、日本の魂の直面している現代的状況を集合的水準で考えてきた。最後に、心理療法の観点から、この状況において、個人がどのように心理学的な意味での「生命」を取り戻すのか、その過程を考えてみたい。もちろん個人の心に生じることが、すぐに集合的な心にも適用できるわけではない。しかし、河合隼雄が「個から普遍へ」と論じたように、個人の心について考えることは、普遍性の輪郭を多少なりとも明瞭にしてくれるだろう。

＊＊＊

ある日、不登校になった高校生が、父母に連れられて相談室を訪れた。彼は進学校に在籍していたが、周囲の生徒が「あの大学はＦランだ」と学歴差別の発言をするのを耳にして、それ以来、徐々に「こんな学校に行きたくない」という思いが募っていった。彼は自分に向けられたわけでもない発言を耳にして、学歴社会に嫌気がさした。そして同時に、なぜか彼はあらゆる物事への意欲を失った。

心理療法が進むにつれて、彼の苦しみは怒りの形をとって表現されていった。その内容は学歴社会や権威者への批判や、家族への怒りなどだった。一方で、彼は趣味で作っていた創作物について、「きちんと権威から評価される作品を作らないといけない」などと一見矛盾する考えを述べ、揺れ動き続けた。評価されることへの不安や痛みをめぐって、彼は葛藤していた。

怒りが出てくると彼は生き生きとする一方で、感情を抑えられなくなり、面接室内でも声を荒げながら家族や学校や社会への怒りを語ることが多くなった。彼は趣味の分野についても、いかに中身のない作品が売れる世の中であるかと嘆いた。しかし徐々に彼自身が制作した作品を人に見せるのが怖いということに気づいていった。この時期に、初めて夢が報告された。

夢1　保健室に行くと、唇に毛の生えた女の子がいる。最初はぞっとするが、それも彼女の個性かもしれないと思う。

なぜ「ぞっとした」のか尋ねたが、彼は「障害を持っている子なのかもしれないと思った」と説明したのみだった。この夢を報告した後に、彼は創作活動がうまくいかないと悩みを語り、過去の恥ずかしい記憶が蘇ると訴えるようになった。さらに六十四回目の面接では次の夢が語られた。

夢2　猫を鍋にして食う夢。飼っている猫を切り刻んでいく。猫はにゃーにゃー鳴いていて可哀そう。自分はそんなひどいことをしてはいけないと喚くが、両親は「よくあることだ。大したことはない。仕方がない」といって切り刻む。

私が「猫」について尋ねると彼は「自由な生き物」というイメージだと話した。その後、彼は人に見せるための作品と、自分自身のために創る作品を区別しようと思うと言い、自分のために作る

ものはできるだけ秘密にしたい、と語った。この時期に彼は精神的に安定し始め、大学受験に向けて登校を再開したが、ひとりでいるときに過去の恥ずかしい記憶が戻ってくるという症状が残っていた。面接では、彼は何を話したらいいかわからないと述べた。そこで私は言葉ではなく、絵を描いて表現してもらうことにした。

七十九回目の面接で、私は彼になぐり描きをしてもらった。これは、ともかく何も考えずに紙に線をなぐり描きして、その後にそれが何に見えるのかを考えるという芸術療法の技法である。しばらくして、なぐり描きが完成した。私が「何に見える?」と尋ねると、彼は「心臓」と答えた。完成した絵を見て、私は彼が青色を使ったことが意外だったと伝えた。彼は「青は理性や知性のイメージ」と言った。私は「二つのものが交じり合わずにある。心臓もそうですね」と応じた。(絵)

みずからの描線の中にこの「心臓」を見出す作

業を経て、彼の語りは変化した。彼はこれまで学校や社会のルールに合わせられない自分自身を恥ずかしいと感じてきたが、「もう周りに気を使って合わせようとしない」と宣言した。彼は「自分が社会的にも適応できたらいいんだろうと思う。でも他の人と同じにはなりたくない。自分を作りたい」と述べた。そう語った次の回に、彼は初めて自分の作品を私に見せてくれた。そこには、彼が自分と向き合い、「私」として生きていけることが暗示されていた。その後、彼は希望の大学に進学し、忙しい毎日を送るようになった。心理療法は終結となった。

＊＊＊

彼の苦しみは、学歴主義の価値観、すなわち「高度の知性を身につけて偏差値の高い大学に入学することが、その後の人生を決定づける」という価値観への反発という形で、最初に現れた。単にそういう進学校の価値観が嫌いなのであれば、学校を変えるか退学すれば問題は解消されるはずである。しかし、心理療法が取り組む問題は、常に魂の問題と関わっている。彼が苦しんでいたのは、学歴主義という集団的価値観に、彼自身の心の中で衝突していたからである。そして、学校に行かないという形でその集団性に衝突し離れたことによって、彼は方向喪失に陥り、勉強どころか生活全般において意欲を失った。この状態から回復する過程で、彼がこれまで生きて来た集団の論理である高度の知性や権威に対して、怒りを爆発させた。彼は「叫び声」をあげることが可能となったのである。次に彼はみずからの内面や魂そのものである作品を、人に見せることが怖いと語るようになった。その時期に見られたのが夢1であった。

夢1は、まず保健室という場所に行くことから始まる。保健室とは、怪我や不調に対して手当を受ける場所である。そこで彼は唇に毛の生えた女の子に出会い、ぎょっとする。この夢では、彼自身がまさに必要としている手当が、この「唇に毛が生えた女の子」であり、ぎょっとする感情であると考えられる。それでは、「唇に毛が生えている」という特異なイメージは何を表しているのだろうか。

全身が毛に覆われた動物とは違い、人間は保護が必要な部位だけに毛を持つ。古代では毛髪に魂が宿ると考えられていた。また、人間は陰部など人に見られたら恥ずかしいと感じる部分にも毛を持ち、現代では毛髪以外は処理することを望む人が多い。東洋医学では毛とは「血が余ったもの（血余）」が表面に出てきたものとして考えられていたという。これらのことを総合すると、この夢における「毛」はエロスや野生的な生命力を表すと同時に、恥ずかしく弱い部分を守るものでもあると考えられる。夢の中では、この本来は隠されるべき、あるいは除去されるべき生命力としての毛が、唇という隠しようのない部分に生えてきてしまった。彼がみずからを癒すために出会う必要があるのは、この恥ずかしい部分、しかし彼が生きる上で不可欠な生命力であると考えられる。ここで彼が「ぞっとする」のは、蛆の湧いたイザナミを見て、イザナギがぞっとすることと符合している。

その後、彼は過去の恥ずかしい記憶を思い出し、集団に馴染めない自分を語るようになった。そして、最も重要だと思われる夢2が見られた。

夢2では猫を切り刻み、食べるという行為がおこなわれる。父母はすでに猫を食べることを受け入れているが、彼は必死に拒絶し止めようとする。イニシエーションの儀式において「食べること」は、その一部を取り入れて同化することである。ここで彼は全身を毛で覆われた「猫」という存在、すなわち動物的な生命そのものを解体し、食べ、みずからの内に携えることとなった。猫は自由な存在だと思うと彼は語っていたが、いわば彼は自由を切り刻み、みずからの内側に取り入れることで、逆説的に集団のルールを受け入れ、社会に参入することが可能となったのである。この夢の後に、彼が人に見せるための作品と自分自身のための作品を区別し始めたことは、集団という外側と内面性の区別が確立されたことを意味するのだろう。

さらに、彼は絵を描くという形で、心理療法の時間においても創作を試みた。そして、彼は赤色と青色で構成された心臓を描いた。彼がこれまで生き、憧れてもいた知性の青色と、それに対して怒り反発し、暴走しそうになるくらいに溢れ出す感情の赤色が、ここで結合されたのだと思われた。その後、彼はみずからの作品を披露し、心理療法の作業を終えて現実生活へと戻っていった。

彼の心の軌跡が教えてくれることは、現代において個人が「心臓」を得て、生命力を保つための道筋に、ふたつの段階が考えられることである。第一に日本の魂にみずからの心の中で衝突し離れること、第二にその集団に馴染めない「わたし」の恥ずかしさが、心の中で「ぞっとするもの」として現れることである。彼にとって学歴主義と、その後の「安定した生活」のために競争を求める集団的価値観を受け入れることは、決められたルールの中でみずからの「心臓」を捧げ、その代わりにこの社会で生きる権利を与えられることであった。そして、彼自身はこの社会から認められることと、みずからの心臓を取り戻すことのあいだで揺れ動いていた。

心理療法の過程が進むと、彼は「上流」や「知性」を求め、それと同一化していた場所から下方へと落ちていき、「恥ずかしさ」、「ぞっとするもの」に出会うこととなった。夢1が示しているように、この恥ずかしさやぞっとする感覚こそが、彼にとって感情への入り口であり冥界を開くことであった。夢2は、この冥界へのイニシエーションと生命力の獲得を表している。まるでイザナミが冥界の食べ物を食べて地上に帰れなくなったように、彼自身も猫を食らい、冥界の穢れを引き受けることとなった。

もちろん、古代の魂の表現と現代人の体験は明確に区別しなければならないが、少なくとも個人の水準で見るとき、この恥や穢れに向き合う作業が「心臓」を創り出すと想定することは可能だろう。イザナミの死に際してイザナギが嘆き悲しみ、怒りに任せてカグツチを殺害したように、彼の悲しみや怒りもまた「血」となって流れ出し、冥界を開いた。その影の世界において彼は「毛」に出会い、「毛」を食べることで生命力を回復した。

このように、みずからの心の痛みに取り組み「血」を流すことが、私が私の心臓を取り戻し、「心」を生み出す作業である。それは容易な作業ではなく、再び「血からの逃走」が繰り返されることも多いだろう。義兄弟が心臓を買い戻すことには「復讐」という命懸けの戦いや敵の死が必要であったように、あるいはクライアントの夢の中で「ぞっとする感覚」が生じたように、それは死の恐怖を伴うものである。

七　おわりに

カズオ・イシグロが描き出したように、日本の魂は魂自身の心臓を抜き取り、生命を放棄することを望んでいると思われる。この魂に個人が囚われると、他者と出会い、傷つき、血が流れるという「生きている感覚」そのものが回避され、やがて心は「刑務所」を作り上げ、みずからを囚人かつ看守として投獄することになってしまうだろう。ここで「刑務所」は罪が犯され血が流されることから、その人を守る場所でもあり、血の穢れに対する防衛である。真に生命力を取り戻し、「心」を創り出すためには、トミーが叫び声を上げたように、私の内側から溢れ出るものとして、血を流さなければならない。その叫び声は、喩えるならば、怒り狂ったイザナミの追跡を呼び起こす鬨《とき》の声である。そこから、イザナミは意識に侵入することが可能となり、「私」の心臓を取り戻す過程は始まる。

『わたしを離さないで』の結末の場面において、キャシーはトミーの幻影を空想しつつも、その空想を中断し、「行くべきところ」に出発した。このことをそのまま受け取るならば、日本の魂は臓器提供と「私」の消滅へと進んでいると言えるだろう。河合隼雄は、西洋の精神性の基礎にあるのが原罪であるのに対して、日本の精神性には悲しみが根底にあるのではないかと述べた。たとえば、昔話『鶴の恩返し』では、禁止を破った男が部屋を覗き、女が鶴であることを見てしまう。ここで逃走するのは女であり、鶴は消え去る。こうして、最後に何もなくなってしまう悲しみが日本の精神性の基盤にある。

それでは、この日本的な悲しみはトミーを失ったキャシーの悲しみに通じるものであろうか。キャシーは多くのゴミが流れ着く荒野で、トミーの幻影を想像することを中断した。それは臓器提供を完遂するために、みずからに悲しむことさえも許さない態度である。もちろん、そうしないと彼女は悲しみのあまり動けなくなる自分に気づいていたのだろう。しかし、この結末から、少なくとも集合的水準で見た日本の魂が向かう未来は、生も死もない地平であり、「滅びの美」が完遂されることであるように思われる。しかし、カズオ・イシグロの小説は、キャシーの「行きつくところ」を描いてはいない。それは、途上で終わっている。

ここまでの議論もまた、日本の魂の自己消滅を予感しつつも、途上で終えるしかないように思う。私たちはいまもまだ「逃走」の最中にいる。

（夢と絵画を掲載することに同意してくださったクライエントに心より感謝申し上げます）

註

［1］西田知己『血の日本思想史　穢れから生命力の象徴へ』ちくま新書、二〇二一年

［2］河合隼雄『神話と日本人の心〈物語と日本人の心〉コレクション3』岩波現代文庫、二〇一六年

［3］北山修『定版　見るなの禁止　日本語臨床の深層』岩崎学術出版社、二〇一七年

［4］ヴォルフガング・ギーゲリッヒ（猪股剛訳）「意味の終焉と人間の誕生」本書一章、二〇二五年

［5］柳田国男『先祖の話』角川ソフィア文庫、二〇一三年

［6］丸谷才一『忠臣藏とは何か』講談社文芸文庫、一九八八年

［7］鈴木光司『リング』角川ホラー文庫、一九九三年

［8］カズオ・イシグロ（土屋政雄訳）『わたしを離さないで』ハヤカワepi文庫、二〇〇八年

プラトンの洞窟　西洋の魂の自己内閉

ヴォルフガング・ギーゲリッヒ

いま、私たちは猛烈なスピードでマルチメディア・通信技術・総合的ネットワーク形成の時代に入り、一言で言えば、仮想現実の時代に日々深く入り込んで行っている。ここに起きているのは、単なるテクノロジーの変化以上のものである。それは、何よりも、心理学的・存在論的に大地を揺らす革命となってきている。産業革命によって変化した以上に、人間の世界内存在のあり方全体がさらに徹底的に変化しようとしている。この発展は、まったく新しいものであり、実際その大部分はまだこの先の未来に委ねられている。その上、その発展の真の起源が、私たちの時代にあるわけではない。

この発展を、今日の現象として、目に見えているものに限って理解しようとすれば、それは近視眼的なものになるだろう。木の梢を見て木の根を見ないままに、一本の木を理解しようとするようなものになるだろう。私たちが気づいているこの変化は、非常に遠くから、私たちの歴史的過去の深層からやって来る。私は、この不気味な展開の心の歴史的な起源を明らかにしたいと思う。そして、その目的のために、プラトンの「洞窟の寓話」に立ち返りたい。それは、仮想現実およびメデイア的現代性[1]〔Medial Modernity〕の根源的なイメージとして理解することができる。続く議論の具体的な基盤になるように、プラトンの「洞窟の寓話」の内容を簡潔に確認しておきたい[2]。

洞窟の中で、人間は、鎖で固く縛られたままであり（そして生まれながらにしてその状態であり続け）、動けない彼らは、洞窟の奥の壁である前方しか見ることができない。彼らの遥か後方には、彼らが目にすることのない火が燃え続けている。彼らとこの火とのあいだには、洞窟を横切って低い壁がある。この壁は、その向こう側にいる人間たちを隠すには十分な高さがあり、その人たちはその壁の上に道具や人形をさし上げて、それらを壁に沿って壁の向こうから動かしている。火は、こうしたものの影を洞窟の壁に映し出している。縛り付けられた人たちは自分たちの背後で何かが起きているとは想像もできず、何が起きているのかもわからないため――つまり自分たちの前方に見えているものに気づいているだけであるため――洞窟の奥の壁に映る影の形の戯れを人生の本当の現実であると考える。彼らの一人が、あるとき縛めを解かれたとしよう。そして急に立ち上がって、後ろを振り向くことを、強制されるとしよう。それまで影だけをはっきりと正確に見ていたため、その実物を見ようとしても、火の光に目がくらんでよく見定めることができないだろう。以前に見ていたもの〔影〕の方が、いま指し示されている影の元にあるものよりも、明確で真実性があると彼には思えるだろう。しかし、もし誰かが彼をその洞窟から、力ずくで引っぱって行き、太陽の光の中へと引き出すまで放さないとしたら、引っぱって行かれることの痛みと不快はさらに大きくなっていくだろう。だが、彼の目がゆっくりと光に慣れてから、まず影を見れば、それを苦もなく見ることができるだろうし、次に、水に映る映像を見て、それから、その実物を直接見るようにすればよい。最終的には、太陽を見ることができるようになるだろう。そして、最高位の現実としてそれを認識することになるだろう。いまや神聖のヴィジョンによって清められ、自分の身の上に起きた変化を幸せであったと考え、洞窟の中に残された仲間のことをあわれむようになるだろう。そこでもし彼が、もう一度洞窟の中に立ち返るならば、その人の目がまだ落ち着かないため、もう一度暗闇の中で、その洞窟の奥に映った影は、以前よりもぼんやりとしか見えずに、人々の失笑を買うことになるだろう。人々は、自分たちを解放して洞窟の上方へ連れて行こうと企てる者に対して、もしその者を何とかして手のうちに捕えて殺すことができるならば、殺してしまうのではないだろうか。

第一部：洞窟の寓話の心の論理〔Psycho-Logic〕

周知のように、プラトン自身にとってもプラトンの解釈者たちにとっても、洞窟の寓話は、一つには世界内存在の通常の様式の解釈であり、他方では哲学者の課題の叙述である。より正確にいうならば、哲学者になろうとする者が経験しなくてはならない教養過程〔*paideia*〕、教育、運動の描写である。命あるものの感覚世界で生活している私たちは、すべからくこの洞窟の中に居る。そして実際には単に影と関わっているのだが、まさしく自分たちが具体的な事物や現実と関わっていると考えているのである。哲学者の課題は、文字どおりの革命を通じて、感覚世界に囚われたところからみずからを解放し、洞窟の外の光の中へと、すなわちイデアの世界へと引き上げることである。

この寓話の中には、暴力の主題が現れて来るところが二つある。冒頭の暴力的な連れ出しという解放と、物語の最後の伝導の意志を持って洞窟に戻る哲学者が殺害される危険を冒している点である。しかし、もちろん、この物語に先行する第三の暴力をこれに加えることもできるだろう。すなわち、そもそも人々を拘束するという暴力である。

暴力的な置き換え

この物語の内側にあり物語の性質として現れている物語が語る暴力は、この物語自身が暴力という行為であることを暴露する指標である。これは洞窟のイメージによって、通常の世界内存在の真実に光を当てようとする単なる叙述や解釈ではない。むしろ、その出発点として、人生の徹底した幻想のイメージを提示している。つまり、この物語は現実を描写しているのではなく、現実に対して暴力を振るっているのである。現実を変え、現実に革命を起こしている。たとえプラトン自身は、与えられた（感覚）世界からより高次の世界へと上昇したいと思っていただけだとしても、それでもプラトンが行っているのは、それとはまったく別のこと、つまりは、始まりの状況の歪曲・中傷・侮辱である。正確に言うならば、この物語には二つの異なる中傷が現れている。だがこの中傷という言葉が日常的な文脈において使用されると、それは道徳的な判断を含む（中傷は犯罪になる場合さえもある）が、ここには確かに、叙述の機能しか表れていない。言葉で描写されているものは、プラトンの寓話の中で目に見えるようになる革命的な変化であり、それは論理的な否定によって引き起こされるものであり、与えられた状態に衝突しそこから離れることである。[1]そのため、ここであら探しをしないことが、つまり主体的な自我の価値判断によって干渉しないことが必須である。善悪を問う必要はなく、実際がどのようになっているのかだけを問うのである。

　第一に、心の始まりの状態はプラトンによって洞窟内の存在として「解釈され」ているが、それは本当に人間が純感覚世界に囚われているということではない。逆に、プラトンの時代の人々も、特に哲学的反省《リフレクション》とは無縁で、洞窟内存在というイメージで対象とされている世界の中にある大半の人々も、大抵はいまだに伝統的な信仰の内側に生きていた。すなわち、彼らはまだ、世界の神話的な経験や人生に対する儀礼的な態勢に包み込まれており、もしそうではないとしても、それに近接していた。神話や儀礼にとって、目に映る自然な現実はそれ自身で意味に満ちていた。現実はそれ自身で知性的であった。感覚的現実において——たとえば木々や雑木林や河川や雷光において——神々やニンフやダイモーン、つまり存在の深層を指し示す知性的な意味が体験されていた。しかし、この意味に満たされていた世界経験が、洞窟の寓話によって、（言ってみれば）具象的で感覚主義的な世界関係「にすぎないもの」に還元されるのである。世界の豊かな色彩はまさに自然の活気の中で構成されており、単に外的に目に映る印象で構成されていたわけではないのだが、それが灰色の影に変わる。[2]ギリシアの太陽の燦々と輝く光の下に生きている人々が、縛り付けられた穴居人になる。そして、影（あるいは「日陰」、古典的ギリシア語ではこの二つには言語学的な差異は認められない）を備えており、冥界の書『オデュッセイア』の一節へのプラトンのさりげない言及[3]があるために、この洞窟はある種の冥界の絵図であるために、人々もゾンビになり、生きた死者となる。

このことが第二の中傷に気づかせてくれる。洞窟の寓話は、目に映る世界への誹謗になっているだけではなく、神話的で地下的で目に映らない冥界と冥界的な陰への、心理学的に言えばイマジナルなものへの徹底的な誹謗にもなっている。神話的・儀礼的な世界内存在の時代において、人間はみずからの人生の方位を、上方へと、天上の神々へと向けるよりも、むしろもっぱら下方に向けており、死者と先祖に向けていた。（冥界という意味での）ハデスは、イメージの宝庫であった。死者の神の人格像であるハデスは、プルートーでもあり、豊かな角を持つ豊穣の神であった。死者の領域や一族の先祖の魂には、教えや手助けが期待されていた。それに対して、プラトンの洞窟は、この下方世界との関係に激しい一撃を加えているのである。たとえ洞窟の中で影／陰が見えたとしても、いまやこれはまったく空虚なものであり、死者の魂でも先祖でも下方の神々でもない。洞窟の深層からは、もはや何も得られない。それは私たちを真実と結び付けることも、存在の深層と結び付けることもない。それは私たちを盲目（*atê*）へと留め置く。プラトンに従った真の方向性は、この洞窟に徹底して背を向けてそこを離れ、「より高次の」究極的に「神聖の」真実のある上方へと向けられなくてはならない。

私たちは同じことをもう一つ別の視点からも論証することができる。有史以前から、洞窟は呪術やイニシエーションのための特別な場所でもあった。しかし、イニシエーションの洞窟と哲学の洞窟は、まったく正反対のものである。哲学の洞窟はイニシエーションの洞窟の反転である。プラトンでは、洞窟は、超越不可能な内奥の壁を備えているため、ある種の行き止まりであったが、イニシエーションの洞窟はそうした最終的な終わりを備えていない。逆に、この洞窟に入ることは、無限への扉が開かれることを示唆しており、具象的・事実的に与えられた物事の中で身動きが取れなくなることを通じて、それはヴィジョン的な経験の深層へと突破することを暗示している。この洞窟はそれ自体、正反対のものへの変化であり、すなわち、絶対的極限〔*non plus ultra*〕という行き止まりの壁がある経験的な洞窟から、ヴィジョンの領域という洞窟への反転そのものであった。プラトンでは、この行き止まりの壁は一見して通過不可能な終点でなければならず、「止まれ！ これ以上先などない！」という絶対的言明であり、その結果として、火の光によってその壁に投げかけられた事物の影が、信頼に足る確固としたスクリーンに映し出される。逆に次のようにも言えるだろう。すなわち、実物の影像が、単なる「オーバーレイ／追加情報シート」として観客の背後から壁に投影されているという事実によって、はじめてこの壁は真に通過不可能になるのである。さらに言えば、この壁は生命を失ったタブラ・ラサ、真っさらの石版でなければならず、そのため囚われた人々の背後から壁に向かって投げかけられる事物の投影は、おのずと現れてくる幻影やヴィジョンに妨害されることはなく、それと張り合う必要もないのである。

それに対して、イニシエーションの洞窟では背後から洞窟の壁に向けて投影されるものは何もない。この洞窟では、壁そのものが生きている。この壁は、境界や通過不可能性といった意味を持った現実の「壁」ではなく、計り知れず、透過性があり、開かれている。プラトンの洞窟とはちょうど正反対に、イニシエーションの洞窟は、その壁から立ち現れ、すなわち、その壁の無限の深層から現れるのであり、冥界の陰はこの壁に向けて本物として立ち現れ、それ自身が主体として立ち現れる。そうした陰は、単なる対象と見られるわけではない。それには表情や声もあり、イニシエーションや呪術に臨む者に直面し、いわば、彼らの精神に「侵入」し、霊や亡霊からの彼らに対する要求を携えて、彼らの生に「侵入」する。ここで、この呪術に参入した人間は、陰によって深層の真実を告げ知らされるのであって、彼らの背後にあって目に映らない「現実の」対象の根本的に二次的で貧素な複写（単なる影像）を見ているのではない。この亡霊は前方から立ち現れ、プラトンの影は背後から現れる。[4] これは決定的な違いである。

　この古代のイニシエーションの経験様式の名残を、後代のゲーテの『ファウスト』の冒頭に掲げられた献呈詩に見いだすことができる。それはおそらく一七九七年に書かれたものであり、ゲーテが若い頃に書き始めたファウスト劇の作業を、長い年月を経た後に再開したときのものである。この状況が詩に反映されているのだが、それは思いもよらない形である。最初の行は次のように始まる「お前たちは、再び定まらぬ姿で近づいてくるのか、以前も不明瞭な姿でお前たち自身を曝していた。……お前たちは、でしゃばってくるのだな。いいだろう、お前たちはみずからを知らしめたいのだな……」。〔Ihr naht euch wieder, schwankende Gestalten, / Die.früh sich einst dem trüben Blick gezeigt. /…/ Ihr drängt euch zu! Nun gut, so mögt ihr walten /…〕詩人とは、何らかの詩的な素材を「扱う」行為者や主体ではない。そうではなく、詩の姿やイメージみずからが主体なのであり、それは自発的に、みずからの意図を持って、みずからを押し出し、あたかも洞窟の暗闇から現れて来るかのように出現する。読者の想像とは逆に、この詩が献呈詩と呼ばれる理由は、決してその作品が公共や特別な人に捧げられているからではない。むしろ、そのちょうど逆である。ゲーテは受け取り手である。こうした姿をした者たちがみずからをゲーテに「献呈している」のであり、それらは「ゲーテ自身のもの〔eigen〕」に、つまりゲーテの人生の一部になろうとしている。

ここに現れている姿は、ゲーテの背後から射し込む炎や光によって壁に映し出された投影ではない。その姿たちは、事実、みずから光を携えて現れ、光として現れ、その姿そのものが光であり、はじめはとてもぼやけていても、人の目が彼らに慣れるにつれて、そしてその姿に人が巻き込まれて行くにつれて、ただゆっくりと、明確にそして鮮明になってくる。ゲーテの体験が完全に近代的であると同時に、古代のイニシエーション経験に対する詩的で〔美的な〕相似物にすぎないことを理解した上で、もし私たちがこの機会に、ゲーテと彼のこの体験をイマジナルな洞窟へと移し入れてみるならば、ゲーテに近づいてきた姿は、洞窟の奥の壁のゆっくりとみずから明るくなってくる暗闇であると言うことができるだろう。この暗闇の無限性とこの壁の通過不可能性は、目に見える輝く形式の中に結晶化する。

これが、イニシエーションや呪術の洞窟の特徴である。つまり、洞窟の中に現れながらも、この「影」こそが輝く形姿であることになる。この洞窟の中への動き、すなわち一般的にいうディセンサス・アド・インフェロス〔*descensus ad inferos* 地獄への降下〕は、魂の絶対的な否定性〔洞窟の暗闇や空虚〕の感性的統覚であり、この否定性に照らしてみずからの場所を確保しようとする意欲である。この洞窟に現れる亡霊は、人間の現実の中に輝きを放ち語りかけてくる否定性以外の何者でもない。この絶対否定に照らしてみずからの場所を確保することは、自分の手元に何も携えず、自分の所有物をすべて置き去りにすることを意味している。洞窟の否定性は、この洞窟に立ち入った者の携える完全な心理学的空虚に見合っていなくてはならない。亡霊の登場の可能性には、このことが欠かせない。これが、（現代の欺かれた心理学が私たちに語ろうとするところの投影とはまったく違う）亡霊なのである！投影はこれとは真逆のものである。イニシエーションや呪術の洞窟に立ち入る者は自分自身を空っぽにせねばならず、それによって一種の何も書かれていない石版になり、つまり、暗闇の中から現れて来る輝く形姿がその投影を投げかけるスクリーンとなるである。

これとは対照的に、プラトンの洞窟の中の影は、輝く形姿ではなく、プリヴァティオ・ルシス〔*privatio lucis* 光の欠如〕である。[5] そして実際にこの影は、洞窟の奥の壁への投影（前に移されたもの〔*projection*〕）であり、具体的に実在する事物の投影であり、具体的に実在する光源による投影である。プラトンの洞窟に住む者たちが見るのは、ア・プリオリに根本的な剝奪を経たものであるため、それは力を抜かれ、無害化されている。現実の事物の単なる影でしかないものは、もはやみずからの権利を持つ行為者や主体として身勝手にでしゃばることはできない。それは本来、生命のない観察されるイメージである（人間の観察の対象である）。イニシエーションの洞窟が絶対的な否定性の場であるのに対して、プラトンの洞窟では私たちははじめから、取り消しのきかない形で具象性の領域に入り込んでいる。そして、イニシエーションの洞窟では亡霊の起源がその洞窟の暗闇や空虚であったのに対して、プラトンの洞窟では、影の起源は光である。動きの方向も逆になっているのである。イニシエーションで人は洞窟の中に移動し、呪術師は冥界に降っていく。しかし、プラトンの洞窟の人々は、生まれたときから洞窟の中におり、何らかの移動の機会を得て洞窟の外に連れ出される。

さらには、亡霊が洞窟の深みから来て、イニシエーションに臨んでいる人の正面に現れるのに対して、プラトンの洞窟に暮らす者が目にする影は、彼らの背後から現れ、最終的には洞窟の外側の高みにある太陽からやって来る。真実の宿る場は、前者の場合には洞窟の暗闇であり、後者の場合には輝く太陽である。前者の場合には、真実はおのずから顕現するが、後者の場合には、真実は根本的に人の背後に隠されたものと定義され、真実との接続が確立されるには、真実を絶えず苦労して探し続ける必要がある。逆に、根本的には欠如の形態である真実の影は、こちらが何もしなくても、いつもの日常の心に映る。その一方で、古代の洞窟の亡霊とヴィジョンは、それに接近するための特殊な契機と特殊な態度が必要とされ、時には血の犠牲や供儀といった形式まで必要とされる。さらには、イニシエーションや呪術の状態にある真実は原理的に多様であり、一つひとつの真実、いま現在の真実、私の真実というあり方によって特徴づけられている（それは必ず私や自分の家族や部族や村落にとっての〈いま〉という、この特定の状況における真実である）が、プラトン的な状況にある真実はたった一つのものであり、それでいて普遍的で永続的な真実であり、あらゆる人々とあらゆる時代に、（図像的には太陽によって表現されるように）分け隔てなく妥当する。

先ほど、プラトンの影は根本的に力を奪われていると指摘した。影とはそういうものである。複写であることだけが、その原因ではない。事物や人々の影は、その事物や人々そのものとまったく同様に、現実の本物の現象である。通常、私たちは両者を同時に目にし、事物はいつもその影と共にある。プラトンの影の真の問題点は、観察者が実物と影とのあいだにいるために、影とその影の元となる実物が解離していることである。観察者が（彼らの実存の様態そのものによって）、実際には単一である現象を分断し、実物とその影に分けて、元々一つの現象を二つの部分に分けて引き離しておくのである。そしてさらには、観察者はこの片方（影）にだけ向き合い、もう片方（洞窟の寓話では観察者の背後に置かれている実物）を完全に無視する（徹底した無知に留まり続ける）。

このことが影に、一方では存在論的に見せかけの独立性を与え、他方ではそれを完全に無害なものにする。現実は声のないものになり、二次元的で平面的になる。[6] しかも、この平面性は、絶対的な具象性のイメージである洞窟背後の壁の通過不能の堅牢さによって保証されている。この状況下では、あらゆる感性的知覚は、この壁の具象性という普遍的な背景の上で行われる。壁の具象性は、洞窟の住人が、ひたすらに、目に映る死した（影の）事物と向き合い、自分たちが見ている無抵抗の事物と向き合っていることを告げ、そうして住人が、独自の権利を有した行為者である影やこの影からの要求に侵害されることを恐れる必要がないと確約してくれる。この壁に映る影は、プラトンの寓話では動くイメージであるが、洞窟の住人が見ているであろうあらゆるものの総体としての世界は、それが静止していようが動いていようが、ア・プリオリに固定されており、生来的に厳重に監禁されている。イニシエーションの洞窟とは対照的に、自身の深層に向けても、暗闇の無限に向けても開くことのない絶対的な終点であるプラトンの洞窟の奥の壁は、揺らぐことなく完全に固定した清潔な石版であり、その上に現実を（投影された）テキストのように「書き記す」ことができる。その結果、現実の経験は、ここでは現実の「直接」経験ではなく、経験に先立って印された「文字」（イメージ、影）の読解となっているのである。経験主義的には細部において多様であるかも知れないが、全体としての経験が、ここでは論理的に、一つの普遍的で固定された基盤を持っため、（おのおのの真実ではなく一つの真実を認識しようとする）人間の認識の信頼度に関するア・プリオリな可能性を備えた状況が提供されるのである。

洞窟の外の太陽の唯一性と、洞窟の中の壁の固定性と通過不能性は、もちろん相関関係にある。実際、この両者は同一のものであり、この両者は似てはいないが、確かに同じものである。なぜなら、それは同じ一つの現実経験の二つに分裂した半身であり、その片割れは人間という主体の前方にあり、もう片割れはその背後にある（これは反省された分裂であり、実物とその影の根本的な分離において直接的に明らかになる分裂である）。錬金術では、これをソル・エ・アイウス・ウンブラ〔*sol et eius umbra*〕、つまり太陽と太陽自身の影という。洞窟の寓話とは、この元来の統一の展開と分離であり、その結果、その二つの契機（太陽と影）が両極になることだと考えられるだろう。洞窟内の人々は、奥の壁を前方に見るが、前方に彼らが見るものは彼らの背後から遣ってきて、彼らの背後にそれらの真実を隠しており、そのことがイメージを完全に無害に見せている。この真実から分離したイメージや影や、真実を指し示す文字ではなく、真実だけが「噛みつき[7]〔bite〕」得る。人間という主体は、その外見と真実のあいだに座している。人間主体は、外見と真実を分け隔て、真実に背を向ける。こうしていまや人間主体が分裂（という存在）そのものである。しかし、この両端に私たちは同じものを保持している。つまり、見せ物である（影の芝居を見て、太陽を思い描く）。こうした洞窟の状況というプラトンのイメージは、カント的な単なる外見と物自体との差異の先駆けである。主体はまるで現実のうわべしか見ることができず、現実をその深層まで見通すことはできないかのように考えられて、通常、物自体は、外見の「背後に」存在するものと想像されている。しかし、主体は自分の前方にあるファサード〔表面〕しか見ていない一方で、物自体という物が主体の背後にア・プリオリなものとしてある、と理解した方が遥かにはるかに良いだろう。

ここで、一人のユング派分析家として、元型的心理学の姿勢が（イニシエーションの洞窟ではなく）プラトンの洞窟の内側に属すものかどうかを検討しておいても良いだろう。文字どおりのもの（一般にいう直解主義）とイマジナルなものや隠喩的なものを区別することで、元型的心理学は構造的に、プラトン的な意識の前面にある単なる影とイデアとの区別を繰り返しているように思われる。そして、結句反復[8]の強調によって、プラトン的転回に相当するものが、元型的心理学にも備わっているように思える。そうすると、「見通すこと」、「人格化すること」、そして「神々」について語ることは、意図せずしてリフレクション〔反省〕や思考の形式となり、それが結果として絵画的形式に偽装され抑え込まれているのだろう。

いずれにせよ、プラトンの洞窟の寓話は、描写や解釈ではなく、「何かに関する理論」でさえなく、描写しているものを根本的に変化させる行動であり、暴力的な行為である。この行為は、前述した分断行為であり、その経験のただ中への人間主体の介入や投入を通じてはじめて可能になるものであり、その結果、人間主体は一つの同じ経験の一方の様相を前面に備え、もう一方の様相を意図しないままに自分の背後に備える。こうしてなぜ洞窟内の人々がその場に固く縛り付けられなければならなかったのかもはっきりとしてくる。まず、この介入は反自然的であり、暴力行為でさえあるため、この介入を永続化して、取り消すことのできないものにするためには拘束具が必要である。次に、この介入こそが、人々を縛り上げることであり、そうして動けなくさせることであって、それがそもそも洞窟の壁の固定性と、究極的な真実（太陽）の単一性・普遍性・不動性を共に可能にし、すなわち具象性の体系全体を可能にし、それを映し出しているのである。この体系が機能するのは、主体が自由に歩きまわることができず、分断できない全体性であると同時にその都度の個別性であるフェノメノン〔phenomenon 現象〕そのものに直接的には出会えない場合に限られており、そのことによって、現象はパイノメノン〔*phainomenon* 影〕や亡霊に変わっていく。主体は、あいだに留まらなくてはならず、真実に背を向け続けなくてはならない。主体が鎖で縛られていることは、この体系全体の固定を保証するために不可欠であり、つまり、何も書かれていない石版としての壁の安定性と、太陽の絶対的唯一性と普遍性とを保証するために不可欠なのである。

現象全体が二つに分かたれたあいだに主体が座して、その背後に現象の片割れである真実が置かれることによって、経験の新たな様式は認識論的にア・プリオリなものとなり、主体にとっては原理を知るものとなるだろう。このア・プリオリと原理とは、根本的に主体的な心《マインド》の「背後」や「上方」にある。両者とも、人間の知覚や思考において、無意識的な前提条件や隠された構造的な要素である。それに対して、イニシエーションや呪術の場面における経験は（神話や儀式一般と同様に）、認識論的には根本的にア・ポステリオリであり、そのため個別性によって特徴づけられていた。もし、亡霊やそれに似た経験に関してあえて「ア・プリオリ」という用語を使おうとするならば、（a）それは主体的な心《マインド》が帯びているア・プリオリ性ではなく（主体の背後にあるア・プリオリ性ではなく）、亡霊のア・プリオリ性であると言わねばならず、（b）亡霊の出現は「倒逆法」[9] によって構造化されていると言わねばならない。なぜそうなるのかと言えば、亡霊が亡霊自身のア・プリオリや真実を、亡霊自身の顕現の結果としてはじめて創造し、その上で亡霊の顕現がア・プリオリや真実となるからである。いわば、この「物自体」は、その「出現／外観」を通じて、その「出現／外観」において、はじめて発生するのである。ここでは見かけこそが何も背後に持つことのない本質そのものであり、真実は根本的に、花が咲くように現れ出るものなのである。これが、この種の経験は不可避的にア・ポステリオリであり、個別性によって特徴づけられていると言わねばならない理由である。いまここで、それ自身がみずからを明かすのを見届けなくてはならないのである。

　プラトンが哲学者になろうとする者に要求する転回は、そのため、世界に対する自然[3]な姿勢からの革命的な転回などではない。この自然な姿勢は、つまり世界内存在の神話的・儀式的様式は、プラトンの寓話に描かれた初期の洞窟内状態よりも以前に、むしろとうの昔にはっきりと過ぎ去っている。先に、この寓話の描写は現実の初期状態の歪曲であり中傷になっていると言ったが、いまそれを撤回しなくてはならない。それは中傷ではない。なぜなら、この寓話は現実の初期状態にはまったく言及していないからである。この寓話は、いわば完全に新たなゼロからの出発である。プラトンの洞窟の状況を思い浮かべている意識は、私が「世界に対する自然な姿勢」と呼んだものを疑うことがない。意識は、論争を好んで、この姿勢と衝突してそこから離れているのではない。もっと以前にその姿勢から（論理的に）離れ、その結果生じた姿勢をしっかりと取り、いまやプラトンにとってはこの姿勢こそが自然な初期の意識の姿勢となっている。未来の哲学者が解放されることと、その哲学者の洞窟から外への漸進的な移動は、初期状態に衝突してそれから離れることであるが、その初期状態はそれよりもさらに以前の自然な状態からの遥かに革新的な過去の離脱の結果なのである。本当の革新的な転回は、論理的に、そして語られないままに、この寓話に先立ち、同時にこの寓話の欠かすことのできない基盤となっているのだが、この革新的な転回に比べれば、この寓話の転回は、ちょっとした取るに足りないものでしかない。洞窟の寓話は、要するに、人々が数千年のあいだ生きてきた真実、神話や儀式の真実、イニシエーションやヴィジョンの真実の革新的で絶対的な棄却なのである。そして同時に、それ以降に通用する新しい文字どおり「高尚な」真実の措定によって、この世界の中で人間のまったく新たな方向づけが始動するのである。

　イニシエーションの洞窟とプラトンの洞窟の断絶は決定的なものである。それは一方から他方への移行ではない。プラトンの洞窟の物語が始まったときに、それまでの洞窟はすでにあらかじめ完全に過ぎ去っていたのである。以前に一度立ち去ったこと（あるいはもっと以前の洞窟の状況からの退去があった事実）が記憶にないほど徹底的に過ぎ去り、ましてやそれに対する気づきなどありえないほどに過ぎ去っていたのである。ここで扱ってきた寓話の中の初期状態が、人類の原初的な状態として提示され、それ以前というもののない絶対的な起源として描かれている原因は、そこにある。しかも、さらに以前の洞窟はイニシエーションや呪術の際に実際に立ち入られたものであり、そこでの経験はその洞窟の最深の内奥〔interiority〕[10]から実際に立ち現れてきたのに対して、私たちは、洞窟内の人々がそこで生まれたと定義されているにもかかわらず、この物語が実際には、つまり論理的には、決して洞窟の内部に入り込んでいないことにすぐに気がついてしまう。なぜなら、この洞窟の状況は根本的にその外部から観察されているからである。この物語は、その究極的な真実を外部に備えており、それは太陽にある。物語の語り手の立脚点は、はじめからそこにある。要するに、語り手は覚悟を決めて〔*à corps perdu*〕、この洞窟の中に立ち入ってはおらず、そのためその内奥に至ってもいない。語り手は、導きの糸を手に立ち入ったにすぎず、その糸は彼と背後にある太陽とをつないでいる。このことが示しているのは、語り手の心や魂は洞窟の外の太陽にあるということである。語り手の魂は、一度として洞窟に立ち入ってはいない。もし魂が立ち入ったならば、それはもはやプラトンの洞窟ではないだろう。プラトンの洞窟は定義上、立ち入ることのできる内奥を持たない洞窟である。この洞窟はみずからの本質をみずからの外側に備えている。それは、ア・プリオリに、根本的な転回後に立ち去られた洞窟であり、立ち入られることのない洞窟なのである。

神話からロゴスへ

プラトンの洞窟をイニシエーションや呪術の洞窟と対比し、プラトンがこの寓話やみずからの哲学全般によって、通常の人々の敬虔さや、昔ながらの神話的－儀式的な世界内存在様式に衝突し離れたのだ、と私は示唆した。しかしさらによく調べてみればすぐに、[4] こうした種類の敬虔さや世界内存在様式は、決してプラトンの出発点ではなかったことを認めざるをえなくなる。むしろ彼は当時のソフィストたちや、ギリシャ的啓蒙に対する、あるいはペロポネソス戦争が引き起こした状況、つまりトゥキディデスやアリストファネスやエウリピデスの著作や、さらには『ゴルギアス』や『国家』（第一巻）といったまさしくプラトン自身の対話編にさえも反映されている状況に反応したのである。歴史的には、この古い倫理的－宗教的な伝統はすでに崩れ去っていた。それはもはや共同体の現実の生活を実際に形作ることができるほど力強くはなくなっていた。プラトン自身が直面しているとみなしていたもの、そして彼が反応しなければならなかったものは、ソフィストたちによるドクサ（意見）からなる世界であった。土台なく自由に漂うそのドクサは意のままに使われ振り回されていた。もはや中心も確固たる方向性もなかった。ある意味でそれは早くも「なんでもあり」の状況であったと言えるだろう。魂にとってはかき乱されることこの上ない。そうしてこれこそプラトンがぶつかって離れなければならなかったものであり、彼の洞窟の寓話の裏に存在する具体的な背景でもあった。

さらに、この洞窟の側について言えば、それはプラトンにおいてはじめて現れたのではない。洞窟というアイデアはすでにプラトンの前から、はじめはオルフェウス教徒たちのあいだにあり、後年にはプラトン以前の人々（パルメニデス、エンペドクレス）のあいだにあり、長い伝統を持っていた。人間存在を洞窟の中に位置づけたのはプラトンが最初ではない。

私が洞窟の寓話を通じて生じていると主張しているこの革命的転換は、それゆえ両方の面からして、この語りが起因ではありえない。ある点ではプラトンは彼独自の方法で、すでに存在していた伝統を継続していたのであり、別の点では、この寓話は、かつての神話的‐儀式的な世界内存在様式にのっとったイニシエーションに臨む者や呪術師たちの洞窟全体からの根本的な退去を表現していたというよりも、彼の時代が孕んでいた具体的な歴史的状況における魂の深刻な苦境を表明していた。イニシエーションを行う文化によって形成され治められる様式や社会は、プラトンよりもずっと以前の時代で、すでに過去のものとなっていた。

しかしこうしたことすべてが、前節で例証してきたことを無効にするわけではない。それが示唆しているのは、正反対である二つの洞窟というアイデアに例示される世界、その二つの根本的に異なる方向性の断絶が、文字どおりに、つまり厳密に歴史的な意味で、洞窟の寓話によって引き起こされたわけではないということ、そしてまたプラトンはこの転換の生みの親というわけではないということに尽きる。それにもかかわらず、プラトンの物語は私が先ほど主張したように、神話的－儀式的な方向性に対立するまったく新しい方向性の開幕であり、神話的－儀式的な方向性の放棄である。しかし私たちが認識したように、もし儀式的でイニシエーションを行う文化がプラトンの時代にはすでに遠い過去のものとなっていたとしたら、そして前節の最後で私が述べたように、もしプラトンがすでに儀式的なものの次の伝統に身を置いており、それ以前のさらに早期の儀式的世界の立場に気づいていないとしたら、いかにして洞窟の中の拘束された人々というアイデアがこうしたそれ以前のものの放棄であり、まったく新しいものの開始でありうるのだろうか？　この矛盾は解き明かされる必要がある。そして、それには二つの回答が可能である。

革新的に新しいものの本当の起源は、必ずしもこの新しい展開の歴史的なはじまりに表面化するわけではない。一つの運動が、その運動自身の深遠なる根源や真の論理的な根底を明確にするのに、数世代の時がかかることもある。この革新的な断裂はすでに生じているが、この断裂を余儀なくさせた新しい内的真実は、まだ時間をかけて本質を見抜かれる必要がある。その論理的なはじまりは、経験的－歴史的なはじまりの時点において、あらかじめ目に見えているわけではない。プラトンは先行する伝統全体に立脚しているが、プラトンの寓話にその伝統全体が行き着く構想を私が見いだすのは、こうした意味においてなのである。ここに、この伝統の内的動力は一つのイメージに縮図的に示され、結晶化されており、そのイメージはそれまでかなり長い期間にわたり効果を発揮してきた真実に、まったくふさわしい表現を与えている。このようにして、私たちはプラトンという比較的後代の時代を見て、そもそもプラトンを生み出した伝統とはなんだったのかということを学ばなくてはならない。これは錬金術の第一質料について私たちが理解していることと似ている。その真の姿は、つまりその本質は、精錬し昇華する達人の事後的な作業の結果として、はじめて明らかになる。

そのため、真実という理念がソフィストたちに道具として自由自在に使用されうるドクサ〔*doxa* 臆見〕へと腐敗することで生み出された問題に、プラトンが直接的には専念していたことは確かなのだが、彼の作業は同時に、この直接的な目的を越えて、総体としての新しい伝統の本質的な姿勢を例示している。その時代に特有の差し迫った問題に対するプラトンの直接的な回答の中には、世界に対する一般的な哲学的方向性の論理が、同時に提示されている。この哲学的方向性は、プラトンにおいて最高潮に達し、個別的なものが、暗示的に、普遍的なものを暴露しているのである。

こうした理由から、私たちはプラトンの洞窟をある種の正当性を持って、より一般的な「哲学の洞窟」と呼ぶことができるだろう。それは私たちに、プラトンが考えていたことを教えてくれるだけではなく、そうした哲学的姿勢とは何であるかも教えてくれる。そのため真の対立はイニシエーションの洞窟と哲学の洞窟の対立なのである。そして世界における二つの異なる全般的姿勢の象徴であるこれら二つの洞窟のあいだには、根本的な裂溝、つまり断裂があって、神話〔*mythos*〕からロゴス〔logos〕への革命的転換があるのだが、ここで「神話」とは神話的–儀式的な世界内存在様式を表しており、つまりイニシエーションを行う文化を表しており、一方「ロゴス」とは思考、リフレクション〔反省〕、哲学を表している。

これが解き明かされるべき矛盾に対する最初の回答である。二つ目の回答は、「哲学の洞窟」がより早期のイニシエーションの洞窟というアイデアを攻撃するわけでもなく、さらには明らかにそれにまったく気づいてさえいないという事実にもかかわらず、哲学の洞窟がはじめの洞窟に衝突して離脱しているという特徴に向けられなければならない。直接的で文字どおりの水準では、イニシエーションの洞窟に対する言及もなければ、それを「敵」とみなした上での戦い、つまり衝突し離れることで克服すべき、より早期の意識の段階とみなした上での戦いもない。哲学の洞窟は哲学の洞窟自体とだけ関係している。そのすべてのエネルギーは、それ自体に衝突して、それから離れることに、つまり洞窟から出ることに費やされ、イニシエーションの洞窟への暴力的対立として哲学の洞窟を打ち建てることには費やされていない。

この一見すると矛盾した特徴は、「衝突し離れること」の弁証法に由来する。衝突し離れるべきものそのものに注目する限り、離れたいと思っているものそのものに、まさに自分自身を縛り付けることになる。それが自分の出発点となり、そうしてまたアルケー〔*arche* 根源〕になり、自分の将来におけるあらゆる取り組みを支配する原理となる。逃れることはできない。もし本当になんらかのものに衝突しそれから離れたいのなら、すでにそれに衝突しそれから離れてしまったものとして始めなくてはならない。本当にぶつかって離れることは、まったく新しく、それ自身の起源からの新たな旅立ちとして、それ自身の新しい「領域」で始まる。言い換えれば、それはそれ自身の完了形として、それが引き起こそうとしているものをすでに完遂したものとして始まる。もし、そうではなく、衝突し離れることを完遂しようと望んで試みるならば、それは座礁し、振り払おうと望んだ当のものの中で身動きが取れなくなるだろう。それは人格主義的な心理学における、両親に対する情動的依存の解消という青年期の試みにたとえられる。両親に対して積極的に立ち向かうとすれば、いっそう両親に巻き込まれていくのみである。中には生涯、両親とのこうした確執に身を置き続ける人もいる。彼らは心理学的には決して両親から離れ自立することがない。両親への依存の解消は、すでに生じたものとして始まるときにのみ成功する。それは完遂された切断でなければならない。すでに両親から離れて、自分自身の立脚点にいるのである。

このように、哲学の洞窟ははじめの洞窟と戦いもしなければ、それを否定することもしない。それはイニシエーションの洞窟を否定する過程ではない。むしろ哲学の洞窟はイニシエーションの洞窟の（完遂された）否定なのであり（あるいは否定としてのみあり）、それゆえもはやイニシエーションの洞窟についてわざわざ思考する必要がない。思考が始まるとき、思考はイニシエーションの洞窟の否定としてあるのだが、その否定は完了形としての否定なのである。思考にとって、イニシエーションや呪術に臨む者の洞窟はいつもすでに本当に過ぎ去っているのであり、それはいまや哲学者の立脚点のはるか後方に横たわっており、その立脚点にとっては主題とならず、そのためその立脚点からはただ「忘れられて」いる。この哲学者の立脚点はその立脚点自体にのみ関わり、それ自身の内的問題とそれ自身の真実にのみ関わる。しかしこの立脚点が以前の様式の否定（その取り消し、あるいは止揚）であるのだから、それはこの様式の変容なのである。革命的に新しいが、それでいて古いものの変態あるいはさらなる展開にすぎない。

それゆえ、いわば隣人のように、あるいは選択肢のように、並んで横たわっている二つの別個の洞窟があるのではない。そうではなく、ただ一つの洞窟があるだけであり、そして、すでに指摘したように、哲学者の洞窟はより早期の洞窟の暴力的な再解釈であり、代用なのである。それは早期の洞窟の継承者である。

思考は神話的－儀式的な世界内存在様式の否定であり止揚であって、ロゴスは神話の止揚である。思考（ここでの私たちの主題となっている特定の意味としての思考）は人類学的な不変物ではないし、ユングの言う意味での「思考機能」や一般的な知性と混同すべきではない。人類が存在する限り、その機能が発展し分化しているか否かは別として、原理上、思考機能という意味での思考する能力を、人類は有してきた。それはそこにあった。しかしここで私たちは心的機能について、つまり人間の心《マインド》の目録にある一つの特性について話しているのではない。私たちの文脈での思考とは、文化的現象であり、つまり所与の自然なものではなく、歴史的に獲得された世界－関係の一つの特殊な型である。思考は、意識や世界内存在のある種の構成である。思考と対照的なものとして、とりわけ例として挙げられるのは、神話的で儀式的な意識の構成、あるいはその世界内存在の構成である。思考機能ならば、一人の人物の中に常に可能性としてあったにもかかわらず、その人はその機能をうまく利用できなかったということもあるかも知れず、ある時点でそれが活性化し「発展」することもあるかも知れない。だがこの小論で言われる思考は、単純には活性化しえない。それはあらかじめ倉庫にあって使用される準備が整っている道具のようなものではないため、単純には活性化しえない。この思考は「自然」との、つまり神話的‐儀式的な世界内存在様式との、革新的な決別としてのみ発生する。それは暴力的な切断を前提とし、つまり以前の無垢性の外に出ていること、世界への内部性〔in-ness〕の外に出ていることを前提としている。たとえばイニシエーションに臨む者として、洞窟という無限の内奥〔interiority〕に本当に入り込むことができ、そこに亡霊を招き入れることができたのは、そうした無垢性や内部性であった。思考はこうした世界の内奥をすでに立ち去っている。思考はそれ自体で、世界や洞窟の内奥の外に立脚点を備えているのであり、そのためそれはリフレクション〔反省〕[11]なのである。

イニシエーションに臨む者の意識は、これと同じ意味での立脚点を備えてはいない。むしろそれは何も書かれていない石板のようなものであり、そしてそのことによって、おのずから現れるものに対して、意識にみずからを押し付けることができるものに対して、無限に開かれている。思考、すなわちリフレクション〔反省〕の体系は、対照的に、堅固な立脚点によって特徴づけられる。思考あるいはリフレクションは、洞窟の奥の壁の固定性や不動性と、洞窟の外の太陽の唯一性とを必要とし、そして思考が注目して語るあらゆるもののアイデンティティを原理上保証することのできる、しっかりと拘束された心《マインド》を必要とする。あるいは、この思考はそうした拘束された心《マインド》としてある。こうしたことのすべてがプラトンの寓話で明るみに出る。思考は、神話的‐儀式的な世界内存在様式が止揚されたものであり、「自然」そのもの（つまり、一つひとつの真実、いま現在の真実、私の真実を持ち、それ自身で一つひとつ究極のものであるパイノメナ〔*phainomena* 影〕や亡霊）が止揚されたものである。この事実は思考にとって、つまりリフレクションの立脚点にとって、多くのパイノメナや亡霊がすべて一つに集められており、そうして止揚された契機に還元されており、それが一つの世界や一つの実体というアイデアの元に、思考の属性や、思考の特徴やその部分や要素、思考の個別の現象、思考の契機への展開として包含されていることを示している。リフレクションの課題はそれゆえロゴン・ディドナイ〔*logon didonai*〕、つまり「理性で……を説明する」ことであるが、それは全体としての世界（論理的な唯一性）の観点から個別的な現象のそれぞれを説明することでもあり、全体としての世界そのものを、つまり存在を、説明することでもある。哲学者の言う「存在」とは、止揚され（一つに潰され）た神話の全領域であり、つまり根本的な多様性が備わっている神話的体験領域が止揚され（一つに潰され）たものである。

プラトンの遥か以前に、私たちがリフレクション〔反省〕と呼ぶ世界に対する姿勢は、象徴的な価値を持つ出来事に、あるいはより適切に言えば兆候的な価値を持つ出来事に姿を現している。すなわち、アナクシマンドロスは二つの彫刻という形式で、天球儀と世界地図を作り出していた——このはっきりとした「兆候」がイマジナルな形式で暴露するのは、心《マインド》がすでに内奥〔interiority〕の内部性を立ち去り、〈いま、ここ〉という感覚的直接性を立ち去り、地球の上に昇り、そうして地球の外側に位置し、それによって実際にそこにあるすべてを同時に見渡すことができるようになったという事実である。それゆえアナクシマンドロスが作り出したものは、概念〔*concept*〕の誕生の「兆候」なのである。つまりそれは、感覚可能なあらゆる個別的細部を完全に抽象化して、代わりに「全体」を構想〔conceive〕する心《マインド》の力の誕生の「兆候」である。というのも、このようにして意識の方が地球の上に昇ることは、あらゆる感覚可能な特異性を抽象化して、いわば「ポケットに入れ」

る、概念の獲得によってのみ可能なのである。「全体」あるいは「すべて」あるいは「唯一」の中に、あらゆる感覚可能な細部は消失し、しかしもちろん同時に、論理的に否定された（止揚された）形式ではあるが、それ（「すべて」！）に包摂され取り囲まれる。概念は、反省された形式において、それが示しているものを、もはやそれが元々そうであったような直接的で感覚可能な現実としてではなく、いまや心《マインド》の所有物として包摂する。「全体」を見ることはもちろんできず、それは思考されなければならない。それが思考である。

神話的－儀式的な世界内存在様式との画期となるような決別と、その様式に備わっていた直接性から思考という反省性への上昇とが、罪という理念や感覚のはじめての出現を伴わざるをえなかったことは、理解に難くない。「罪」はまさしく新しい獲得であり、新しい「発明」であると言いたくなるほどである。それは世界の中で神話的－儀式的姿勢を取っていては、不可能なことであった。罪悪感がはじめて現れたのはアナクシマンドロスの格言の中であった。「諸事物はその起源とするところから生成するが、また当然そこへと消滅する。なぜなら時間の命令に従って、それらはお互いに不正に対して罰しあい、償いあうからである（断片A9、ディールス・クランツ）」[12]。その起源がかつての世界内存在様式（直接性の立場）との革命的な決別にあることを考慮すれば、当然ながらこれは存在論的あるいは論理的な罪悪感なのであって、主観的で道徳的な罪の感情ではない。このことは後に偉大なるギリシャ悲劇作家たちによって表現された悲劇的人生観で頂点を迎える（悲劇もまた神話的あるいは儀式的な文脈では考えられなかっただろう。それは存在が反省されていることを必要とする）。

ユートピアとしての洞窟

これまで私たちは、人間の世界内存在の最初の状況に関する素朴な記述と、与えられた状況に衝突しそこから離れ、根本的に新しい世界の状況へと至る暴力的な歪曲と再解釈との差異に、関心を払ってきた。ここで私たちは洞窟の寓話の二つ目の側面、つまりその隠された弁証法へと至る。

プラトンによれば、その物語の中の運動には明白な方向が存在している。つまり上昇方向であり、それは幻想からの上昇であると見なされ、あるいは不実から真実への上昇であると見なされる（哲学者はのちに洞窟の中へと戻るが、その帰還の唯一の目的は、残された者たちを解放し、彼らがより高い真実へ上昇できるようにすることであり、その限りにおいて、その方向の明白さは損なわれていない）。プラトンにとっての上昇は、最初の与えられた状況から、離れたところにあるより高い目標へと向かう動きである。しかし私たちからしてみれば、物事はまったく異なって見える。プラトンが最初の状態として提示したものは最初の状態ではまったくないことを、私たちは明確にしたばかりである。それは実際の初期状態の歪曲であり、それとは反対のものへの裏返しである。私たちにとって、古いものと真に新しいものとの現実の対立は、洞窟の寓話の中にある一つの世界と別の世界とのあいだには、つまり洞窟と太陽の世界とのあいだにはない。私たちにとってそれは、一方の、哲学者の洞窟の外側にあってリフレクション〔反省〕の生じる前にあった伝統的な世界内存在と、他方の、二つの世界を備えた洞窟の寓話のファンタジーそのもの全体との、あいだにある。この語りの始まりである洞窟のイメージと、洞窟の中の人間の存在のイメージとは、それ自体が真の革命なのである。この革命は、語られる一連の行為において生じる転回の中にはない。新しく発見されたものに向かうために、プラトンが衝突し離れたがっている与えられた出発点は、未来のヴィジョンとして提示されているわけではなく、未来のヴィジョンのようなものとしてそれ自身を理解しているわけでもないのだが、実際にはこの出発点がまさに正真正銘のユートピアである。

プラトンが洞窟存在というイメージによって心の底で思い描いていたものが何であるかを考えて見れば、このユートピア的特徴は、もう少し想像しやすくなるかもしれない。それは「映画館」というモデルあるいは原理に従った（彼の時代のいまだ原始的な技術的手段によって表現された）心の絵画に他ならない。私たちは洞窟の中で燃える火に原初の映写用電球を認め、（観客席を映写室から隔てている）壁に沿って運ばれていく彫り刻まれた物たちには、動く映写スライドに相当するものを認めることになる。洞窟の奥の壁には、当然、映写幕を認めることができ、影のイメージたちには、客席に拘束された人々がうっとりと〔*gefesselt*〕（文字どおりには「拘束される」だが、「心を奪われる」「魅了される」も意味する）見つめている刺激的で情動を動かされる映画自体を認めることができる。客席にいる人々はこの映画の中に（具象的に理解をすれば当然そうである）物理的な映写や光の効果だけを見ているのではなく、目の前には現実のドラマそのものがあり、本当の人生がある。おそらく彼ら自身の個人的でありふれた実在よりも意義深い人生さえあると信じている。そして多くの予想に反して、拘束された人々は、その拘禁を悲惨なものとしては経験してはおらず、楽しみや喜びとして経験している。このことはもちろん本質的であり、それはまた彼らが解放されることを徹底して拒否することの理由でもある。

「映画館」の技術的な仕組みを誰もが思い描けるようになるほぼ二千五百年前に、プラトンは我知らずそのモデルを生み出したのである。もちろんプラトンは、存在の水準において、つまり技術的・経験的な水準において、実在する特殊な施設としての文字どおりの映画館には関心がない。彼がそのイメージを考案するときに関心を持っているのは、世界内存在全体と人間の本質とを、存在論的あるいは論理的に、新しい基盤の上に据えることである。人間を洞窟（彼によっていま考案されたものとしての洞窟）に位置づけることで、プラトンは彼の時代より遥かに進んで、「映画館」的存在としての人間存在という発想を得る。それゆえプラトンにおいて、人々は、たとえば金曜の夜に映画を見に行くわけではなく、「映画館」の中に生まれているのである。洞窟あるいは「映画館」がここでは人間の定義なのである。

人間は穴居人あるいは映画観賞者である。この（イニシエーションに臨む者やそれを終えた者という人間の以前の「定義」に対する）再定義は、まさしくユートピア的である。たとえプラトンが実際にいた時代が、神話と儀式によって形成された世界体験という点においてすでに大きく変化していたとしても、人々の実際の生活や思考は、以前の世界と伝統とに変わらず深く埋め込まれている。そうした以前の世界と伝統では、イメージと情報が外側から洪水のように入ってくるのであり、つまりそれは「見世物」や「バラエティ情報番組」であり、そうした観点からすれば、実体は、みずからを定義する存在であり、みずからをその世界の中で方向づける存在として、理解されていたのである。

イマジネーションvs思考、解釈学vs心理学

プラトンが我知らず「映画館」のモデルを作り出した、と私は述べた。私がいま述べたことは確かにプラトンが意図したことではない。彼はまったく異なる問題と取り組んでいる。つまりソフィストたちの啓蒙過程で生じてきたあらゆる価値の崩壊によって持ち上がった、差し迫った真実の問題に取り組んでいた。そしてそうしたあらゆる価値の崩壊とは、新しい世界内存在様式に対する、つまり思考とリフレクション〔反省〕の様式に対する、表層的な統覚の結果だったのである。そして、それに対するプラトンの返答は、洞窟の寓話について言えば、彼が哲学志望者に被らせる転回において最も明確になる。この転回と、その後、最終的には太陽を明確に意識するに至る上昇とによって、この世界における新しい姿勢〔リフレクション〕はついにそれ自体へと帰郷する〔深く心に刻まれる〕。プラトンが打ち建てたものは本当にはまったく新しい姿勢ではない。むしろ、世界における哲学的方向性に本来備わっていながらも、それまでは引き出されていなかった帰結を、彼は引き出したのである。洞窟の寓話はその転回によって、リフレクション〔反省された世界内存在〕の十全な論理の展開を提示したにすぎない。プラトンの寓話において、思考はいわば、ついにそれ自身を見通し、それ自身を考え抜いたのである。プラトンは、イニシエーションの洞窟から哲学者の洞窟への革命的な転換がリフレクションの姿勢を確立したことを確かに発見し、その上、これがリフレクションの最初の直接性[13]にすぎないことも理解していた。そのため、このはじめの革命的な転換を、もう一度その成果自体に対して適用し〔これが物語の中の転回である〕、そしてそれによって、完遂されたリフレクションとしてのリフレクションを実現させ、すなわち言ってみればインテンティオ・レク

タ[14]〔*intentio recta*〕（拘束された心《マインド》がそれ自身の前にある影を見ること、つまり直接的なリフレクション）とインテンティオ・オブリークア〔*intentio obliqua*〕（背後から経験を構造化するア・プリオリなものへのリフレクション、すなわちリフレクションされたリフレクション）の結合としてのリフレクションを実現させることが必要になったのである。リフレクションが、つまり真のリフレクションであることが、「世界」と世界の中の事物とをリフレクションするだけであるはずはない。それはまたそれ自体をもリフレクションしなければならない。神話的に体験された世界に対してリフレクションがしたことを、リフレクション自体に対しても適用しなければならない。これがプラトンの発見である。この物語の中の転回では、それ自体として存在している転回がリフレクションの立場によってリフレクションされるのであり、また必然的にそれはリフレクションされなくてはならない。神話的・儀式的な姿勢の直接性にぶつかってそれから離れることは、本当にぶつかり離れることの半身でしかない。何かにぶつかってそれから離れることには、このぶつかり離れることが、ぶつかり離れることそれ自体に対して、もう一度遂行されなければならないという対価を伴う。それがなぜかといえば、リフレクションが直接性や無垢さの止揚だからであり、そして何かに単にぶつかってそれから離れることとしてのリフレクションは、リフレクション自体の無垢な最初の直接性そのものにすぎないからである。

　リフレクション〔反省〕自体の最初の直接性から向きを変えることによって、そしてまたインテンティオ・レクタ〔*intentio recta*〕とインテンティオ・オブリークア〔*intentio obliqua*〕との結合としてのリフレクション自体を全うすることによって、あるいは完遂されたリフレクションとしてのリフレクション自体を全うすることによって、リフレクションはリフレクション自体へと帰郷する。このことは何を意味し、何になるのだろうか？　答えは以下のようなものになる。つまり、洞窟の寓話は出来事であり、その出来事において思考あるいはリフレクションが理解するのは、もし思考あるいはリフレクションがそれ自体をやり遂げるならば、その思考あるいはリフレクションが不可避的に「形而上学的」〔アヴァント・ラ・レットル〔avant la lettre〕〔形而上学という言葉が生まれる前の形而上学的〕でなければならないということである。

この洞窟の物語の内側では、もしその物語が作り出すイメージの世界に魅了され〔「拘束され」〕、よく検討せずにその出発点を当然のものとみなすなら、確かにその上昇は革新的に新しい発展であり、危険を伴う前代未聞の前進であり、まさしく文字どおりの革命である。しかし先ほど述べたように、私たちにとってそれは、「思考」や「リフレクション〔反省〕」という神話の後の新しい姿勢にはじめから本来備わっているものであり、それにもかかわらずプラトンに先行する者たちにはそれが理解されておらず、とりわけリフレクションという新しい姿勢を完全かつ素朴に「行動化」していたソフィストたちには理解されていなかった論理の展開であるにすぎない。思考する心《マインド》の背後にある、それ自身のア・プリオリなものに気がつくことは必要であり、その実現であるリフレクションの論理の十分な展開は、疑いなく大きな達成であり、進歩である。しかし、それはそうした思考と同じ論理の内側での前進であり、世界の中の同じ一つの姿勢の内側、すなわちリフレクションされた存在の姿勢の内側での前進である。それはすでに行き渡っているこの新しい姿勢の完成である。神話からロゴスへの動きが実際にそうであったような、世界内存在の様式に真の革命をもたらすものではない。

そのためこの物語には非常に異なった二つの読み方がありうる。私たちはその内側に留まり、この語りに描写された展開に付き添い、そうしてある意味で「共感的に」、まずは私たちも拘束され、それから強制的に反転させせられ、次々と痛ましい衝撃に苦しまなければならなかった件《くだん》の仲間の体験を分かち合うこともできる。ここでは私たちはこの寓話をイメージしており〔絵画的に心に描いており〕、寓話が描写する動きを一連の個々の出来事として、額面どおりに、文字どおり化して受け止めているだろう。このようにしてこの語りはいわば私たちの手を取って前へと導くだろうし、同時に一方の私たちの側の理解において、私たちは〔著者としてのプラトンか、このテキストにおける単なる署名としての「プラトン」かに関わらず〕プラトンが意図したことに忠実であり続けようとするだろう。ここでの解釈〔interpretation〕は慣習的な解釈学〔hermeneutics〕の精神《スピリット》に基づいて試みられた釈義〔exesis〕〔テキストの解明〕となるだろう。

しかし私たちは洞窟の寓話そのものを考え、つまりその寓話である思考について考えることもできる。その思考は、しかし、思考という形式によってではなく、語りとイメージという素朴な形式によってのみ提示される思考である。それ以前の読書の形式に対してはいくつかの出来事の連続として現れていたものを、いまはただ一つの出来事の論理の内的契機として、つまり世界における一つの姿勢の論理の内的な契機として、理解することになるだろう。アナクシマンドロスが「すべて」をただ一度見ただけで理解し、そうして「すべて」という概念にまでたどり着いたように、私たちもこの寓話にただ一つの全体を見るだろう。私たちはこの物語によって作り出される直接的な印象を、抽象化して振り払い、いまや、リフレクション〔反省〕を発見するこの物語自体をリフレクションするだろう。つまり、言ってみれば、リフレクションという概念に至ろうとするだろう。それは同時に、この物語によって表わされることが意図された意味に基づくのではなく、実際にこの物語がそうである当のものや物語の実際の言動に基づくことを意味する。つまりこれはいまとなっては、もはや釈義〔exegesis〕という意味での解釈〔interpretation〕ではなく、精神分析家が患者の言説や行為を「解釈する〔interprets〕」という意味により近いものとなっているだろう。つまり、それは、明示された意識の下部を、隠され、忌避され、抑圧された下部を、作り出すことなのである。

一例として、ウォルター・ブレッカーによれば、プラトンはイデアへの上昇によって、遠い昔に神話が提供していた意味が失われた後において、新しい意味を提供しようとしていた（あるいは古い言意での意味のいくらかを救済しようとしていた）という。神話との決別は洞窟の寓話がずいぶん前に振り払った遠い過去のことであり、その喪失を補償しようとするような基準点にさえならなかったと私は考えているが、それは別としても、この物語の内的動きの中に、いわばソフィストたちのニヒリズムから、より高尚な意味や確固たる価値や、のちに形而上学と呼ばれることになる「原理」へと至る動きを見ることが理にかなうのは、一つ目の言意での解釈〔interpretation〕で立ち往生しているときのみである。つまり、この寓話において意図されている意味に「引っかかっている」ときのみである。しかし、もしこの物語を考えるなら、そのときこの寓話で主張されている動きは、ソフィスト的な感覚主義や主観主義から出て客観的な「より高い理念」へ至る動きではなくなる。むしろそれは「リフレクション〔反省〕された存在」という新しい状況を真剣に貫き通そうとする試みであり、そしてその最初の直接性を、つまりソフィストたちの中に最も純粋な表現を見いだせるその素朴さを、克服しようとする試みにすぎない。この克服は、ソフィストたちの立脚点の素朴さを克服することであり、彼らの立脚点そのものを克服することではない。その上昇によって、プラトンはソフィストたちの思考の半端なやり方を克服しただけであって、それをそれ自身の真実へと深めた（リフレクションした、内化した）のであり、文字どおりにそれを超越したのではなかった。ソフィストたちもまた太陽（善のイデア）に依存しており、彼らはただそれを体系的に背後に保ち続けていたのであり、そうしてそれをそのまま無意識に留めておいたのである。

　この語りの内側にも、また絵画的に思い描く心《マインド》にも、洞窟の人々を枷から解放する際に生じる実際の転回がある。しかし思考は、洞窟の人々の枷をはじめに設置したのがまさにこの上昇である、という事実を見通す。洞窟の中の人々は、そして現実のソフィストたちは、拘束され監禁されているとは感じていなかった。彼らは解放など望んではいなかった。彼らは完全に自由だと感じていたのであり、彼らからすれば存在しない枷を見いだして、それを設置したのは哲学者なのである。逆から言えば、この転回は、枷を外してそこを立ち去ることではない。転回はそうした行為ではない。哲学者は自由にされた人間ではない。本当に彼が洞窟の外に出るなどということはない。彼が外に出ることは、文字どおりの語りに即したイマジナルな見方で見れば、そのように見えるというだけである。実際には哲学者は、彼のはじまりである洞窟の状況に終始拘束されたままである。洞窟は彼の始源であり、始源としての洞窟は後に続くあらゆることを統御する。見かけ上は自由にされ向きを変えることができた人間としての哲学者は、拘束された洞窟の人間としての彼の起源を、洞窟の外側にある太陽の凝視に至るまで携えている。彼は太陽を見上げるが、そうして眺めることができるのはこの起源のおかげであり、この起源の再確認なのである。もちろん語りやイマジネーションでの経験的な洞窟の内側ではなくて、間違いなく洞窟の全体的な構造や論理の内側でのことだが、思考に対して生じているのは、哲学者が外に出ないことである。この全体的な構造は決して更新されてはいない。上昇はこの枷の内的な弁証法の展開にすぎず、この固定性の論理の深みへとつながっていく。

　この物語の中の二つ目の契機（転回と上昇）は、この物語のはじめの契機（元々の洞窟の状況）のリフレクションである。しかし洞窟の寓話を思考することは、このテキストの内側にある一つの契機に、諸契機の中の別の一つをリフレクション〔反省〕させるにとどまらない。むしろこの寓話を考えることは全体の構造をリフレクションすることでなければならず、つまり拘束されている元々の状況と転回によるこの状況のリフレクションとの両方をリフレクションすることでなければならず、換言すれば、この語りの二つの契機の関係性そのものをリフレクションすることでなければならない。そしてこの意味で、いわば思考はこの語りの外側へと踏み出したのであり、（アナクシマンドロスがその地上的存在の直接性への包摂から踏み出したように）それに伴い洞窟の外側へと踏み出したのであり、要するに思考は本当に洞窟を立ち去るための唯一の手段なのである。洞窟と太陽の関係性を見ることで、思考する心《マインド》は哲学者、つまり解放された洞窟の人間がそうしたようには、もはや太陽を仰ぎ見ることはない。全体の関係性のリフレクションにとって太陽は、物語の内側にある物語の一つの契機に還元されており、そうして太陽は他方にある契機（洞窟の影たち）と論理的に（統語論的に）同じ立場にある。もちろん太陽が質的には（意味論的に内容面では）影たちと徹底的に異なっており、まさしく正反対だったとしても、そうなのである。

さらに別の側面もある。洞窟の寓話を思考することは、それを解釈学的に読むのではなく、心理学的に読むことを可能にする前提条件である。解釈学的な読解はこの寓話を、アイデアの表現として扱うだろう。心理学者である私たちはもはや、それをこうしたアイデアの歴史や知性的な歴史の中にある一つのテキストとして素朴に読むことはできず、魂の歴史あるいは魂の錬金術の中の一つの出来事として読む。一つの「テキスト」としてのそれは、誰かの観点（真意、意図、理論、意見）が明確に書かれたものである。「出来事」としてのそれは、それ自体でなんらかの現実的なものであり、厳然たる事実であり、「実体」であり、「第一質料」であり、そうしたものとして、それは客体的に世界に押し入り、場合によっては世界を変える。

ユートピアと現実化の弁証法

出来事としての洞窟の寓話は、ここまで見てきたように、ユートピアの確立である。そのユートピアにおいて人間は「映画館」の中の穴居人と定義されるが、そこで人間はイメージと情報の洪水に攻め立てられる。ところで、プラトンがユートピアを現実化されるべきプログラムであると主張するのではなく、革新的な転回を通じて克服される必要のあるものとして特徴づけているのは、もちろん奇妙なことである。プラトンのプログラムはイデアに向かう上昇であり、洞窟という「映画の世界」からの暴力的な出発を必要とし、実際にはそこからの退場を必要とする上に、その映画の世界は、プラトンの場合、元来の自然な所与の状態として描かれている。この矛盾は説明される必要があるだろう。

私たちの世紀は、おそらくユートピアの世紀と呼ぶことができるだろう。しかし私たちは、主要な社会的ユートピアが、左派のものであろうと、右派のものであろうと、次々と悲惨な結末に至るのを見届けねばならなかった。ユートピアを現実にするための最大限の努力が行われたときでさえ、結果は同じであった。これは何よりも、意識的かつ明示的に宣言され、行動プログラムとして始まるユートピアが、単に主観的なものに留まり、つまり単なる意識の内容に留まり、そのために論理的に現実へと到達できないためだと考えられる。ユートピアは無力な「当為〔すべき〕」に陥る。ユートピアの現実化を目的として行われるあらゆる活動は、もちろん多くの点で現実を経験的には変えるかもしれない。しかし、ユートピアのプログラムによって実際に熱望されていたものは、すなわち社会の内的でスピリチュアルな心《マインド》の変容、存在の論理の変容は、そもそも力によってもたらすことなどできない。そのため、ユートピアは生来的に、最初のあり方のままで、つまり非現実のままであるように強いられる。ユートピア的ヴィジョンは明示的かつ直接的に実現されることを想定されているが、その想定によってこのヴィジョンの実現は常に未来へと先送りされ続けている。これはユートピアの論理にはじめから備わっているものである。

プラトンの状況はまったく異なる。プラトンにとって、洞窟はそもそもユートピアでも目標でもない。洞窟は、プラトンにとって、実際の目標に到達するために、立ち去らなければならない出立前の現実の状況である。これが、そしてただこれだけが、プラトンのユートピアが実際に論理的に現実に到達することを可能にしてくれる。プラトンとそれ以降の時代にとって、ユートピアあるいは遠い目標という、実際には天井のようにいまだ頭上にあるもの（すなわち「映画館」としての洞窟）が、明示的な目標（すなわち洞窟の外の世界と「太陽」）に向かうために衝突して離れなければならない自明の基礎または基盤として設けられているため、意識は意図せずして、このユートピアに現実に住み着くことになる。意識が洞窟から抜け出そうとすればするほど、そして太陽を切望して太陽に到達しようと努力すればするほど、意識はそうしてはじめて（実際にはユートピア的な）洞窟をこの努力の現実の出発点に変え、衝突して離れるべき現実の基盤へと変えていった。とはいえ、この出発点も基盤も、イマジナルな物語の中の発明品であるため、元来は決してそのような現実のものではなかった。やがて、かつてないほどの拘束力によって、かつてないほど堅固さで、意識はユートピアの基盤の上に据えられる。意識はユートピアを自分の基盤と見なし、実際には基盤としてのユートピアに衝突してそこから離れ、そうしてゆっくりとユートピアを現実へと本当に変えていった。

経験的には不可能なことを、心《マインド》の力が生じさせている。すなわち、自分の靴ひもを自分の手で結ぶことと、逆に、まさにまだ差し当たってはまったく手の届かないものに衝突してそこから離れること、この両方を生じさせている。それはいまだ未来にあり、あるいは頭上に浮かんでいるのだが、それにもかかわらずあたかも人がすでにそこに立っている基盤であるかのように扱われ、そうして人はそこに衝突してそこから離れることができる。この矛盾した偉業は、ロゴスを通じて、言語を通じてのみ成し遂げられる。

洞窟の寓話の秘密（プラトン自身にとっても秘密だった！）は、意識が離れようとしているものが、実際の目標であることである。洞窟に人間存在を住み着かせることは、意識による意図とは反対に、魂がこの寓話の創造によって成し遂げようとしていることである。ひとえにそれが現実の秘密であり、現実の秘密であり続けたために、またひとえに魂が洞窟から抜け出して高みにあるイデアに到達しようと、素直に確信して非常に深い熱意を持って、現実に努力したために、世界の神話的体験への根付きから完全に抜け出すことに成功し、そして洞窟を新しい住処として確立することに成功した。これが目標の弁証法である。もし洞窟の目標としての特徴を魂が意識していたなら（そしてそれはまずプラトンが意識することを意味する）、洞窟が目標として提示されていたなら、この目標は私たちの世紀のユートピアとまさに同じように、必然的に未来へと絶えず先延ばしにされ、決して現実になることはなかっただろう。

プラトン自身がその好例である。プラトンはシュラクサイ〔現在のシラクサ〕のディオニュシオス一世の宮廷において理想的な状態としての明示的なユートピアを実践しようとしたが、それは結局、失敗に終わった。

現代のユートピアン〔夢想家〕は、与えられている経験的な社会状況と、理想社会に関する自分のユートピア的夢想とのあいだに立っている。彼は現実のものを自分の背後に持っているが、それは彼が論理的にそれを捨て去っていて、いまや完全に自分のユートピアと未来に関心を向けているからである。彼にとって実際の転回は、ユートピアとは対照的にすでにそこにあるものと、このユートピアそれ自体とのあいだにある。現実に存在しているものは、その理想に関する物語の外側に残り続ける。（時代遅れのものとしての）経験的現実と（未来における何かとしての）熱望される理想は、論理的に甚だしく隔たって分離されたままであるために、ユートピアはユートピアンのステイタスにとどまる運命にある。このようにならざるをえないのは、最初の現実状況と、目指された状況に関する夢想とのあいだに、論理的なつながりがないためである。ユートピア的努力それ自体が、現在としての現実に打ち込まれるくさびである。そのくさびはその（この現在の）諸契機（すなわち現実と真実）を時代遅れなものと未来性とに破砕し、絶えずそれらを分けたままにする。したがって、現実とアイデアのあいだの論理的な断絶は常に再確認されるために、未来性は常に未来に先送りされざるをえない。現代のユートピアンはこの二つを巡るジレンマの中にいて、彼の努力はみなこのジレンマを助長するだけであり、彼の望みとは裏腹に、このジレンマの片側である熱望される目標を促進しはしない。

プラトンの寓話の中では、実際の状態（すなわち、実際の状態として描写され、実際の状態であると主張されているもの）のアイデアは、空想的な物語そのものの中に取り込まれている。このことによって、その状態はユートピアの構成要素そのものになっている。その状態自体が空想的（隠れた望ましい状態）になる。これが示しているのは、プラトンが事実上、与えられているものをその実すでに捨て去っていて、つまりこの断絶をずっと以前に論理的に遂行されたものとして後にしているが、いわばその代わりに「実際の所与性」または「現実」の論理的特徴を携えて、それをユートピア自体に組み入れている、ということである。ユートピアと事実的に存在する現実とのあいだにある転回は、この寓話の外側のものとして残されているのではない。プラトン自身が存在の諸契機（現実と真実）を体系的に分けるくさびなのではない。むしろ彼の洞窟の寓話にも、真実の契機（太陽、イデア）に並行した現実の契機（洞窟、感覚世界）にも同じことが言える。このようにして、この物語は根本的な断絶を真に自分のものとし、その断絶を物語自身の目録の中に統合した。その結果として、いまや断絶は、洞窟の寓話の内側で、明示的なモチーフとして、そしてユートピア内の転回という形式をとった止揚された契機として、回帰する。

このため、プラトンの洞窟の寓話は、寓話自身の外側や背後には、もはや何も持っていない――それはまさに寓話が実際の断絶やジレンマを十分に達成されたものとして絶対的に後にしたからである。したがって、現代の明示的なユートピアのように、プラトンの寓話がジレンマによって外部から当惑させられたり脅かされたりすることや、嘘だと証明されて脅かされることはない。なぜなら、根本的にはその寓話自身の中に「嘘」（寓話の持つ反事実的なユートピア的特徴）が含まれているからであり、あるいは寓話が嘘であるからである。その論理形式について言えば、寓話はそれ自身の中で閉じられ、自給自足して、その内にあらゆる現実を含んでいる。この物語の中で起こる革命でさえ、まったく同一のユートピアの内側に留まる。物語の中の見かけと反して、この革命はある初期状態（洞窟の存在）から現実に発生するのではなく、まったく異なるもの（洞窟の外側の上方世界）に到達するのでもない。この意味で、洞窟からの上昇は前進運動ではない。[15] そこに現実的な動きなどまったくない。上昇はデモンストレーションの公開にすぎず、洞窟の寓話の在り方としての内的な論理的な自己矛盾の、この一つのユートピアの二つの面のあいだにある自己矛盾の、外的に知覚できるイメージにすぎない。そのため、この転回によって、意識は自己矛盾するこうしたファンタジーにますます固定されるだけであり、意識自身をそのファンタジーと矛盾へとますます深く埋め込ませるだけである。この意味で事実であるのは、最初から現実になる力を与えられていた空想的－ユートピア的な物語の中に、現実という側面が組み入れられたということである。

前進運動から「作業」への変容

洞窟の寓話それ自体から見れば、実際の差異は、洞窟と日光に照らされる外の世界との違いである。しかし、私たちにとって、一方には神話と儀式によって形作られた伝統的な世界内存在があり、他方には洞窟と太陽の関係全体があり、実は決定的な断絶は、このあいだにある。第一に、この洞窟と太陽との全体は、単一のユートピアであるため、洞窟の寓話の中で洞窟から抜け出すことは不可能である。そして第二に、転回は、その内的モチーフおよび契機として、ユートピアの物語自体の中に統合されるのであり、物語の起源として、その外側に、つまりユートピア（全体としての洞窟の寓話）とユートピアに先行するものとのあいだに取り残されはしない。これら二つの事実により、イデアへの上昇の意味は反転する。意識は目標として「向こう」にある太陽に向かって前進しており、洞窟の「外」へと移動する過程にあると考えているが、本当はルームランナーと同じように、単に地面全体がランナーの足元で前方へと動いているのであり、つまり古いものから新しい真実へと動いているのだが、そのランナーが何かから遠ざかったり他のものに近づいたりすることはない。経験的な、つまり地理的といってもいいような空間において、一つの直線的前進であると意図され提示されているものは、「空間」自体の「前進」であり、あるいはむしろ「空間」自体の変容、すなわち存在の論理的構成全体の変容であることが判明する。この新しい真実の中では、つまり「（全体としての）洞窟の寓話世界」と呼ぶことのできる真実の中では、新しい真実は私たちの見てきたとおりア・プリオリに洞窟と太陽の統一であるため、そこに前方へ向かう動きはない。太陽に近づくほど、洞窟に深く入り込むことになる。洞窟の奥深くに行くほど、太陽の真実の強度が増す。ヘラクレイトスが熟知していたように、上昇はそれ自体が下降である。現代の文字どおりのユートピアの場合のように、経験的な現実の状態としてのはじまりの状況と、理想的なものとしてのユートピアが甚だしく隔たって分離している（解離している）ところにおいてのみ、こちらからあちらへの前進がありえる。しかし、まさにその前進がこちらからあちらへの前進であるために、つまり「空間的」な運動（たとえ「空間的」という言葉が隠喩にすぎないとしても）であるために、すべては論理的に以前のままに留まることになる。それは必然である。この前進は前進自体のもつ不条理さを示している。反対に、洞窟の寓話に見られる運動は、どこにも行かず動かない運動であるにもかかわらず、その運動の目標に事実上まさしく到達するのである。

洞窟の寓話は、西洋の魂のすべてのエネルギーをイデアへの上昇のために動員し集結させることができた。これが一つ目の要因である。二つ目の要因は、この上昇の論理が矛盾によって特徴づけられていることであり、その矛盾とは、衝突して離れるべき所与の存在する基盤として考えられているものが、本当は私たちの上に浮かぶ天井だということである。これら二つの要因が同時に作用したため、洞窟の寓話自体が心理学的エンジンまたはモーターに変わったのである。洞窟の寓話の物語は、人間の（より適切には魂の）エネルギーを吸収して利用するための論理的な（経験的ではない）エンジンである。洞窟から抜け出すことで、魂は魂自身によって自由に仮定された未来のイメージに衝突してそこから離れる。魂はどこへ向かうのかと言えば、現実としてのこの未来へと向かうのである。洞窟のイメージは、地球から宇宙空間に発射された人工衛星であり、この人工衛星は地球を本当に揺るがすことのできるアルキメデスの点[16]として機能する。洞窟の寓話によって動員された魂のエネルギーは、文字どおりのユートピアの場合のように、人を直線的にこちらから果てしなく遠いあちらへと運ぶわけではない。むしろ、（意識的な意図が理解しているような）最高のイデアを目指して移動しそこへ到達するために使われるエネルギーは、それがたとえ秘密裡にだとしても、「洞窟の寓話」と呼ばれる（心の）論理的エンジンによって実際には方向を変えられ、そして存在の基盤（または存在の論理的構成）の根本的な変容の作業のために利用されたのである。

余談だが、神話という物語は、決してこのような心の論理的〔psycho-logical〕エンジンではないことに触れておきたい。神話は魂のエネルギーを未来の目的のために利用したり活用したりしようとはしなかった。それどころか、物語自身を消費し浪費することは、何よりもまず無垢な物語としての神話自身の性質である。つぼみがひらき花が咲くように、それは物語自身の美を展開するだけである。開花することがどこに向かうのかを気に留めることはない（「薔薇はなぜという理由なしに咲いている。薔薇はただ咲くべくして咲いている。／薔薇は自分自身を気にしない、人が見ているかどうかも問題にしない」――アンゲルス・シレジウス[17]）。第二に、神話はいかなるものに対しても、それと衝突してそれから離れることはせず、どこにも行きたがらない。「目標」という言葉を用いて言うならば、神話的物語は、まさしく「目標」から始まり、あるいは「目標」にすでに元々到達しているところから、いつも始まっている。神話は素朴に、「常に現在である起源」（ジーン・ゲブザー『起源と現在〔*Ursprung und Gegenwart*〕』）の自己展示であり、その中にみずからの場所を備えているのであり、あるいは少なくともそれぞれの神話がその起源の一側面である。これが、神話と洞窟の寓話の根本的な差異である。しかし、この差異はもちろん同時に、前＝リフレクションと世界内存在とリ＝フレクション〔再＝反映〕された世界内存在との差異の表れでもある。

洞窟と太陽の統一、または仮象の真実[6][18]

太陽への上昇が洞窟への下降であるならば、洞窟と太陽は一つの同じものの二つの側面である。洞窟の世界がどのようなものなのかについてはすでに詳しく見てきた。対象化する視点から見ると、洞窟の世界は「映画館」である。では、洞窟の外の世界全体とは、太陽自体を含む太陽の世界とは何なのだろうか。私たちがそのイメージの中に留まるのであれば、太陽は光という超越原理であり、そこから洞窟の中の映写機の経験的な光が、光るための潜在力をはじめて受け取る。プラトン自身にとって、洞窟の外の世界はイデアの領域であり、そこには最高のイデアとして、善のイデアとして、太陽が存在する。そこは原則的に正当なものの領域とも言えるかもしれない。イデアは、真なる、善なる、そして美なるものすべての基準でもある。したがって、イデアは現代の言葉で言えば「価値」でもあり、そして善のイデアは、他のあらゆるイデアや価値の背後にあってそれらに力を与えるもの、つまり価値それ自体のイデアであり、あらゆる価値の価値である。それを客観的現実（「事物」の現実）に入れ込むとどうなるのだろうか？「映画館」が洞窟に対応するのと同じように、その世界における善のイデアに対応するものは何であろうか？　それはマネー〔Money 金銭・お金・富〕である。

映画館の真実は二重の真実である。すなわち、刺激的な体験（つまり見世物）と大規模なビジネスの統一である。その世界に気づいていない観客は、ムービーアクションの体験に完全に夢中になり、そうして現実生活のドラマに参加していると信じ込んだり、存在の真実を目の当たりにしていると信じ込んだりする。一方で、同時に映画は巨大企業や投資家たちによる数百万ドル規模の事業であり、映画に対する彼らの唯一の関心はそれがもたらす収益である。映画それ自体や、映画の内容と水準や、その芸術的質や、そのメッセージは、映画産業や映画配給産業にとっては、まったく関係がない。つまり、彼らにとって映画は、あらゆるありふれた商品と同じように単なる商品であり、重要なのはその商品に金融投資がなされることだけである。映画の質は、それが仮に重要だとしても、ただその映画が大衆に受けるかどうか、そして結果として経済的に成功するかどうかという点において重要なのである。言い換えれば、これらの質はせいぜい目的を達成するための手段として、映画のマーケティングに貢献する餌として、映画がもたらす収益のために重要なのであり、収益が真の目標である。

マネーが映画館の実際の真実である。しかしそれは決して、情動的な体験の相が、つまり人生の表現としての映画が――人生の真実の仮象（自己顕現）のように見える映画であればなおさら――マネーに対して単に不実であることを示唆しているのではない。むしろ、その両者が合わさって、弁証法的に矛盾する性質を持つ映画館の全体の真実を表している。マネーを増殖させるために、無数の人々が洞窟の椅子に縛りつけられなければならず、また映写室を持たなければならないだけではなく、背後にはその映画に出資する経済界も持たなければならない。つまり、人々は自分自身をマネーの相から完全に抽出しなくてはならない。人々は、自分たちに提供される架空の光景を熱心に受け取らなければならない。このように、マネーの相を抽出することを、そしてマネーの相に完全に無意識のままでいることを要求するのは、マネーの相それ自体である――なぜなら、そうでなければ、収益が生じないからである。逆に、映画の架空の世界は資本家の出資するマネーに完全に依存している。彼らなしには映画は作れない。しかし何よりも映画が、そしてホラー映画でさえも、映画館つまりハリウッドに「しか」なりえない理由は、すなわち余暇〔*Frei-Zeit*〕（余暇時間、文字どおりには自由（解放された）時間、つまりあらゆる留め金と拘禁の縛りを外され解放された時間）としての当たり障りない娯楽にしかならない理由は、映画が現実には人を震撼させることがないからである。映画は人間の存在に対して責任のあるメッセージを持ってはいない。なぜなら、出資されて映写された見世物として、映画が幻覚にすぎず、決しておのずと顕現する啓示ではないと知られていることが、映画の論理にはじめから備わっているからである。このように、映画を可能にするものとしてのマネーは無視されなければ（抽出されなければ）ならない。それにもかかわらず同時に、マネーは、暗点化した形であったとしても、映写の究極の源泉として真に認められなければならない。この矛盾に私たちは直面する。この両相が同時に生じないのであれば、全体の物事が「機能する」ことはない。

この二つの側面が合わさって、仮象〔*Schein*〕（架空の存在）またはリフレクション〔反省〕と呼ばれる一つの壮大な真実を構成する。プラトンの洞窟の寓話も、一つの真実を二側面へと、洞窟と日光へと展開し分割したものであることを私たちはすでに知っているが、それが架空の存在の論理に備わる真実であることを、いまならば付け加えることができる。プラトンの寓話は同時にこの真実の内的な弁証法を間接的に示している。洞窟の暗闇と日光を、ソル・エ・アイウス・ウンブラ〔*sol et eius umbra* 太陽とその影〕を引き離すことになる暴力は、この二側面の内的な矛盾や不調和を指し示している。物語のはじめの転回と物語の最後の洞窟への帰還は、この二側面の不可欠の統合や同一性を指し示している。この取り消すことのできない統一は、もちろん洞窟の寓話がただ一つの真実の展開とその分裂であるという事実にその根拠を持つ。分割は原初の統一の中で生じるため、原初の統一は分裂した結果の中に痕跡を残し、その二極は密かに同一であるという形式をとってその統一の痕跡を残す。洞窟での影絵芝居の見世物と善のイデアのヴィジョン／凝視は、この一つの真実の二極である。両者は似てはいないが、同じもの（すなわち見世物／現れ）なのである。

同様に、拘束された洞窟の人間と、太陽の光の方へと上っていった哲学者は、論理的な点においては決して二人の別個の存在ではない。むしろ、実際にはこの世界における一人の同じ人間の姿勢（あるいは一つの同じ世界内存在）を二人の別個の人物像に分割するのは、プラトンの物語の語り的でイマジナルな様式に過ぎない。その一つの姿勢とは、体験される影の見世物という意味の仮象〔*Schein*〕に固定されるものであり、同時に、マネーの絶対的に抽象的で空虚で赤裸々な価値というもう一つの意味の同じ仮象に固定されるものであるが、もちろんこの両面は互いに分裂しており、左手は右手が何をしているか知らないのである。したがって、経験的現実においては、私たちの語りとまさに同じように、一つの自己矛盾した真実が行動化され、さまざまな論理的諸契機が別個の行動や役割として具体化され、さらにはその行動や役割がさまざまな人々に割り当てられて具体化される。それはたとえば実際の現実では、エンターテイナーとしての映画製作者の芸術的関心と興行主の経済的関心とのあいだに激しい対立を生じさせるかもしれない。

洞窟の寓話は、一つの語りとイメージとして、架空の存在の論理やリフレクションの論理を、いまだ素朴に絵として提示したものであり、その論理とは、とりわけヘーゲルの『大論理学』の「本質論」やさらには部分的にはカール・マルクスの著作において見られるように、自身の論理分析をみずからが受ける論理なのである。

第二部　西洋の歴史：洞窟の現実化の過程[19]

西洋の歴史：錬金術の実験室

西洋哲学全体はプラトンに対する脚注を構成しているにすぎない、という言葉を残したのはホワイトヘッドである。[7] これは間違いなく過度の誇張であり、プラトン後の多くの哲学者の手による独創的な大いなる成果に対する不当な発言である。だが、哲学においてプラトンを継承したあらゆる者にとって、その意義が偉大であり、それが隅々にまで行き渡ってさえいることを正しく指摘しているとも言える。しかしながら、心理学的観点から見て「脚注」という発想の特殊な問題は、それが「プラトン」をひとえに「テキスト」として構成的に解釈し、知識人——「専門的」哲学者や文献学者や解釈者や歴史思想学者——の道具として構成するところにある。しかし、すでに指摘したように、私たちは洞窟の寓話を、それ独自の正当性を持つ一つの現実として、魂の歴史や錬金術の事件として、感性的に評価をしなくてはならず、単に哲学的な構想として評価してはならない。この事件の本質は、それが（a）一つのプログラムあるいは一つの作業を浮き彫りにすること、（b）その事件以来この作業が西洋人に課されたこと、にある。このときから西洋は客観的に、この洞窟の寓話とその論理を「現実」にするという（明言されない無意識的な）指令の下にある。この偉大な秘められた事業は、現実全体を実体的存在という論理的ステイタスから取り出し、リフレクションと幻存在というステイタスへと移し入れる。この作業が（論理的あるいは心理学的な範疇としての）「自然」を少しずつ傷つけるという仕事を忍耐強く遂行してきた。あるいは世界を、幻存在として、定立されリフレクションされたものとして、影の世界として再創造してきた。また次のように言うこともできるだろう。すなわち、あらゆる現実を洞窟内に引き入れることが不可欠であり、そこで、もはや自然な経験世界ではなく人工的な投影世界である「現実」として、あらゆる現実を取り戻すのである、と。

　このことに関連して、ユングによって示された重要な洞察を思い起こしてもよいだろう。「あらゆるスピリチュアルな真実は次第に具体化され、人間が手にする実体や道具へと変わっていく」[8]。

　この事業のために西洋の魂は二千五百年にわたって拘束されてきた。この事業に西洋の魂は熱く心を奪われてきた。西洋の魂の全活力と最も深遠な知性がこの作業に捧げられてきた。西洋の最も偉大な人物たちはこの魔術にかかり、彼らは――望むと望まざるとに関わらず――そのためにすべての創造的な活力を注ぎ、熱心に献身してきた。

　それは、この洞窟の寓話の洞窟が決して、絶えず未来へと押しやられていくユートピアとして表されることはなかったからである。むしろ、この洞窟はいつも人を魅了し、人をその内側へと引き入れ、そこに定住させてきた。ホワイトヘッドが言ったように、プラトンの「影が西洋思想全体を覆っている」わけではない。ホワイトヘッドのこの言葉は、何か外側にあるものによって影を投げかけられることをほのめかし、そうした分離をほのめかしている。だが、そうではなくて、私たちは「ア・プリオリ」に洞窟の寓話の内側に居座り続けている。洞窟の寓話は、私たちの宇宙や地平として私たちを取り巻いている。それは理論や意見のように私たちが相対しているものではない。洞窟の寓話はエンジンの論理を携え、そのため、私たちが作業者としてエンジンとなっているループランナーへと、私たちをいつも引き入れてきた。

このため、「現実化」されなくてはならなかった「プログラム」として、この洞窟の寓話について私が語ることは、容易に誤解されえる。プログラムという言葉は、「パーティのプログラム」や「五カ年計画」について語る際の感覚で理解されるべきではない。実際、こうした「自我中心的な」未来の草案は、それ自体の現実性そのものを、単なる義務や希望として自分の外側に携えている。こうした種類の計画とは極めて対照的に、ここでいう「プログラム」に関する私たちの理解は、電子技術やコンピューター技術や遺伝子に関して使用されている意味に基づかなくてはならない。洗濯機のプログラムやワード・プロセッサーのプログラムや遺伝子に組み込まれているプログラムは、それ自身の中に現実性を携えている。それらはア・プリオリに完結しているのであり、完了時制のステイタスにある。それらはアルゴリズムのようなものである。そのため、こうしたプログラムは現実化してはならない。それはいかなる義務からも自由である。このプログラムを現実にしようとするのではなく、むしろ初めからそれ自身の中で完結しているものとして単にそのプログラムを「走らせる」だけである。

このような意味で洞窟の寓話はプログラムである。そのため、そのプログラムを「走らせること」が、プログラムの「現実化」を構成するのであり、それは仮借なく、非常に長いあいだ、繰り返し、現実のさらに微細な淡い水準へと向かい、かつてこのエンジンの処理に司られようとはしなかった現実がもはや何処にも残らないところまで、存在を幻存在に変え、「自然な現実」（神話的に表現される現実）と呼ばれる生の素材からヴァーチャル・リアリティを生み出す処理を続けていく。

そのため、プラトンが西洋の人間にこのプログラムの遂行を命じたと考えることは完全な間違いであろう。プラトンはそのプログラムを書いたわけでも発明したわけでもない。プラトンは、神話からロゴスへの魂の革命的な変位に本来備わっている「アルゴリズム」を明確に表現しただけであり、そうした変位がプラトンに先行して始まって以来、数世紀にわたってすでにそれは気がつかれることなく稼働し続けていたのである。このように、それは魂のプログラムであり、洞窟の寓話が扱っているものは、プラトンに先行すると共に、その及ぶ範囲はプラトンを超えて未来へと、私たちの時代にまで広がっている。プラトン自身は、それがいわば表面に現れ、光の下に現れた点でしかない。プラトンの時代に有害なものとなり差し迫ったものとなった喫緊の問題に応答することで、同時にプラトンは気がつかないままに、洞窟の寓話によって、彼の時代だけではなく、古典古代の哲学全般だけではなく、そもそも哲学や思想の歴史全般だけでもなく、人間の現実で具体的な世界内存在の歴史に属するものを、偶然にもはっきりと表現したのである。洞窟の寓話において、「思考」（リフレクションされた存在）によって特徴づけられる世界全体を形成していく内奥の真実や青写真やオペレーション[9]の論理が明らかになり、神話からロゴスへの変位という世界の震撼以来、常に見えないままに動いていた真実と論理が、明らかになった。

しかし、神話からロゴスへの革命的な変位は決して、歴史的な過去に起きた切断や、人間存在を神話から追い出し一撃でロゴスへと運んだ切断のような、一回の、一時的な事件というわけではない。あるいはむしろ、それは一回の切断ではあるのだが、この切断は一つの進行中の過程として生じており、私たちが過去三千年ほどの歴史と呼ぶ大きく広がった一つの事件として生じている。言い換えると、それは切断ではあるが、長く続く錬金術のオプス〔*opus* 作業〕の性質を持つような切断なのである。実際、論理的にそれは切断であり、突然の、急激な、絶対的な切断であり、中間に灰色の色調を挟むことのない白黒のように、あるものから別のものへの段階的な移行のない切断である。しかし経験的な歴史において、この切断は時間を要する。それは地質年代単位で生じる地質的大変動や断裂のように生じる。

この意味で、西洋の歴史は錬金術の実験室であると理解されるべきであり、そこではプリマ・マテリア〔*prima materia* 第一質料〕（世界の論理と世界内の人間存在の論理）が作業を施され、変質させられ、いわばユニオ・ナチュラリス〔*unio naturalis* 自然なる一体性〕の段階からユニオ・メンタリス〔*unio mentalis* 心の一体性〕の段階へと変容させられる。この作業過程のあいだに遂行された多くのさまざまなオペレーション（セパラティオ〔*separatio* 分離〕、プトレファクティオ〔*putrefactio* 腐敗〕、ムンディファクティオ〔*mundificatio* 浄化〕、スブリマティオ〔*sublimatio* 昇華〕、エバポラティオ〔*evaporatio* 気化〕、ディスティラティオ〔*distillatio* 蒸留〕等）も、知性的で経済的な歴史上のさまざまな具体的な活動も、このオプス〔*opus* 作業〕にそれぞれで特別な貢献を果たし、それによってプリマ・マテリアへのオペレーションは遂行されてきた（一般的な例を少し挙げておけば、キリスト教化、スコラ哲学、ルネッサンス、啓蒙、近代科学、テクノロジー、産業化、資本主義と消費主義の興隆）のだが、そうしたものは今の私たちの主題ではない。むしろ、私たちの時代において目に映る形になっている限りではあるが、この数千年の包括的な錬金術の作業の結果を、直接見てみたいと思う。

　現在、私たちは刺激的な時代に入り込んだように思われる。いま、人間存在や人間の世界内存在の新しい論理的な場である洞窟の現実化の過程が、完成（のはじまり）に至ったようだ。そのことを、私はここで表層的にだが、私たちの時代の主たる性質とその展開を示すことによって提示しよう。そうして、それを数え上げていくことで、存在の現在の形式の内的真実が浮かび上がってくるならば、それにしくはない。

　四つの契機が、洞窟内存在の本質的な現実や、幻存在の論理の持つ本質的な現実を作り上げている。

・空虚や空疎という幻想としての影、それまでの実体のある存在がリフレクション（反省）されただけの影。
・拘束されていること、すなわち、自由に漂う快楽を与えてくれる見せ物や激しい刺激やエンターテインメントやアトラクションといったものが持っている、美しく、気分を高揚させ、うっとりとさせてくる幻想（幻存在）により激しく魅惑されていること。

・現実世界から切断された狭く窮屈な屋内空間としての洞窟。それでいて、この洞窟は、縮小版の新しい（幻の、ヴァーチャルな）世界としてみずからを表し、すなわちあらゆる現実をすべて包摂する新しい理念としてみずからを表す。

・幻存在の分離し孤立した究極的真実としての、そのスピリトゥス・レクトォール〔*spiritus rector* 魂の導き手〕としての——あるいは神[11]の新たな形式としての、太陽（あるいは善なるイデア、すなわちマネーのイデア）。

幻存在の現実としての現代の論理

いま挙げた四つの契機を、具象的事物世界の具体的な現象によって例示してみたい。こうした現象は、しかしながら、深層にある幻存在自身の論理が、私たちの現実にすでにながらく浸透してきた結果、いまや具体的な形式に凝固して表面化しているという事実のささやかな経験的兆候や徴候として理解されなくてはならない。特定の現象があるグループに属しているのか、別のグループに属しているのか、明確に決定することは必ずしも可能なわけではない。それは一つの同じ革新的な変化の契機となりながらも、当然一つひとつが互いに重なり合っている。各々の現象が、少なくとも間接的には、それ以外のあらゆる現象を暗に指し示し、それらと関連している。

影の現実

影というステイタスが暗示しているのは、現実がリフレクションされ、非実体化され、非現実化されたことであり、そして非現実化されたものとしてのみいまだに現実であることである。それは根本的に止揚された現実である。このことは、まさしく実体性と身体性の縮図そのものとなっている現代というステイタスから理解され、それは人間の身体が現代医学の眼差しによって理解されることと同じである。医学が身体を、もはや知覚できる存在ではなく、感覚的に知覚されるものでもないと見なしているという点が、真に現代的なのである。医学による身体の認識がいまも実践されているところでは、医学の古い伝統的な様式が続いている。だが、真に現代的なところでは、装備のない人間の目によっては決して見ることのできなかったものが、コンピューター映像によって摸造されて、身体に関わっている。しばしば、スクリーン上の色は目に見える客観的な色を表しているのではなく、自由に選択され、人工的にそこに置かれている。言い換えると、目に見えるものはすでに反省され思考された身体であり、直接に与えられたものではない。

同様に、私たちの地球の衛星観測や気象動向の衛星画像は、感覚的に知覚可能なものを表しているのではない。それは人間の目が見ようとしたものではなく、たとえそれが上空にあるとはいっても、望遠鏡を装備した目が見ようとしたものでさえない。衛星画像が示しているものは、いつもあらかじめ加工されたイメージであり、コンピューター演算の結果である。このイメージは素朴で無垢なイメージではなく、リフレクションと構想的思考をあらかじめ経たものとして生まれている。それは、解釈されたものとしてやって来る。

以前には、写真は何かの像であり、その意味では、記録（証拠）というステイタスを持っていると考えることができた。デジタル化イメージと加工イメージの時代である現代では、「写真」の意味は根本的に変わった。写真は、訂正した跡を残すことなく、思うままに操ることができる。人々の顔の表情（現れている気分）を変更することができるし、人をある場面から削除することもできれば、逆に登場させることもできる。こうしたことが全体として意味しているのは、（対応性という意味での）真実の概念そのものが客観的に分解されているということである。写真は意味のないものになった。魂にとって客観的に明確になったのは、今後、写真の像は写真の像であるからこそ証拠のステイタスを取ることができない、ということである。写真イメージは定義上、現実の何かのイメージではない。このイメージはイメージ自身を提示しているだけである。これはショー／見せ物であり、プレゼンテーション／上映なのである。真実と現実の概念は止揚されている。

また、イメージが多くの画素によって光学的に構成され、現実には0と1の連続から構成されているという事実が、「イメージ」や「像」やゲシュタルト〔*Gestalt*〕という概念そのものの土台を崩している。この像は、本質的に有機的全体性であり、一つの統一体であり、そのあらゆる細部がこの統一体によって生気を与えられている。もちろん、夢のイメージは画素やデジタル・データとして訪れてくるわけではない。しかし、魂にとっては、このイメージの論理の現代的な現実が、元型的なイメージの現実の土台をも根本的に崩している。無邪気で疑いを持たない感じやすい自我だけは、見せ物としての内的イメージがいまだに携えている暗示的な力に屈して、内的なイメージがこうした変化を免れていると信じるのかも知れない。しかし、魂は事態をよく承知している。内的なイメージはこうした無垢をすでに失ったのである。

かつて航空機の操縦士たちは、機体の窓の外の気象状況を瞬時に知覚することで、その操縦桿を操っていた。現代の操縦士たちは、直接的な感覚知覚からはほとんど分断され、電子センサーとコンピューター画像から情報を得ている。現代の私たちには、現実の飛行状況の手本とする目的でフライト・シミュレーターが用意されている。しかし、肝心なのは、このフライト・シミュレーターが現実状況を模倣しているように、現実のコックピットの状況の方も、フライト・シミュレーターの状況に類似するようになったことである。この二つの状況は現実には区別されえない。現実のコックピットもフライト・シミュレーターもプラトンの洞窟の縮小版のレプリカである。両方とも、自分の周囲の外的な世界を、小さな内的な空間の中に引き入れて、「影」という止揚された形式にして、すなわち情報供給装置からもたらされる電子イメージと信号として、その中に再生産しているのである。

現代のリビング・ルームが、洞窟の性質を備えてきたことは、相当に明確である。私たちはそこに長いあいだ腰を据え、肘掛け椅子に拘束され、目の前にはテレビ機器のセットがある。そうして世界は、テレビの画面から止揚された形式で、見せ物・イメージ・直接的な現実の影として、リビング・ルームにいる私たちのところにやって来る。こうして、テレビに映し出されているものはすべて、「何でもあり」という絶対的な無関心さの中に止揚されてしまった。これが、メロドラマや、戦死者に関するニュースや、トークショーや、失業者数の最近の統計データや、クイズ番組や、地震災害などがテレビに見境のなく並べられる理由である。

政治、現実の政治が広い意味で見せ物となり、ますますテレビの世界に引き込まれていったこともよく知られている。選挙の当選と落選がテレビ映し出されるだけではなく、政治家も大部分が、プラトンの言う現実の政治家の影でしかなく、ア・プリオリにリフレクションされている。政治家は自分自身と現実を、イメージを経由して知覚し、そうして政治家も政治的な問題もメディア・イメージの中に現前する。政治家がそういう現前を求めるため、政治家自身が幻存在である。政治家は、自分自身の論理的なあるいは心理学的な場を本当に現実の中に据えているのではなく、自分たちのイメージの洞窟や、世論という洞窟、自分たちの示す見せ物という洞窟の中に据えている。俳優やメディア王たちが一国のリーダーになりえることは驚くには当たらない。[20]私たちがデモクラシー／民主主義の下に生活しているのか、あるいはむしろメディアクラシーの下に生活しているのか、疑わしいところである。

従軍記者は、現代では、ポータブル衛星受信機を利用して、常に継続的に一般的なメディアの報道や世論に注意を払っている。そのため、彼らが自分の目を通じて、まさに直接に目撃している戦争に立ち会っていても、そこで何が起きているのかを見てはいない。彼らが見ているものは、母国の世論の動向や意見によってあらかじめ形作られ、そうした意見に内在する分類によって形作られている。テレビは現実世界を呑み込み、それをリフレクションされた幻の世界として再び生み出している。

私たちは皆、為替や市場価値が事物の使用価値に取って代わったことを知っている。小型計算機や電池式時計がしばしば数ドルで売却されている。値段と価値は解離している。同じコンピューター・ソフトが、その同じ制作会社から、高値で販売されることも安値で販売されることもある。価格の決定は、製品の実際の価値に基づいているのではなく、戦略的に市場動向に従っている。電子工学製品の場合、一つの品物の事物価値という発想が、そもそも完全に変質させられている。なぜなら、一方では、膨大な開発コストという観点から、他方では、多大な費用をかけることなく、一度制作した製品を何百万回も繰り返し再生産できるという観点から、個々の品物の価格がはじめから人工化しているからである。何がその価値であるかを言明することができないために、価格が人工的に設定される。電子工学製品は、もはや（たとえばソフトウェアがディスクで販売されるように）その物質的実体的実在においてはみずからの存在を備えてはおらず、徹底的に想い描かれた性質を備えるようになっている。もちろん、人がそのプログラムを使用するライセンスだけを購入し、ソフトウエアそのものを購入することがないのも、そのためである。

そして、通常の製品や商品も、その「実体的存在」とそれ自体の尊厳という論理的なステイタスに関する限り、やはり消滅させられている。すなわち、まず、製品や商品は非常に一般的に消費社会という世界に取り込まれ、そこで消費されることによって、その論理的な無価値性をさらけ出している。次に、その商品は現代の使い捨て社会という世界に属しているという事実も、同様の側面を強調している。さらに本質的なことは（なぜさらに本質的かと言えば、このことができあがった商品の利用についてだけではなく、その商品の起源そのものにも言及しているからであるが）、エコロジーへと舵を切った社会においては、製品の再利用可能性と安全な廃棄処理可能性が、生産過程以上に考慮されなくてはならないことである。この廃棄物処理という発想が生産過程のはじまりにあるならば、製品は将来の廃棄物として生産されていることにもなる。廃棄物やゴミという発想は、製品の固体的な実体性が止揚されたことを証明するはじまりの包括的な視点である。その真の論理的なステイタスにおいて、商品は、たとえその商品が工場直送品であったとしても、まだ新品のまままきれいに包装されていたとしても、ア・プリオリに廃棄物なのである（そして結局は価値がない）。

従来の文明が、自分たちの文化の主要製品を、（「永遠の相の下に」[21]という意味でも、「それは永遠に続くかも知れない」という意味でも）永遠のものとして——ピラミッド、寺院、大聖堂、羊皮紙本——生産することに関わってきた一方で、私たちの文化の最も差し迫った問題の一つが、通常の廃棄物と同時に放射性廃棄物の処理方法であることは明記しておかなくてはならない。この「取り除く」ことへの関心は、もちろん、実践的・経験的な必要性から生まれてきているわけだが、それは私たちの時代の存在の構成が心理学的に変化していることを指し示してもいて、現実の性質とそうした現実の実体性が分解されていくという魂の事業を、意識に刻み込んでいく手助けをしている。「クラシック・モダン」アート、キュビズムのアート、そしてそれに続くアート・ムーブメントについて考えてみると、自然な現実が、実体的な無傷性が、すでに分解されているものとして描かれていることがわかる。キュビストたちは、所与の知覚できるものを描こうとはせず、（ほとんどプラトンのイデアであるという気にさせられるかも知れない）知覚できる対象の概念や本質を描こうとしたのである。自然なる世界は影の存在として見通されたのである。

私たちの時代に極度に重要で特徴的なことは、広告の成立である。広告は至る所にあり、現代生活のほぼすべてに充満している。広告の責務もまた、あらゆる現実を影のステイタスへと翻訳し、この影の性質を誰もが理解できる明るみに出すことにある。レオナルド・ダ・ヴィンチのモナリザやルートヴィヒ・ヴァン・ベートーヴェンの第九交響曲のような偉大なアート作品や、ピラミッドやギリシアの寺院のような人類建築の至宝、熱帯雨林の美しい無垢の野性、グランド・キャニオンの景観のような壮大さ、優雅なチーター、ひょうきんな類人猿、家畜化した動物たち、人間の身体の官能的な魅力、愛や自由や幸福や冒険や居心地の良さや純潔性や平和といった高度にスピリチュアルで情動的で道徳的な目的と価値——あらゆるものが広告に登場し、あらゆるものが広告によって私たちに返されてくる。しかし、正確にはただ根本的に消耗させられ、価値を減じられ、安価にされられたものとして返されてくる。それゆえたとえば、いまではモナリザを本当に味わうことはほとんど不可能である。この絵画は、私たちにとっては使い古され台無しにされている。

広告がしばしば（偽の）元型的なアイデアを広告目的に使用していることも見逃すことはできない。広告は、自然な現実や人間世界に属すあらゆるものを褒め称える（この褒め称える〔celebrate〕という言葉は、ここでは完全に宗教的な意味合いで用いられている）。しかし、間違いなく単に空虚な形式として、外的なデザインとして、いかなる実体的な内実もない常套句として、褒め称えている。しかも広告は宣伝すべき製品を、この褒め称えられた現実に備わった抽象的な価値によって飾り立てるためにだけ、こうしたものたちすべてを褒め称えている。一つの製品とこうして褒め称えられた価値や感情や現実との結び付きは、基本的に完全に恣意的なものである。たとえば、一方の自由や冒険と、他方の煙草ブランドに、本質的なつながりなどない。広告に現れているような価値や情動や理想や人間の欲望は、現実の基盤から完全に切り離され、完全に自由に漂い、自己充足しており、ただそうした自由に漂う発想として、中世の唯名論者たちがフラトゥス・ボシス〔*flatus vocis* 気息／発せられた音声[22]〕と呼んだものとして、それらは連合と提案によって人工的に製品と結び付けられている。フロイトは対象を破壊するための所有と、対象を保存するための所有を区別したが、それと同様に、何ものかを破壊するために褒め称えることと、保存を目的として褒め称えることとを区別することもできる。しかもそれに加えて明言しなくてはならないのは、広告は、破壊するという（隠れた）目的を持って触れたものを褒め称えている（論理的にそれを分解し、すなわち本来備わっている実質的な意味や尊厳を汲み尽くしてしまう）ということである。広告という機構は、巨大なミンチ製造器である。

広告という現実への唯一の実際的関係――利潤の最大化という客観的な目的と収入を得るという広告代理店の主体的関心――はマネーという最も高度な形式における幻存在の領域にあらかじめ属している。広告の真実は利益ではない。利益は、鯛を釣るための海老であり、おびき寄せるためにまかれた餌でしかなく、それはあらゆる現実を幻存在へと転換するという錬金術的なオプス〔*opus* 作業〕を前進させるためのものである。広告の真実は、幻存在として現実を提示することであり、幻存在としての幻存在の提示であり、そうした絶対的なヴァーチャリティ／仮想現実性（仮象〔*Schein*〕）の生産なのである。

広告がしばしば、極めて高度な専門技術で極めて美的に仕上げられた図像を生み出しているのを目の当たりにすると、私たちの時代で最も偉大で最も確かなアート作品は、広告産業において生み出されているのではないだろうかと考えてみたくなるかも知れない（もしアートや美の概念を単なる形式主義に絞り込もうとするならば、そうだろう）。この考え方を支持して、現代では最も偉大で創造的な才能を持った人たちの何人かが広告産業に心を奪われていることを思い浮かべることもできる。しかし、それによって、広告世界に入り込んだ、かつては現実であったあらゆるものが滅ぼされ止揚された、という事実自体が変わるわけではない。

この時代が、絶対的なプレゼンテーションの時代であるという私たちの時代の特徴も、非常に意義深く啓発的である。――なぜ絶対的なプレゼンテーションかと言えば、それが無のプレゼンテーションだから（そして、それを目指しているから）である。PR（パブリック・リレーションズ）という言葉の意味に基づいた包装や見せ物やイメージは、それ自体が目的である。提示されるものがプレゼンテーションそのものである。こうした傾向は、プレゼンテーションやレイアウトやイメージを加工するプログラムの存在によって客体化されてきた。こうした客体化の方向と、現代のレーザープリンターやインクジェットプリンターとの共同によって、強力なツールが一般の素人に利用可能になり、特別な努力や特殊な訓練をせずとも、ファンシーな文書を作ることができるようになった。このことが、しばしば貧困でさえある実体的な内容から、目に見える形式へと強調点を移していく。同じことは学校にも当てはまり、生徒たちはファンシーなプレゼンテーションを制作するが、その制作がプレゼンテーションの扱っている発想や情報よりも時には重要視される。多くのエネルギーがデザインに注ぎ込まれ、しばしばグラフィック・アーティストは実際の必然性や論理的意味づけに反してフォーマットを決定する。光学的な印象が勝利を収め、心《マインド》は敗北している。いまやブック・カバーには必ず図像が載せられ、その図像が本の内容と本質的な関係があり、その内容に対して実際に貢献するのか、それとも単に人の目を引きつけるだけのものなのかに関わらず、図像が載せられなくてはならないように思われる。この包装は、単に内容から独立しているだけではなく、内容よりも上位に置かれているようでもある。

こうしたエクステリア化のもう一つの顕著な例は、私たちの本拠地、すなわち人間の本質に関わるものであり、それはスポーツに見いだすことができる。数千人から数百万人の人々によってライブやテレビで観戦される巨大なスポーツ・イベントが、顔に目がついていれば誰にでもわかるように明らかにしていることは、本質的に人間存在が生きた広告塔へと還元されたことである。試合や競争の興奮は、ここでも鯛を釣るための海老でしかない。私たちの主たる注意を当然のように引きつける情動の強さによって、流されるままになってはならない。心理学的には、もっと別のものが重要である。すなわち、優勝者であるスポーツマンやスポーツウーマンと彼らが引き起こした興奮は、広告のために存在するのである。広告は、あらゆる重要なスポーツが達成した記録やそれがもたらす興奮に対する、取るに足りない付属品などではない。その上、サッカーのトップ・プレイヤーが文字どおりさまざまなクラブから売り買いされている事実は、人生の一つの限られた領域であるスポーツにだけ当てはまる限定的な現象だと考えられてはならない。それは人間の本質に関して一般的に妥当する真実の際だった兆候なのである。すなわち、経験的にはそうでないとしても、人間も論理的には商品となったのである。

　王侯貴族でさえも広告に利用され、それは俳優や著名人と変わらず、一般の人々も、自分自身や自分の人生の身の回りの出来事を、雑誌やトークショーやドキュメント番組に曝して、自分自身を売却している。人間の本質はショー・ビジネスへと引き入れられている。人間はもはや実体として自分の内に自分の本質を、つまり人格を、備えてはいない。ショー・ビジネスのように、ショーを主導する人々の人格が成功に不可欠である場合でも、この人格は自分のビジネスを遂行するための利点や道具にすぎず、内的な実質ではない。そうした人々が表す特質ではなく、その人たちが表す扇情的な側面が重要なのである。

注目すべき光景は、企業が世界市場で優位に立つために、産業における「リーン生産」[23]やその他の効率的方式によって、仕事がいかに合理化されているかということである。何千もの人々が余剰で不要で無価値な人員になり、そうして現実から完全に追い出されており、そのことがこの注目すべき光景の鮮やかな証明になっている。彼らは影の生を送ることを余儀なくされる。私たちはここで、その表面のみを理解するという過ちを犯してはならない。つまり、これは人生のある特定の領域にしか影響せず、人々が誰であり何であるかという点には触れることのない外的で事実的な出来事にすぎず、失業していたとしても、その人々は他の価値あることに多くの時間を費やせるという利点がある、といった理解は誤りである。こうしたことはすべて経験的には真実だが、余剰人員にされるという経験的現実は、論理的には、そして心理学的にも、それに関わる人々の真のステイタスの目に見える兆候である。しかもそれはそうした人々のステイタスを示すにとどまらない。それは全人口の内でまだ比較的少ない割合にしか起きていないことだが、それでも人間そのものの性質が影の特徴を帯びるようになったという革命的な事実を示している。

まさしく生《ライフ》という概念からもその実体的な内容は枯渇しており、その概念は器官の機能という、そして死守されるべきものである生物学的な生（植物的な、剝き出しの生）という、抽象的で形式的な理念へと変容している。何が真に人間の生であるのか、という問いは重要ではない。生は内容も実体も目標も持たず、生存という形式性や「メカニズム」へと還元される。このことは私たちの世界における二つの強力な変換において特に明白となっている。すなわち、その一つ目は中絶という問題に（賛成か反対かに関わらず）あれほど多くの情熱が注がれることであり、二つ目は現代医療が臓器移植や人工生殖やクローンさえ可能にするほど実際に発達していることである。

これに対応していることだが、実体的な意味での生／ライフという発想そのものは、人間の生が何かのためにあるのかを問うものであり、さらには根源（伝統・宗教・社会参画・霊的献身）から現れてきているという意味では、それは完全に消え去ったわけではないにせよ、「ライフスタイル」という発想に形骸化し、「影」の形式へと翻訳されている。

観光旅行は、かつて現実だった世界をヴァーチャルな世界へと変え、「見せ物」へと引きずり込むもう一つの方法である。観光の対象はその場所に固定され、それ自体は動けないため、その「見せ物」の「観客」はそこに旅行し、その場所にある対象を見せ物の構成要素として再創造する。「ドキュメンタリー番組」という表現とこの名称を冠する現象が、疑いなく明確にすることは、現実が、すなわち現実そのものに備わった現実性が、テレビの中へと引き込まれていることである。現実の論理的な本質が変わったのであり、現実の論理的な居場所はもはや現実の中にはない。現実は現実自身から移住し、幻存在の中に、すなわちヴァーチャリティ／仮想性の中に住み着いた。現実がテレビの中で見せ物として生まれ変わってはじめて、現実は新しい意味での現実となった。聖アウグスティヌスの有名な言葉を私たちの主題に合わせれば（つまり反転させれば）、「汝自身へ入ってはならない。〈表象〉［あるいは見せ物］へと向き直れ。真実はテレビの内に住む」（*Noli in te ipsum ire. In repraesentationes redi. In interiore televisione habitat veritas*）と言えるだろう。[12] そして彼の「外側の虚無、内側の真実」

〔*vanitas foris, veritas intus*〕も、同じように反転させなくてはならないだろう。すなわち真実は内側ではなく、まさしく虚無〔*vanitas*〕そのものの中にあり、幻存在の中にある。しかしそこにおいて、こうした言い回しは常にその論理的あるいは存在論的な次元で受け取られなくてはならず、直接的で経験的な意味や、人格主義的心理学の意味で受け取られてはならない。

一九〇〇年前後では、名誉という概念がなお生ける権威として存在していた。名誉とは、一人の人物にその人物の実体的存在を授ける発想もしくはフィクションであった。この事実がかなりあからさまに示されているのは、破産するという不幸に見舞われた人物が、名誉回復のために、実際に銃で自殺をはからなければならなかったことである。いまでも政治家たちや産業界のリーダーたちが汚職や深刻な金融犯罪で有罪となることがあるが（何千人もの労働者がこの対価を支払わねばならなくなることも頻繁である）、彼らは常軌を逸しているとはみなされず、場合によってはトーク番組などに出演し、自分たちの犯したことを利用して利益を得ることが妨げられることもない。もちろん、こうした番組は、暴露を求める市民的熱意に対応し、それに支持され、道徳規範より煽情的性質の方をはるかに尊重することにも対応し支持されている。現代において「名誉」は意味を持たない言葉であり、単なる空虚な音の組み合わせにすぎず、このことはいかに人が自分の内に自分の内的実体としての自分の本質を持たなくなっているかということをあからさまに示している。かつてはまさしく名誉がフィクションであり、目には見えない内的価値であったがゆえに、そしてそれにもかかわらずその内的価値が人間であること（あるいは少なくとも社会の立派な構成員であること）の必要条件として公に認められていたがゆえに、名誉は内的実体としての人間の本質の意味を知らしめ存続させるための一つの方法だったのである。

このこととの関連で、触れておかねばならない最も根本的な徴候は、おそらく言語の解体であろう。略語や頭字語が魂を備えた言葉や表現（意味や感情的濃淡や特定の言語内の連合）に取って代わっている。言語は実践と言語理論の両方で、情報交換の道具としての部分的で限定された機能へと還元されている。これもまた根本的なエクステリア化である。言語が占めていた場は、言語的信号に取って代わられたと言えるだろう。言語はその内奥の性質において、言語自体の影の形式へと変容させられた。また、語ることの性質も変化した。実際に、典型的なことは、人々がもはや単純に自分たち自身や自分たちの意見を表現して語ることがなく、大衆にある種の影響を与えることを狙って（しばしば無意識的であるにせよ）ア・プリオリに計算された声明を作り出している、ということである。語りははじめからリフレクションされた現実となっている。

これまで私は、主に諸事物や諸存在が属する世界に備わった実体的性質の止揚について例を挙げてきた。現実性が存在から幻存在へと翻訳されたことは、また別のことにも見いだされる。それは空間と時間の止揚であり、つまり時空間に備わっていた感覚的現実性が剝奪されることである。現代の移動手段（自動車、都市間高速列車、飛行機、ロケット）は時空間の制限を相対化する。電灯は、昼と夜との差異を一時的になくし、神話的尊厳を備えた伝統的差異を一時停止させる。かつて一年は祝日によって構造化されており、その祝日は時間が質的性質を持つことの証であったが、祝日からその実体的（形而上学的、宗教的）意義が枯渇していくことで、それが仕事を休む日にすぎなくなり、楽しむときでしかなくなり、時間からその質的実体の残余も奪われていく。現代の通信技術による時空間の止揚はさらにいっそう深刻である。情報はデジタル化され電気的刺激へと変化しているため、光速で世界中に広がることができる。事実上、地球上のどの場所でもそれは同時的である（「遠隔参加〔telepresence〕」）。このことは時空間が、経験主義的体験としても、カント的な直観の超越論的形式としても、[24] 止揚されていることをはっきり示している。

テレファックスで送られる手紙で、手紙に備わる感覚的で実体的な現実性が止揚されていることを、この手で具体的に把握できる。ファックスが手紙であることは「幻存在」のあからさまな一例である。[13] 現実の手紙では、何かが書き手から受け手へと物質的に渡される。私の友人が、私の愛する女性が、まさにこの紙を手にとっていた。これは彼女の筆跡であり、それがいまなお彼女の情動のいくらかを私に伝える。ここに彼女の涙が落ちたのであり、この紙片はいまなお彼女の香水の残り香を発している。こうした感覚的現実性はすべて、ファックスからは取り除かれている。ファックスの手紙が備えることのできる知覚可能で〈いま、ここ〉にあるものは常に、自前の紙と印刷機を準備した受け手自身によってもたらされたものである。送信者と受信者はそれぞれがそれぞれの側に留まったままである。ファックスによる手紙は抽象的で普遍的な媒体、つまり「情報」としての媒体の中にしかその居場所を持たず、そこに書き手と受け手の両者は「ログイン」したのであり、そしてこのことが、コミュニケーションがあったという幻の印象を与えるのである。

ホメロスにおいて、人々（たとえば旅路にあるオデュッセウス）は、地球上の自分たちの位置を、恒星や惑星を見ることを通して確認しており、その星々は神々であった。プラトンは地球上の自分の現在地を、永遠なるイデアを見上げることで確認しており、イデアは神々の後継の形象であり、止揚された神々（諸惑星）であった。一見すると、私たちも再び天体を見上げて、つまり通信衛星やテレビ衛星や偵察衛星を見上げて私たちの現在地を確認しており、それらはプラトンの超感覚的イデアが感覚的に客体化された表象のようにも思われる。しかしまさに外見上はホメロス的な位置確認様式への回帰であるからこそ、それらはいまや諸惑星や神々が止揚されたことの明示的な表象であり、幻存在あるいはヴァーチャル・リアリティとしての諸惑星や神々の表象なのである（一方プラトンのイデアは確かに止揚であったが、潜在的［即自的］にのみ、あるいは私たちに対してのみ、止揚だったに過ぎず、上記のように表象自体がこれを明白に可視化したやり方にはいまだ至ってはいなかった）。

カントの時代になってもまだ、上方と下方のあいだには形而上学的に重要な区別が存在していた。カントは常に新しく、しかもいや増す感嘆と畏怖とを抱きながら、「私の上に広がる星空」を見上げることができた。今日においては、もはや上方も下方もない。カントが上方の天空と同時に崇敬した道徳律である「私の内［in me］」というものが、[25] アウグスティヌスのイン・インテリオーレ・ホミネ［*in interiore homine* 内的人間］に宿るヴェリタス［*veritas* 真理］[26] と同様に、廃れてしまったのと、それは同じである。空間に備わるこうしたあらゆる性質は、（その光の速度のおかげで）世界中に現前する「情報」の均等性と同時性へと止揚されている。これらの性質と併せて、それに対応していた献身的情熱や畏怖といった感情は終わりを迎え、それらを表す言葉はまさしくその意味を失っている。そうした言葉はいまやただの音にすぎない。それゆえ今日の私たちの生活（私たちの現実の生、つまり私たちの論理的な生）は、経験的な意味での現実の空間に生じるのではなく、形而上学的空間に生じるのでもなく、「情報」あるいはサイバースペースと呼ばれる止揚された空間に決然と生じるのである。

サイバースペースでは、距離を伴う現実の空間というものは、単純に失われている。ヴァーチャル・リアリティという科学技術は、あらゆる大陸の人々が会合のために、仮想空間という〈いま、ここ〉において（つまり「テレプレゼンス」において）、（見かけの上では）直接一堂に会することを可能にする。

拘束されること

洞窟の寓話における第二の契機、つまり拘束されるという契機について考えると、まず心をよぎるのが、近代を通じて人を「魅了し」虜にする小説（そして後には映画）が出現し、それが絶え間なく洗練されてきたことだろう。すなわち探偵もの、ミステリー、スリラーである。意識はこれらの方法によって、現実の世界から連れ去られる可能性を手に入れ、たとえ一時的であったとしても、人工的な世界に完全に引き込まれ魅了される可能性を手に入れた。少なくとも古代後期以後ながらく、英雄や騎士や怪物が登場し、克服すべき危機や類いまれな奇跡などが現れる多種多様な冒険譚が存在してきた。ファンタジーの国へ入り込むことは心《マインド》にとって長年の喜びだった。しかし、古代ギリシアの物語や、中世の騎士道物語や、十六世紀と十七世紀の悪漢《ピカロ》ものなどわずかな例を見渡すだけでも、それらの展開の緩慢さ、幅広い叙事詩的記述、比較的穏やかで無害で素朴な筋書きに、当惑する。それらは熱心な読者を獲得してもいるが、現代のスリラーが備えており、あるいは備えているはずの魅了する力が、こうしたものの中には見いだせず、おそらくその力を備えることも意図されていない。この力は真に新しいものなのである。そして何が新しいかと言えば、心を虜にすること、すなわち心を魅了することが、主要な目的となったことである。物語の筋書きや展開は二次的なものであり、サスペンスという目的のための手段にすぎない。意識は、論理的に拘束されているという意識自身の真実、その客観的で具象化された表象を必要としている。そして、こうした意識自身の論理的ステイタスを文字どおりに称賛する機会を、一定の期間、そして周期的に、繰り返し必要としている。

こうした現代の魂からの要請を客観的に表すもう一つのタイプの表象は、薬物乱用であり、その他のあらゆる種類の依存症である。依存症は、拘束されていることの論理的特徴を、逃れようもなく魅了されていることの論理的特徴を、完璧に経験主義的に、経験に基づき実演している。依存症である個々の人にとっての直接的な目的は、スリルに満ちた小説や映画と同じように、現実の生から連れ出してもらうことである。全人口のうちの依存症者の割合はわずかなものにすぎないが、彼らが依存症になって行っていることは、(我知らずに、意図せずに)依存症ではないすべての人々の代わりに、つまり社会全般の代わりになっている。現代における人間の世界内存在の一般的な論理的特徴を文字どおり行動化することで、彼らは今日の魂の真実に備わる一側面を私たちすべてに対して目に見える形で実演している。

オリンピックあるいはアメリカン・フットボールやサッカーの試合といったスポーツ・イベントは、これと似た機能を果たしている。こうした存在が心理学的な正当性を持っているのは、それらが直接的で活き活きとしたサスペンスを生み出し、激しい情動を呼び覚まし、そしてそうして、そのイベントやイベントの効力が続いている限りずっと、意識をそのイベントの完全な虜にするという点にある。こうしたスポーツ・イベントに関連して、ファンクラブのメンバーたちによって引き起こされる暴力沙汰は、単に彼らの飲んだ多量のアルコールの脱抑制効果の結果なのではない。暴力は、いっそう絶対的に強烈な高揚感を得るための最上の手段である。主要なスポーツ・イベントは、今日パーネム・エト・キルケンセース〔*panem et circenses*〕（パンとサーカス）の論理に属すが、その論理は以前であれば、歴史上後期ローマ時代にしか見られなかったものである。

キルケンセース〔サーカス〕は、現代では「エンターテインメント産業」あるいは「民衆のアヘン」（カール・マルクス）[14]といった用語によって、おそらく最もうまく翻訳できる一般的なキーワードである。エンターテインメントは、余暇〔*Freizeit*〕、「余った時間〔leisure time〕」において生じ、それを前提とし、つまりそれは厳密に論理的な意味での自由（にされた）時間、あらゆるしがらみや拘束力のある義務から解放された時間において生じ、それを前提とする。だが、そうしたエンターテインメントが奉仕するのは、それとは真逆の目的に対してであり、つまり過激に意識を魅了するためであり、そしてそうすることによって、拘束された魂として広く行き渡った魂の論理的ステイタスを、目に見えるように提示するためである。時間の絶対的な解放と、拘束されているステイタスとは、二つで一つである。これが「拘束されていること」の弁証法である。興奮させ、情熱を呼び覚まし、人々を蹴り上げる、そうした力を持つものがいかなるものであれ歓迎されるのは、虜にされるという場面を作り出し、そうして（少なくとも一時的には）心を失うという具体的で文字どおりの場面を作り出すからである。それゆえエンターテインメント産業は主に低次の本能や欲求、感覚や官能に働きかけなければならない。タブー侵犯、ヌード、セクシュアリティ、残忍な犯罪、自然災害、スキャンダル、華々しいニュース、センセーションが、この際には最も有効である。ニュースの絶対的新しさが非常に重要となった理由もここにある。メディアは最初にニュースを報じたいと望み、視聴者は何か事件が起きているときに、ほとんどそこに居合わせているような幻覚を得たいと望む。ほとんどの場合、それらのニュース記事を一日あるいは一週間遅れて知ったとしても現実的にはいかなる差異もないにもかかわらず、ニュースを報告することと受け取ることの両方の即時性が最重要となる。ニュースに本来備わっている重要性ではなく、それらの「報道価値」、つまりそれらの興奮させる力が、ニュースを重要にする。「重要」という単語が、持続的な意義深さという意味で重要であることを現実には示しておらず――明日にはもう忘れられているかもしれない――いまにおいて重要であることを示しているにすぎないのは、これが理由である。そして本当に刺激的でセンセーショナルなことが何も起きなかったときには、しばしばテレビ局は出来事をせめてセンセーショナルに見せようとして、レギュラー番組を見合わせて特別番組を差し込み、単にそれに特別な注目を集め、それをいくらか誇張することのできる出来事を扱う。

　そもそも見せ物を見せ物たらしめるのが、この興奮である。洞窟の中の影絵芝居は拘束された観衆を前提としているのであり、そして、この枷は心《マインド》を盲目にする掻き立てられた情動の中に偶然にも成立する。調査報道、つまり新たなるセンセーションの探索が非常に大切なのは、このためである。拘束された観衆が拘束され続けるためには、絶えずセンセーションが供給される必要がある。センセーションやそれに類するものは、常に新しく情動の火を灯すための燃料である。すでに見てきたように、この拘束は文字どおりの枷ではなく、パフォーマンス的なものである。そしてたとえばハイデガーが、「倦怠」[27]を哲学への入場門であると考えたのは、[15]倦怠が、掻き立てられた情動によって魅了された状態の対立物であり、その天敵であるためである。

スリルと興奮[16]は、魅了されていることという魂の論理的ステイタスを祝福する一つの様式にすぎない。それに相応しいもう一つの手段は、無感覚化である。これにはある種のテレビのクイズ番組の単調さや愚鈍さが挙げられるだろう。それらは麻痺させる効果を持っている。その取るに足らなさゆえに、視聴者ではなく、視聴者の思考する心《マインド》を、放心状態へと誘う。それによって同時に、この取るに足らなさはもう一度、絶対的に解放された平凡な時間という洞窟の時間の性質をみごとに再確認させる。ディスコやウォークマンの音楽による耳を聾する騒音も、覚醒している心《マインド》を愚鈍にする目的に奉仕する。

　拘束されているという心理学的ステイタスを祝福するための三番目の重要な道具は、デモや大衆向けコンサートや教会の大規模な集会（キルヘンターク〔*Kirchentage* 教会会議〕）といった、ある種の大規模イベントである。その主題や内容は、正義や人権や自由や宗教的信条といった、真に重要な理想であるかも知れない。だからといって、この文脈で私がこうしたイベントについて述べるのは、本質的にはその主題のゆえではなく、まさしくその出来事に備わる大規模という性質のゆえであり、換言すれば、それらの形式的側面のゆえである。大規模イベントも強力な激情を惹起するが、それはこのイベントとの関連で明らかにされなくてはならない点ではない。私はこうした性質のイベントがたとえ静寂のうちに進行したとしても妥当する影響について考えている。この影響は無意識的な群衆感情が作り出すものであり、すなわち同好の何千もの人々の中にいるという錯覚によって作り出されるものである。このこと、つまり同好の集団に包摂されているという形式（そして実際に体験される感情）は、人々に自分たちの真の重要性を教え、一方で明示的な論点や議題は二次的となり、結局のところ暖かい所属感を生み出すための燃料に過ぎないものとなって、そうして論点や議論は尽くされていると感じられるようになる。この所属という感覚において、自由（にされた）時間――あらゆる制約を伴う普段の生活から切り離された時間――が、再び現実となり、それと同時に、この所属感に伴う直接性が最も人を魅了する体験となる。こうした大規模なイベントのもう一つの側面は、その見せ物としての性質に人が直接に参画していることである。その人自身が実演者（見せ物の中の俳優）の一人であり、聴衆にマイクを通じて語りかけることを許されるならば、自己表現の機会を得ることさえある。

「文化」（この言葉の私たちの時代における理解のされ方では）という標題のもとで今日進行していることは、確かに経験的にも意味論的にもテレビやスポーツや他のセンセーショナルなイベントとはまったく異なる種類のものだが、論理的にはそれらと同じエンターテインメントの領域に属している。もちろんザルツブルク音楽祭やバイロイト音楽祭をテレビのクイズ番組の取るに足らなさやフットボールの試合と同列に置くことはできない。しかし、論理的にはこれらの音楽祭は、こうしたイベントとまさに同じ意味においてエンターテインメントである。それらは趣向の異なった、より洗練された水準のエンターテインメントであり、たいていは異なる社会的階層のためのものであるにすぎない。私たちの議論の文脈で大切なのは、自由にされた時間という面と、拘束されていることとが、ここでもやはり祝福されている点である。

それでもやはり、洞窟存在の第二の契機がその契機自体を実現する主要な方法は、おそらくテレビであろう。何百万もの人々がテレビの前で毎日何時間も過ごすことや、さらには、子どもたちがしばしばテレビを見ながら育つこと（もし子どもたちがテレビのいわば「中で」、それに包み込まれて育つのでないならば）を考えたときに、拘束されているという状態に備わる莫大な力は明らかになる。こうしたテレビ番組の視聴率や人気度もそうだが、映画館の映画がもたらす利益や、書籍のベストセラーの売上高も、魅了する力を測るある種の客観的な尺度として解釈できる。

それにもかかわらず、これほど長い時間頻繁にテレビ映像機器の前に座っているという事実のみが、テレビの魅了する力を明らかにするのではない。この力はもっと気づきにくいものによりよく現れている。すなわち、私たちは一見するとテレビに向かって座っているように見えながら、現実にはそうではなく、実際にはテレビの内側に座っているのである。この事実に、テレビの魅了する力が現れている。というのも私たちはすでにいっそう、たとえ文字どおりにテレビを見ているときでなくても、テレビから授けられた見方によって世界や人生を覗き込むようになっているからである。

洞窟世界

洞窟存在の第三の契機は、洞窟そのものに備わる自己封入された内部空間である。この洞窟の内側の空間は他の内部とまったく同じわけではない。その特殊な空間は、外部の世界と現実性全体を自分自身の内側に引き込んで、それを私物化し、そうして小型化された影の形式を用いてそれらを自分の所有物として、そこに再現する。私たちはこの動きに対して「取り入れ」という心理学用語を使うことができるだろうが、これは心的な意味における取り入れではなく、論理的な意味における取り入れである。

目に見える客観的な表象を洞窟に与える優れた例は、現実に数多くあり、それゆえそれらの例は洞窟を示すたくさんの独立したイメージとして役に立つ。すでに映画館とテレビ（テレビセットが備え付けられたリビング・ルーム）については述べた。もう一例挙げるなら、ディズニーランドである。そこは限られた、フェンスで囲まれた領域であり、巨大な現実の世界を玩具の模型の大きさで、その内側に再現するという目的を持っている。この玩具の模型という性質は、この世界に示されているものが根本的に止揚されていることを明らかにする。ディズニーランドの計り知れない魅力はおそらく、それが洞窟の現実化という西洋の偉大なるプロジェクトを知るために、真に感覚的な補助や支援を想像力に提供するという事実に基づいている。ディズニーランドはもちろん、経験的観点から言えば決して世界の完全な表象ではない。ディズニーランドが世界全体を自分自身に引き込み、世界をそこで新しく再出現させることはできない。しかし、こうしたことも必須ではない。魂が必要とすることは「アイデアを手に取る」ことだけであり、象徴的形式において表象的に現実化されたアイデアを目にすることである。実例を充分に提示して、境界のはっきりとした内部空間の内側に小型化された世界の（諸側面の）再生産を実演することによって、この想像力は、意図されながらも実際には提案されたにすぎなかった図面（世界全体をうまく取り入れるという図面）を完成させることができるようになり、そのため感覚的現実において実現された洞窟をディズニーランドの中で論理的に体験し、それを祝福することが可能となる。これによって大いなる満足と充足を伴い、（大部分がプラトンの洞窟について聞いたこともなく、西洋の偉大なプロジェクトとしての洞窟など考えてもいない）現代人の魂・が成就するのであり、この成就の外的な発現がこうした（自我の）魅了なのである。西洋のこのプロジェクトは、個々の人々のプロジェクトでもなければ意識のプロジェクトでもない。それは無意識の魂のプロジェクトであり、それがみずからを主張するプロジェクトであり、意識さえも圧倒するプロジェクトである。

「バイオスフィア2」[28]と名づけられたプロジェクトも、イメージとして、非常に印象的なものである。これはアメリカで立案され、百年継続するように計画された実験である。想定されているのは、多くの人々が密封された人工的閉鎖世界に暮らすことであり、そこはそれでいて、小型に現実の世界を模している。一・二ヘクタールのガラスで密閉された構造物の中に、熱帯雨林も砂漠もサバンナも耕地も海洋も備えた小世界が構成されており、そこに定められた時間だけ移住しなくてはならない人々は、自給自足の生活を余儀なくされる。それは将来、核や環境災害によって地球に生物が住めなくなった場合に、地球上の生物や人間が引きこもることのできるノアの方舟のようなものであり、そのような宇宙ステーションを作り出す際の準備にもなり、テストにもなりうるというのが、このアイデアである。これまでも数多くのサイエンス・フィクションの小説や映画で描かれているこのアイデアは、象徴的あるいは兆候的に、すでに魂が現実世界から脱出するという発想や洞窟に閉じこもることという発想でどれほど慰撫されているかを示しており、それが魂にとってどれほど魅力的であるかを示している。

力強い現実性のさらに別のイメージは、ショッピングモールである。商店は、現実の世界の中にあり、その一部となっている特殊な空間であり、人は特別な目的を持ってそこに立ち入るが、ショッピングモールはア・プリオリに、それ自身で自給自足する世界として思い描かれる。それは内側の空間であり、その中に――部分が全体を代表〔*pars pro toto*〕し、少なくともそのような基本的アイデアに従って――全世界が引きこもっている。ショッピングモールの中で消費者は現実世界の止揚を体験し、そしてこの現実世界は、無限に多様な消費財と欲望の完全なる充足を備えた幻の〔ヴァーチャルな〕世界として、消費者の下に返されてくる。心安まる音楽が、消費者を心地良く幸せな人工的な感情へといざなうようになっている。文字どおりのショッピングモールに加えて、都心部の諸地域もすべて、歩行者専用区域やリノベーションされた店舗などによってショッピングモールに近づくように様式化されている。

まったく異なる、より隠喩的で昇華されたやり方で、洞窟への魂の内閉を生じさせているのは、あのウォークマン〔現在ならばワイヤレスイヤホン〕である。[29] ウォークマンを装着した人は、現実の世界を移動しているように見える。その人は路面電車の席に座り、宿題をして、自然の中でジョギングする。だが、それでいて実際には、自分のウォークマンから耳を聾するほどの音量で流れてくる音楽にすっかり包み込まれており、そうして〔自我ではなく〕魂の観点からすると、その人は外的世界から保護されていることになる。これもまた一つの内的世界である。ウォークマンを装着した人が外側の世界にいて、自我は自分が外側の世界にいることをすっかり認識していたとしても、そうした外見的な印象に惑わされてはならない。実のところ、つまり心理学的かつ論理的には、その人は密封された音の世界の内側にいるのであり、音に飲み込まれており、外側の音は何も聞くことができない。一方で、自我の観点からは、その人はただ音を聞いているだけで、音を制御しているだけである。ウォークマンは、洞窟の内部へと、ここでは音楽という「サトル・ボディ〔霊妙な身体〕」の洞窟の内部へと、人々が自発的に自己‐取入れを行うための道具である。

純粋な内部世界、イディオス・コスモス〔*idios kosmos* 個人的自閉世界〕[30] に自分自身を包み込むもう一つの昇華された方法は、言うまでもなく「精神拡張剤」と（誤って）名づけられることの多い薬物の使用である。

スロット・マシーン、ゲームボーイ、コンピューター・ゲーム、これらはすべて何時間も人々を完全に虜にするものである（このことは「拘束されている」ことの一部である）が、これらもまた（再び昇華された形式で）意識が洞窟の中に、つまり止揚されシミュレート／模倣された現実の中に、自発的に繭籠りする方法である。多くのコンピューター・ゲームでは、たとえばモンスターや邪悪な力や宇宙からの侵略者との戦いが争点であり、言い換えればそのテーマは、神話的英雄たちの偉業にまつわる物語の主題や、かつて子どもたちが遊んでいた「警ドロ」や「カウボーイとインディアン」等のファンタジー／空想ごっこの主題と、原理的に異なるものではない。しかし、以前の子どもたちのゲームは現実世界の中の「屋外」で遊ばれており、その結果として、イマジネーションがこの現実世界と現実のプレイヤーを、元型的な意味付けを伴って活性化していたのに対して、このファンタジー／空想はいまやスクリーンやコンピューターの内側に宿り、逆に人間の意識を世界から「コンピューター」の内部に引き込んでいる。コンピューター・ゲームはもはや「世界」を開くことはなく、意識をコンピューター・ゲームの内部世界の中に閉じ込める。コンピューター・ゲームの「洞窟」をさらに推し進めたもう一つの洞窟の型は、ハイテクなサイバースペースやヴァーチャル・リアリティといった装置である。そこでは、フライト・シミュレーターと同様に、「サイバースペース探索者」としての人間に人工通信機器（データグローブ、データスーツ、モニターレンズ等）と人工感覚器官一式が備えつけられ、そうして事実上、人間はコンピューターによって生成された人工的な現実の中に入り込み、その中を動き回り、そしてその現実を経験的に知り、現実の中を動くことで生み出される触覚的・聴覚的感覚を含んだその現実内での自分の動きを経験的に知る。

心理療法の相談室は、現実化したプラトンの洞窟のもう一つの重要な実例であり、ここでは人間の存在自体の経験的・実存的側面が強調されている。相談室は閉じられた内的な空間、通常の現実世界から「切り離されたテメノス〔*temenos* 聖域〕であり、患者はそこに入り込むことで外側の現実世界を離れ、その世界に背を向け、その世界を「忘却し」、そうして真に内へと向かう。しかし、外側の世界全体は患者の体験やファンタジーの一部であるため、患者自身の内性と患者の記憶である洞窟へと内向することで、外側の世界全体とそこでの患者の現実生活（患者の経歴）は生まれ変わり（ある程度は再創造と再構成すらされ）、記憶イメージとしてこの洞窟の内側から生じる影の形式になる。現実の出来事、他者との対立や対人関係、そして自分の真の性質等を含むあらゆる人生の体験は、鏡の中に再現され眺められることになる（「リフレクション／反映される」[17]）。現実の人生は、一次的な現実と呼ばれる二次的なイメージの世界へとシステマティックに変換される。

心理療法は驚くべき儀式であり、その中で人間は論理的に（プラトンの）洞窟へと引きこもり、それだけでなく、自分自身を穴居人として再定義するのだが、それは自分の本質と論理的位置づけを、現実世界の中の屋外から内側へと移し、本質的に内なる現実でありイメージまたは「アイデア」（［*Vorstellung* 表象］[31]、ショーペンハウアー『……表象としての世界』）としての世界へと移し、取り返しのつかないほど止揚された世界へと移すためである。いまだ現実の外的世界で生きて、そして働いている一方で、人間はこの儀式を通して自分の真の本質を、比喩的に言えば相談室のインテリアの中に、そして実のところは「人格の内部」あるいは「自分自身の無意識」の中に確立する。心理療法の相談室は、「内なるもの」としての無意識の客観的視覚化または儀式的具象化である。そして逆に「無意識」という発想は、心的《メンタル》な構想の形式へと気化して蒸留された相談室であり、人間の自己理解に組み込まれた相談室であり、人間の自己理解としての相談室なのである。

無意識は私たちの中にあると考えられ、そのように感じられてもいる——そもそも内的な空間としてのプラトンの洞窟であるためには、無意識が私たちの中にある必要がある。しかし、ユングが飽くことなく読者に印象づけたように、実は私たちが無意識の中にいて、無意識に四方を囲まれているのである。相互に矛盾する観点が両方同時に保たれなければならないことを理解する必要がある。洞窟は私たちの中にあるが、現実には私たちが、私たち自身の中に抱いているこの洞窟の内側に、洞窟に拘束された者としており、洞窟の生み出すイメージにさらされ、そしてそのイメージにしばしばどうしようもなく支配されている。これが「無意識」の弁証法である。それは自己矛盾する概念なのである。

ユング心理学は、この洞窟への内閉化〔internalization〕を、個人の経歴とその時々の世界体験だけに限定するのをやめることで、完成させた。ユング心理学においては、無意識が神さえも「無意識における神イメージ」あるいは「（大文字の）自己」として飲み込んでおり、また私たちの集合的な過去全体を「集合的無意識の元型」として飲み込んでいる。それが、沈み込んで沈殿した（そうして止揚された）私たちの文化遺産である。洞窟はすべてを包括することになった。いまや洞窟は、人間存在のスピリチュアルな現実や、かつての形而上学と宗教の世界さえも包み込んでいる。

　宗教について言えば、そこには、非常に霊妙で蒸留を経た心理学の洞窟よりも、はるかに粗雑な洞窟がある。それは、原理主義と呼ばれる現象である。これは、私たちが以前に議論したもの、つまりコンピューター・ゲーム等への魂の内閉〔immurement〕に非常に類似しているが、ただ原理主義はコンピューター・ゲーム等の一時的な形式よりもより永続的である。原理主義において魂は、既製の具体性として引き継がれてきた、所与の宗教的信念、政治的イデオロギー、あるいは世界観の中に繭籠りしている。「無意識」と対照的に、原理主義は人間の現実的な再定義という意味での論理的な動きではなく、ある程度の拘束を要請する主観的または自我的な動きであり、そうしてそれは自分自身に対する「暴力」である。原理主義の場合、その中心にあり「行動化」されているのは、人が自分自身をその中へと内閉させるものとしての（多かれ少なかれ交換可能な）洞窟ではなく、むしろ内閉の相それ自体（自分自身を内閉させる活動）である。それに対して無意識の場合は、現実の場所の移動のもたらす素朴な結果が重要であり、つまり論理的場所としての「洞窟」が重要である（心理療法は世界内存在の論理を変容させる儀式である）。原理主義とは絶えず敷居をまたぎ続けることであり、一方で心理学は実際にその敷居の向こう側に住みつくのだと言えるかもしれない。そして、このために、原理主義はこの内閉を継続するための絶え間ない意志による警戒と努力を必要とする。このことから、原理主義とある種の狂信とが対をなすことの多い理由を容易に理解できる。洞窟はここでは、人の住みつく所与の教義（具体性！）のように、外部に留まるのであり、その一方で人間の内部というアイデアとこのアイデアに基づく心理療法の作業は、洞窟を論理的に内化し蒸留させた（もちろん、まだすべてが終わったわけではない。つまり、純粋な内性〔interiority〕の概念に至ったのではなく、まだイメージされた内的空間として内化し蒸留させただけである）。人間の内部とは、人の見方や自己概念の様式を形成するイメージなのであり、文字どおりの（具体的な）空間ではなく、信仰体系のような具体性のあるものでもない。

これまでの時代の宗教（かつて宗教は原則的には意識の発展の最前線にあった）ではなく、原理主義的またはスピリチュアルなエンターテインメントである現代の宗教は、確かにマルクスによって適切にも「民衆のアヘン」であると活写された。原理主義もエンターテインメントもいずれも、心《マインド》を麻痺させる役目を、すなわち人間を穴居人に変える役目を果たしている。原理主義は、心《マインド》に既製の構造を提供することで機能し、そうして人から積極的に思考する必然性を奪い、エンターテインメントは、人に気分転換や気晴らしを提供することで機能している。

心理学における内的なものという発想や無意識という発想は、洞窟の現実化の形式として、原理主義という現象よりも遥かに洗練されて高度なものである。ただし、この高度な形式の欠点は、前述した形式の多くのもの（ディズニーランド、ショッピングモール、ウォークマン等）と同様に、この形式も、世界全体の中にある洞窟を表す特異な象徴であり、洞窟の中にある現実世界の内閉の表現ではない、という点にある。けれども人は、無意識的に、自分の周りに現実世界があると認識してしまう。ディズニーランドとショッピングモールは、時々訪れる特別な場所であり、その中にいるためにはそこに行くという特別な活動を必要とする。つまり、そうした場所は、いつも人の周りにあるわけではなく、そこにいたいかどうかという点とも関わってくる。そうした場所は本質的に一時的で部分的であり、人の主体的な動きに左右される。したがって、そうした場所はすべて洞窟の強力な象徴化であり、洞窟が現実に表しているものについての個々の特別な可視化であり、すなわち、現実世界が小さな内部や囲まれた空間の中に取り込まれ、そうして現実が幻存在の形式つまりヴァーチャリティ／仮想性に変換されたことの可視化である。しかし、そうした場所自体は、現実世界を内的空間の領域に真に飲み込み包み込んだものとしての洞窟の現実ではない。そしてそうした場所は、主体的な行為や態度にもはや依存しない客体という現実を表す容器ではない。

原理主義はこの点において優っており、それは原理主義の宗教的イデオロギーやその他のイデオロギーが常に人の周りにあり、常に現実世界の至るところにあると考えられるためであり、客観的にもそうであると言えるのは、そのイデオロギーが唯一の真実だとみなされているからである。この点における原理主義のただ一つの問題は、それが単なる真実の主張であり、真実の形式を持ってはいないことである。〔本来の〕真実はそれ自体で語り出す。真実は主観的な努力や意志の力を必要とはしない。真実は主張ではない。ただ真実なのである。

「あらゆるスピリチュアルな真実は次第に具体化され、人間が手にする実体や道具へと変わっていく」というユングの洞察を思い起こすと、包括的な現実の中における洞窟は、つまり現代の人間存在の素朴な真実としての洞窟は、その完全な客体的な現実化を、すなわち物質化をも見いださなければならない。そしてまさに、全世界にまたがるトータル・ネットワーキングという巨大プロジェクトと、あらゆる家庭や施設や企業を、さらには家庭や企業の中にあるすべての装置をケーブル（あるいは無線技術）によってつなぐという巨大プロジェクトは、完全な形式での洞窟それ自体を、そして存在の真実としての洞窟それ自体を、客体として現実化するプロジェクトである。「インターネット」と「ワールド・ワイド・ウェブ」という言葉は、それらが何であるのかを完璧に明らかにしている。トータル・ネットワーキングによって、人間存在は完全に閉じられたネットまたはウェブの内側に位置づけられる。情報と通信は、人類と世界の周りにウェブ／蜘蛛の巣を張り巡らす蜘蛛であり、同時に情報と通信それ自体が、人間と世界を捕らえるこのウェブ／蜘蛛の巣でもある。このウェブが、現実となり真実となった洞窟である。それは、物質化されたプラトンの洞窟であるのと同時に、プラトニック／理念的な洞窟として根本的にサトル・ボディ（霊妙な身体）の洞窟（「情報」、「通信」）でもある。その壁は岩ではない。いまや、その洞窟は現実に真実となっている。開拓は終了した。この「ウェブ」はすべてを包み込み、それ自体の外側に何も持たない。ウェブは常にそこにあり、私たちが個人としてそこにログインしていないときでさえ、私たちの生活を支配している。たとえコンピューターの所有を拒否したとしても、私はウェブの中にいる。開かれた「世界」は、神話世界の両親である天と地の分離によって生じ、その分離として永続的に存在し、そうして「世界」であったが、その世界がついに閉じられた。情報と通信の洞窟は、天地分離を破棄して取り消し、代わりに具体性をインストールしたのである。

洞窟の内側にいるということは、人間と世界の関係が逆転したことを意味する。人間がまだ現実世界に住んでいた頃、人間の感覚器官と知性的な感覚（理性）は、現実（自然と神の現実）を体験するための中間的で仲介的な第三のものであった。感覚器官と判断力（精神〔*mens*〕）は、現実の人間と現実世界のあいだにあるインターフェース／接触面にすぎず、そうしてまさに現実世界に接触するものだった。しかしながら、洞窟において、かつては手段であり仲介するもの（世界を体験するための器官）であったものが、それ自体で独立したものに変わった。それは独立した現実を獲得し、みずからが目的であることを明示した。このことは、中間にあったものがいまや私たちの周りへと裏返しに広がり、そしてそれに伴って、外側にあったもの、仲介されていたもの、つまり世界は、内側に引き込まれ、中間へと引き込まれたことを意味している。かつて世界だったものは、明らかに、完全にこのゲームからこぼれ落ちた。人間はいまやそれに、つまり世界に対面せず、ただ感覚データに、情報に、刺激（プラトンの影）に対面する。いまや人間が関係を結ぶのはそうしたものである。以前はそうしたものが人間を、神と、人間の外側にあるものと、世界と、結びつけていたが、いまではそうしたものを通して関係するのではなく、また、理性を通して関係するのではない。その一方で、この新しい「外側」（知覚できる刺激の洪水と情報入力の洪水）と人間とのあいだに、新しい中間として、ヴァーチャル・リアリティまたは幻存在と呼ばれる「世界」の後継の形態が生じる。これが人間と世界の関係の反転なのである。

これは人間の本質にも影響を及ぼす。感覚と情報データは外部からのインプットとして人間のもとに届くが、知覚できる物理的な存在としての人間には、それが距離を越えて直接に到達するため、人間はもはや、以前に世界に対して取っていた態度で、それに対峙することはない。これがまさに刺激の本質である。必ずしも経験的にではないにしても、論理的には、人間はこのインプットの対象に変わり、データ・システム全体の一つの付属品に変わる。文字どおりのヴァーチャル・リアリティのセットアップの中の人間は、そのデータスーツ等を通じて、ヴァーチャル・リアリティの装置に囲い込まれ、それに接続され、吸収される。そうして洞窟の住人という論理的本質を持つ人間もまた、大型情報通信機器内の技術的部品に、すなわち受信機とデータ処理機器に変化したのである。

太陽

プラトンの洞窟の現実の四つ目の契機は、太陽、善のイデア、あるいはマネーである。これまでに議論してきた他の三つの契機は、洞窟内の直接的実存の一部であり、したがって物語内のイメージとしての洞窟の一部であるが、太陽は、この物語の内側において、洞窟に対する根本的な他者であり、まさにその対立物であり、転回することと洞窟を後にすることを通してのみ、到達できるものである。けれども、私たちがすでに見てきたように、太陽はより広い意味では、全体の洞窟の現実の一部であり、すなわち洞窟の真実として存在している。現実となったプラトンの洞窟とは、「洞窟それ自身」が備えた関係全体であり、一方ではエンターテインメントと情報・通信の巨大なウェブに繭籠りするシステムであり、このシステムの真実としてのマネーという関係全体である。これは解離した関係である（プラトンの物語の中で、それは転回のモチーフによって表現される）。「解離」

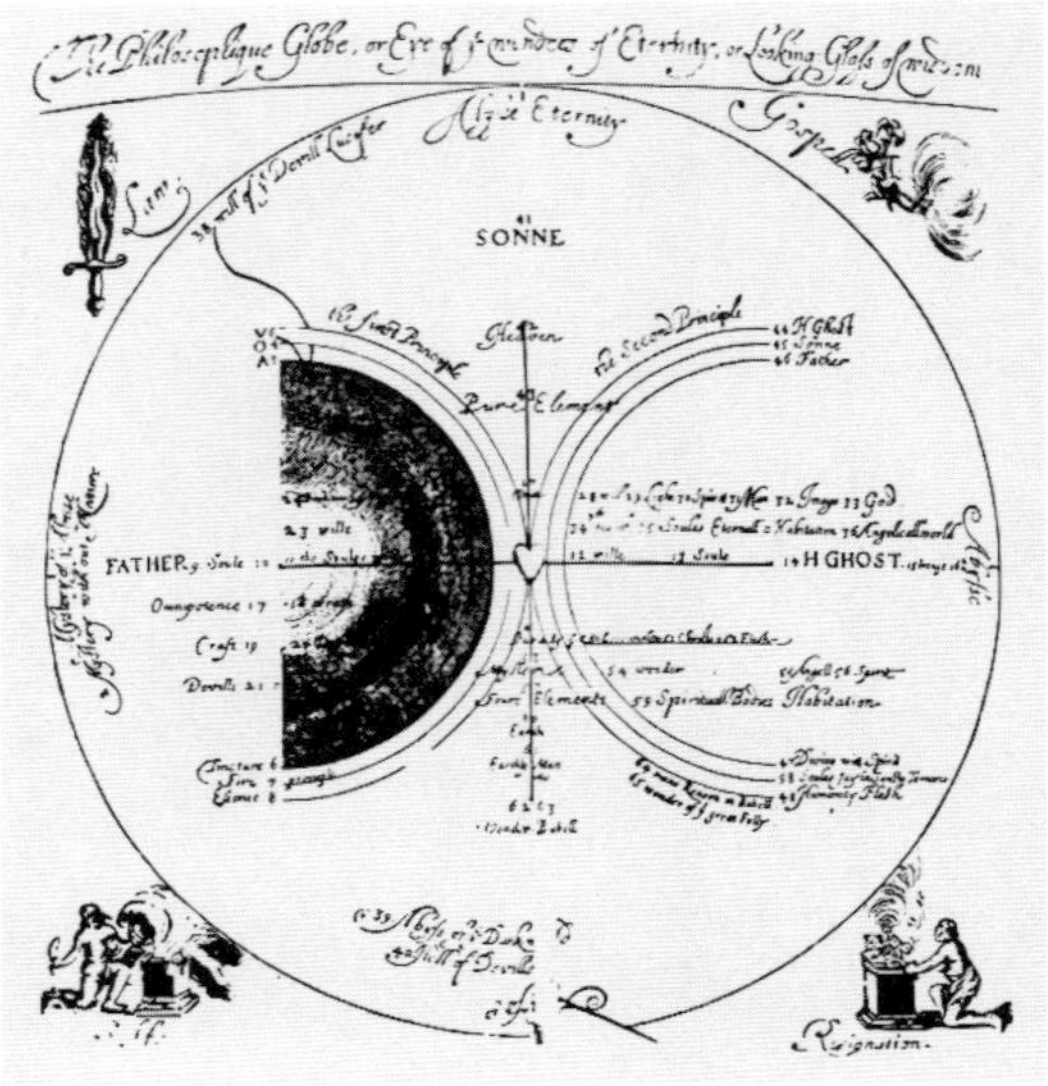

図　ヤコブ・ベーメの「魂に関する四十の問い」（1620年）に掲載されている、それ自体の中で解離したマンダラの図式的構造。私たちの議論の文脈では、完全な円はプラトンの寓話に示される全体構造としての洞窟を表し、2つの半円はそれぞれ寓話内の洞窟（狭義の洞窟）と日光の世界とを表す。［図はC. G. Jung, *GW*9i, §534より転載］

とは、単純に分裂することではなく、つまり二つに分割することを意味するのではない。それは、互いを排除し合うのと同時に、それにもかかわらず根本的に不可分で、互いに依存すらしており、そうした矛盾を意味している。一方は他方の真実であり、他方はこの真実の前提条件であるが、もちろんどちらも、もう一方を意識することはできない（お互いに完全に気づかず、お互いに背を向け合っている）。洞窟の現実全体がバラエティ情報番組側とマネー側とに解離したこの関係は、少なくとも純粋に構造的な関係性に関する限り、ヤコブ・ベーメ[32]によるマンダラの描画によって最も的確に視覚化することができる（このことはすでにユングが指摘している[18]）。ベーメは大きな円の中に二つの半円を背中合わせに描いている（図を参照）。（狭義の）洞窟の外側の世界、マネーの世界は、（広義の）洞窟のエンターテインメント側の背後にある現実の状況を、明確に、損なわれることなく見渡すことを可能にする。それはプラトンの太陽が、洞窟の内側の世界のはかなさと影の性質を向こうに置くことで、より高い永遠の真実への接近を生み出したのと同様である。マネーはこれまでに議論したあらゆる面において究極的な決定力を有し、さらに、あらゆるところに存在し全能であるのだが、ほとんどすべてのものが「売却」されうる上に、人間すらも含むすべてのものが購入されうるため、このことは必ずしも示される必要はない。ただ留意しなければならないのは、巨大なスポーツ・イベントのテレビ放映権に対して支払われる信じられないほどの金額や、映像ゲーム等の売り上げ金額である。外側の視点からは、洞窟内の体験のセンチメンタリズムや、根底にあるノスタルジアや、その空虚感を見通すことができ、またその魅惑や嗜癖の相に気づくこともできる。「洞窟」の根底にある金融の力への裸眼による一瞥は、エンターテインメント世界の空虚さと影の性質を無慈悲にも明らかにするため、皮肉なものに見えるかもしれない。このエンターテインメント世界には、「高尚な」エンターテインメントである「意味の探求」や「意味があるという感覚に酔う」といったものも含まれる。そこには科学すらも含まれるが、科学はもはやその言葉の持つ無垢な意味では真実の形式としては展開せず、極度にマネーに依存し、商業化される過程にある。そして、教育制度や保健制度等と同じように、フッサールのいう意味での「生活世界」[33]もすべてそれに含まれる。すべては、最終的にはマネーに還元される。マネーは、いまだ現実と呼ばれながらも次々と幻存在であることが明らかになるものに対して、圧倒的な優位性を獲得していることがわかる。しかし、それは現実をますますヴァーチャリティ／仮想性に引き入れるための手段でもある。ここで再び、論理的な分析を道徳的な判断と取り違えることのないように、注意を促さなければならない。ここでエンターテインメント世界の空虚さとその影の性質を無慈悲に明らかにしているのは、その特徴とステイタスを叙述するためであり、評決を下すためではない。

先ほどパーネム・エト・キルケンセース〔*panem et circenses* パンとサーカス〕というローマの成句とその現実性について言及した。パーネム〔パン〕とキルケンセース〔サーカス〕は対立物ではなく、一方は洞窟を指し示し、また洞窟に属し、もう一方は洞窟の外側の現実を表現している。パーネムとキルケンセースは共に、洞窟存在の略語であり、それらの真実は洞窟の外側に、つまりそれらに資金を提供するマネーの中にある。

次の四つの本質的な特徴が、マネーが実は最高の「イデア」であり、そしてイデアの全域であることを明らかにしている。

1. マネーは今日では非物質的であり、実体的なものではない。紙幣はドイツ語でゲルドシャイン〔*Geldschein*〕と呼ばれるが、金貨や銀貨に対して、ゲルドシャイン〔紙幣〕はシャインゲルド〔*Schein-Geld*〕、つまり偽造貨幣、幻の貨幣であると理解されていたために、「シャイン／仮象〔*-schein*〕」という語句がはじめから使用されていた。現実には、それはマネーについての真実と金貨についての真実をも明らかにする。すなわち、マネーは最初からシャイン〔*Schein* 仮象〕であり、幻存在だったのである。それと同時に、紙幣つまり紙のマネーはあらゆる商品と交換可能な代用物であり、金や銀とは対照的に、その物質性が単なる紙に還元される代用物なのであり、そこにその真実が明らかになっている。「クレジットカード〔plastic money プラスチック・マネー〕」によって、それが電子的になったことで、その非物質的な性質がより決定的に客観的に表現されるようになった。存在する知覚可能な実体としてのクレジットカードは、それ自体がマネーなのではない。それはマネーの非物質領域への入場券のようなものにすぎず、マネーはその領域において完全に蒸留され純粋な知性的現実になった。ビットとバイトとして保存される情報であるクレジットカードという新しい形式において、マネーは、かつては購買力を「象徴化」し「具象化」することが可能であり、それが意図されてもいた物質的な基質を何も必要とせずに、みずからを表したのである。

2．マネーは、物質的な基質から自由になっただけではない。現実としての消費財との関係からも大きく切り離されている。かつてマネーはその交換媒体であったが、今日では、取り引きされる唯一のものは商品ではなく、商品生産会社自体も消費財のように売買される。ただ、非常に重要なことは、世界の資本の日々の取引高が、商品の日々の取引高の何倍も高いことである。商品や日用品の市場におけるかつての交換媒体は、いまでは、それ自体が金融「市場」における独自の商品になった。マネーは完全にマネー自体へとリフレクション〔反省〕され、そのために「幻存在」なのであり、絶対的で自給自足する目的であり、ただマネー自体の周りを循環している。こうして、その純粋に投機的／思弁的〔*speculative*〕な性質は、その客観的な表現方法を授与されている。毎日、各株式市場では、およそ五千億ドルが取引される。ニューヨーク証券取引所だけで、最大で一億株が売却される。この新たに派生した投機的／思弁的な手段〔交換、先物、選択売買権等〕によって、マネーは再びマネー自体を越え、いかなる身体性も具体的な理解も、よりいっそう免れている。

3．マネーが物質的商品との具体的な結びつきから切り離されたからといって、それが利己的・

投機的／思弁的・知性的〔noetic〕な世界であるとして、コリスモス〔*chorismos*〕（分離、裂け目）によって世界から分離されるということにはならない。事態はまさにその逆である。金融市場は、現実の経済・政治情勢に非常に敏感に反応する。あらゆる重要な情報は、パーソナルコンピューター、大型ワークステーション[35]、またはメインフレーム[36]によって、絶えず記録され処理される。このようにして得られた素材は、売買の決定に影響を与え、そうして多くの場合、コンピューターが生み出した分析と動的プロセスだけに基づいて、自動的な購買決定がコンピューター・プログラムによって誘導される。このように、現実のすべてがマネーへとリフレクト〔反省／反映〕されるが、これが結局のところ、マネーの真の投機的／思弁的性質なのである。逆に言えば、これまでにないほど、マネーは社会に関連するほとんどすべてのことを取り決めている。マネーは私たちの行動に浸透しているだけでなく、思考にまで浸透している。意識はマネーに順応し、マネーに同化される。そうして、マネーとマネー経済は、ますます全世界を包含する。それらはより緊密な国際関係をもたらし、それによって事実上世界を地球村に変える。

4．紙幣はまだ実体であり、一枚の紙にすぎないけれども、いくらかは物のような特徴を備えていた。現代形式のマネーは、非物質的で理念的（知的）性質を持つだけでなく、もはや物のモデルを用いて想像することはおろか、スピリチュアルな実体モデルを用いて想像することもできない。それは単なる動きである。つまり、不断の資本の流れ、終わりのない取引である。マネーは常に光速で全世界を周回し、それは電子的に制御されている。マネーは絶え間なく作動しなければならない。金融の世界は、もはや昼と夜の違いをまったく知らない。ニューヨークの証券取引所が閉まると、東京の証券取引所が開く。金融の世界は、自己制御・自己再生システムであり、このシステムの中には、より速くさらに速く動くという衝動強迫が組み込まれている。資本の流れは、現代の通信衛星とデジタル・ネットワーキングを経由して文字どおり空へ流入し、そして世界経済は、私たちと私たちの生活の上で、絶えず循環し振動するウェブを形成する。そのため、マネーはいまや、実際にそして客観的に私たちの天国であることが——知覚可能な空ではなく、真に天国であり、プラトンの天上（ハイペロイラニオス〔*hyperoyranios*〕）の天国であることが——示されている。

洞窟への内閉：止まることのない自己加速プロセス

洞窟への魂の内閉は、不気味なプロセスである。これまでに扱ってきた多くの実例の記述とその編纂からは、文化批判の方向に向かう情動や、喪失感、衰退感、そして嘆くべき退廃感、あるいは道徳的非難の方向に向かう感情さえ喚起されるかもしれない。しかし、それは誤った評価であり、少なくとも私の心理学的主張にはふさわしくない評価であり、本質的ではない評価である。起きたことは、ある種の事故として私たちに降りかかる説明のつかない大惨事ではなく、目下のところは何か新しいものの最初の直接性として、過剰な形式または病理の形式で示されることがあるだけである。それは、約三千年前に始まった魂のプロジェクトの〔最初の〕帰結であり、そしてこのことは魂によって熱烈に追求された目的地を指し示している。その目的地とは、すでに示されたように、人間存在を「自然」から、つまり人間の世界内存在の直接性から放逐することであり、そうしてリフレクション〔反省〕の論理またはリフレクションされた世界内存在の論理へと移すことである。

そのような根本的変化は、それが個人的な態度や信念として単に主観的に生じることを理由にして、イン・メンテ〔*in mente*〕、つまり単なる心の《メンタルな》変化として、発生することはできない。その変化は魂の錬金術の中で、つまり具体的な生活の「物質的」媒体の中で生じなければならない。あらゆる現実の変容は、それが完全に現実になるためには、現実世界の中での客観的な変化であり、また現実世界の客観的な変化でなければならず、そしてその変容の中に姿を現わさなければならない。ユングが、あらゆるスピリチュアルな真実は次第に具体化されると言うように。したがってこのプロセスは、人間の現実の「自然な」ステイタスの遺物がすべて完全にすりつぶされ、幻存在またはヴァーチャリティ／仮想性のステイタスに移されるまで、終わることはないと想定される。

　このプロセスは人々によるプロジェクトではなく、魂のプロジェクトであるため、それを止めることができると想定するのは幻想であろう。通信技術、メディア、マルチメディア世界の発展には、抑制も無効化もできない自律的力動が内在している。それは、その目的に、その完成に至ろうとするプロセスである。ヴァーチャル・リアリティに向かうこの発展は、洞窟の寓話の一方の側である見世物の世界に、つまりただ洞窟それ自体に関係している。しかし、その反対側の太陽の光についても、同じことが言える。絶えず移動し自己加速するシステムは、マネーの存在そのものであるが、実際にはそれを抑制することも、その発展を止めることもできない。金融システムが私たちを支配しているのであり、私たちが金融システムを支配しているのではない。それはそれ自身のモメンタム〔勢い〕[37]を持つのである。

　このプロセスはおそらく、私たちが「洞窟」に十分深く入り込み、プロセスがプロセス自体を完成させるほどに深く入り込んだときにのみ、終わりを迎えるだろう。しかし、そのプロセスが真に完成するのは、この実現した洞窟が事実上魂の絶対的内性〔interiority〕の最初の直接性に過ぎないものであり、この内性のいまだ具体化・具象化した形式であったと気づかれ、また今後そのように気づかれた場合だけであり、そして魂のこの内性が、具体性の状態に抑えられているところから、魂自体へと解放された場合だけであろう。

ユングは次のように理解していた。「このようなものとして、この心の〔つまり魂の〕背景を真剣に受け止めることを余儀なくされた文化は、私たち以前にはなかった。常に、魂は一つの形而上学的システムの単なる一部であった。しかし、現代の意識は、魂があるという認識にもはや抗うことができない。……このことが私たちの時代を、他のすべての先行する時代から区別する」（CW 10, § 161）。しかし、ユングは（現代の意識にとって）避けることのできない「魂があるという認識」を、無意識の「発見」と彼が呼ぶものと同一視した。そしてとりわけその無意識とは、止揚されたスピリチュアルな過去であり、神への接近を取り戻すために人が目を向けるべき無意識であるとされた。しかし、その無意識と内的なもの自体が、（狭義の）洞窟の形式である。このために、ユングによる私たちの世界内存在の絶対的革命についての驚くべき洞察（「……文化は、私たち以前にはなかった……」）は不首尾に終わった。風がその帆から取り去られた〔頓挫した〕。その洞察はまさにその要点を失い、飼いならされ、安全に箱詰めにされ、そうして世界の中における区画された生活の一つの様相に押し込められた。

現代の意識が「そのようなものとして、魂の背景を真剣に受け止める」ことに、もはや抗うことができなかったという事実は、メディアとメディア性の時代への歴史的な動きの中で明らかになる。つまりこの事実が明らかになるのは、常に人間が現実（自然と神の現実）を経験するための手段であり、中間にあって媒介する第三のものが、いまやそれ自体で独立したものになったからである。それは、（実際の背景ではなく！）[38]控え目な媒介の位置から、かつて神々や神のいた天国の後継の形態として、外的で明示的な位置へと裏返しになって、その結果一つの対象となり、注目される焦点となった。現実のこの革命とは、意識の媒体から、意識の対象への革命である。「媒体こそがメッセージである」（マクルーハン）[19]。「言語論的転回」（リチャード・ローティ）[20]。「言語」としての（そのような媒体としての）魂は私たちの周辺一帯にある。そして、ここで説明したようなマネーは、つまり私たちの頭上にある世界を包括する絶え間ない動きと流動性としてのマネーは、「言語」としての魂の客観的な表現である。だが、その「言語」はいまだ具体化されたつまり文字どおりの形式であり、いまだ「文字」（ラカン）、「書字」および「文法」（デリダ）の形式に押し下げられており、まだ魂としての形式に、つまり絶対否定的な内性へと解放されてはいない。穴居人としての現代人は、原理的に、メディア性の内側におり、メディア性に不可避的に包まれながら現在するのである。

「メディア的な」現実としての現代世界が提供するのは、いや、その世界は、プラトンの洞窟の寓話の止揚された直接的（プラトニック／理念的、形而上学的）な読解である。プラトンの寓話で初めて明示的になったものを実現していくプロジェクトとは、ソクラテス学派以前の哲学者たちによって初期ギリシアで開始され、そこから続いてきた思考システムの全体である。この実現を可能にするためには、形而上学の最終的結論に至るまでのすべての段階を、一つひとつ経過することが必要であった。しかし、それを完全に実現するには、完全な止揚が、つまり「文字」または「書字」形式が完全にすりつぶされていく必要があるだろう。西洋思想という歴史的現象は、いまや、世界（「自然」、神話）の中への人間の内性から、メディア性すなわち内性そのものの中の内性へと向かう、人間存在の革命的転換のプロジェクトである、と理解できるようになった。つまり、「魂」の中の、「言語」の中の存在としての「洞窟」存在は、その事実それ自体によって、物や神々や神と共にある自然世界、宇宙、そしてそのようなものとしての存在であり、それが、取り返しのつかないほど止揚された（「幻存在」となった）ことが示唆されているのである。[21]

（猪股剛訳）

原註

1 この文脈における「中間的medial」・「中間mediality」という言葉は、「メディアthe media」に由来する形容詞および名詞であり、メデイアの特質や特徴を指し示すだけではなく、最広義においてはメデイアによって形成され支配された世界全体に備わる特質や特徴をも指している。クラウス＝アルトゥール・シャイアーに従って、私は現代性の二つの様相「産業的現代性」と「メディア的現代性」を区別している。この第二の様相は第一の様相がみずからに回帰したものである。

2 プラトン『国家』第七巻、セクション514-517〔これは著者による要約であり引用ではない。訳出に際しては岩波文庫版の藤沢令夫訳を参照した〕。

3 「自然なnatural」といった言葉の著者の使用法は、本質主義的なものではなく、アド・ホック*ad hoc*〔限定〕的なものである。ここで「自然な」とは、素朴な生物学な意味も、文化的なダーウィン主義者的な意味も持たない。人間の「本当の」本質／自然を仮定しているわけでも、それを指し示しているわけでもない。むしろ「自然な」が意味するものは、それぞれの文脈において、その都度の対立項によって定義される。この文脈においては、初期の状態がプラトン的状態にとって（プラトン的状態に対立して）「自然な」のであり、なぜならばこの初期状態とは、プラトン的状態が衝突して離れた自明の基盤だったからである。プラトン的状態が衝突して離れることを必要としたという事実は、プラトン的状態が人工的に作り出されたものであることを示している。しかし、後代においては、そして後代の革新的な変化においては、プラトン的状態が「自然な」ものとみなされうる。逆に、私がここで「自然な」と呼んでいるもの、つまり初期の洞窟の状況も、人間存在と人間のあらゆる様式が、取り消しがきかないほど反自然的であり、振り返られていて、直接的ではない以上、もちろん絶対的な意味で自然なわけではない。しかも、まさしく絶対的に自然である自然、この「コントラ・ナトゥラム〔反自然〕」が最初に衝突して離れた自然は、決して発見されることはない。それはいつも必ず過ぎ去ったものである。そうして、数多くの多様な実例のすべてで、「自然な」と「非自然な」とのあいだの差異はその都度本質的に設定され、人間存在を規定する「コントラ・ナトゥラム〔反自然〕」の、何ものにも帰すことのできない（*unhintergehbar*）「コントラ・ナトゥラム〔反自然〕」の内側に、いつも新たな内的な差異の展開として設定される。

4 クラウス＝アルトゥール・シャイアーが適切な手掛かりをくれた（二〇〇〇年二月二十日のEメールによる）。

5 この小論は一九九四年に執筆された。

6 「仮象Appearance」、すなわちドイツ語でいう仮象*Schein*は、架空の存在（単なる外見、見せかけ）と、輝きや顕現としての現れの両方を意味している。

7 「ヨーロッパ哲学の伝統に対する最も慎重で全般的性格づけとは、それがプラトンに対する脚注の連続で構成されているというものである」。Alfred North Whitehead, *Process and Reality* (New York: Free Press. 1979), p. 39.〔ホワイトヘッド『過程と実

在』山本誠作訳、晃洋書房、二〇一一年〕

8 *CW* 13, §302.（ドイツ語原文からの英訳は著者により修正されている）。

9 エンジンの性質。

10 拘束されていることが、自由に漂うこと（抽象性・無関心・恣意性）に基づいていることは注意しておくべきだろう。拘束されることは、余暇 *Frei-zeit*（自由な時間、自由にされた時間、レジャー）を前提とし、あるいはそれを含む。

11 仮象（幻存在）の神は、当然のことながら、仮象的な神（見せかけの神あるいは幻の神）でしかない。

12 アウグスティヌスは「外へ出てはならない。汝自身の内へ帰れ（あるいは反転せよ）。真実は人間の内に住む」〔*Noli foras ire; in te ipsum redi: in interiore homine habitat veritas*〕と語った（De *vera religione* 39, 72）。

13 この論文が書かれたのちに極めて一般的となったEメールは、さらにいっそう適切な例だろう（二〇〇六年付記）。

14 マルクスはこの成句を宗教に結び付けて使用していた。しかしこの成句は宗教と呼ばれる「より高次で」かつ「内的でスピリチュアルな」エンターテイメントだけでなく、あらゆる種類のエンターテイメントにあてはまる。

15 Cf. Martin Hidegger, *Die Grundbegriffe der Metaphysik. Welt – Endlichkeit – Einsamkeit*, Gesamtausgabe vol. 29/30 (Frankfurt am Main: Klostermann, 1983), esp. Part One.

16 ディヴィッド・ミラーが私への手紙の中で指摘しているように、とりわけポルノの金銭的な総利益がいまやアメリカ合衆国のプロフットボールとプロバスケットボールの両者を凌いでいることを考えれば、コンピュータやホテルシネマでのポルノへの依存症（そこでは実際の接触は生じえない。影の現実性である！）は、依存症的事例として挙げられるだろう（二〇〇六年追記）。

17 Cf. James Hillman, "From Mirror to Window," in *Spring* 49, 1989. この論文には心理療法の自己愛が生じている。Cf. also James Hillman & Michael Ventura, *We've Had a Hundred Years of Psychotherapy and the Word's Getting Worse* (San Francisco, CA: Harper, 1992).

18 C. G. Jung, *CW* 9i, §534。

19 Marshall McLuhan, *Understanding Media: The Extensions of Man* (New York: McGraw-Hill, 1964).

20 Richard M. Rotty, *The Linguistic Turn: Essays in Philosophical Method* (Chicago, IL: University of Chicago Press, 1967).

21 「イマジナルなもの」を強調することで、元型的心理学はこの状況を適切に取り扱う。「イメージ」は何かのイメージであるが、形式としての「イメージ」は、その何かが止揚されたものである。それはプラトンの影と同義である。しかし、元型的心理学がそこでエッセ・イン・アニマ〔*esse in anima* 魂内存在〕を主張し、「イメージは心である」と主張し、そしてイメージは究極の基盤であると主張することによって、実体的存在の性質を単に「イメージ」に、すなわち実体と存在の歴史的止揚過程の産物に移す限りにおいて、元型的心理学は自身の進歩的な洞察を取り消し、その洞察から遅れを取り、ノスタルジー的になってしまう。意味論的には、「イメージ」を強調することは幻存在と「自然」の止揚の論理的ステイタスを認めることになるが、統語論的には、実体的尊厳の感覚または感情をイメージに再度割り当て、自我が再び神々で満ちた世界に、すなわち「自然存在」に繭籠りするための道を開く。これがプラトンの洞窟への内閉である。

訳註

［1］“Push off from”はドイツ語の Abstoßen の英訳であり、ボートが離岸する際に、船体を岸に衝突させて離れる運動を表す表現であり、ある状況から変化していく際に必要な衝突と離脱を同時に表す用語である。

［2］本論説では shadow を影と訳出しているが、これはユング心

理学で使用される人格化されたイメージのことではなく、プラトンの洞窟の寓話における影を指している。ただし文脈によっては、前者と後者を同時に指している場もある。

［3］いかに貧しく、人に仕えるような身分であったとしてお、地下に亡者と共にいるよりはましだ、というアキレウスの亡霊の言葉を指している。ホメロス『オデュッセイア』第十一巻四八九行。

［4］人類学を参照すると、猟師が森の中を歩いていると、動物は前方から襲ってくるが、人間は背後から襲ってくるという。つまり、ここで言う亡霊は動物のような野性の本質を備えたものであり、影は人間のような反省された本質を備えたものだと言えるのかも知れない。

［5］ユングは意識の側から無意識を見たとき表れる考え方として、この「光の欠如」という言葉を次のように使っている。「人間の全体性を表わす一概念である自己selbstは、定義からいって自我・意識的人格よりも大きなものである。それはその上になお個人的影と集合的無意識を包含しているからである。しかし逆に自我・意識にとっては無意識の一切の現象は取るに足らないものに映じ、その自立的実在は認められず、むしろ単なる「光の欠如」*privatio lucis*として説明される程度のものにすぎない。加えて意識は、いわゆる無意識的なものの一切を胡散臭く不純なものと見て、これに対して批判的で不信の念を抱いている。こうして自己の心的現象学はインド人のアートマンの見方と同じように、一方では世界を包含し、他方では心情の中の小人であるという二律背反の様相をおびることになる」(*GW*14i, §141)。また、この*privatio*という言葉が、後年には「私的」という意味に変わることを鑑みると、天上からの光が私的な光になると、それは意識には光が見えず、「光の欠如」となったのだとも言えるだろう。

［6］アニメやマンガ表現の平面性を取り上げて、「スーパーフラット」という概念が二十世紀に発見され提唱されたが、ここで言われているように、そもそも影と実体とが分離された時点で、現実はフラットになったのである。それが人間の意識に自明のものになった時点で「スーパーフラット」という概念が提唱され、周知のものとして受け入れられたのかも知れない。

［7］後出するビットとバイトの「噛みつくバイト」がここに示され、そのつながりが暗示されている。

［8］連続する句、節、文の最後に同じ言葉を繰り返す修辞技法。ジェームス・ヒルマンの心理学的な方法として結句反復を提唱している。それは詩的な繰り返しを通じて、次第に深くその本質と根源に近づき、元型へと至ろうとする行為である。

［9］倒逆法とは、概念の第一のキーワードが、第二のキーワードより時間的に後で起こる何かを言及する修辞技法のことである。

［10］通常interiorityは、心理学に特有の内性を表す用語であるため、「内性」と訳しているが、ここでは議論の初期段階であるため、文脈に即して「内奥」としている。

［11］反省reflectionはヘーゲルの哲学において中核的な概念である。ドイツ語Reflexionは「反省」と訳されることが多い。初期のヘーゲルでは絶対的な理性ではなく人間的な悟性によって事物を固定したものと捉える働きがReflexionと呼ばれ、日本語の反省の意味に近く、ヘーゲルはこれを批判しているが、中期以降のヘーゲルのReflexionは、哲学的思考が他在へ移行しまた帰ってくるという意味で使われることが多く、

日本語では「反射」あるいは「帰還」という意味に近い。ギーゲリッヒもこうした意味で反省という言葉を使うことが多い。ただしここでは、自然を離れて、精神の領域に入っている、という意味でReflexionという語を使っていると思われる。本書では多様な意味を持つこの言葉を主として「リフレクション」と表記することにした。

〔12〕 ドイツの古典学者ヘルマン・アレキサンダー・ディールスによるソクラテス以前のギリシア哲学を参照する際の記号化を「ディールスの花輪Diels-Kranz」と呼ぶ。そのA9番が、この断片であることを示している。

〔13〕 「直接性immediacy」は、反省による弁証法的な媒介を経ていない、という意味でギーゲリッヒに多用される言い回しである。

〔14〕 ニコライ・ハルトマンの用語。*intentio recta*は、物自体である真の対象に向けられた認識であり、*intentio obliqua*は、対象のイメージに向けられた知的な意識を指す。

〔15〕 locomotionはドイツ語のfortbewegungにあたり、「前進」や「推進力」を意味する。ギーゲリッヒが好んで使用する言葉の一つである。もともと機関車の前進力を表す際に使用される言葉でもある。

〔16〕 ユングが繰り返し、心理学にはアルキメデスの点がなく、それが科学との違いであり、心理学の困難な点であることを語っていることを受けて論じられているものだと考えられる。

〔17〕 『シレジウス瞑想詩集（上）』（植田重雄・加藤智見訳、一九九二年、岩波文庫）を参考にした。

〔18〕 英語のAppearance、ドイツ語のScheinの訳であり、実際に存在するかのように感覚に現れながらも、それ自身は客観的な実在性を持たない形象のこと。

〔19〕 ここで「西洋の」と訳されている言葉occidentalは、語源的にはaccidental「偶然の」の対義語であり、実際の使用では「必然の」を表すことはないが、westernという地理的な意味での「西洋の」とは、まったく別の質を持った言葉である。ここからは現代のさまざまな現象を洞窟の現実化としてみていくことになるが、この論文が一九九四年に執筆されたものであることを念頭に置いておく必要はあるだろう。

〔20〕 メディアクラシーとは、マスメディアが有権者を効果的に管理している政府の状況のことを言う。

〔21〕 sub specie aeternitatisというスピノザの言葉。

〔22〕 唯名論者は実存を信ずることがなく、たとえば、普遍は実存せず、それは発せられる気息flatus vocisに過ぎず、発せられた音声にすぎないと考えた。

〔23〕 トヨタ自動車など日本式の無駄を排した生産様式をアメリカが取り入れる際に、ジェームズ・ウォマックらが名づけた呼び方。

〔24〕 カントは時間と空間を直観の形式と呼んでいる。カントによれば、時間と空間は人間の感性にア・プリオリに備わっているものであり、人間はその形式を用いて対象を認識していることになる。

〔25〕 『実践理性批判』参照。「何度も繰り返し長い時間をかけて考えれば考えるほど、いつも新たな、いよいよ強い感嘆と畏敬とで心をみたすものが二つある。私の上なる星空と私の内なる道徳法則とである」。

〔26〕 『教師論』三十八節参照。「内的人間に住むと言われるキリ

スト、すなわち、不変の神の力、永遠の知恵 qui in interiore homine habitare dictus est Christus, id est incommutabilis Dei Virtus atque sempiterna Sapientia」。

［27］ハイデガーの分析によれば、倦怠の本質は無に放置されることであり、それによって人は退屈させるものに釘付けにされる。現存在はあらゆる可能性に開かれているのだが、倦怠の中であらゆる存在者を拒絶し、そこから実体性を離れた思索が始まる。

［28］アリゾナ州オラクルにある、閉鎖空間の実験場。現実の地球環境、すなわちバイオスフィア1を模して小型化したものである。一九九一年に実験が開始され、百年間続く予定だったが二年間で中断された。アリゾナ大学によって買い取られ現在も実験施設として使用されている。

［29］ソニーが開発した携帯型の音源再生機であり、当初はテープレコーダーに録音されたものを再生し、イヤホンを付けていつでもどこでも歩きながらでも音楽を聴くことのできる最先端のメディアの一つであった。

［30］共有された世界 Kinos Kosmos と対になってデモクリトスに使われた概念で、その個人に特有で独特な世界のこと。

［31］ショーペンハウアーの『意志と表象としての世界』*Die Welt als Wille und Vorstellung* の一般的な英訳は *The World as Will and Representation* だが、*The World as Will and Idea* と訳されることもある。本文当該箇所では一般的な邦訳名に従って「表象」と訳している。

［32］ヤコブ・ベーメ（一五七五ー一六二四）はドイツの神秘主義的哲学者である。短期間の学校教育を受けただけで、一生を靴工として過ごした。「肯定と否定のなかに万象はある」という宗教体験を得て、この弁証法的原理を核として独自の思想を展開した。無差別の絶対者から三位格の神、精神界、物質界にわたる三元的世界が生じるとし、シェリング、ヘーゲル、ショーペンハウアー、ニーチェ、ベルグソン、ハイデガー等に大きな影響を残した。主著『曙光 *Aurora*』。

［33］フッサール現象学の用語。科学によって理念的に構成される以前に、直接的に体験される知覚的経験世界のこと。フッサールは、ガリレオ以降の近代科学を、この生活世界を数式の衣で覆ったとして批判している。

［34］Speculative という言葉は、思想領域においては「思弁的」であり、つまり想い描き、リフレクション〔反省〕し、思索する活動を表しているが、金融領域においては、利益を得ようとする行為であり、将来の価格の変動を予想して現在の価格との差額を利得する目的で行われる証券売買などを指している。この二つの意味を同時に指し示すために、この言葉が強調されている。

［35］パーソナルコンピューターよりも性能の高いコンピューターの総称。

［36］基幹システム等に用いられる大型コンピューターシステムのこと。「汎用機」とも言われる。

［37］証券用語としては、ビジネスや相場の勢いを判断する指標のことを指す。

［37］ここで背景 background ではないことが強調されているのは、洞窟の寓話における背景ではないことを指していると同時に、ユングが無意識を背景と言い表すことがあるため、無意識ではないことも指していると考えられる。

メディア的な現代と、ユング心理学のリフレクション

猪股剛

ギーゲリッヒのていねいに順を追ったプラトンの洞窟の批評と、現在の世界に起きているさまざまな現象の包括的な解釈のあとで、このメディア的な心の動きに関して、さらに何かを論じることなどできるのだろうか。おそらく、何を語っても、蛇足以上のものにはならないだろう。私は、ギーゲリッヒの論述に完全に同意した上で、私にとって卑近な例によって、それを私なりに語り直す試みに専心してみたい。

率直に言って、メディア・テクノロジーや映像テクノロジーの発展と共に、ユング心理学はそのひとつの役割を終えている。この心理学の大きな特徴のひとつは、表現が困難なものを安易に言語に回収することなく、淡くあいまいでありながらも強い現実性を備えたものを、心の現実として受容しようとする姿勢にある。それは、必然的にイメージの心理学となり、明確な意味づけからこぼれ落ちたものや、意味の確定しないものを拾い上げ、確定したものたちの狭間にみずからを置くことになる。不可解なものと関わり、それをイメージとして捉える作業になっていく。しかし、不可解さに留まることが、テクノロジーの発展と共に、現代では困難になってきている。そのことを、

まずは「象徴」という概念を頼りに見てみたいと思う。

象徴の定義――アートと心理療法の基盤

ユングは、イメージの心理学を「象徴」という言葉を使って、理解している。本書の『意味の終焉、人の誕生』の中に引用されているユングの言葉がそのことをよく表しているため、ここにそれをもう一度取り上げておきたい。

> 象徴は、それが生きているかぎりは、それ以外のやり方ではその性質をうまく表せない事柄を表現している。象徴が生きているのは、それが意味を孕んでいるあいだだけである。
>
> （本書二八ページ）

まだ上手く表すことができないものは、意味をその内に孕みながら、象徴として、つまりイメージとして表現される。あるいは、意味が確定していない言葉や音声として表現される。

この象徴に最も日常的に取り組んでいるのは、アーティスト／芸術家たちであろう。現代でも、おそらく多くのアーティストたちが、意味が確定しない領域に問いかけながら、時代の本質や真実に焦点を当てて、イメージ作品を制作している。そして、そうしたものがどのように名付けられ批評されようと、そうした作品たちは、ユングの言う意味での「象徴」だと言える。それは、意味を懐胎している。だが、まだ何かを生み出してはいない。生まれてくるものが何かわからないことを知った上で、その時代の真実を問い、時代の子を身ごもり、その懐胎のイメージを作成し続ける。それがアーティストの役目である。

心理療法家も、実はこれに近い取り組みをしている。アーティストたちが、時代を問い、真実を問うて、それに対して作品を制作しているのだとすると、精神的な病を抱えている人々や、自分の存在に悩んでいる人々は、その病や苦しい状況や運命に対して問いを発している。そして、その問いに対して応答しようとするのが心理療法家たちだと言えるだろう。心理療法家は、アーティストのように作品を作ることはしないが、その問いを巡って作業をする。作業の末に作品ができあがるということはないが、問いの周りを巡りながら、心あるいは魂というものがその都度あらたに生み出されていく。心理療法とは、この作業のことを指しており、治癒とはこの問いを通じて心や魂が生まれてくることである。アーティストの場合も、心理療法家の場合も、意味が確定する前の生きたものに、つまり象徴に取り組んで作業している点が共通している。

> ところが、ひとたびその意味が象徴から外に生まれ出てしまうと、すなわち求められ期待され予見されていた事柄を、それまでの象徴よりも的確に表すような表現が見いだされると、その象徴は死に、もはや歴史的な意義しか持たなくなる。それでもなおそれを象徴と呼ぶとすれば、それはより適切な表現が生み出される以前に象徴であったものをそう呼んでいるのだという暗黙の前提の上に立っている。
>
> （同二八ページ）

アート作品から、それまで予見されていたものが生まれ、その内側に身ごもられていた子どもが生まれると、それはもはやあいまいなものではなくなり、明確なものとして目の前に存在していることになる。その生まれたものの意味は、あいまいな領域から抜け出て、意味が確定する。そうなると、もはや象徴である必要はなく、アート作品は、より明示的で的確な表現にその役割を譲ることになる。そのとき、象徴の役割を担っていた作品は死ぬ。意味がわからないものを内在させていたイメージや作品は、その役割を終える。心理療法の領域では、それが健康になることだと言えるかも知れない。

象徴というものの本質をユングに寄り添ってこうしてたどってみると、それは、存外わかりやすく、素朴に理解することができる。しかし、この文章に続く次の一説は、よりていねいに読まなくてはならない。さもなければ、象徴の本質の理解にはいたらないだろう。

あらゆる秘教的〔esoteric〕[1]な解釈にとって象徴は死んでいる。なぜなら秘教主義はすでに象徴に（少なくとも表面上は）より的確な表現を付与しているのであり、その結果、象徴は、別の形で、より完全により的確に知られている意味連関に対する単なる因襲的な記号にすぎないものとなるからである。象徴は、公教的な〔exoteric〕観点から見られたときにのみ、生きている。

（同二一八－二一九ページ）

この文章を始めて読んだとき、その意味するところがよくわからなかった。当時の私が神秘主義や秘教的なものに魅力を感じていたためかもしれないが、象徴が意味を明示せず、意味を内包している状態にあるものならば、むしろ、それは神秘的で秘教的で、そういう意味で豊かなイメージに満ちあふれているのではないかと想像していた。しかし、ユングは、まったく逆に考えていた。つまり、秘教は意味を内包しているのではなく、すでに意味が生まれ落ちたあとに、それを公にせずに隠し持っているだけだと考えているのである。秘教にとって、象徴はすでに死んでいて、より的確な意味は明らかになっており、それは記号と化している。それでいて、それをまだ隠れた神秘にしておきたいからこそ、それに触れられる人を制限して、一部の人にしかアクセスできないようにして、一般の人からは象徴に見えるようにアレンジしているわけである。つまり、その秘教の内部構成員にとっては、その象徴の意味は明らかにされていて、的確な表現が見つけられていて、そこには生まれ出る前の内包された意味の奥行きはない。入信者は、もしかするとその象徴と、その神秘的な意味を知るために、入信するのかも知れないが、その実、ごく一部の人に限られた象徴は、もはや神秘的なものを内包できるようなものではない。そのことを、入信してから知ることになる。あるいは、入信者に対しても象徴の意味は隠されたままで、その教団の更に深部に関わる一部の人しかそれは知らされず、生きた象徴を探しながら、そこに留まるようになるのかも知れない。いずれにしても、秘教主義の中では、象徴はもはや生きてはいない。そして逆説的には、象徴が死んでいて記号化しているからこそ、秘教的な宗教は、実際的な制度として、その秘儀を一部の人にだけ限り、そうして成立するのである。そうすることで、まるでそれが、まだ明らかにされていない神秘を内包しているかのような見せかけを作っている。このような秘教的なあり方では、もちろんアートも心理療法も成立しない。もしアート作品が秘教的になれば、それは一部の人にしか公開されない作品になり、つまりは隠された秘仏になったり、偶像崇拝の対象になったり、秘められた宗教的なアイコンになるだけだろう。心理療法が秘教的になった場合、心や魂にまつわる真の問いかけが隠され、それに取り組んでいる見せかけだけが示されることになり、宗教的になるというよりもむしろ、倒錯的になり作業経過の中盤に留まり続けるか、サイコパス的にみずからのあり方を偽り続けることになるのではないだろうか。

しかし、象徴は、本来、誰が見てもまだ意味がわからないものであり、そのため隠す必要のないものである。人はそれを前にすると、訳がわからないものに出会うことになり、自分の心を総動員してそれと格闘し、それを味わい、それに寄り添い、その意味が明らかになるまで時間をかけて、作業し続けることになる。まだよくわからないものだが、それは確実に生きていて、目の前にあり、人の心を動かし、この時代を動かしている。そうしたものは私たちにとって、とても魅力的であったり、とても苦しいものであったりする。だからこそ、それに取り組むことになる。そして、アートとして表現されるとき、それは基本的には魅力的であり、病理として表現されるとき、多くの場合それは苦しい。だが、いずれにしても、現状をブレイクスルーする可能性を感じさせてくれるものでもある。もちろん病からは目を背けたくなることも多いだろう。それでも、その病という意味のわからない苦しい象徴と関わっていく。それこそが、アーティスティックでセラピューティックなことだろうと思われる。象徴と関わる作業は、ユング的な意味で、きわめて臨床的である。

象徴はこのように公教的で、誰もがアクセスできる形になっていることが、その成立の必要条件なのである。そして、誰もがアクセスできるにもかかわらず、誰にもその内実を明確に捉えて、わかりやすく表すことができない。それが、象徴が象徴である由縁である。

メディア的な現代

さて、こうしてユング的な象徴の定義を振り返ってみると、なぜメディア・テクノロジーの発展と共にユング心理学が終わりを迎えているのかが理解されてくる。つまり、ここに挙げた象徴のあり方が、現代では完全に失われているのである。

まず、誰もがアクセスできるという公共性は、インターネット環境の整備により、現代では広く達成されてきた。もちろん秘教性が消え失せたわけではないが、公共的なあり方は広く担保された。そして、いつでもどこでも、快適に、素早く利用できる携帯端末によって、インターネットの利用は簡便化し、いまや時間的にも、精神的にも、私たちの日常生活の何割かを、そうしたメディアが占めることになった。そして、そもそもあらゆるものが共有可能であり、あらゆる人々がアクセス可能であることが目指されてきたこのメディア環境は、あらゆるものを隠すことなく公にするという理念を持っている。このメディア性の前では、本質的にすべてが開かれている。もちろん現実にはいまでも隠れているものや隠されているものは存在しているのだろうが、理論的には、あるいは、心が捉えている現実水準では、もはや隠れることは不可能である。インターネットという理念が広がった時点で、秘匿性は心の水準からは消えさったと言っても過言ではない。政治も経済も宗教も、そしてプライベートなさまざまな秘め事も、すでに潜在的には、公になっている。

こうしてみると、象徴が成立する基盤の一つである公共性は、むしろ過去の世界よりも整っているかのように見える。

だが、象徴の第二の特徴が、このメディア環境によって、失われている。意味がわからず不可解で、誕生する前の胎生状態にあるものと、長く時間をかけて関わるというユング心理学の独自の方法は、インターネット環境の中には存在しえない。メディア的な現代においては、不可解であることや、意味が明示できないものは、そもそも存在しない。あらゆることは、情報ネットワークの中に存在しているため、理解できないのは、ただ単に自分がまだ必要なものにアクセスできていないだけで、アクセス方法がわかりさえすれば、理解できないことなどない、ということになっている。メディア・テクノロジーの時代においては、誰にとっても、アクセスできることは、そのまま理解できることと同義である。情報にアクセスできれば、それはその時点で理解に到達したことになる。

たとえば、桂は、メディア・テクノロジーの発展の成果であるインターネットを分析しながら、現代においてそれを根底から動かしているものとして、「広告」を取り上げて論じている。「広告表現は短く効果的に伝えることを何よりも大切にしている」。そして、そこで目指されている「わかりやすさ」は、「その背景にあるわかりにくくて説明が難しいこと、あるいは不都合なことを狡猾に隠蔽したり排除したりしている」と言う。インターネットというメディアを動かしている大きな欲望が、まさしくこのように、わかりやすさを目指しているのだから、当然、不可解なものと関わかることは、その発展と共に難しくなっていく。そして、そもそも、わかることや理解することは、こうした「広告表現のノウハウに置き換えられてしまって、わかった気にさせたり欲望に直接働きかけることばかりが進化してしまう。〔中略〕世界や人生はあっという間に単純なものになって〔中略〕「わかりやすい」ことだけが重視され、謎や問題には上手い具合に蓋がされてしまう」とも言われている。そうなると、わからないという感覚はそもそも消え去ってしまうか、残っていたとしても、すぐにわかった気になることへと置き換えられていく。[2] そういう欲望が、インターネットによって、そしてそれを根底で動かしている広告によって、日々活性化されているのである。

ギーゲリッヒも広告のことを次のように取り上げていた。

> 広告の真実は利益ではない。〔中略〕それはあらゆる現実を幻存在へと転換するという錬金術的なオプス〔*opus* 作業〕を前進させるためのものである。広告の真実は、幻存在として現実を提示することであり、幻存在としての幻存在の提示であり、そうした絶対的なヴァーチャリティ／仮想現実性（仮象〔*Schein*〕）の生産なのである。
>
> （本書三七二ページ）

つまり、広告は、それまで実質を備えていたリアルなものを、すべてヴァーチャルで幻に変えて、わかりやすいものに変えていく。人間の姿形、その尊厳、古くから続く物語や神話、ゆっくりと味わうことで浸透するように理解されてくる芸術表現や思索表現や歴史的な事実、そういったものをことごとく引用することで、広告はそれらを幻に変えていくのである。現実をすべて幻に変えていくことは、おそらくそれも枷からのひとつの解放であり、ギーゲリッヒも言うように、この時代に才気に長けた一群の人々が広告という業界に心を奪われるのも了解可能なことである。

さらに、この傾向を加速させるものが、いわゆるSNSである。それは当初、人々の連帯を促進するものであると考えられており、それによって公共性がすみずみまで行き渡り、さまざまな資源を人々が共有できるようになると考えられていた。しかし、実際のところSNSで活性化されていくのは、言葉の本来の意味での連帯ではなく、むしろスピード感のあるタイムリーなつながりであり、さらにそれには、関わっても傷つかないでいられる安全な距離感が伴っている。逆に言えば、あらゆる人が連帯できるという理想は、その連帯の質を当然のように変容させるものであり、そこで言われる連帯とは、短期的なもので、傷の生じない表層的なもので、互いの深みで出会いつながることではない。SNSの理念が目指した連帯は、そのユートピア的な理想の果てに、想像していなかった別種の連帯を生み出したのである。そして、このSNSでの連帯において、他者との相違が真に認識されることはない。多様性を許容する社会が目指されながら、人々の持つさまざまな違いはただ情報として許容される。そういう人もいる、ということは認められる。だが、違いを知り、それに悩み、その人と触れあい、傷つき、その存在を実感することはない。その人を受け入れるには自分の変容が必要なことに気がつき、長く時間をかけて受容し、痛みを伴った連帯にたどり着くことはない。

ここでもう一度、桂の議論を参照してみたい。当然ながら、インターネット内のひとつのメディアであるSNSも広告によって動かされる。「深刻なのは、広告的な考え方や表現が、SNSのなかで個人にまで浸透してしまうこと」であり、そこでは誰もが「じぶん広告」を始めることになり、「自分のことを商品のようにプロデュースしようと躍起に」なることだという。そうして、SNSの広告的な性質が、「世界中の人びとの自己表現、承認欲求、参加意識という三つの欲望を上手い具合に引き受けていった」とも言われている。さらに、この三つの欲望と、インターネットの目指す「つながり」や「共有」の精神が相俟って、SNSのユーザーたちは、「じぶん広告」を短く効果的にわかりやすく提示して、そうして自己表現を認めてもらい、その承認を通じて参加している感覚が得られ、そうしたものが連帯感や居場感さえもたらす。結果として、SNSで生きている、という感覚が得られるようになっていく。それは、きわめて現代的で、かつ一般的な人間の生活になり始めている。そこには、「絶対的な価値など存在しない相対主義」が広がり、どんなものでもすべて、表現することが許され、認められ、あらゆる人が包摂される仮想空間が成立していく。[3]

ここに桂が挙げている「表現と承認と参加」という三つの要素は、心理学や人類学で言われるイニシエーションや成人儀礼の要点と共通点を持つ。つまり、この三要素は「大人になる」ことと同義の要素であるとも考えられる。通常、イニシエーションの三要素は、「分離・過渡・統合」であると言われている。つまり、家族から分離して距離を取り、川を渡って別世界や異界や死者の国を知り、そこで未知の世界や他者を認識した上でそこから戻り、川の此岸と彼岸があることを知った上で、その二つを共に抱えながら、現在の共同体へとみずからを再統合していく。それがイニシエーションである。「表現・承認・参加」はその現代的なバリエーションではないかと考えられるように思われる。1．自分を「表現」することは、必然的に、それまでの保護的な状況の外へと「分離」していくことであり、2．見たこともない他者からインターネットを通じて「承認」されることは、あの世へと「過渡」を遂げて、見たことのない死者や霊的なものに触れて受け入れられることであり、3．SNSに「参加」して、多くの人々と共にあると感じられることは、精神的に自分よりも大きな集団によって自分が「統合」されているのを知ることであろう。つまり、細かな違いがあるにしても、少なくとも大きな運動として、SNSでの活動がすでにイニシエーションの要素を満たしているのである。そのため現代では、SNSがこの世界で生きていくための必須条件となり、それを経てはじめて大人になることができるとも言えるのだろう。

しかし、もちろん違いはある。従来のイニシエーションにあって、SNSにないものは、ある種のリアリティであり、「実感」である。他者を知り、共同体を理解し、時間や空間を越えたスピリチュアルな現実を「実感」するという要素である。元々子どもは、小さな頃から自然に何かを表現しているが、その表現が自己の表現であるという意識は持っていない。しかし、従来のイニシエーションを通じて、他者が存在することに気づかされ、自己との差異があることが見えてくると、表現しているものが自己の表現であることに気がついていく。独自性の高い表現であれば、その意識は当然強くなるが、どれほど一般的で平凡な表現であったとしても、そこには一般性や平凡性を伴った自己が表現されていることに気がつくことになる。その際、自己に気がつくことと他者に気がつくことは、ほぼ同時的であり、自己生成と他者生成は、等根源的であるとさえ言えるだろう。そして、自分の表現が自己表現であることに気がつくと、おのずからそれを認めてもらいたいという欲求は高まる。だが、いままでそれを認めてくれていたのが、両親や家族といった身近で親しい人たちに限られていたことにも気がつき、自己表現が承認されるには、他者が必要であることがますます意識されていく。そして、その他者とは、身近なところにいるものではなく、決定的に違いがあり、どうやっても同化できないものであり、それでいて、同じ世界に生きていることが了解されているものである。川向こうの別世界にいると感じられ、同時に川のこちら側の同じ世界にいるものであり、つまりは実体と非実体、身体と心、生者と死者の両方の性質を持って存在しているものである。

SNSの発展によって、人は簡単に自己表現ができるようになり、簡易的なイニシエーションを経験することができることになるが、このような複雑な要素を含む他者性を実感するところにはいたらない。「絶対的な価値など存在しない相対主義」が蔓延するのは、「絶対的な他者」が存在しないからであるが、絶対的な他者の「絶対性」とは、力や権力が抜きんでていることではなく、こうした複雑性を含んで、その都度の現実に明確に存在し、一通りには理解できない、ということである。インターネットを通じてすべての表現を受容することは、一見すると他者を受容しているように見えるが、実は自分とは関わりがないという一般性において、それを理解し受容しているのである。それは受容というよりも、観察に近く、場合によっては、単なる放置であるかもしれない。当然ながら、そこでは古来のイニシエーションで経験されていた「絶対性」は実感しえない。

こうして見てくると、メディア的な現代世界において、ユングのいう心理学がもはや時代遅れであることが了解されてくる。彼の心理学を稼働させる象徴は、その成立に二つの条件を備えていたが、その二つともが、現代において満たされることはない。象徴が成立する基盤の一つである公共性は、一見すると、メディアの発展によって過去の世界よりも整っているかのように見えていたが、ここまでの現状を振り返ってみると、その公共性は、絶対的な他者のいない公共性であり、つまりは、相対主義的な公共性である。しかし、そもそも公共性とは他者の絶対性を前にして、それでも人間がどのように共にいることができるのかという問いから生まれたものであり、どうしたらそれを成立させられるのかが常に問われてきた課題である。相対主義的な公共性という言葉は、つまり、概念矛盾に陥っている。リアルな他者のいない公共性は、そもそも公共性ではない。

そしてユングが言う「公教性」とは、それに加えて、宗教性やスピリチュアリティという人間を越えたものが、公に誰にでもアクセスできるようになっていることを指しているが、これもそもそも相対的なものではない。宗教性やスピリチュアリティは、不可解で超越的であり、もしそれが相対主義的になり、誰もが何の疑問もなく認めるものになっているならば、それはそもそも宗教性やスピリチュアリティを備えていないことになる。たとえば、「愛」という言葉一つをとっても、宗教的な「愛」やスピリチュアルな「愛」は、大きな謎を含んだものであり、わかりやすいキャッチフレーズやイメージ広告で表される「愛」とは一線を画し、「人間的あまりに人間的な」領域から逸脱したものである。大きな謎である愛が、公に開かれており、あらゆる人に問いかけてくる課題になっているとき、はじめてその愛は「公教的」だと言える。そのような「公教性」は、ここで見てきたようなメディア的な現代においては成立しえないだろう。

また、象徴にとって重要なもの、つまり、意味が明確にならないまま長い時間をかけて関わるという胎生状態は、インターネットを根底で動かしている広告の欲望によって、わかりやすさに書き換えられた。SNSによって「私」という最も謎多きものさえも「じぶん広告」へと改変され、謎のままにそれに取り組むことは、もはや現代文化の関心事ではなくなっている。

心理学に関連するあらゆることは、それ自体で、「象徴」である。心理学は、否定的で表現しえないものの象徴であり、それ自身の内的な深みの象徴であり、内的な無限の象徴である。他ならぬそれが「魂」である。『リビドーの変容と象徴』というユングの初期の主著のタイトルは、ある意味では、このアイデアを的確に表現している。つまり、この「リビドー」はそれ自身で絶えず変容し、そして常に異なる象徴に結晶化する。しかし、周知のように、ユングにとってリビドーは、もはや〔フロイトの言う〕性的なリビドーではない。それは、量的に〔強度に従って〕表された抽象的な心的エネルギーを意味している。それは、デュナミス *dynamis*〔潜勢的なもの〕でも、力でもない、とユングはいう。実際にリビドーは、基本的に、その論理的な否定性のうちにあって、つまり、表現できない魂を指す初期のユングの用語であると考えられる。そして、それはオプス *opus*〔作業〕として、あるいは生産的な過程として考えることができる。確かに、それは実体的な物質や実在物を示唆してしまう一つの言葉ではあるが、それでもはっきりと非－客体的な何かを意味しようとしている言葉でもある。今日ならば、私たちはユングのこの初期のタイトルを『魂の論理的な生の変容と象徴』と、名付け直すことができるだろう。[4]

ここでギーゲリッヒが言うように「表現しえないもの」「内的な深み」「内的な無限」が、心理学の基盤にある象徴である。魂や心は変容を繰り返し、展開し、象徴そのものであり続けてきた。そして、「私というもの」も「愛」も、その根本メタファーとして、謎を含んだ象徴として、それ自身で運動をしてきた。だが、このような象徴はもはや成立せず、世界はわかりやすいものに満たされ、相対主義的な受容が広がっている。「作業が続けられていく生成過程」は、インターネットによってつながりを得た私たちの世界には必要がなくなった。私たちは、そういうメディア的な現代に到達したのである。象徴の終焉に到達したのが、私たちの現代なのである。ユング心理学は、こうして、その役割を終えていることが、了解されるだろう。

現在の喪失から、現在へのリフレクションへ

そして、このように見てくると、本書の「プラトンの洞窟」でギーゲリッヒが論じていたことが、より身近に明確になってくるように思う。

まずその内容を振り返ってみたいのだが、彼の論述を通じて、目から鱗が落ちるように見えてくることの一つとして、プラトンが論じている洞窟の寓話は、一見すると、洞窟存在としての人間を解放しようとしているように見えながらも、実は洞窟存在を推し進め、幻存在としての人間を生成している、という点が挙げられるだろう。

洞窟の寓話の秘密（プラトン自身にとっても秘密だった！）は、意識が離れようとしているものが、

実際の目標であることである。洞窟に人間存在を住み着かせることとは、意識による意図とは反対に、魂がこの寓話の創造によって成し遂げようとしていることである。ひとえにそれが現実の秘密であり、現実の秘密であり続けたために、またひとえに魂が洞窟から抜け出して高みにあるイデアに到達しようと、素直に確信して非常に深い熱意をもって、現実に努力したために、世界の神話的体験への根付きから完全に抜け出すことに成功し、そして洞窟を新しい住処として確立することに成功した。これが目標の弁証法である。もし洞窟の目標としての特徴を魂が意識していたなら、（そしてそれはまずプラトンが意識することを意味する）、洞窟が目標として提示されていたなら、この目標は私たちの世紀のユートピアとまさに同じように、必然的に未来へと絶えず先延ばしにされ、決して現実になることはなかっただろう。（本書三四七－三四八ページ）

意識的なプラトンの意図は、洞窟内に無知のままに拘束された人間を解放しようとするものであった。しかし、そのプラトンの意図とは逆に、洞窟に拘束されている人間を解放しようというアイデアそのものが、裏腹に、洞窟に拘束されている人間というアイデアをリアルに生み出し、拘束されている洞窟存在を生み出している。つまり、解放しようというアイデアが、逆に、椅子に拘束されたまま、映し出されるイメージだけを見る人間を生み出し、メディア的な世界を生み出したのである。解放しようというアイデアが生まれる前は、もちろん何も知らず、椅子に座っていただけであり、拘束されているという意識さえなかった。いわゆる無知の状態である。しかし、拘束されて影絵を見ていることを知り、拘束から解放されなくてはならないというアイデアを得て、洞窟から抜け出す人間が生まれてくる。そうすると、洞窟の寓話で語られているように、はじめは洞窟を抜け出すことの方が妄想扱いされることになるが、このアイデアが長く保持され、洞窟から出て太陽を知ることが少しずつ理解されていくと、西洋の意識は、この太陽の世界にたどり着くことになる。それは一見すると解放なのだが、実は、太陽というより大きな光源によって映し出されるものを見る世界にたどり着いたことになるのである。つまり、もはや何ものにも縛られておらず、前方にスクリーンは存在せず、背後に光源も存在しないのだが、太陽を光源とし、世界をスクリーンとしたメディア的な世界にたどり着いたのであり、洞窟からの開放のアイデアが、より大きく、より精密な、メディア的な世界という洞窟への拘束を生み出したのである。ギーゲリッヒが指摘しているように、もちろん、それはプラトンが意識的に行っていることではなく、人間存在が意図的に行っているものでもなく、広く深く、文化を推し進めていく人間の心が、ユング心理学でいうところの「魂」が推し進めていったものである。洞窟存在から解放されて、啓蒙された世界に向かおうとする人間の意図そのものが、表面的には自由な人間と自由な文化を生み出そうとするもののように見えながらも、意識的には把握できない運動を内在させて動いていったのである。その到達点に、私たちのメディア的な世界がある。

つまり、先ほど見たメディア的な現代のあり方は、このプラトンの洞窟とまったく同じ進み方をしているとも言えるだろう。インターネットというテクノロジーは、そのアイデアや思想としては、社会の連帯を生み出し、さまざまな思想や情報へのアクセスを可能にし、あらゆる人々が階層や地域の格差を越えて学び成長していける基盤となるものであった。つまり、それが目指していたのは、格差からの解放であり、あらゆる人たちの独自の成長であり、みずからのアイデアや思索に従ってあらゆる世界を探索し得ることであり、世界中の人々が場所や時間の制約を越えて連帯し得ることであった。しかし、それがひとつの完成形に到達した現在、私たちの目の前に広がっている現実は、むしろそれが抜け出したいと思っていたものの完成である。つまり、格差は多様性という言葉に回収されながらさらに広がり、独自の成長よりも一瞬のプレゼンテーションが重要となり、探索することよりも情報を組み合わせることが重要になり、連帯よりも相対的であいまいなつながりが蔓延する。インターネットを生み出す際に意図されていたものは、ことごとく転覆した。他者のいない連帯と、わかりやすい広告表現的な私性しか、もはや存在しない。謎が問われ、真実が問われ、わかりにくいものに長い時間をかけて留まることは、インターネットが許してくれない。私たち自身が求めて展開したアイデアが、この現在をもたらしたのである。そして、私たちは、そのようなインターネット社会の中にすでに定住している。

この定住の善し悪しを評価するのは、心理学の作業ではない。ここに生じている解放と拘束の弁証法的な展開は、ここまで見てきたようにテクノロジーの発展と共に現実化したものであり、そのテクノロジーは私たち人間のアイデアから始まったものである。そして、そのアイデアは、多くの場合、現状を少しでも良くしたい改善したいという思いの中から生じてきている。しかし、現状を良くしたいというアイデアが、そのまま良い現実を生み出すわけではなかった。そのアイデアから実際のテクノロジーが実現化されると、テクノロジーを使用する私たちは、はじめのアイデアから離れてテクノロジー自体を利用しはじめ、そのテクノロジー自体が独自の運動を起こしていったのである。そんなことは予測できなかった。当然である。私たちには未来を予測することはできず、アイデアから生まれ出たものと関わり、それに取り組んで見ることができるだけである。メディア的な現代が、アイデア段階のものとは異なる目的地に着いたのは、疑いようのない一つの現実であるが、その現実に、いまあらたに根差して、それに関わり、そこから再び何かを感じ取り、新たなアイデアが生まれ出てくる作業に取り組むのが、おそらく心理学的な作業であろう。

だが、はじまりのアイデアがそのアイデアの生まれ出た現実から別のところにたどり着いてしまうのは、現実をあまりにも早く改良しようとして、現実の状況を離れて、先を急いでしまうからかもしれない。ギーゲリッヒは、次のようにも記している。

このようにならざるをえないのは、最初の現実状況と、目指された状況に関する夢想とのあいだに、論理的なつながりがないためである。ユートピア的努力それ自体が、現在としての現実に打ち込まれるくさびである。そのくさびは、その（この現在の）諸契機（すなわち現実と真実）を、時代遅れなものと未来性とに破砕し、絶えずそれらを分けたままにする。したがって、現実とアイデアのあいだの論理的な断絶が、常に再確認されるために、未来性は常に未来に先送りされざるをえない。

（本書三四九ページ）

現状をあるがままに受容することは難しい。改良したいという意識は、未来を想い描き、先走る。すると、現在の真実に立ち止まることができなくなり、現状のあり方を時代遅れなものと即断し、理想的なものや望ましいものを急激に目指すことになる。それは、一見するとおかしなことではないように見える。なぜなら、現在の問題点を挙げて、それを改善しようとしているのだから、きわめて進歩的で革新的で、問題に取り組む姿勢は理性的に見える。しかし、それにもかかわらず理想が急激に目指されることは、実は、この現在に立ち止まらないことを意味している。過ちに満ちた現在の状況は、時代遅れなものとして、過去に追いやられる。まだ過去になっていないものまでも、過去として想い描く。同時に、望ましく理想的なものは、まだ現在には実現していないため、未来へと送られ、これからやって来るものとされ、私たちの目標とされる。そこに生じるのが、現在という時代の空洞化であり、私という存在の空洞化ではないだろうか。現在の問題を解決しようとする意識は、実は現代を立ち去りたいという意識にすぐに変わっていってしまう。想い描かれたものに向かおうとする努力が、こうして、間違った過去と、正しい未来といったものを分断して生みだす。そうして、現在の内側から時間をかけて未来が現れ出ることのないまま、現在が失われていく。

これは、心理療法においても繰り返し出会う私たち人間の心の動きである。現在の苦しい状況を改善したいと思うとき、私たちはそれをいち早く過去のものとする。現在の苦境を離れたいのだから、当然だろう。苦境が続いていたとしても、先ほどの爆撃が最後の爆撃だと想像し、先ほどの暴言が最後の暴言だと想像し、苦しみはさきほどの苦しみで終わりを迎え、苦境はすでに過ぎ去ったものであると考えたくなるのは、ごく自然な心の動きである。自分が手を染めてしまった過ち、人から指摘された自分の欠点、愛する人との惜別、世界が崩壊する恐怖、日々の迷い、葛藤、怒り、悲しみ、そうしたものは、すぐにでも解決したい。いますぐ過去のものとしたい。当然である。しかし、それは、現在を除去し、現在を捨て去る。つまり、そこにあるのは現実ではなく、現実を改変したいという私たちの欲望である。

さて、しかしユングは、神経症の治療は、私たちが神経症を除去することによって達成されるものではなく、神経症によって私たちが変化させられることによって生じると述べている。現在の苦境から急いで抜け出すことが、苦境を展開させることはなく、心理療法になることもない。たとえばユングは、あるクライアントが心理療法の経過の中で見た苦しい夢を紹介したことがある。その夢の中で女性は、熱い物質で満たされた穴の中に降りて、そこに身を沈めるように言われ、それに従うのだが、片方の肩がその穴から出ていた。するとそこにユングがやって来て、「出るのではなく、通り抜けなさい」と言って、彼女全体をその熱い物質の中に押し込んだという[5]。心理療法とは、このようなものであり、苦境によりしっかりと浸かるものである。改善を急ぐあまり、改善を先送りにして、現在を忘れてしまうような動きをしていたところから、むしろ私たちは、みずからが変化させられるところに入り込むのであり、それが神経症の心理療法なのである。「神経症が治療されるのではなく、神経症が私たちを治療するのである[6]」とユングは言う。そして、それは何よりも、現在と関わることによって成立する。

神経症の真の原因は、今日という日にある。なぜなら、神経症が現在に存在するからである。神経症は、過去にいつまでも引っかかっている無価値なもの［カプート・モルトゥーム caput mortuum］ではなく、日々手入れされ維持され、いわば日々新たに創造されている。そして、昨

> 日ではなく、今日においてのみ、神経症は「癒やされる」。神経症的な対立は、今日という日に私たちに向けて立ち現れてくる。そのため、歴史的な方に逸れていくことは、悪手ではないにしても、回り道である。[7]

つまり、私たちが現在抱えている苦境は、この現在においてのみ取り組むことのできるものなのである。それを歴史的に過去にしたり、解決を未来に求めたりすると、現在が忘れられてしまう。私たちは、自分の現在の苦境を知り、それを解決しようとする。繰り返し言うが、それは、おかしな考え方ではない。しかし、現在の苦境を知り、現在を振り返っているそのようなリフレクション〔反省〕を、そのリフレクション〔反省〕されたものそのものに、もう一度向ける必要がある。ギーゲリッヒは、心理学が必要とするリフレクション〔反省〕を次のように定義している。

> プラトンは、イニシエーションの洞窟から哲学者の洞窟への革命的な転換がリフレクション〔反省〕の姿勢を確立したことを確かに発見し、その上、これがリフレクションの最初の直接性にすぎないことも理解していた。そのため、このはじめの革命的な転換を、もう一度その成果自体に対して適用し（これが物語の中の転回である）、そしてそれによって、完遂されたリフレクションとしてのリフレクションを実現させ、すなわち言ってみればインテンティオ・レクタ ***intentio recta***（拘束された心《マインド》がそれ自身の前にある影を見ること、つまり直接的なリフレクション）とインテンティオ・オブリークア ***intentio obliqua***（背後から経験を構造化するア・プリオリなものへのリフレクション、

すなわちリフレクションされたリフレクション）の結合としてのリフレクションを実現させることが必要になったのである。リフレクションが、つまり真のリフレクションであることが、「世界」と世界の中の事物とをリフレクションするだけであるはずはない。それはまたそれ自体をもリフレクションしなければならない。神話的に体験された世界に対してリフレクションがしたことを、リフレクション自体に対しても適用しなければならない。

（本書三四〇－三四一ページ）

これは、きわめて心理療法的な心の動きである。現在の苦境や問題を振り返り理解するだけでは足りない。私たちは、そこで振り返り理解されたもの自体を、もう一度振り返らなくてはならない。私たちは、神経症を知り、神経症を理解するだけではなく、神経症が自己展開し解消されるところに関わろうとしているのであり、それはつまり、神経症そのものを理解した上で、その理解されたものは、もう理解されたもの神経症に対して、もう一度関わることなのである。振り返り理解されたものは、もう理解されたもののだから必要ないとして、そのまま過去のものにされて、過去という引き出しにしまわれるのではない。まだ理解の端緒についただけであって、それはまだ息づいている。これは他者に出会い、関わっていく経過と同じである。私たちは、未知の人に出会ったとき、はじめは何者かわからないままその人と関わるが、次第にその人の人となりを知り、考え方や、関心事などを知り、その人の生きている世界を知るようになる。そうして相手がもはや未知の人ではなく、ひとりの他者として成立するようになったとき、その人をすぐさま過去の人にして、思い出として自分のアルバムにしまってしまうことはないだろう。他者としてその人と関われるようになったからこそ、その関わりを続けて、自分との交わりにおいて何が生じるのか、その人と私の関わりにおいて、いま何かが生まれようとしていることを体験しながら、現在の関わりを先に進めていくのではないだろうか。まさしく、他者はいまここに生じたものとして、もう一度、この現在において関わる必要がある相手となるだろう。他者はアクチュアルであり、既知のものになりかけた他者にもう一度絶対的な他者性を見出すことこそがアクチュアルなのである。

メディア的な現代に関して言えば、メディアの発展と共に生まれた、他者のいない連帯と、わかりやすい広告表現的な私性に対して、もう一度、あらためて関わっていく必要がある。先ほど取り上げた桂のメディア論では、人間はたしかにポール・ヴィリリオのいう「端末市民」としてしか生きられなくなっていることを理解して、その上で、「端末市民はまさしく同時代を表象する社会集団」[8]なのだと捉えて、著者はそれに現在進行形で関わっていこうとしている。ここで、M・マクルーハンも取り上げている人類学者エドワード・T・ホールの次の言葉はあらためて傾聴に値するだろう。

今日、人間はかつて自分の身体で行っていた作業のほとんどすべてを拡張する技術を開発した。武器の発達は歯と拳から始まって原子爆弾で終わった。衣服と住居は人間の生理的な体温調整機能の拡張であった。家具は、しゃがんだり地面に座ることの代わりをする。電気工具、メガネ、テレビ、電話、そして時間と空間を越えて声を運ぶ本は、物質的拡張の例である。貨幣は労働を拡張し貯蔵する方法である。私たちが今日利用している輸送網は、かつて私たちが足と背中でしていたことを効率的に行っている。実際、人間の手になるあらゆる物質的なものは、人間がかつて自分の身体や、身体の専門化した部分で行っていたことの拡張として扱うことができる。[9]

私たちは、このようにしてさまざまなものを拡張してきている。そして、現代においてその最たるもののひとつがインターネットというメディアだろう。この拡張は、私たちが行ってきたテクノロジーの開発によって達成されたものであり、私たちが求めてきたものである。たとえそれが想い描いた現実になっていなかったとしても、拡張されたものは、ここで言われているように、私たちの身体や身体の一部でもあり、私たちから切除することのできないものである。それを理解した上で、たとえ望ましいものでなかったとしても、私たち自身の拡張された身体に関わってみると良いのではないだろうか。拡張された身体に、アイデアに、理解に、あらためて関わってみることが、現在において求められているのであろう。改善を欲し、治療を欲し、よりよい世界を欲しながら、現在を失った私たちは、この現在を失ったという理解に対して、あらために、いま、関わっていこうとしている。

過去から現在へ

ここまでの議論で、現代において象徴が成立しなくなると共に、ユング心理学が終焉を迎えたことを確認し、現在というものが失われている現状を確認し、しかしそれとともに、あらためてこのように理解された現在と関わっていく意義を確認してきた。メディア的な存在の発展を推し進めた「プラトンの洞窟」のアイデアは、現在からの離脱を生み出したが、その離脱自体を理解することを通じて、ブーメランが弧を描いて返ってくるように、もう一度、現在に関わる可能性が生み出されている。

さてこの論述の最後に、この現在にたどり着くためにこそ、あらためて決定的に過去となったものを確認しておく意味があるように思う。

私たちの歩みは、現在から未来へ向かおうとすることによって、結果的に、現在を時代遅れであると即断して、ただただ未来に向かってしまう傾向を持っていた。現在から未来へと向かう思いは、現在を過去として扱って、スピードを上げて未来へ向かおうとする。その力強い未来への思いを押しとどめることはできないが、私たちは過去を知ることができる。もちろん過去へ懐古的に帰るためではない。過去は、現在と違い、本当に過ぎ去ったものである。その過去を決定的に過去として知ることは、おそらくある大切な差異を知ることにつながるだろう。つまり、現在を過去としてしまうことと、過去そのものとの差異を知ることにつながるだろう。そして、本来的に私たちの学びは、現在から過去を通じて、未来へと向かうものであることが、確認されることにもなるだろう。学ぶことは、現在から未来へと向かうことではなく、現在から過去を通って未来へ向かうことであり、より正確に言えば、過去を知ることを通じて、現在の中に埋もれている過去が理解されてくると、その過去と現在の交わりから、未来がおのずから現れ出てくるのである。

そのように思い定めて、プラトンの洞窟以前のイニシエーションの洞窟をあらためて振り返ってみたい。

イニシエーションの洞窟では背後から洞窟の壁に向けて投影されるものは何もない。この洞窟では、壁そのものが生きている。この壁は、境界や通過不可能性といった意味を持った現実の「壁」ではなく、計り知れず、透過性があり、開かれている。プラトンの洞窟とはちょうど正反対に、イニシエーションの洞窟は、その壁から立ち現れ、すなわち、その壁の無限の深層から現れるのであり、冥界の陰はこの壁に向けて本物として立ち現れ、それ自身が主体として立ち現れる。そうした陰は、単なる対象と見られるわけではない。それには表情や声もあり、イニシエーションや呪術に臨む者に直面し、いわば、彼らの精神に「侵入」し、霊や亡霊からの彼らに対する要求を携えて、彼らの生に「侵入」するのである。ここで、この呪術に参入した人間は、陰によって深層の真実を告げ知らされる〔後略〕。（本書三一四－三一五ページ）

プラトンの洞窟は、壁から立ち現れるものを排除して、それによって、スピリチュアルなものからの人間の自立を導いたが、イニシエーションの洞窟では、幻影的なものはリアルであり、洞窟の壁は単なるスクリーンではなく、そこには彼岸が存在し、その壁という行き止まりにこそ、いままでにないリアルなものが開示される。もちろんその壁は、決定的な行き止まりである。そこには本当の終わりがあり、終結がある。人はそこで世界の終わりに到達する。しかしそれが決定的な終わりだからこそ、人はそこで完全にこの世を離れ、まったく別の世界に、魂の領域に飛び込むことになる。ケーナ・ウパニシャッドが「目に見えるものではなく、目を開くものこそがブラフマーである」と説いたように、向こう側が見えない行き止まりの壁が、目を開くものであり、向こう側が見えないという経験が、あの世への、スピリチュアルなものへの、決定的な入口になっている。目を開かせるのは、まさに、この世の現実の中にある限界としての壁との厳しい出会いである。そして、私たちの活動が救いようのない袋小路に陥っているという洞察が、いままでの自分自身を放擲して、新たな次元を開くことになる。[10] そして、そこには自分の知らないものが侵入してくる。自分の知らないものとは、すなわち、真実とよばれるものである。

真実の宿る場は、前者〔イニシエーションの洞窟〕の場合には洞窟の暗闇であり、後者〔プラトンの洞窟〕の場合には輝く太陽である。前者の場合には、真実はおのずから顕現するが、後者の場合には、真実は根本的に人の背後に隠されたものと定義され、真実との接続が確立されるには、真実を絶えず苦労して探し続ける必要がある。〔中略〕その一方で、古代の洞窟の亡霊とヴィジョンは、それに接近するための特殊な契機と特殊な態度が必要とされ、時には血の犠牲や供儀といった形式まで必要とされる。さらには、イニシエーションや呪術の状態にある真実は原理的に多様であり、一つひとつの真実、いま現在の真実、私の真実というあり方によって特徴づけられている（それは必ず私や自分の家族や部族や村落にとっての〈いま〉という、この特定の状況における真実である）〔以下略〕

（本書三一八ページ）

このようにイニシエーションの洞窟では、真実が、たったひとつのものでありながら、その時その場で形を変えて、そこに関わる人にとっての特殊性を持った上で、それでも決定的なひとつの真実として立ち現れてくる。つまり、この場合の真実は、科学的な正解や宗教的な善のようなものではない。その都度、姿形を変えるため、現代の感覚では通常真実とは思われないものである。しかし、これは、証明を求められる真実ではなく、統計的な有意差を求められる真実でもなく、賛成するものの多少によって判断される真実でもなく、ただひとえに、その場の体験に臨んでいるものの真摯な取り組みにおいて、その者にだけ立ち現れるものである。

このようなイニシエーションの洞窟での真実の顕現は、間違いなく、私たちの現代においては過去となったものである。しかし、そうしたものがかつてあったことを私たちは知っている。そして、それが過去であることを知っているからこそ、過去の様式であるというリフレクション〔反省〕を伴いながら、現代においてそれをみずからの姿勢に取り入れ、蘇らせることができる。もちろん、実際的に、実践的に、実体的に蘇らせるのではない。ひとつの過去のアイデアとして、過去において自分の身に刻まれているものとして、もう一度それと関わるのである。きわめて逆説的だが、完全に過去となったものは、私たちの中に定着しており、当時の姿のまま呼び出すことはできないものの、現代の自分のあり方の中に、過去として呼び寄せることができる。

たとえば、すべてが網の目状につながって利用可能になっているインターネット・メディアの状態と、きわめて近いものでありながら、決定的に異なるものであり、それでいてイニシエーションの洞窟の体験を現代に呼び戻すような卑近な体験をひとつ紹介してみたい。

もちろん、このようなものを呼び覚ましたからと言って、私たちがメディアから「授けられた見方によって世界や人生を覗き込むようになっている」(本書三八七ページ)ことは変わらないだろう。また、そのようなメディア的な見方に対して、私たちがどれほど自覚的であったとしても、時代の魂の表現が、プラトンの洞窟の完成に向かっているのだから、この魂のプロジェクトが変化するわけではなく、時代の趨勢が変化するわけではない。さらには、心理療法の相談室そのものが、「現実化したプラトンの洞窟のもう一つの重要な実例」(本書三九二ページ)であり、それ自体が、プラトンの洞窟の完成という魂のオプスの中にあるのだとすれば、卑近な小さな心理療法的な作業は何の可能性も持たないものかも知れない。しかしそれでも、「心理療法は世界内存在の論理を変容させる儀式である」という可能性があるならば、最後に一つの事例を紹介するのも無駄ではないのかも知れない。そして、そもそも心理療法とは、そういう徹底した行き詰まりの時にこそ、動き始める活動である。

それは、図書館に閉じ込められ、時間制限を与えられ、その上であらゆる書物へのアクセスを許可され、ひとつの文章を執筆するという体験である。ユング心理学のトレーニングの際に、分析家候補生たちにはいくつかの試験が課されるが、その中に昔話の解釈を執筆して提出するというものがある。この試験には、一人ひとり別々の日取りが用意され、一日一人だけの試験が執り行われる。その日は、朝九時に研究所に出向き、筆記用具以外のあらゆる荷物は研究所のロッカーに預けられ、身ひとつで図書館に入っていくことになる。そして、その受付で係の人から昔話をひとつ手渡される。そこから、解釈を書き終えるまで、図書館から外に出ることは許されない。もちろん休憩などは自由に取れるが、文章を書き終えるまで、あるいは夕方十七時まで、ずっと図書館の中で過ごすことになる。ひとつの昔話を読み、その意味を考え、その昔話が語り継がれてきた理由を考え、それが人類にとって、そして私にとってどのような意義を持つものなのかを考えていく。その昔話が心や魂にどのように作用し、どのような世界を私に体験させて、私をどのように変えていくものなのかを考えていく。私は、昔話を片手に、たくさんの本に囲まれて、その本のあいだを練り歩く。その図書館にあるあらゆる資料は使用可能であり、どんな領域の書物をどのように利用しても構わない。ドイツ語の資料も、英語の資料も、フランス語の資料もある。ラテン語もギリシア語もある。もちろん私はその一部しか理解できないが、さまざまな言語に取り囲まれている。心理学の資料はたくさんあるが、歴史学・民俗学・人類学・宗教学・言語学の資料があり、化学・物理学・地学の資料などもある。どの資料を利用しても良いし、それにどのように取り組んでも構わない。唯一、自分が片手に携えている昔話の深層に、その真実にたどり着くことだけが目指されている。いろいろな回り道をしながらも、いつも繰り返しその昔話の内容に立ち返る。何度も何度も、同じ昔話を読む。物語を味わい、言語を味わい、その音や響きを聞き取る。その昔話の一つの表現に、一つのイメージに、一つの歌に、一つの象徴に立ち止まり、一つひとつに向けてゆっくりと心の扉を開いていく。はじめは、物語の表層を流れるストーリーしか目に付かないかもしれない。しかし焦る必要はない。時間はたっぷりとある。いやむしろ、時間から解放されるといい。スピードは役にも立たない。重要なのは、私の心が震えるポイントポイントに立ち止まることである。図書館を歩き、立ち止まり、いくつかの文言をメモして、いくつかのイメージを模写していく。すべてが役に立つわけではない。いくつかのメモは面白いが、この昔話とは関係がない。いくつかの模写は、いたずら書きのように筆が滑っている。そういうものは、脇に置いて、また本のあいだを縫って歩いてみる。私は、そうして物語の世界を歩いて行く。すると、はじめはばらばらであったものがつながり始める。その連帯する文言やイメージのあいだから、物語の深層が立ち現れてくる。

このようなことは、残念ながら、かなりの部分が過去のものです。車輪を逆回転させることはできませんし、消えてしまった象徴に戻ることもできません。何かが象徴的なものだとわかった途端に、「ああ、おそらく他の意味があるのだろう」と私たちは思ってしまいます。疑念がそれを殺し、食い尽くしてしまったのです。もう戻ることはできません。〔中略〕私たちはそれを知りすぎているのです。私はそれが真実であることを知っていますが、それは私がこれ以上受け入れることができない形での真実です。〔中略〕新しい形が必要なのです。[11]

象徴が成立しない時代において、過去を確認することは意味がある。図書館に閉じ込められながら、昔話と関わることには、大いに意義がある。しかし、それはやはり過去の形式である。現代はインターネット的図書館の時代であり、世界は果てしなく開かれていて、閉じ込めるというアイデアはあまりにも古く過去のものである。その過去を知った上で、この現在に根をはり、現在に起きている心の動きと共に、メディア的な動きの中に入り込みながら、考えて、感じて、心に取り組んでいくことが、いま心理学に求められている喫緊の課題なのだと思う。メディア的な現在を嘆くのでも賞賛するのでもなく、過去を確認し、過去に生まれたアイデアが現在を作り出していることを知る。その上で、この現在の深層に息づくアイデアに自分の身をしっかりと沈める。たとえそれがどんなに熱いものであったとしても。出るのではなく、通り抜けるために。

註

[1] ユングはここでesotericとexotericの違いを明確に使い分けている。ここでは前綴りによって差異が表されているが、ギリシア語でesoはwithin、exoはoutsideの意を持ち、その比較級が形容詞化したものである。

[2] 桂英史『メディアエコロジー』左右社、二〇二四年、一二–一三頁

[3] 前掲書、一五–一七頁

[4] Wolfgang Giegerich, *What is Soul?*, p. 45, Routledge, 2020.

[5] W・ギーゲリッヒ「「個人」と「集合」の対立　心理学の基本的欠陥」『日本における「私」の姿』左右社、二〇二四年、二四四頁。

[6] C. G. Jung, *GW* 10, §361。

[7] C. G. Jung, *GW* 10, §363。

[8] 前掲書、p. 7

[9] Edward Twitchell Hall, *The Silent Language*, New York, Doubleday, 1959, p. 79.

[10] このあたりの議論は次の論文を参照。Wolfgang Giegerich, *The Leap into the Solid Stone or The Breakthrough into Interiority*, Collected English Papers vol. IV, p. 165-172, Spring Journal Books, New Orleans, Louisiana, 2010.

[11] C. G. Jung, *CW* 18, §632。

あとがき

本書には、ヴォルフガング・ギーゲリッヒの英語主要論文三つが収められ、また、日本でギーゲリッヒの心理学に親しんでいる者三名が、その一つひとつの論文と独自の対話を行って執筆した三つの論文が収められ、全体として六章で構成されている。

この五年ほどでギーゲリッヒの論考は少しずつ翻訳され、日本でも、いろいろなものを手に取って読めるようになってきている。そうした中で、なぜ本書に収められた三つの論文が翻訳の対象として選ばれたのか、その編集方針をここに示し、それぞれの論文の位置づけを紹介しておきたい。

大枠で言えば、この三つの論文は、心理学が見た「現在」「過去」「未来」を扱っていると言えるだろう。つまり、ユングが考えた元型的な、あるいは集合的無意識の心理学に則って、心の深層にある歴史を扱っている。本書に記されているものは、部分的には、きわめて現実的で社会的な外的状況の分析に見えるかも知れないが、これは、あくまでも心が、あるいは魂が表現しているその時々の時代の現象である。決して、歴史学的で、社会学的で、思想史的な時代考証ではない。それぞれの時代の現象を扱った魂の現象学なのである。誤解を恐れずに言えば、魂が見た歴史ファンタジーであるとも言える。しかし、その歴史ファンタジーは、通俗的なファンタジーではなく、きわめてリアルに私たちの心に息づいているものである。

まず、第一章「意味の終焉、人間の誕生」（W. Giegerich, The End of Meaning and the Birth of Man, An essay about the state reached in the history of consciousness and an analysis of C. G. Jung's psychology project, 2003, in *Collected English Papers, Vol.IV, The Soul Always Think*, pp.189-283, 2010, Spring Journal Books, New Orleans, Louisianas.）は、宗教的な世界観が終わりを迎えた「現在」を、忌憚なく、誠実に、著者みずからがその痛みを感受しながら、徹底して論じた大作である。これは、西洋のユング心理学の世界で大きな議論を呼び起こした問題作でもあり、その一端は、第二章の宮澤の論文に紹介されているとおりである。西洋において、宗教的世界がどれほど大切にされているかが、これらの反応を見ているとひしひしと感じられてくる。

さて、何をもって宗教的な世界観とするかについては、いろいろな考え方があるだろうが、ここでは「意味」というものが大きな役割を演じている。宗教的な世界観の成立には、「意味がある」という実感が必要である。もちろん現代の私たちは、意味や意義は与えられるものではなく、みずから見いだすものだと思っている。だが宗教的な世界では、それは私たちを超えた何かから、与えられるものであった。「人生の意味」や「生きがい」、「仕事のやりがい」も「旅する意味」も「病苦の意味」も、また「この家族に産まれた運命」も「このような自分として存在する業」も、すべては自分で見つけ出すものでも、考えて抽象するものでもなく、神や仏や、神秘的な自然や八百万の神聖なものたちから与えられるものであった。本論では、このような意味が与えられる世界のあり方が終わりを迎えたこと、それを呼び戻すことはできないことが確認されると共に、現代のように人が能動的に意味を探す場合は、そもそも「意味」という言葉で考えられている本質がまったく異なるものになったのであり、それはきわめて主体的で自我的な世界観に寄って立つものであることが確認されていく。そして、意味に包まれていたかつての世界を抜け出した私たちがいま立っている地平が、人間というものが成立する地平であり、意識や自我や主体が、自由や権利や平等が、与えられる意味を喪失したからこそ成立することが論じられていく。そのため、過去の宗教的な意味を取り戻そうとすることの懐古性や、現代の自我がみずから意味を生み出そうとすることの傲慢さも確認される。そして、この時代が示すさまざまな文化現象が、意味の喪失を明示していることも確認されていく。現象に沿って行くことで、たしかにこれが、人間の誕生であることが心理学的に理解されていくが、この時代認識と、現象学的な魂の理解は、読者にとって痛みを伴う真実であるのかもしれない。

第三章「義兄弟、血の復讐、そして献身」(W. Giegerich, Blood Brotherhood, Blood Revenge, and *Devotion*: Glimpses of the Archaic Psyche, 2006 in *Collected English Papers, Vol.III, Soul-Violence*, pp.267-315, 2008, Spring Journal Books, New Orleans, Louisianas.)は、打って変わって、魂の「過去」を扱った論考である。ここでは、まず冒頭に心理学の個人性や他者性が確認され、その上で、私たちの心がその深層に持つ個人を超えたものを、歴史的な現象として、明確な過去として解釈していく。そして、過去にもかかわらず、あるいはむしろ過去であるからこそ、それは深く実感されていく。第一章で批判されていた懐古的な過去への回帰とは別種の、私たちの深層にリアルに存在して、個人性を越えた魂のあり方が一つひとつ詳述されて、私たちの深層から立ち上がってくる。その際、ユング心理学において重視されている昔話の心に対する意味が明確にされ、昔話が、通常のわかりやすい読み取りとは別種の、より大きな儀礼的な意味の背景を内包させていることが確認される。それと共に、昔話を体験するには、H・ゲールツが実践しているような昔話の中への身をもった冒険が必要であることが示されているのも注目に値する。それはおそらく、心理療法において、クライアントの夢の世界に対して、セラピストが徹底した没入的な冒険をしていくことが必要なのと共通しているのであろう。本論に対して返答を記している兼城の論考は、まさしくそのようなものとして日本の魂の深層へと入り込んだものであると考えられる。さらに注目すべきこととして、義兄弟の物語も、双子の物語も、血の復讐も、いずれも「二でありながら一であること」について詳述されており、ユング心理学の主題である「対立物の結合」の古代的なあり方が示されているとも言える。そして、それは、「二つのものの内の第三のもの」というユングの主題にも通じ、二から生まれてくるのが、二とは別の第三のものではなく、二は二のままであり、二から「二を一つに結ぶ第三のもの」が現れながら、それでいて、その第三のものは、それぞれの一つひとつの一の中に根源を持つことが明らかになる。それが古代的な魂のあり方を振り返ることで明示されていくのである。最後に提示される「デボティオ」は、そうしたあり方が、キリスト教的以前のローマにもあることが示されるとともに、「デボティオ」という態度が、個人性を土台としない形で、犠牲として宗教的な世界観以前に存在していたという事実が示されていく。総じてここで論じられていくさまざまな過去の物語は、いずれも私たちの深層に息づいている過去の魂であり、それを私たちが知ることは、過去に憧れを抱くことでも、過去を礼賛することでもなく、私たちがみずからの深層の心理学的な解釈と理解に到達するために必要なことなのである。それは日常的にはもはや理解できないものでありながらも、一つひとつの物語に冒険的に、あるいは献身的に入り込むことで、読者は通常の歴史とは違うみずからが関わる深層の歴史を知ることになる。

（W. Giegerich, The Occidental Soul's Self-Immurement in Plato's Cave, 1994, in *Collected English Papers, Vol.II, Technology and the Soul, From The Nuclear Bomb to the World Wide Web, Soul-Violence*, pp.213-279, 2007, Spring Journal Books, New Orleans, Louisianas.）は、魂の「未来」を扱っている。ここでいう未来とは、もちろんまだ見ぬ世界を身勝手にユートピア的に語りだしたものではない。むしろユートピア的なものへの明確な批判が含まれており、その上で、未来を語り出している。つまり、現代を深く認識した上で、過去から現代を通じて、さらにその先へと広がっていく魂の運動を描き出しているのである。これと関連して、ユング心理学には、「直観」という重要概念があるが、感覚・思考・感情が現状の認識に向かうのに比べて、「直観」だけは捕らえどころがないものとして、よく批判される。それは心の機能であるが、心は現在を体験し、現在を味わいながら、当然、その一瞬先に向けて思いを展開させていく。それは、心が持つごく当たり前の運動であり、いわゆるユートピア的な幻想とは異なる。むしろ、深く現在にコミットすれば、そこから何かが立ち上がってくる。その立ち上がってくるものは、現在であると同時に未来の種子を含んでいる。そういう意味での魂の未来をこの論考は語り出している。言い方を変えれば、それは、イメージに対するリフレクション（反省）のはじまりである。具体的な内容としては、西洋における啓蒙のはじまりである「プラトンの洞窟の寓話」から、この心理学的な作業が生まれ、そこから現代まで、メディア・テクノロジーによる魂の現実の展開として、それが動き続けていることが論じられていく。また、その「プラトンの洞窟」以前の「イニシエーションの洞窟」の意義も語り出されており、それは第三章の魂の「過去」に関する語りにも通じている。また、各論としては、ここに論じられている「目標の弁証法」

や「リフレクションのリフレクション自身への回帰」は、その本質の顕現として圧巻である。最終的には、このメディア的な世界の魂の現象とそれに対する心理学的作業は、苦しく痛みを伴う現実を私たちに突きつけてくる。それをどのように受けとめ、それとどのように関わるのか、それは私たち一人ひとりが心理学的に引き受けていく課題であろう。そして、それに対する一つの応答は、私なりに第六章に記している。

冒頭にも記したように第二章・第四章・第六章に関しては、ギーゲリッヒ論文に対するそれぞれの応答であるが、もし何かを知り、それを受容し、みずからの心と相俟って、そうして腐敗・発酵し、それが新たなものへと変容して蒸留されて現れてくるならば、そこで行われているのはきわめて心理療法的な作業であることになる。一つひとつの論考がその水準に達しているかどうかは、読者の判断に委ねるところだが、ギーゲリッヒの心理学に対して心理療法家が心理学的に取り組んだ成果がここに収められたものであるのは確かである。

最後に、編集者としていつもさまざまな示唆を与えてくれ、本書完成まで長い道のりに寄り添っていただいた東辻浩太郎さんに、心からお礼申し上げたい。いつものことながら東辻さんの支援がなければ、本書が完成し日の目を見ることはなかったと思う。

この本が少しでも多くの人に迎え入れられ、心理学という営みが、一人ひとりの読者の中に芽生えていくことを願って、このあとがきを終えたいと思う。

猪股剛

人名索引

ア行

アウグスティヌス……66, 376, 380
芥川龍之介……188
アナクシマンドロス……333, 334, 341, 344
アプレイウス……214
アリストファネス……325
イシグロ, カズオ……291, 293, 294, 295, 297, 306, 307
ヴィリリオ, ポール……440
ウインド, エドガー……105
ヴォルテール……112
ヴォルム, オル……247
ウパニシャッド, ケーナ……444
エウリピデス……325
エンペドクレス……326

カ行

カッシウス・ディオ……253
河合隼雄……281, 299, 306
キルケゴール, セーレン……8, 79
クザーヌス, ニコラウス……54
クラカウアー , ジークフリート……6
グリム兄弟……218
クルシウス, マルティン……236
グレンベック, ヴィルヘルム……226, 236
ゲーテ……66, 69, 77, 182, 265, 315, 316
ゲールツ, ハイノ……16, 203, 215, 253, 254
ゲブザー , ジーン……353
小島和男……190

サ行

サンティーヴ, ピエール……215
シウツ, ハンス……214
シェイクスピア……66, 182
ジェームス, ウィリアム……9
ジェームス, ヒルマン……56, 133, 134, 137, 138, 266
シェリング, フリードリヒ……10
シレジウス, アンゲルス……353
スピノザ……54, 164
聖マルティヌス……66
ソシュール, フェルディナン・ド……126

タ行

タイラー , マーク……157, 162, 163
ダ・ヴィンチ, レオナルド……66, 182, 370
高山明……186, 187
ダンテ……66, 182, 183
ディオニュシオス一世……348
ティトゥス・マンリウス・トルクァトゥス……261, 262, 264
デカルト……54, 164, 165
デリダ, ジャック……155, 408
デュシャン, マルセル……186
トゥキディデス……325
トマス・アクィナス……66, 183

ナ行

ニーチェ , フリードリヒ……7, 8, 33-35, 52, 59, 69, 79, 80
西田知己……280, 289

ハ行

ハイデガー , マルティン……385
パラケルスス……87
バルトリン, トーマス……247-249
パルメニデス……326
ビーブ, ジョン……154
ピタゴラス……55
ピュロス……256
フート, オット……215
フォイエルバッハ……79
フッサール……48, 96, 401
プブリウス・デキウス・ムス, 息子デキウス, 孫デキウス……251, 252, 254-257, 259, 261, 262, 264, 268, 269
プラクシテレス……66, 182
プラトン……35, 36, 42, 50, 52, 66, 182, 242, 308-315, 317-321, 323-328, 332, 333, 335-343, 345-350, 354, 356-358, 360, 361, 367, 368, 379, 380, 389, 392, 393, 397-401, 405, 408, 416, 431-433, 438, 442-444, 446
プルタルコス……253
ブルトン, アンドレ……105
プルヴァー , テリー……154

ブレッカー , ウォルター……342
フロイト, ジグムント……79, 99, 170, 171, 281, 371, 430
プロップ, ウラジミール……215
フロム, エーリッヒ……266
ヘーゲル……10, 30, 54, 66, 183, 358
ベートーヴェン, ルートヴィヒ・ヴァン……370
ベーメ, ヤコブ……400
ベネター , デイヴィッド……190
ヘラクレイトス……86, 352
ホール, エドワード・T……440
ホメロス……66, 182, 183, 268, 379, 380
ホワイトヘッド, アルフレッド・ノース……358, 360

マ行
マクルーハン, マーシャル……408, 440
マッソン, アンドレ……105
マルクス, カール……8, 79, 127, 137, 358, 383, 395
ミラー , デヴィット……154-156, 159, 160, 162, 163, 165, 177, 193, 194
メルヴィル, ハーマン……166-169, 173-175
モーツアルト……66, 182
モゲンソン, グレッグ……154, 155, 165, 166, 173, 175-180, 193, 194

ヤ行
ヤッフェ , アニエラ……102, 227, 244
ユング, C・G……6-8, 15, 18, 19, 24, 26-30, 32, 36-38, 45, 47, 48, 51-56, 59, 61-63, 66, 67, 69-76, 78-82, 84, 86-107, 110-139, 154, 156, 166-168, 170-177, 179-182, 184-186, 188, 190, 192, 193, 197-199, 202, 231, 241, 243, 244, 246, 279, 281, 285, 321, 331, 359, 393, 394, 396, 400, 406, 407, 416, 417, 419-423, 428, 429-431, 433, 437, 441, 446

ラ行
ライプニッツ……164
ラボワジエ……23
リィヴィ……252, 253, 255
リヒテンベルグ……60

事項索引

あ行
アルキメデスの点……167, 171, 173, 177, 355
アクエリアス……51-53, 56, 109, 113, 129-131
アニマ……106, 107, 127, 159, 285, 287, 294
アニマ・ムンディ……157, 243
アニミズム……291, 294, 297
アトラス……14, 17, 19, 52
「泉の子ヨハネスと泉の子カスパール」(グリム)……218-222
イデア……343, 345, 348, 349, 351-354, 357, 364, 370, 379, 380, 399, 402, 432
イニシエーション……29, 34, 38, 63, 64,140, 215, 259, 266, 304, 305, 313-319, 321, 322, 324-330, 332, 337, 338, 426-428, 438, 443-445
〈意味〉……31, 178, 179
ウェブ……397, 399, 405
ウォークマン……385, 390, 391, 395
宇宙服……42, 45, 50
埋め込まれ〔embeddedness〕……14, 16, 17, 24, 44, 82, 88, 158, 161-163, 179, 337
AI……62
映画『リング』……285-287
映画館……336-338, 345, 347, 354-356, 387, 388
エラノス講義「歴史という錬金術」(ギーゲリッヒ)……158
エンターテインメント……179, 185, 187, 363, 383, 386, 395, 399-402
『黄金のロバ』(アプレイウス)……214
『オデュッセイア』……313
『思い出, 夢, 思考〔ユング自伝〕』……74, 76
『オルトニットとヴォルフディートリッヒ』……211
オプス……362, 372, 424, 430, 446
　オプス・マグヌム……54, 94-96, 98, 101, 104
　オプス・パルヴゥム……94, 96, 98
オルフェウス, オルフェウス教……14, 47, 326

か行

解釈する心……29, 33
〈階段を降りる裸体〉(デュシャン)……186
開放性〔openness〕……13, 40
影(ステイタスとしての)……283, 285-287, 305, 364, 367, 368, 370, 375, 376, 378, 387, 392
影(洞窟の壁に映る)……310-322, 336, 339, 344, 357, 359, 360, 363, 384, 398, 401, 402, 432, 438
　パイノメナ(影)……324, 332
仮想現実, ヴァーチャル・リアリティ……40, 41, 277, 288, 298, 308, 361, 372, 380, 381, 392, 398, 399, 406, 424
『河童』……188, 189
神の死,「神は死んだ」(ニーチェ)……52, 59-63, 128, 129, 155, 157, 158
『起源と現在』(ゲブザー)……353
キリスト, キリスト教……16, 54, 55, 67, 92, 157, 162, 173, 179, 200, 206, 213, 214, 233, 246, 261, 283, 363
キュスナハト……111, 113, 116-118, 130, 131, 134, 135
クロノス……82, 85, 93, 107, 109, 125, 126, 130, 134-136
ゲーム, コンピューター・ゲーム……181, 182, 185, 276, 277, 285, 288, 391, 392, 394, 398, 401
元型……23, 59, 83, 88, 97-99, 102, 105, 107, 114, 116, 122, 124, 126, 128, 133-139, 156, 172, 174, 179-181, 243, 321, 366, 371, 391, 394
幻存在……359, 361, 363, 364, 368, 372, 376-380, 396, 398, 401-403, 406, 409, 424, 431
広告……370-372, 374, 423-426, 429, 430, 434, 440
古事記(イザナギ・イザナミの神話)……279, 281-284, 287, 295, 303, 305, 306
コスモス……19, 52, 109, 135, 231, 245, 391
古代的な心……119, 203, 245
『国家』……325
『ゴルギアス』……325
コルフィッツ・ウルフェルトと妻ウルリカ・エレオノーラ……248, 249

さ行

サガ
　『フォーストブレーズラサガ』……205
　『エギルサガ・アインヘンダ』……206
　『ギースリサガ』……207
　『オルムの物語』……207
　『ヴァイキングの息子, ソルステイン・サガ』……237
　『ヴォルスンガサガ』……210
『ザ・マン・フー』……186
「サトゥルヌスの呑み込み」……78, 82, 85, 107, 108, 188, 189, 192
「三国志演義」……250
シミュレート, シミュレーション……84, 179, 180, 391
浄瑠璃『阿弥陀胸割』……279, 289, 290, 294, 296
『シュヴァーベン年代記』(クルシウス)……236
ショッピングモール……390, 395, 396
叙事詩『エッケの歌』……228, 229, 234
叙事詩『ラーマーヤナ』……235
「ジャスト・イン・タイム」……107
商品……11, 32, 53, 58, 68, 77, 167, 182, 184, 294, 355, 369, 370, 374, 402, 403, 426
人格No.1, No.2……112, 117, 118
『心理学的類型論〔タイプ論〕』(ユング)……28
心理療法, 心理療法家……86, 95, 96, 151, 181, 184, 185, 187, 188, 192, 276-278, 285, 288, 298, 299, 302, 304, 305, 392, 393, 395, 417-419, 421, 436, 437, 439, 446
スポーツ・イベント……374, 382, 383, 386, 401

た行

ダーウィン主義……157
『血の日本思想史』(西田知己)……280
忠臣蔵……284
超人(ニーチェ)……33-35, 261
『鶴の恩返し』……306
『テアトロン』(高山明)……187
ディートリッヒ伝説……211, 228, 229, 234
ディズニーランド……111, 113, 118, 173, 388, 395, 396
デボティオ(献身)……203, 251, 252, 254, 256, 257, 260-262, 268
テレビ……62, 293, 367, 368, 374, 376, 380, 384-388, 401, 440

『ドイツ民話の彼岸のモティーフ』……214

な行
内化……31, 46, 50, 84, 86, 92, 93, 108-110, 137, 165, 167, 168, 172, 174, 179, 190, 296, 343, 395
内部性〔in-ness〕……9-14, 17-20, 24-26, 30, 32-34, 40, 47, 48, 51, 56, 67, 68, 78, 81, 85, 89, 111, 117, 129-131, 167, 189, 190, 332
『ニーベルンゲンの歌』……210, 211
〈人間〉……32, 38, 93, 125, 126, 167
ヌミノース……53, 56, 58, 60, 61, 67, 68, 79, 81, 90, 99, 100, 111, 124, 177, 178, 185
ヌーメン（聖なるもの）……86, 95, 98-101, 104
ノイマンの段階説……156

は行
『白鯨』……165-168, 172, 175, 178, 193
〈箱庭〉……39, 47
『反出生主義を考える』（小島和男）……190
『パンチャタントラ』……214
『ファウスト』（ゲーテ）……77, 264, 265, 315
フライト・シミュレーター……367, 392
プリマ・マテリア, 第一質料……25, 97, 98, 106, 163, 328, 345, 362, 363
プレゼンテーション……366, 373, 434
プエブロ・インディアン……15, 27, 37, 38, 70, 72, 107
プエル……134, 135
『踏み外し　ポストモダンの反／神学』（タイラー）……157, 162
『分析心理学』（ユング）……84
ボーリンゲン……111-113, 116-118, 125, 133-135, 138, 139, 149, 150
ホモ・トートゥス……77, 97, 98, 184

ま行
マーヤー（幻想）……8, 117, 132, 138, 176
マネー……354-357, 364, 372, 399-406, 408
『魔法昔話の起源』（プロップ）……215
『マルコによる福音書』……266
無意味性……25, 26
『昔の時代の人々』……226
ムネモジューネ（思い出）……56, 68, 81, 84, 115, 125, 183, 185, 192, 194
メルクリウス……98, 103, 106, 176

や行
槍……207, 208, 254, 255, 257-260, 263, 264, 266
ユートピア……8, 34, 36, 79-81, 83, 93, 335-337, 345-353, 359, 425, 432, 435
ユニバース……19, 135
〈夢〉……38, 39, 47, 118, 243, 261, 262
「小さな夢」……83, 97, 99, 106
四谷怪談……284, 285-287
「ヨハネによる福音書」……265

ら行
『リグ・ヴェーダ』……235
リフレクション……50, 82, 133, 137, 312, 321, 329, 332, 333, 338-344, 354, 356, 358, 359, 361, 363-365, 368, 378, 392, 403, 405, 431, 438, 439, 445
「レギンの歌」（『エッダ』）……229-232
レリギオ……264, 267, 268
錬金術……25-27, 31, 34, 54, 77, 82, 98, 104-106, 112, 140, 158, 161, 167, 178, 180, 320, 328, 345, 358, 362, 363, 372, 406, 424
ロゴス……41, 45, 77, 103, 325, 329, 331, 340, 347, 361, 362

わ行
『わたしを離さないで』（カズオ・イシグロ）……291, 292, 294, 297, 306

ヴォルフガング・ギーゲリッヒ（Wolfgang Giegerich）

一九四二年生まれ。ドイツ連邦共和国ベルリン市在住。米国ニュージャージー州立大学ドイツ文学の教授職を辞して心理学へ転じ、一九七六年よりユング派分析家。二十世紀の東西思想の結節点となったエラノス会議にて繰り返し演者を務めるところから始まり、現在までユング思想を牽引し続けている。既刊邦訳に『魂と歴史性』『神話と意識』（いずれも日本評論社）、『魂の論理的生命』『ユングの神経症概念』『仏教的心理学と西洋的心理学』（いずれも創元社）、「抑圧された忘却　アウシュビッツといわゆる〈記憶の文化〉」（『ホロコーストから届く声』所収、左右社）などのほか、夢分析論の決定版とも言える『夢と共に作業する』（日本評論社）がある。

猪股剛（いのまた・つよし）

一九六九年生まれ、ユング派分析家、臨床心理士／公認心理師。帝塚山学院大学准教授。精神科や学校臨床において実践に携わるとともに、アートやパフォーマンスの精神性や、現代の心理の深層を思索することを専門としている。著書に『心理学の時間』（単著、日本評論社）、『遠野物語　遭遇と鎮魂』（共著、岩波書店）、『ホロコーストから届く声』『私たちのなかの自然』『家族のおわり、心のはじまり』『日本における「私」の姿』（編著、左右社）、訳書に『近代心理学の歴史』『意識と無意識』（いずれもC・G・ユング著、創元社）、『仏教的心理学と西洋的心理学』（W・ギーゲリッヒ著、創元社）『夢と共に作業する』（W・ギーゲリッヒ著、日本評論社）などがある。

兼城賢志（かねしろ・けんじ）

一九八六年生まれ。臨床心理士／公認心理師、博士（心理学）。俳誌『鷹』同人、俳人協会会員。精神科や小児科、学校での臨床実践を経て、現在、大正大学臨床心理学部助教。深層心理学の立場で心理療法の実践を行いながら、発達障害、言語、宗教などのテーマを研究している。著書に『新興俳句アンソロジー　何が新しかったのか』（ふらんす堂、分担執筆）、『私たちのなかの自然』『家族のおわり、心のはじまり』『日本における「私」の姿』（左右社、分担執筆）などがある。

宮澤淳滋（みやざわ・じゅんじ）

一九七八年生まれ。臨床心理士／公認心理師。新潟青陵大学准教授。主に精神科領域において夢を主体とした心理療法を実践し、心を通して開けてくる世界を探究している。著書に『ホロコーストから届く声』『私たちのなかの自然』『日本における「私」の姿』（いずれも左右社、分担執筆）、訳書にC・G・ユング『パウリの夢』『近代心理学の歴史』『分析心理学セミナー1925　ユング心理学のはじまり』（いずれも創元社、共訳）などがある。

W. Giegerich, The End of Meaning and the Birth of Man,
An essay about the state reached in the history of consciousness
and an analysis of C. G .Jung's psychology project, 2003,
in *Collected English Papers, Vol.IV, The Soul Always Think*, pp.189-283, 2010,
Spring Journal Books, New Orleans, Louisianas.
W. Giegerich, Blood Brotherhood, Blood Revenge, and *Devotion*:
Glimpses of the Archaic Psyche, 2006 in *Collected English Papers, Vol.III, Soul-Violence*,
pp.267-315, 2008, Spring Journal Books, New Orleans, Louisianas.
W. Giegerich, The Occidental Soul's Self-Immurement in Plato's Cave, 1994,
in *Collected English Papers, Vol.II, Technology and the Soul,*
From The Nuclear Bomb to the World Wide Web, Soul-Violence,
pp.213-279, 2007, Spring Journal Books, New Orleans, Louisianas.

ユング心理学の〈現在・過去・未来〉
ギーゲリッヒ論集

2025年3月10日　第一刷発行

著　　者　ヴォルフガング・ギーゲリッヒ、
猪股剛、兼城賢志、宮澤淳滋

発 行 者　小柳学

発 行 所　株式会社 左右社
〒151-0051
東京都渋谷区千駄ヶ谷3-55-12　ヴィラパルテノンB1
TEL. 03-5786-6030　FAX. 03-5786-6032
https://www.sayusha.com

装　　幀　大倉真一郎

印 刷 所　創栄図書印刷株式会社

Printed in Japan. ISBN978-4-86528-459-1